刘春田先生
纪念文集

中国人民大学知识产权学院 ◎ 主编

中国人民大学出版社
· 北京 ·

A Globally Acclaimed Scholar in Chinese Intellectual Property Law（代序）

邓鸿森*

Professor Liu Chuntian was truly one of the giants of IP law. A pioneer who profoundly influenced the development of the IP ecosystem in China and beyond, he leaves behind a broad and deep legacy. In this series of articles, colleagues, peers and friends pay tribute to his towering achievements and tireless advocacy of intellectual property (IP) in China and globally.

Professor Liu believed IP to be the "universal language" of globalization and an indispensable cornerstone of international collaboration. He embodied this spirit personally, travelling extensively and participating widely in numerous international forums. At a critical time, this helped to build bridges not only between China and the global legal community, but also between north and south, east and west. His passing is a loss for the close-knit IP community.

* 世界知识产权组织总干事。

I had the privilege of knowing Professor Liu for many years. Our paths first crossed during my time at the Intellectual Property Office of Singapore. He invited me to visit Renmin University of China and I reciprocated. Through this, I got to know Professor Liu not just an exceptional educator, but also as a person of warmth, wisdom and bravery.

At the working level, we had the honor of contributing to the signing of various agreements that further enhanced Singapore-China relations in the area of IP, including a Framework Agreement on Strategic Cooperation between the Intellectual Property Academies of both countries. We continued to be in contact after I left Singapore to take up my duties as Director General of the World Intellectual Property Organization (WIPO).

One of the things I'll remember most fondly about Professor Liu was his willingness to chase the new and embrace the novel. Some academics study innovation. He was an academic who innovated, walking the talk and serving as the driving force behind a series of developments that helped to modernize and strengthen IP education in China.

In 1985, while teaching at Renmin University of China (RUC), Professor Liu introduced an intellectual property law course for undergraduate students. This course, reportedly the first systematic IP law program in China, marked the beginning of structured IP law education in the country.

Then in 1986, with the support of WIPO and another renowned IP scholar, Professor Guo Shoukang, Professor Liu established the IP Teaching & Research Center at the RUC. This was the first institution in China dedicated to IP education and research.

Professor Liu also authored China's first textbook on intellectual property rights, becoming an early and tireless supporter of greater protection of intellectual property rights. Thanks to his efforts, RUC was also the first university in China to offer a comprehensive system of IP-related higher education, including bachelor's, master's, doctoral, and post-doctoral degrees.

Many RUC graduates have gone on to play important roles in the development of China's IP system, serving as legislators, judges, administrators, educators and researchers. In recognition of these achievements and its outstanding contributions to education, rese collaboration, the IP Teaching & Research Center, led by Professor Liu, was awarded the WIPO Creative Gold Medal in 2008.

Throughout his career, Professor Liu was a strong advocate for China's participation in the global IP system. He believed passionately that dialogue is the quickest and best route towards mutual understanding and respect. Last year's celebration of 50 years of WIPO-China relations – a period during which China has become an important contributor to our work and a valued member of the global IP community – vindicated this perspective.

I know that WIPO colleagues past and present are also grateful for the constructive role Professor Liu played in strengthening our relations with RUC, which I am pleased to say has proven a close and steadfast partner for almost 40 years. Together, we have organized numerous advanced IP training courses across China, with several WIPO colleagues serving as visiting professors at RUC.

These are just a handful of highlights from a career that leaves an indelible mark on IP practice in China and beyond. The global outpouring of condolences upon Professor Liu's passing is a testament to his stature as an academic and the high esteem with which he was held in all parts of the world.

I hope that Professor Liu inspires us, wherever in the world, to not just focus on deepening our knowledge and understanding of IP, but also using this to improve lives, catalyze innovation, and build a better future for all.

目　录

CONTENTS

（按姓氏拼音排序）

悼念刘春田老师

蔡晓红*

今天以无比沉痛的心情吊念尊敬的刘春田老师，缅怀他的过往。

说说刘春田老师与我们班——中国人民大学法律系1987级知识产权第二学士学位班，我们称之为“知识产权87双”。

我们班与刘春田老师的渊源匪浅。我们是中国人民大学，也是中国首届知识产权法律专业的学生，是刘老师亲自指导的知识产权“黄埔一期”学生。我们班就像中国知识产权教育领域的第一个孩子，刘老师对待我们就像第一次做父母的家长，付出了超出一般的心血和情感。刘老师熟悉并了解我们班所有的40多位同学。因为知识产权法涉及专利法，而专利需要有技术背景，所以在刘老师和其他前辈的倡导下，首届知识产权第二学士学位班大胆尝试全部招收已经取得理工科第一学士学位的学生。所以我们班同学都是学理工出身的，在刘老师的悉心教导下后来都成功转型成为法律专业人士。刘老师和他创办的知识产权专业改变了

* 深圳市顺天达专利商标代理有限公司董事长。中国人民大学首届（1987级）知识产权第二学士学位学生。

我们的人生，从此，中国人民大学的知识产权专业为像我们这样的理工科学生从事法律工作提供了路径，也为中国知识产权行业引进了大量具有理工背景的人才，刘老师开创了中国知识产权教育事业，并为中国的知识产权人才培养作出了卓越的贡献。

我们在学校学习时，刘老师亲自给我们上过几门课。现在回想起来，能有幸聆听刘老师的课是多么幸运的事情！刘老师讲课生动有趣，将枯燥的法律知识用案例分析、讲故事的方法传授给我们，并教会我们这些理工科学生如何形成法律思维。刘老师在学业上对我们严格要求，但又极具亲和力，从课程学习，到学校生活，直到毕业找工作，刘老师全方位地关心和帮助我们班同学。

毕业之后，同学们天南海北，只要我们班举行毕业周年聚会，刘老师每次都会亲自参加，对同学们的关心不减当年，让我们感到无比温暖和亲切。

我们班的大部分同学都在从事与知识产权相关的工作，这部分同学在事业上尤其因为刘老师受益匪浅。在同行中只要提到刘老师是我们的老师，亲自给我们上过课，我们曾经是知识产权“黄埔一期”班的学生，业界同行立刻会对我们刮目相看。我们因有幸成为刘老师的学生而感到自豪和骄傲。

刘老师虽然是学界泰斗，但是谦虚和蔼。他曾对我说过，他是教书的，但他不敢称自己为“教师”，只能称自己为“教书匠”，对待教学，要有匠人精神。在我们班学生的心目中，刘老师不仅是当之无愧的教师，为我们传道授业解惑，教书育人，而且是大师，具有严谨的治学态度、对真理孜孜以求的精神，对知识产权事业具有极强的责任感和使命感。

刘老师走了，走得匆忙，来不及听学生们说一声再见，但是刘老师将永远活在学生们的心中。愿刘老师安息。我们作为他的学生，会牢记他的教诲，完成他未竟的责任和使命，在知识产权以及其他领域努力工作，不枉做一回刘老师的学生。

2023年4月9日

恩师教诲指引人生

曹新明*

1987年，与其他年份相比，并没有什么特别的。然而，对我而言，这个年份却是彻底改变我人生行进方向的转折点。这一年，我放弃了已经努力拼搏了四年并且还算不错的工作，漫无目的地报名参加了中国人民大学组织的知识产权第二学士学位招生考试。令人意外的是，我还取得了较好的成绩，荣幸地被录取成为第一届学生（我们这一届被坊间戏称为“知识产权黄埔一期”）。由此开始，我正式告别了我原来的本科专业和人生的第一份工作，走进了中国人民大学，走进了知识产权神圣殿堂。

其中，令我终生难忘的是，我在教室里见到的第一位老师就是刘春田老师。当时的我，尽管此前所学的专业、所从事的工作与知识产权关联甚弱，与法学也只有若隐若现的联系，但刘老师的赫赫大名仍然是如雷贯耳。当刘老师走进教室来到我们面前时，顿感强大的震撼：刘老师高大伟

* 中南财经政法大学知识产权研究中心教授、博士研究生导师。中国人民大学首届（1987级）知识产权第二学士学位生。

岸，面带微笑，迈着沉稳有力的步伐走上讲台，令人由衷地感佩。

实际上，这一次并不是上课，只是刘老师召集我们班开班会，选举班干部和党支部、团支部委员。这次班会让我对刘老师有了更深刻的印象，更觉得刘老师不同寻常。在班干部选举时，不知何种原因，我的得票数非常高，得票率应该在80%以上吧（具体数字记不清了）。根据选举规则，得票最高者应当是班长人选。但是，刘老师并没有居高临下地发命令或者做决定，而是以征询意见的语气问我："由你来当班长如何？"刘老师的这种方式实在是太令人佩服了，在我心中他的形象显得更加高大了。我当时真的是不想当学生干部，而是想将有限的时间投入到知识产权基本知识、基本理论和基本范式的学习中。当我明确表示不想当班长时，刘老师并没有不高兴，更没有发脾气，而是充分尊重我的选择，并且建议我担任学习委员。在这种情况下，我愉快地接受了刘老师的安排。仅仅是这次班会活动，充分展示了刘老师不仅是一位治学态度严谨、学术造诣精湛、学术成就丰厚的大学者，而且是一位和蔼可亲、平易近人、善解人意的教育家。

在以后的学习过程中，刘老师给我们亲自讲授著作权法学课程，他旁征博引，追根溯源，巧用案例，深入浅出，让学生受益终身。与此同时，刘老师更是教给我们做人做事的思辨哲理，指引学生的人生。例如，在1989年时，我们班同学面临着诸多矛盾的疑惑，我去请教刘老师应当如何做，刘老师给出了让我终生难忘的方案：不要随大流，要有自己的定力。正是依靠刘老师给出的智慧选择，我们知识产权"黄埔一期"的全体同学安稳地度过了那个时期，顺利地完成学业。

刘老师的言传身教，让我们学生铭心刻骨、受益终身。刘老师的渊博学识、高贵品德，激励着我们学生砥砺前行！

2023年4月23日

感恩这场遇见

常　青*

“我有所念人，隔在远远乡。我有所感事，结在深深肠。乡远去不得，无日不瞻望。肠深解不得，无夕不思量……”

你走了，快一年了，我的哥们儿！

我也老了，记性不行了，你的模样也模糊不清了，但那张遗像深深地烙印在我的脑海：你很帅！很温暖！甜甜的笑容里藏着些许不易察觉的古灵精怪。嗯，是的，就是我认识的那个你：刘春田君！

初相识！

我们有着三十多年的交情。

在我毕业后来到国家版权局创办《著作权》杂志时，你作为当时最具权威的知识产权法学家受聘担任杂志副主编一职，杂志的学术真理全靠你来把控与甄别。那个年代的我还不懂泰斗这种词，只耳闻不少你很厉害的传言：学术厉害！人也厉害！

那时的我对陌生的你多的是惴惴不安的心理，按时去你家送稿取稿，每次你家都有好多人等待你的接见，且都是毕恭毕敬的模样。

---

* 《中国版权》杂志原副总编辑。

你全身心扑在事业上，真的是惊到了我！那时候我收到的你的邮件都是你半夜两三点发出的，我记得还问过你："两三点还不睡觉呀？"你说两三点还在工作是常态。《著作权》杂志在当时是唯一的版权专刊，注重学术研究，还被列入核心期刊，与你坐镇掌舵是分不开的。

爱墨及书的人！

不是爱屋及乌，而是爱墨及书，没错！这是我的独创！哈哈！

关于学术上的你，我不想歌颂你的学识丰厚，因为说与不说，它都在那里！我只想回忆几件小事，不知你还记得否？

一件小小事——

还记得当年机构改革，我从国家版权局跟随杂志到了版权保护中心。我有好多的版权原始资料，打了两三个纸箱，不舍得扔。我跟你说后，你竟然打车亲自过来拿，像怕被别人抢走似的，这对于你来说可是大宝贝！原谅我的单纯与些许的不善良，你低头用力搬箱子时，最前面的那一缕头发突然垂了下来，我笑得前仰后合。那画面至今想来仍充满笑点，哈哈哈！

一件小一点儿的事——

你嗜书如命，独具慧眼，特别爱惜书籍。我退休的时候，面对我的藏书又想到了你。我和你一样，比较早就从事著作权工作，我的藏书都有很强的时代感，甚至是孤版。我只舍得给你，也只有你懂得它们的价值。

记得当时你在国外，唯恐我把书处理了，千叮咛万嘱咐，一遍一遍，直到派人来拉走一大车，才踏实下来。你回国后还送了我一瓶香水，真是意外！我突然觉得我错失了机会，估计当时要胁迫你，向你要更重量级的礼物，你也会拱手奉送的。唉！我草率了！哈哈！不过那瓶香水也让不少人顿生羡慕呢。

只是那瓶香水我再也不舍得用了，呜呜呜！

我们是哥们儿！

我是你认定的哥们儿，唯一的哥们儿，还是女哥们儿。

虽然我不是你的亲学生，但刘门的学生，有人管我叫师姐，有人说应该管我叫师叔。那天我去吊唁，嫂夫人也跟我说，你曾亲口跟她讲过我是你哥们儿。是的，铁的，梆梆硬的！已经盘成了金色！

有着有趣灵魂的大男孩！

你给外人的印象多是德高望重，个性很强，有一种威严的感觉。其实你还有另一面：你是一个真性情的人，一个特别纯粹的人。无论在哪个年龄段，都保有一种大男孩的纯真。这是非常难能可贵的！

大孝子——

你是有家国情怀的人，于国于家都有颗赤诚的心。你把母亲接到身边亲自照顾，无微不至。母亲仙逝，你又为母亲守灵度过多少不眠之夜。记得你当时发消息给我，就像个失去大人的孩童，那种无助、那种不舍、那种苦痛都洋溢在字里行间。遗憾的是我当时在外进行封闭式主编岗位学习，不能前往，但你对母亲的感情我是真真切切地感悟得到。

现如今，能有几多子女做得到如你般孝顺啊？！又有多少父母能有这个福分？！

真性情——

记得你在结婚一周年纪念日的夜晚发了张照片，也只有我敢直接问你是结婚了吗。在得知这一喜讯后，我马上发了朋友圈叫刘门的学生赶紧起来祝贺老师新婚大喜。你看我在朋友圈叫大家都别睡了赶紧起床祝贺，你说只有哥们儿才会这么情真意切。真的，我当时特别惊喜，特别兴奋，发自内心地希望你能够生活幸福！

情义无价——

你工作特别忙，经常在各种大小会间奔波，但每次我有事儿找你，你都会回复我，有时回复晚了，还会挨我骂。我记得你说有两个人的电话你不敢不回，一个是你姐，一个是我。如果不回，势必挨骂。

说起打电话，我还记起几件事儿，我们两个人的通话经常是在各种特殊的场所。比如你端着饭盆儿，正在学校的食堂打饭，你吸溜着面条我都听得出来。当你从食堂出来，走在校园里时，从你电话里的风声我都能感受得到是几级风。

我们打电话的次数并不算多，但是每次都要将电话打到没有电。说到这儿，我又想起来一件事儿，你特别君子，如果是我给你打过去的电话，你一定会假装挂断再给我打回来，就怕让我出电话费。

永远的年轻人——

你还记得给你拍封面人物照时，你执意要穿上大袍子，你说你最喜欢这种长衫，是特意找人定制的。那天你穿着长衫，昂着头，连走路都带风，真的是书生意气，挥斥方遒，真的是风流倜傥。我还蹭了一张跟你的合影，你穿着长衫，我将围巾一甩，照片被命名为“五四青年照”。

灵魂高贵的人！

不卑不亢——

记得你跟我说过，有次领导接见你们，你只是很有礼貌地微笑着简单介绍自己，而不是见到领导就笑得奴颜婢膝。

还有一次在人大开会，你陪外国专家行进时看见了旁边的我，特别郑重地走过来跟我打招呼。我自己都没想到，在那样的场合你对无名小卒也尽到所有的礼数，甚至我都觉得我不该占用这么重要的时间段和场景。

你是个一点儿架子都没有的人，所以才会获得人们真正的尊敬。我记得有一次你写了一个稿子，有一两万字，问我能不能发。我说我们要求字数只能是五千字，再多也不能超过七千字。虽然能获得你这样的大家的赐稿是十分荣幸的，但我们杂志是有硬性规定的，不能破了规矩。我说我再申请一下。你说：“没事，你们那儿有你们的规定，不难为你，我去发别的地方。”这就是真正的大家！对于我这种不识抬举的做法，你没有丝毫怨言。在我的编辑生涯中，遇到过各种各样的人，有的作者你让他删到五千字，他每次就删几个字，跟你往返折腾好几个回合。还有的人一听说你不能给他发，能很久都不理你。这些人的学养都远不及你，相比之下，又怎能让我不对你产生深深的敬意！

坦荡君子——

你性格直率，这点跟我特别像，所以我特别能理解你。有一次我跟你说："别老得罪人了，就是打仗，手里边也得有一杆子兄弟呀。"你说你从来对事不对人。有时你得罪了人，自己都不知道。你就是那种心底无私天地宽的人，看什么不对就会直言，不会藏着掖着，更不会讨好别人粉饰太平。你也很有包容心，能接受不同意见，只要对方有诚意，敢说。

有时你跟我指点别人，我就用同样审视的眼光说你，而且我说的话都不是婉转的，都是直接到残酷的，但我感觉你把我当成了自己，坦然接纳，从来没有责怪过我。这也让我越发骄纵，有恃无恐。不过，因为有我这个诤友，不顺非而泽，你的世界才变得完整。对不？

开明且包容的人——

有一次清明节，我收到小程序发送来的当天生日的朋友名单，居然有你。坏笑之时，一种更坏的捣蛋想法油然而生，我要试试看你是否迷信，因为我坚信你不会的。我特意发信息祝你生日快乐，还偷笑这个日子。我跟别人说起过这事，别人的第一反应就是："你怎么敢这样跟他说话。"虽然你当时没有搭理我，假装没看见，可也没说我，事后也没有责怪我。我觉得我们是彼此特别了解的人，在性格的某些方面，我觉得我们经常分不出彼此或把对方当成自己，就是开玩笑，搞恶作剧，都显得那么单纯。对于成年人的世界来说，存在本身就十分珍贵。我在你眼里始终是三十年前认识的小常青，而你给我的印象始终是那个充满童心的大男孩。

还记得那天去你家祭奠，路上我还在提醒自己千万记得摘口罩，可是到了那儿还是忘记了。见到遗像中的你，我脱口而出"再也见不到你了”，瞬间泪流满面。之后我跟芬莲说：“我怎么就忘了摘口罩呀？”芬莲说：“没事，刘老师不会怪你的。”我说：“是的，我做什么刘老师都不会生气。”这种无私的情感，宽大的心胸，一般只有父母对儿女才有。我能享受如此殊荣，三生有幸。

你是一个纯粹的人，一个极尽完美的人，无论是学识还是为人，都是泰斗级的，当之无愧！做学问精妙至纤毫，做人不卑不亢，有热度也有尺度。爱憎分明，但不计个人私怨，是个大气的人，包容的人。永葆大男孩的童真，于嬉笑怒骂间，体现的也是大情怀。能把生命高举在尘俗之上，又融化于社会之中，试问，谁人能如你？

与你过往的一切，都是那么的美好！正如那天我画彼岸花纪念你，上面那段文字特别准确地说明了我们之间的情谊：半师半友半知己，半慕半尊半倾心。现在我想升级一下，修改为：亦师亦友亦知己，必慕必尊必倾心！

你就是一颗钻石，多面体，面面都闪光。你只有一个缺点，你怎么那么讨厌，惹得我们在美好的春光里伤悲。来时你是春田，归去也要在春天吗？以前你是近处的灯火，现在你变成了遥远的星河。你虽然不在人大，不在北京，不在这个尘世，但你幻化成思念的空气，就在我们身边，离我们更近了。不用再打电话了，不用再担心我的话费了，想你时我就向空中大喊，风会告诉我你在哪里……

“我不知道离别的滋味是这样凄凉”，我不知道面对“再也不见”需要这么坚强！

哥们儿，来世一定还会相见的。忙完这一生，我就去找你！

2024年春节前夕

亲聆教诲已无期 来生再续师徒情

——追忆恩师刘春田先生

陈贤凯*

清明时节雨连绵，哀思袅笼似云烟。

平地一声惊雷响，痛悼先生已归仙。

清明节前的广州阴雨连绵，空气中笼罩着无尽的阴郁和哀伤。恩师在美国仙逝的消息传来，仿佛霹雳惊雷，令我彷徨无措。致电挚友沙哥，反复确认，后又得挚友周婧电告，得知消息确凿，却仍久久不愿接受这是事实。连续几晚，辗转反侧，无法入眠。感觉心如无根之萍，从此漂泊无依。有一夜终于迷迷糊糊睡去，睡梦中又见恩师：他还如以往那样，步履坚定，健步如飞，我在后面努力追上，突然间，恩师停下脚步，转过身来，微微一笑，用他那浑厚而温暖的声音说："就送到这里吧，回去吧！"那场景，倒仿佛每一次分别时那样，亲切而熟悉。恩师便挥一挥衣袖，慢慢消失在细雨中……

来京参加恩师的追思会，提前一天抵达，便走一走久违的母校校园

* 暨南大学法学院副教授。刘春田教授指导的2011级法学博士。

和友谊宾馆（恩师创办的北京阳光知识产权与法律发展基金会所在地），那里的一草一木，勾起了我许多回忆。恩师对我恩重如山。不论是到人大攻读博士学位的机会、两次到美国进修的机会，还是目前的工作岗位，在我个人成长的关键节点，无一不是恩师倾力相助获得的。如果没有恩师，就没有我的今天，这绝不是奉承之辞——我所得到的机会，对于一个出身工薪阶层的青年来说，真是从未敢想象、未敢奢望的。

毕业以后，有幸和恩师一直保持着密切联系，恩师也一直关心着我的成长。记得在2018年时，我对自己的职业发展产生了巨大困惑。我面临着所有“青椒”共同面临的窘境：论文难发，项目难拿。彼时工作已三年有余，我却始终难以打开局面，看不到希望。于是，我给恩师写了一封长信，描述自己遇到的困难、感到的困惑，并且提出了想换一条赛道、尝试不同的生活方式。几日后，恩师竟亲自来到广州，单独约我喝茶谈心。恩师说，看了我的信件，对我十分担心，怕我选错道路。他说：“在人生道路上，只要走在正确的方向上，哪怕慢一点儿，也不必太在意。譬如爬树，如果你在往上爬的途中遇到一点儿障碍便退下来，选择另一棵树爬，再遇到困难，又退而求其次，长此以往，你便不可能爬到任何一棵树的顶端。在这个过程中，也在空耗你自己的气力。做学问当然不容易，但只要持之以恒，勤写勤发，哪怕最开始发不了所谓的核心期刊，只要把观点表达出来，最终还是能被学界所看到。”正是在恩师的鼓励下，我才坚定了继续追寻学术梦想的决心，有了进一步前行的信心和勇气。

今天上午，我与两位师兄一同到恩师家，给恩师上一炷香，向恩师告别。听师母聊起恩师的过往，不禁潸然泪下，回想起当年坐在这张红木沙发上和恩师讨论问题的场景。有一次，恩师便是在家中交给我一个任务，让我给研究生班的学生上一门知识产权法课。恩师告诫我，教学是成为优秀学者的必修课，是必备的修炼，必须高度重视，因为教学能迫使你对一门学科进行系统性梳理，建立自己的知识体系。譬如“一阳指”，你看它威力十足，实则“一阳指”的功力全部来源于你全身的功力，只不过最终通过一个手指发力。教学就是一个迫使你苦练内功、系统训练的过程。至今为止，我一直谨记恩师教诲，将教学视作我最珍视、最神圣的使命。

不知不觉，恩师离开我们已近一月，但我仍难以接受这一现实，所以偶尔还在朋友圈发表一些悼念文字。我的好友、学生都劝我要“节哀顺变”。这又让我想起和恩师在一起的一段往事。2015年，恩师的母亲仙逝，恩师极度悲痛。当年的我“少不更事”，尝试安慰他，说：“奶奶这几十年来，都得您陪伴左右，晚年幸福安康，又已得百岁高寿，从世俗的眼光看，这已经是喜丧，还请老师节哀顺变。”恩师当时叹了口气，只回了一句：“理虽如此，情难自已。”如今，我终于痛彻心扉地体会到这一句“理虽如此，情难自已”的威力。

惊雷已过，细雨终息。
晨鸟齐鸣，春回大地。
世间万物，周而复始。
人于寰宇，沧海一粟。

天明时，便是恩师的追思会，这或许便是最终的道别。今晚跟随筹备小组在现场提前观看了追思会的纪念视频，视频结尾，恩师一句“我的时间到了”，让我们瞬间泪崩。片尾最终呈现的，是恩师微笑着向世人挥手告别的照片，宛如梦中所见……

2023年4月20日

纪念刘春田老师

陈　杰*

刘老师仙逝之后，同学们写了很多追忆文章。刘门以“人品贵重、学问精进”为师训。但是，自忝列门墙以来，我早已荒废，至今已有十三年。自己少不更事，十三年间与刘老师交流甚少。想到刘老师的只言片语也足以助人成长、寄托哀思，便将印象中的片语记录于此。写到此处，又恐涉及隐私与个人信息。但再三考量，深感刘老师在天上定不会追责，文稿又交付其至亲好友，便将记忆中与刘老师有关的数件事记录于此。片语不多，都是我心中所记。复习一遍，颇为感慨。

一

第一次见到刘老师是在硕士研究生的课堂上，刘老师给我们讲著作权法。课堂上刘老师提问，同学们多有发言。当时我小孩心性，喜欢获得老师的肯定与认同。积极发言后，刘老师问：“你导师是谁？”我便没大没小地说：“李琛。”当时，刘老师对全班各个同学的评价都较高，想来同学们的心性都与我相似。“人生若只如初见，再见恶心三见

* 天津科技大学文法学院副教授。刘春田教授指导的2010级法学博士。

烦。”现在回想起来，如果我能一开始就把刘老师当成朋友就好了。直到刘老师仙逝之后，我才发现这一点。

二

那是博士研究生学习期间刘老师第一次给我们这一届博士生上课。那天晚上六点多，我见刘老师走进教室，急忙跟刘老师说：“有两件事想向您申请。第一件事是这次课想跟您请个假。”刘老师便问：“第二件事呢？”看着刘老师高大伟岸的身形，我突然觉得头皮有点儿发麻，接着说：“第二件事是能不能这门课都跟您请个假，以后不来上课。”刘老师没有说话，便直接上课了。我也不知道刘老师是否同意，但也不敢走出教室，便坐在刘老师身边一言不发，恶心了刘老师一节课。虽然刘老师事后同意了我的请求，允我不来听课，但我的确也不敢不来。

三

有一次，在博士生的课堂上，刘老师以字体的著作权保护为题组织我们研讨。内向的我仍旧一言不发，直到被刘老师点名发言。我说：“判断一个对象是否属于作品，应当看结果而非过程。”刘老师问：“为什么？”当时我就被问蒙了。作为一个“人型ETC”，我第一次被怼得哑口无言，只好耍赖说：“这是李琛老师的观点。”见我甩锅，刘老师便放弃了对我的追问。“为什么”这三个字我至今记忆犹新，直到近期我才有了更好的答案。一直觉得以后还有机会可以再跟刘老师交流，不想却得到刘老师仙逝的消息。

四

读书期间，有次聚餐，席间聊天。刘老师讲起知青岁月，提起那时全国串联，坐火车不要钱。讲到此处，刘老师突然笑着问一位韩国同学：“那么，你说‘文革’好不好？”该同学不知如何回答，只好笑了笑。听到这个问题，我突然觉得有点儿茫然，便默默记下了此事。

五

读书期间，有次聚餐后，送刘老师回家。刘老师突然说起："没有什么事情是自己的事情，忙来忙去都是别人的事情。"我听了之后，好像听懂了，又好像没有听懂，便默默记下了这句话。

六

读书期间，恰逢庆祝刘老师从教二十五周年，同门聚会。刘老师提起知青岁月，讲了干活的窍门"悠着点儿"——有的知青干活太积极，不能持久；刘老师干活总是"悠着点儿"，反而赢在持久，成为先进。我把这句话深深记在心里并一直践行至今。

七

读书期间，有次陪同刘老师去重庆开会。会间用餐时，我向刘老师提出了一个困扰我很久的问题："听说您不爱吃鸡，但为什么喜欢吃石锅凤爪呢？"刘老师想了想说："一来爪子这个部位爱运动，二来这道菜味道不错。"我觉得很有道理，便又默默记下了这句话。

八

博士毕业聚餐时，我问刘老师："在大学里教书有什么需要注意的吗？"刘老师认真地说："要用心"。我一时竟分不清刘老师是认真的，还是在开玩笑。等了一会儿，见刘老师不再说话，我才认定这句话是刘老师对我的嘱托。

九

参加工作后，事事不顺，仿佛又回到了初入人大学习时考试常常挂科的状态。但再也不会有一位老师可以去寻求他的肯定，再也不会有一位老师可以去获得他的指导。有时我会陷入深深的自我怀疑，直到多年后再见到刘老师，才让我看清了自己的定位。在某种意义上，从自我怀疑的荒废到自信的荒废，也是人生的精进。

十

毕业十年后，刘老师不在了。遇见郭老师，我说："惭愧。"郭老师说："挺好。"不知道为什么，听了之后泪流不止。

十一

追思会期间，与同学们一起见到了李老师。我突然又"ETC"附身，问道："刘老师不在了，是不是知识产权的人大学派就只有您一人了？"李老师否定道："还有你们。"

2023年4月23日

深切缅怀知识产权界的良师益友——刘春田教授

程永顺　韩元牧　吴莉娟*

2023年3月25日，中国人民大学知识产权学院院长、中国法学会知识产权法学研究会会长刘春田教授在赴美参加学术会议期间，不幸突发疾病，与世长辞，享年75岁。刘教授是我国知识产权领域的杰出学者，他的离世，是知识产权界的重大损失，北京务实知识产权发展中心也失去了一位良师益友。我们深感悲痛。

北京务实知识产权发展中心（以下简称“务实中心”）是经北京市知识产权局、北京市民政局批准，于2005年12月成立的非官方的专门从事知识产权研究的NGO。除专职的研究人员外，务实中心还聘请了一批长期从事知识产权工作、有丰富知识产权工作经验的退休法官、官员、专家学者、律师，共同开展学术研究工作，发表研究成果，共享相关信息。经常参与务实中心组织的专家论证的专家学者有几十人，他们均以知识产权专业见长，同时又有所侧重，注重钻研学术、关注司法实务。其中有些是退休或者在任的法官，有些是退休或者在职的政

* 程永顺，北京务实知识产权发展中心主任，北京市高级人民法院知识产权庭原副庭长。韩元牧，北京务实知识产权发展中心副主任。吴莉娟，北京务实知识产权发展中心副主任。

府官员，也有一些是高校的教授、研究生导师或者从事知识产权代理工作的律师、专利商标代理人。他们大多被同行称为“老专利”“老商标”“老版权”“老法官”，不仅参加了相关立法、修法，而且常年站在知识产权教学、保护第一线。这是一批关心中国知识产权法律变化，掌握相关信息，实务求真，仗义执言，敢于讲真话、讲实话的知识产权热心人。

务实中心组织的专家论证意见不是在律师代理词的基础上找几个专家签字的论证意见，而是专家真正出观点、出智慧的论证意见。刘春田教授正是其中高校学者的杰出代表，他在务实中心的设立、成长、发展过程中，多次参与务实中心组织的各项活动，身体力行地为务实中心提供诸多帮助，贡献智慧，鼎力支持务实中心，而这种支持并非流于表面，而是切合实际的、务实的。

多年以来，刘教授作为研讨专家曾多次参与务实中心组织的知识产权疑难问题专家研讨会，对各类知识产权法律问题发表真知灼见，既为案件的最终解决提供了指导和帮助，也为知识产权的研究发展留下了宝贵财富。针对其熟悉的专业领域，如著作权、商标、商业秘密等疑难法律问题，很多时候他都是一针见血地指出问题之所在，观点有深度、有高度，发人深省。对于他不熟悉的专利技术领域或者医药领域的知识产权保护问题，他也并非敷衍附和，而是秉持着兼听则明的态度，认真听取其他专家的意见，在此基础上以其丰富的民法知识及知识产权保护方面的知识和经验，高屋建瓴地进行总结概括并从我国知识产权保护的高度给出合理化建议和意见，深受与

会专家的认可和钦佩。

刘教授曾参与的专家研讨会主要集中在商标法和著作权法领域，包括但不限于“商标侵权诉讼第三人问题研讨会”“吴良材商标与企业字号法律保护研讨会”“联通‘世界风’服务标识使用问题研讨会”“网络软件法律问题研讨会”“商业秘密刑法保护研讨会”“JINLING未注册商标使用问题研讨会”“导航电子地图著作权侵权法律问题研讨会”“包装瓶立体商标注册和保护问题研讨会”“SCOFIELD及图商标与BURBERRY商标问题研讨会”“蜜妍商标侵权纠纷法律问题研讨会”“自家商标纠纷法律问题研讨会”“正野商标纠纷法律问题研讨会”“路虎商标争议行政纠纷研讨会”“Freudenberg商标异议复审行政纠纷专家研讨会”“宏济堂商标侵权及不正当竞争纠纷专家研讨会”等。在这些研讨会上，刘教授的发言总能够提纲挈领、高屋建瓴，站在知识产权保护的高度，提出尖锐、深刻的真知灼见，在具体案件讨论的基础上，提升专家论证意见的高度，为案件的最终审理和裁决提供了很好的指导。

兹将刘教授在研讨会中精辟而深刻的观点摘录如下：

就历史而言，中国实施知识产权法律制度，理性地讲始于清朝末年。1898年戊戌变法后实行了最早的专利制度， 1904年实行了商标制度， 1910年实行了著作权制度。后来我们的社会不够安定，受到外国侵略，造成我们国家经济发展中断。日本一次又一次赶上我们的现代化技术，最早是1894年，而后是1937年。现在我们面临的是新的第三次现代化的机遇。我个人觉得，我们应当认真地实行既定的建设方针，认真地实行知识产权制度。知识产权在企业中，是企业的家产；对个人而言，也是个人的家产，非常有必要珍惜这些家产。日本在2000年就制定了国家知识产权战略，我国受其启发，经过两年多的努力，在2008年制定了《国家知识产权战略纲要》，各省市也制定了地方的知识产权战略。当今世界的竞争主要是智力竞争，其主要的手段就是知识产权。在美国，去年（2009年——引者）奥巴马上台后，推出了美国创新战略，此外，美国也计划推出美国知识产权战略。所以，每个国家只有在知识产权领域占到先机，方能在现代化的进程中占到先机。目前，我国的综合国力有所提高，但在创新方面，应该说还远远不如西方国家。我们的教育、科学技术、社会管理、国家综合实力、人均收入、综合产值、社会医疗保险等方面还落后于西方。这就需要我们静下心来，从基础做起，从教育、从科学技术做起，认真落实好各项知识产权的政策和法律，保证我国能走上建设创新型国家的道路。

对于有影响的法律纠纷，如果解决这个法律纠纷的裁判者在中国，就像一场国际足球比赛，裁判员是中国人，大家就会看中国人怎么对这场比赛发生的问题提出相对公平、理性和合理的解决方案。这样的案件能引起我们对商标制度的反思，过去我们经常看到假冒商标的、抢注商标的、霸占商标的，现在也有一些新的“碰瓷”商标。纠纷的不断发展，市场经济的复杂化，给我们提供了很多可以研究的现象，我们之所以感兴趣就在于想把这些问题一个一个理清楚，三十年来建立这个制度到底有哪些问题、哪些矛盾、哪些特别主要的问题需要解决。关于商标制度的完善，商标制度应该具有形式意义上和实质意义上的权利，而不是只有注册的权利。商标制度应该有更高的门槛来确保确实使用，以获得实质意义上的权利。此外，商标法的修改应该更加注重消费者、企业和民事主体的利益，而不是只满足商标局和工商局的利益。商标制度应该是为市场经济和社会服务的，而不是为行政管理服务的。

除参与具体纠纷的专家论证研讨外，刘教授也为务实中心组织的其他活动提供了支持。例如，务实中心曾于2010年10月在浙江台州临海市组织召开“临海市知识产权（商业秘密）保护研讨会”，特邀刘教授一同赴临海市为当地政府、司法机关以及企业的商业秘密保护建言献策，会后邀刘教授共游“江南长城”，采橘东海之滨。刘教授不仅通过座谈的形式与当地科技局、公安局、检察院、法院等相关机构进行了热烈交流，也在漫步长城时与当地企业交换了意见。

对于一些与知识产权相关的重大社会问题或有重大影响的案件，务实中心也多次与刘教授所在的中国人民大学知识产权学院协作，组织研讨沙龙，关注社会热点法律问题，提出立法和司法建议，为知识产权司法保护和制度建设提出新观点、注入正能量。例如，2012年3月10日，务实中心与中国人民大学知识产权学院共同主办了主题为“IPAD商标权纠纷的启示与思考”的第三届“IPR沙龙”，就苹果公司与深圳唯冠公司的“IPAD”商标纠纷中的法律问题及其引发的对中国商标制定的启示与思考开展研讨。国内数十位知识产权保护方面的顶级专家、律师及多家媒体参与了研讨。务实中心程永顺主任与刘教授作为联席主

持人，共同表达了通过对社会关注度极高的IPad商标纠纷所反映的问题的讨论，反思我国现行商标制度的不足，并推动我国商标制度进一步完善的希望。

此外，刘教授与程永顺主任均是参加中美知识产权学者对话的专家。务实中心与刘教授所在的北京阳光知识产权与法律发展基金会都致力于借助对话平台，齐心协力推动中国知识产权制度的完善和发展。其中，在专利法第四次修改之际，由务实中心主导完成的两期关于“药品专利链接制度”的专题研究报告也作为中美知识产权学者对话的成果，提交相关部门，为推动中国建立药品专利纠纷早期解决机制尽了绵薄之力。虽然药品专利领域并非刘教授的专长，但他始终认为药品创新对知识产权保护的依赖度最高，且关系国计民生，应当加强对医药知识产权的保护，这既是创新发展的大势所趋，也是实现全民健康的重要保障。

因种种原因，务实中心已于2023年7月注销，它走过了18年的历程，正是仰仗着刘春田教授等一代知识产权专家的不懈努力，务实中心为我国知识产权司法保护建言献策。务实中心一路走来，与众多知识产权专家一路同行，不幸的是，一些专家先后离开了我们，如曾经常参与务实中心研讨活动的郭寿康、杨金琪、尹新天、欧万雄、赵嘉祥等诸位老师。虽然他们和刘春田教授一样已离我们而去，但是他们在专业领域不断求真、务实探索的精神永存，为我国知识产权保护事业不懈奋斗的精神永存。正是在这样一批最美专家的支持和陪伴下，务实中心不断发展和成长。虽然现在务实中心已经注销，但我国知识产权保护事业不会停歇，对我国知识产权疑难问题的关注度不会减弱，各种形式的专家论证研讨活动也不会终止。我们会继续沿着刘春田教授及诸位前辈开辟的道路，秉承奋发图强、不断奋进的志向，为完善和丰富我国知识产权保护制度继续努力，贡献力量。

2023年12月25日

刘春田教授对中国知识产权司法审判的贡献点滴回顾

程永顺

我已经不记得与刘教授第一次相见相识具体是在何时何地了。

20世纪80年代末，在我国知识产权制度建立初期，我所在的北京市高级人民法院经济审判庭负责审理专利、商标等工业产权纠纷案件，著作权纠纷案件归民事审判庭审理。听民庭的同事时常提起刘教授的名字，知道他是中国人民大学的老师，曾在最高人民法院组织的著作权法培训班上给法官讲课。法官们在审理著作权案件中遇到问题经常会向刘教授请教，而我们经济庭在审理技术合同纠纷、专利纠纷案件中遇到问题，更多是向国家科委、中国专利局的专家或者有技术背景的专家学者请教。

1990年12月上旬，中国知识产权研究会首届年会在广东召开，在会上我和刘教授好像已经挺熟悉了，开会时我们坐在一起，还一起上台参加研究会领导选举的投

票。那时，我学习知识的渴望特别强烈，研究问题的热情特别高，遇到重大疑难案件经常召开专家咨询会，听取各方面专家学者的意见。1993年8月，北京市高院、中院两级法院率先在全国成立了知识产权审判庭。知识产权庭成立当天上午召开新闻发布会，下午组织有关官员、专家学者座谈，刘教授参加了座谈会。会上通告了知识产权庭的受案范围，明确了各类著作权案件集中划归知识产权庭审理，希望得到各位专家学者的智力支持。此后，我们同刘教授接触的次数明显增多了。我们经常一起参加活动，讨论问题。许多具体事情我至今记忆犹新。

20世纪90年代初，随着电子储存介质的发展，电子地图开始出现并快速占领了市场，开始出现盗版电子地图，并将其拷进软盘、光盘中销售侵权的纠纷。1995年初夏的一个晚上，我们一块儿吃饭聊天，刘教授提出要关注电子地图版权的事，并说想和有关法院的同事联系实地考察一下。为了解电子地图的产生过程及其与著作权归属的关系，1995年7月，刘教授召集国家版权局许超、对外经贸大学金渝林等专家学者，利用周末时间到陕西西安的一个军事科研单位做调研。他邀请我一同参加，我们听取技术专家介绍电子地图的产生过程，并乘坐军用吉

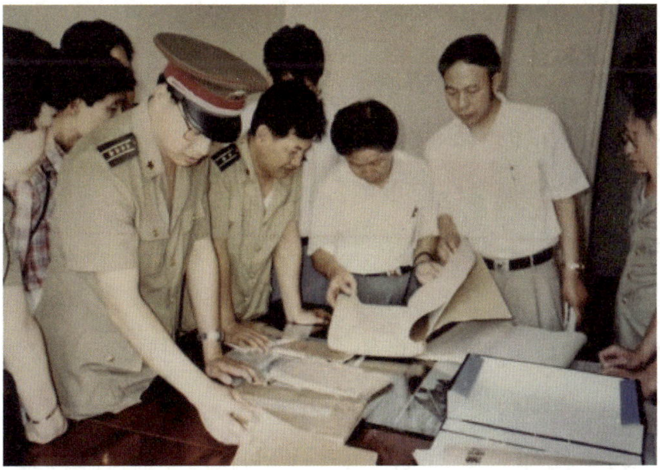

普车亲自在市区的复杂路段进行绘图测量体验，收获很大。这种深入实地了解专业知识的做法对我触动很大，知识产权案件涉及各方面的专业技术问题，法官不懂技术，应该尽量了解社会，了解专业技术知识。在这次体验的影响下，后来北京市高级人民法院知识产权庭又组织法官到门头沟区黑石头的一个军事测绘单位进行考察调研，使法官们对电子地图规划设计、测量绘制过程、地图作品权利产生、如何纠错、如何判断侵权等有了感性认识。

20世纪90年代，在审判工作之余或者在各种知识产权研讨班、培训班中，如果可能，我们都会安排一些到企业参观考察的项目，让法官开阔眼界。如在1996年知识产权培训班期间，组织法官参观中国专利局文献部、清华大学远程设计实验室等，在1994年8月首次部分知识产权研究会期间，组织法官参观联想集团公司、北大方正公司等，还组织法官参观了中国专利十年成果展等，使法官开阔了眼界，充实了专业技术知识。

1996年广东省佛山市中级人民法院受理了一起侵犯商标权、版权及不正当竞争纠纷案。原告是一家民营企业，有近百年的酿酒历史，1983年注册了“石湾牌”商标，其状告国企广东省食品进出口集团公司及两个民营企业侵权，在当地影响很大。而且案件涉及侵犯商标权、著作权及使用企业字号构成不正当竞争多个案由，还涉及商标“两本账”等历史问题，案件事实、法律问题比较复杂。佛山市中级人民法院承办法官专门来北京向我求援，希望我帮忙在北京聘请两位法学专家作为人民陪审员一同参加案件的审理。

我当时首先想到了刘教授。在我眼中，刘教授是民法专家，法律理论基础很好，而且在著作权、商标方面的法律根底也很深厚。1994年9月中华商标协会成立时，他是协会十个个人会员之一。因为是广东佛山中院的案件，参加陪审要耽误自己的时间，佛山中院的承办法官也很担心他的时间不能保证。当我打电话询问他时，没想到他爽快地答应了，并和金渝林教授一起为此案去了几次佛山。几乎每次从佛山回来，他都找机会和我交流一下。记得最清楚的是，他说这个案件在合议时，他作为陪审员没有当摆设，而是发表了个人的观点和意见，至于法官听不听就不是他所决定的了。案件审结后，佛山中院的承办法官对我表示感谢，对两位陪审员大加赞赏，说："你推荐的刘老师和金老师不仅帮助我们解决了一个令人头疼的案件，还让我们从他们身上学到不少新知识，他们也成为了法院的好朋友。"

北京是首都，知识产权审判工作开展得较早，各种新类型案件较多，审判中经常遇到各种各样的法律问题，早年对于这些问题的解决法院很依赖各类专家学者。我们遇到问题后，经常组织召开专家咨询会，许多会上都可以见到刘教授的身影。他是我们审判知识产权案件过程中的常客，他的理论基础扎实，观点鲜明，发表观点经常是一针见血，给法官的印象极深。

1993年北京市高院、中院两级法院成立知识产权审判庭后，法官人手奇缺，很希望能招到专门学习知识产权的应届毕业生。刘教授知道后，在学生中积极帮助法院做宣传动员，他还专门给我打电话，说新一届知识产权双学士要毕业了，正在双向找工作，希望我们到学生中宣传一下法院的知识产权审判优势。我和北京市中级人民法院知识产权庭庭长专门到中国人民大学双学士毕业生中去做宣传，并挑选了6名学生，希望他们能到北京市高院、中院两级法院的知识产权审判庭工作，最终有4人选择了法院，有的人现在已经成为法院的栋梁之才。

1996年3月，北京市高级人民法院举行"知识产权法律咨询顾问聘请仪式"，以北京市高级人民法院名义聘请了2位咨询顾问，刘教授便是其中之一；还聘请了2个知识产权鉴定单位，一个是中华全国专利代理师协会专家委员会，另一个是中国版权研究会版权鉴定专业委员会。刘教授就是版权鉴定专业委员会的负责人。北京市高级人民法院还为两

个中级法院聘请了一批青年学者作为知识产权案件的人民陪审员。为了选到合适的青年学者到法院当人民陪审员，我找到北京大学陈美章老师、中国社会科学院法学研究所郑成思老师、中国人民大学刘春田老师和国防专利局副局长，请他们帮忙推荐人员。陈美章老师推荐了张平、郝晓峰，郑成思老师推荐了周林、张玉瑞，国防专利局推荐了杨建兵。当时，中国人民大学教知识产权的年轻教师不多，他们的教学任务较重，但刘教授还是推荐了他的大弟子郭禾老师。这6位青年学者一边教学，一边参与审理知识产权纠纷案件，在办案的同时还肩负着向法官传授知识产权知识的重任。为北京两个中级法院知识产权审判工作做出了贡献，受到了法官的一致好评。在这期间，刘教授对北京法院实施的这三项举措给予了全力支持。

在这之后，全国多地法院效仿北京法院的做法，聘请专家学者做法律咨询顾问，刘教授也成为多个省的高级法院及最高人民法院的知识产权咨询顾问。在法院的许多知识产权培训班、审判工作会议、疑难案件研讨会、司法解释征求意见座谈会、司法实践问题咨询会上都可以见到他的身影。1996年至1999年初我在最高人民法院知识产权庭工作交流，这期间最高人民法院法官学院组织了两次知识产权培训班，刘教授都是讲课教员。最高人民法院讨论疑难案件及制定司法解释，只要请他参加，他都会立即答应，有时甚至推掉其他工作也要参加，对法院的工作予以极大支持。中国入世后，北京法院举办过多期培训班，请刘教授授课。三十多年来，刘教授对北京乃至全国法院的知识产权审判工作给予了很大支持，做出了很大贡献。他对中国知识产权司法保护工作参与之深、参与范围之广，结识法官数量之多，对司法工作贡献之大，是其他专家学者难以相比的。

2000年前后，因为我在多年的审判工作中，每审结一起有影响或有争议的案件，就会有法官或律师或学者索要结案的法律文书，同时也常有各地的法官将他们的法律文书送我参考，与我交流看法，时间一久，我无意中积累了大量的各地法院的各类知识产权法律文书。

2000年6月，最高人民法院发布《裁判文书公布管理办法》，决定“有选择地向社会公布裁判文书”，实现“阳光工程”。正是在这种情况下，我想把手里积存的判决书整理公开。当我与刘教授商量时，他非常赞成、支持我的想法。我又把这一想法与20多个中级法院、高级法院的法官商量，并希望他们提供已审结的裁判文书。在得到响应与支持后，很快我就搜集了近千份生效的判决文书，我从中挑选了700多份准备编辑成五卷出版。我请刘教授为第一卷作序，他立刻答应下来。我问他：“要不要我写个草稿供参考？”他说不用，他要自己亲自写。很快他就为我的《知识产权裁判文书集》第一卷写了题为《中国知识产权法制的历史背景》的序言。内容十分精彩，今天阅读仍十分受用。

2005年初，我从法院提前退休后，时常被邀请参加一些疑难案件专家论证会。有一次与刘教授共同参加一个商标案件专家论证会，案件涉及一个文字商标，原告在中国注册了中文简体字商标并长期使用，广东一个民营企业注册了相同文字的繁体字商标并使用。发生纠纷后，商标局认定繁体字商标与简体字商标属于相似商标，注册后使用在近似商品上会造成消费者混淆误认，决定予以撤销。当事人不服，向法院起诉，并希望参与论证的专家出具论证意见，支持其中文繁体字商标与简体字商标不能被认为是相同或相似商标的观点，并事先草拟了一个专家意见待专家签字。作为一方当事人的广东这家民营企业的老板也参加了专家论证会，并一再强调自己注册繁体字商标并无恶意。我问他："既然无恶意，你怎么想起用这两个字作为自己企业商标的？你为什么一下子注册了几十个商标，均与他人在先注册的在社会上知名度较高的商标相同？"老板无言以对，承认是为了搭便车才抢注了一批商标。我表示不同意专家意见草稿中表述的繁体字商标与简体字商标不相同的观点，我认为这是一个恶意抢注他人商标的典型例子，不应得到支持。刘教授紧接着发言，对我的观点表示赞成，认为这明明是恶意抢注行为，专家学者不能为了拿点儿钱就不讲法律，不讲事实，支持恶意抢注的行为。参加会议的董葆霖也表示同意我们的观点。我们几个人表示不能在这个专家意见上签字，搞得论证会的主持人很尴尬。

后来一同参加这类专家论证会多了，我发现刘教授一直是直言直语，发表观点不受他人左右，而是靠自己的理论功底，凭自己的独立思考，发表自己的独立观点，真的充分显现了一个专家、一个学者的风格！

20世纪90年代末，在刘教授的提议下，我被聘任为中国人民大学法学院兼职教授，后来中国人民大学律师学院成立，他又推荐我作了律师学院的兼职教授。2011年10月，他被推荐为中国法学会知识产权法学研究会第三任会长，我被推荐为副会长之一。他总讲，中国知识产权起步晚，时间不长，理论上、实务中问题很多，可以利用研究会这个民间机构，组织大家为知识产权多做一点事情。他是这么说的，也是这么做的。说起知识产权，他有说不完的话，做不完的事，在他身上感觉有用不完的精力。在他的带领下，仅我就参加了科学技术进步法、著作权

法、民法典、专利法等多部法律制定和修改的研讨和专家座谈会。对司法实践中的一些重要案件、重大争论也多次组织各种论坛、研讨，每次参会人数都很多，收获都很大。在他任会长的第二年，就组织召开了中美知识产权司法高峰论坛，参加人数近千人，中美双方近百名法官参会。会议规模之大、规格之高，史无前例。

刘教授在国际交流中特别注意宣传中国的知识产权保护进展情况。在一同去新加坡、英国、美国考察的过程中或共同参加的国际会议上都能够听到他在讲座交流中宣传中国知识产权的进步，特别是司法的进步。2012年底，他同我谈准备搞“中美知识产权学者对话”的设想，并希望我作为其中一员。他信心满满，觉得开展中美两国学者对话对加强双方理解，为中国争取话语权，宣传中国知识产权立法、司法的进步大有好处。我表示可以参加，他十分高兴。中美知识产权学者对话持续了近十年，对话地点有时在中国，有时在美国。对话内容开始主要是美方学者提出问题，中方学者回答问题，后来逐渐变为双方共设主题，共同讨论、争论，尽量达成共识。对话的主题开始仅涉及知识产权入罪标准、商业秘密、假冒商标、知识产权执法等美方感兴趣的问题，后来对话内容逐渐越来越广泛。每次对话后都形成专门报告，递给有关政府及司法部门参考，取得了很好的对话效果。由我主持在2016年和2018年陆续完成的《建立药品上市申报与专利保护衔接机制》和《探索建立中

国药品专利链接制度》两份报告，都是中美知识产权学者对话的重要成果之一。其中刘教授付出了极大心血，他作为中美知识产权学者对话的中方召集人，不仅负责组织工作，还要选择适合的对话人，研究对话课题，协商开会地点，与政府有关部门沟通，为每一次对话致辞及总结，实际上为对话定方向、总结收获。作为一个学者，他对大政方针掌握得十分到位，对话分寸适度，每次对话期间还要安排研讨会、参观考察，受到参与对话的中美双方专家学者的肯定和好评。

疫情三年，人员的流动受到了影响，对话无法面对面进行，双方通过网络也进行过几次交流对话。2023年年初，疫情过去，一切正在走向正常，中美知识产权学者对话也在商议恢复中，正当此时，刘教授突然不幸去世，使这一十分有意义的对话活动戛然终止，令人痛惜。

2023年11月24日

大卫·卡波斯纪念刘春田教授

David J. Kappos*

November 9, 2023

I write in remembrance of Professor Liu Chuntian, a champion of intellectual property for China, an intellect in the IP field, and a friend to the U.S. - China IP experts dialog. Professor Liu was ever-fair, balanced, candid, but also gracious, generous, and genuinely helpful. He has left a void in championing a strong, effective IP system for China, but more importantly has left a legacy of improvement, strengthening, and belief in the power of IP to propel progress. Professor Liu will be long-remembered for his contributions to China's IP system.

With sadness, respect, and gratitude,

David J. Kappos

---

* 美国商务部原副部长、专利商标局原局长。

春田智慧永长存

——缅怀刘春田老师

邓丹云[*]

“春田漠漠草萋萋，油菜花开烟叶齐”。春田漠漠，草色青青，油菜花盛，烟叶摇曳。初见刘师时，这句诗就在脑中倏然而至。他虽已年逾古稀，然精神矍铄，腰板挺直，慈祥睿智，言语中如同盛开了油菜花的春田一般，充满了生机与活力。

作为知识产权的学界泰斗，刘师让我仰慕已久。我与刘师相见，缘于他创办的北京阳光知识产权与法律发展基金会。2019年4月25日，我去北京参加国家版权局的一个会议。其间，经人引荐，结识了刘师之女劭君。劭君系阳光基金的秘书长，她热情地向我介绍了阳光基金坚持“科教兴国，扶贫助弱，推动知识产权与法律的发展”的宗旨，并表示乐意资助广州互联网法院人才培养等事宜。我回来后马上向院领导作了汇报，院领导非常高兴，正苦于新建法院的人才培养缺乏支持，未曾想能有这样的平台。没过多久，理事长刘师就来广州与我院签订了合作协议。从此，无论是司法高级研修班的设立，还是诸多研讨会的举办，抑

* 广州互联网法院综合审判二庭庭长。

或“4·26”活动的开展，阳光基金都给予了我们最无私和最宝贵的支持。在刘师的影响下，国内知名学者专家纷纷为广州互联网法院干警传经送宝、指点迷津，让年轻的法官们能迅速开阔视野、提升专业素养。

刘师亲自讲授了司法高级研修班的第一课，他以“知识产权之源”与“无形财产之辩”为主题，为我们细细梳理了知识产权的脉络，既幽默风趣，又言辞犀利。他深邃地指出，知识如同璀璨的星辰，既客观存在、可感可知，亦可为人所支配，其源头在于人类的智慧之光。正是通过人类的智慧转化，知识得以诞生，并进而孕育出知识产权这一神圣权利。知识在传递与交流中，并非无形之物，而是蕴含独特价值的有形之财产。刘师意味深长地告诫各位法官：若纠结于知识产权的有形与否，可能会舍本逐末，忘却其真正本质。当得知我有科技哲学专业背景时，他笑眯眯地说：“你是能听懂我的话的。”其实我是没有完全听懂的，但我还是心虚地表示懂了。刘师哈哈大笑，说：“只要任何时候都不要忘记寻求事物的本源，就不会迷失方向。”我谨记刘师教诲，不忘本源。尽管有时在寻找本源的路上，会碰到挫折，遭受批评，但一想起刘师笑眯眯的模样，便能坦然相待。

仔细算来，我和刘师只有短暂的四次相见：一次北京，三次广州；听课一次，研讨会聆听演讲一次，友人相聚两次。其中一次友人相聚，系刘师来广州某法院讲课，朋友邀我与刘师共进晚餐。当见到刘师时，其因腿伤刚从医院换药回来，我既心疼又佩服。为了知产事业，如此奔波，能有几人？席间，我询问刘师身体状况时，他爽朗一笑，说一点儿小痛不算啥，并问我家小女如何。如此繁忙，还记得我又生小女，心生感动，连表谢意。刘师又是笑眯眯地说：“你这么大年纪，工作如此忙，还生二胎，是为国家做贡献，怎能不记得。”呜呼，憾之小女一直未有机缘见可亲可敬的刘爷爷。小女未有之机缘，大女却有幸享有。大女2022年前往北京攻读硕士研究生，第一次去北京，就见到了刘师。

刘师了解到她学的是心理学，遂从心理学的本源出发，从不同角度与她长谈，开启了她新的学习之窗。

又是一年春来时，刘师已驾鹤西去恰一年。遥想去年，油菜花开满春田，惊闻噩耗，初难以置信，后掩面而泣。我和劭君已情同姐妹，我无法想象她的心情，千言万语在心中，却说不出一个安慰的字。刘师，学界的璀璨星辰，司法界的指路明灯，不知不觉成了我们最亲近的人。他的离去，如夜空中最亮的星辰陨落，让人痛惜又叹息。未来路漫漫，怀着对刘师最珍贵的记忆，我当努力走好每一步。

愿刘师九泉之下安息。

2024年春

传承是最好的怀念

邓　卓*

去年3月底突闻噩耗，刘老师仙逝，悲恸不已。今年元旦，看到同门弟子在微信群向师母问好，此刻老师的音容笑貌又回荡脑海。大家都很怀念老师，不少同门写了怀念老师的文章，对老师的怀念情真意切、感人至深。我受刘老师教诲已经18年，因资质愚钝，虽非刘老师的得意门生，但得到的点拨并不少。我对刘老师的怀念与大家是一样的，我也想写点儿什么，把我对刘老师最好的怀念写给大家。

由于工作与所学专业紧密联系，研究生毕业后我也时常叨扰老师，无论是工作还是生活中的诸多问题，刘老师总是不厌其烦地开释。刘老师富有哲理又妙趣横生的话语，深深地影响着我。看到很多同门描写了很多同刘老师相处交流的画面，处处都体现了刘老师的大象无形、睿智通达。刘老师身上一以贯之的知识分子的使命、节操与良知，更是令人肃然起敬。

刘老师在给我上的第一堂课上在回答同学们“读些什么书好”的提

* 最高人民法院知识产权法庭法官。刘春田教授指导的2006级法学硕士。

问时，让大家有空多读几遍《论语》。当时我不明觉厉。后来在工作中慢慢体悟，《论语》微言大义、言近旨远。它要解决两个问题：对个体而言，人应该怎样生活；对群体而言，人应该怎样活在一起？核心论旨在于人间秩序的建构与维系。这不正是法律人的使命吗？刘老师毕生致力于知识产权法学研究与教育，为国家知识产权法律体系的构建与完善不遗余力。刘老师参与制定《国家知识产权战略纲要》，不正是要建构创新型国家，推动促成鼓励创新、保护创造的人间秩序吗？刘老师言传身教于一体，践行了知识分子的使命担当。

西方有句法谚，“法官是法律帝国的国王”。刘老师跟我说，一名法官要无愧于这一称呼，就必须做到“不唯上、不唯书、只唯实”。我想这大概是知识分子的节操要求吧。刘老师多次跟我讲，法官不应当唯上，要在法律之上求证，这是法治精神的基本体现。任何法官绝不能唯权力是从，法官要做到不唯上，就必须有独立的人格。从这个角度来讲，法官的人格比知识更重要。历史经验告诉我们，公正只能从明辨是非之人手中取得，而人之人格独立是明辨是非之前提。如果法官之人格不独立，只是唯上是从，就无法保证公正履行司法职责，就可能出现以权压法、以权谋私、枉法裁判，损害司法公信力和社会公平与正义之情形。刘老师这些教导深深影响着我的职业生涯。

“学习法律的人一定要有良知”，这也是刘老师教导我的话，“良知是什么？良知就是知善知恶，尊重常识，遵循规律”。我想这些也就是知识分子的良知吧。刘老师还提到，研习法律者，首先要捍卫社会良知，其次，还要把法律作为思考的对象而非前提。也许正是因为刘老师一以贯之秉持的知识分子的良知，才有了“知识产权是第一财产权”“民法典是知识产权的法律母体和精神家园”“创造不同于劳动”等深刻的见解与认识。其实，这又何尝不是我们法律人应有的基本素养呢？

刘老师一生为一大事而来，为了所追求的知识产权事业，奔忙至终。刘老师肯定乐见弟子们传承好他的思想与学说，但更乐见的是传承好他一以贯之的知识分子的使命、节操与良知。也许，这也是我们对他最好的怀念。

老师千古，千古老师！

2024年1月11日

纪念刘春田先生

丁文严*

一年前的3月25日，刘春田先生在赴美参加学术活动期间因突发疾病、抢救无效去世，为我国知识产权事业奋斗到生命的最后一刻。刘春田先生是我国杰出的法学家、法学教育家，中国知识产权法学学科的奠基人，中国知识产权法学教育的开拓者，知识产权法学中外交流的积极推动者，国际著名知识产权学者，他毕生奋斗在我国知识产权事业的最前沿，为我国知识产权事业作出了不可磨灭的贡献。他卓越的学术成就、学术实践和锲而不舍、坚定执着的钻研精神以及坚持真理、毕生追求的奋斗精神，已使他成为他自己所追求的“一轮红日”，照亮全球知识产权领域。他的离世不仅是我国知识产权事业的巨大损失，也是世界知识产权法学界的巨大遗憾，因此让我们深感悲痛和惋惜！

刘春田先生长期致力于知识产权法的教学、基础理论研究和学科基本建设以及我国知识产权法律制度的建设。他被誉为我国知识产权法学研究的领军人物，于“千卷书中拾珠玑，万卷经中领真知”，不仅著作

* 中国应用法学研究所研究员、民商事审判研究部主任。

等身，而且更为可贵的是每一成果都充满了敏锐的洞察与深邃的思想，展现了他卓越的学术造诣和不懈的学术追求，为我们留下了《知识产权法》《中华人民共和国著作权法三十年》《中国知识产权四十年》《知识产权保护与国际惯例》《知识产权判例研究》等经典篇目。从20世纪80年代起，他就陆续参加了中国著作权法、商标法、专利法和反不正当竞争法的起草或修订等立法工作，其不少学术观点被立法采纳，还参与了《国家知识产权战略纲要》的制定工作，成为我国知识产权法律制度的重要缔造者之一。他的贡献不仅体现在学术成果和制度建设上，更体现在他对法学教育的推动上。作为我国知识产权法学教育的开拓者、奠基者，刘春田先生于1985年就在我国开设了第一门知识产权法课程，开启了我国知识产权法学的系统教学，编撰并出版了我国最早的知识产权教材《知识产权》，主编了包括《全国高等学校知识产权法教学指导纲要》《知识产权法》等在内的一系列全国高等学校法学专业核心课程教材，其中《知识产权法》获教育部全国普通高等学校优秀教材一等奖，至今已经出版六版，成为知识产权教学领域不朽的经典。正是在刘春田先生的不懈建议与努力下，“知识产权法”被正式列入法学二级专业学科。在之后的几十年间，他为国家培养了一批又一批立志于知识产权事业的人才，壮大了知识产权专业人才队伍。他的离世，让我们更加深刻地认识到知识产权法学的重要性，也让我们更加坚定了为知识产权事业努力奋斗的信念。

我虽非刘春田先生的学生，但一直以来，我对先生都充满了无比的敬意，“仰之弥高，钻之弥坚”。我曾有幸有过三次与先生近距离学习的机会，这三次学习在后来一直激励着我在知识产权研究道路上孜孜不倦、不断前行。

第一次近距离接触刘春田先生是在2015年。彼时我在最高人民法院知识产权庭借调工作，执笔起草最高人民法院知识产权司法保护研究中心的《最高人民法院知识产权司法保护研究中心章程》《最高人民法院知识产权司法保护研究中心学术委员会章程》，实际参与该研究中心的筹建工作，有幸亲身体验了刘春田先生对中国知识产权司法保护事业的鼎力支持。记得是在2015年的春节前，我犹豫地拨通先生的手机，向他简要介绍筹建最高人民法院知识产权司法保护研究中心的情况后，邀请他担任研究中心的学术委员会副主任，并参加年后即将举行的成立大会。那是我第一次与先生联系，之前从未有过交往。作为学界泰斗，他没有询问研究中心的筹建细节和会议的时间地点就欣然应允，让我真切感受到他对知识产权司法保护事业的热情和支持。2015年3月18日，最高人民法院知识产权司法保护研究中心在北京成立，先生出任该研究中心学术委员会副主任。同年11月7日，最高人民法院知识产权司法保护研究中心、中国法学会审判理论研究会知识产权审判理论专业委员会和西南政法大学共同举办的“‘互联网+’时代知识产权保护热点问题研讨会”在重庆召开。先生在会上作专题演讲，他强调知识产权法学研究的视野事关社会的全局、经济的发展、国家的未来，在“互联网+”的时代背景下，在新一轮技术革命来临之际，我国知识产权学者应当积极研判知识产权保护面临的新问题新挑战，及时回应新的时代背景下国家和人民群众知识产权保护的新需求，保证我国知识产权制度与世界其他国家知识产权制度能够比肩同行，甚至引领世界知识产权保护的发展。

第二次见到刘春田先生是在2018年的冬天。当时我刚刚完成《新技术时代新类型客体的可版权性研究》一书，有感于先生在知识产权界的德高望重，我特别希望他能为拙著作序。于是我惴惴不安地去请刘先生，没想到见面之后，他只是翻了翻我的书稿就慨然应允。不过，他并没有马上为我作序，而是让我把书稿留下，约定时间来取序言。先生认真细致、一丝不苟，在通读完全书之后，对我的书稿提出了修改意见，同时提炼出本书的显著特点——“基于理论，源于实践，归纳提供系统的方法论参考”，并基于此客观地对本书进行了评价：“本书是一位学者孜孜不倦地阅读、思考和长期专注、系统研究的结晶，是一本难得的学术专著，值得法官、学者、研究人员和学习者阅读。”先生的建议和意见，不仅有助于我进一步完善本书稿的内容，也激励着我在未来的学术道路上探幽索隐，为我国的知识产权事业砥砺前行；而他严谨细致、一丝不苟的学术作风更是时常警醒着我在研究工作中敬始慎终、脚踏实地、一丝不苟。

第三次见到刘春田先生是在2020年的秋天。当时先生主持国家知识产权局课题“知识产权法域外适用问题研究”（2020—2021），我有幸被邀请加入课题组并担任涉外知识产权部分的主研人。在课题研究期间，先生多次主持研究会议，召集各课题参与人，研究课题方向、报告提纲和内容以及成果转化等问题，及时听取大家关于研究进度、困难和建议等的汇报，并从理论和实践等不同维度，就课题研究中所遇到的问题进行认真的分析和指导。在这些过程中，我有机会多次近距离聆听先生的教诲，亲身体会了他的大格局大视野，不仅拓宽了我的研究视野，提高了我的研究站位，更启发我从更高、更宽的视角做好知识产权研究的方法论，使我受益良多。即使先生彼时已年近古稀，我仍深深感受到先生的家国情怀、高瞻远瞩的大师风范和孜孜不倦的治学精神，这恰如一股“精神甘泉”至今仍源源不断地滋润激励着我。

巨星陨落，我们沉痛悼念！沉痛之余，我们更要以刘春田先生为榜样，奋发踔厉，赓续前行，接续为我国知识产权事业添砖加瓦，方能不负先生的殷切期盼！如此，先生便仿若从未离开我们，音容宛在，言犹在耳，德泽长存！

刘春田先生千古！

2024年3月

于高处献大智慧 至细微处见关怀

——深切怀念刘春田先生

杜　颖*

听到先生离开的消息，我的第一感觉是不相信，因为之前大概一个月时还和先生一起参加研讨。当时他在加拿大线上参会，我们在北京。先生发言后，我们都劝他早些休息，但他一直坚持到当地时间凌晨2点多会议开完，还在会议最后补充了一些新想法。其情其景还历历在目，无论如何都不会想到短短一个月的光景，先生竟然走了。这种不相信以及不愿意相信的想法在我内心停留了很久很久，这种停留也在很长一段时间经常痛苦地提醒我先生永远地走了，让我伤心难过，时时黯然流泪。对于中国知识产权事业而言，先生是特殊的存在，是一面鲜活的旗帜。他离开后我们才如此深切地感受到他的存在对我们如此重要，也因此才愈加痛心地怀念。于我个人而言，先生是先生，是于高处指点江山、于细微处春风化雨的智者和长者，我的成长离不开先生的支持。

我与先生没有直接的师承关系，在我知识产权研究的启蒙阶段，主要是通过阅读先生的著述以及现场聆听先生的会议或讲座发言向先生学

* 中央财经大学法学院教授、博士研究生导师，知识产权研究中心主任。

习。2017年6月，我负责的中央财经大学知识产权研究中心成立，从此与先生有了更多的交集。每每需要先生出场指导我们组织的各种研讨会，先生有求必应、认真准备，不仅提升了会议的层次规格，还提高了研讨的内容质量。我总认为，在这方面，先生是古道热肠的大师，永远不吝出手相助，于高手过招处又尽显侠客风范。

先生是有大智慧的师尊。在很多和先生一起研讨的场合，我都愿意用高屋建瓴来概括先生的发言，而将自己归为技术派的观察。先生的观点经常会跳出问题的细枝末节之外，从实质处直击要害，综观全局，在局中找方向，却会从局外抓破解之道。我一直以为，先生的这种分析视角和思路不仅得益于其多年的学术积累和广博的知识，更是丰富人生经验沉淀的结果。高山仰止，我们甚至不能望其项背。很多时候，我们从具体到具体的解题看似逻辑周延完美，实则并非真解，因为并非在全局观、系统观的视域下进行分析，往往会顾此失彼，惊喜于收获了芝麻，但实际上却是丢了大西瓜。先生在这些时候会提醒我们问题之根之本，会让我们清醒和反思。

先生是在细微处见关怀的长者。先生从来不以长者自居，愿意倾听年轻人的想法，也提携并关怀后辈的成长。记得有一次和先生一起参加会议，主持人因为疏忽在介绍参会嘉宾时忘记介绍我，先生在发言前非常郑重地站起来向参会人员介绍说，“我们还有一位参会专家”，并非常准确地给出了我的各种信息。我当时非常感动，先生竟如此细心且能如此全面地清楚我的相关信息、关注我的成长！得遇先生，何其有幸！曾经有一段时间，老字号的保护问题、企业名称与商标的冲突问题在实践中颇为突出，先生嘱我做系统深入的研究，并经常与我一起探讨分析。在与先生的交流中，我不但体会到了先生于高处观察问题的站位，也切实感受到了先生对中国知识产权事业发展的深深关切与挚诚热爱。

先生仗义执言、敢做敢当、爱憎分明的性格是被业内广泛认同的，但在与先生的接触中，我感觉先生并不是只有刚劲的一面，相反，很多时候先生率直但又不失幽默，尽显温情与可爱。记得有一次与先生乘坐高铁去上海参加研讨会，因为会议日程紧张，主持人给每位发言嘉宾限定了发言时间，先生也只有二十分钟的时间。结果，先生在发言前请求主持人再多给他十分钟的发言时间，理由是从北京坐高铁四个多小时到上海只讲二十分钟很显然不值得，这惹得台下的参会人员哄堂大笑。先生最后用了三十多分钟的时间讲了知识产权保护与创新发展之间的基础关系。发言中，先生一如既往采用其亲身经历的生动实例，以非常直观的表述方式，用生动、幽默、风趣的语言，清晰地呈现了知识产权价值的来源以及知识产权保护对于创新的意义。他的发言让人非常明显地体会到，知识产权观察已经成为先生生活的一部分，知识产权也不只是高大上的口号和阳春白雪的概念，它就在我们身边。

先生走了，先生带着他对中国知识产权事业满满的爱走了。有时，我们不禁感慨，于先生而言，知识产权应该是其毕生所求，是事业，是此生挚爱；于我们而言，知识产权似乎更多的是一种安身立命的手段。也许正因为如此，我们看问题从根本上无法企及到达先生的出发点。但先生之精神会永远激励我们，敦促我们不断前行，敢于较真而不懈怠。云山苍苍，江水泱泱，先生之风，山高水长！深切怀念刘春田先生！

2024年2月1日

怀念春田学长

方流芳*

往事追忆如岁月涛声涌上心头，“逝者如斯夫，不舍昼夜”。

刘学长一生关注知识产权法，治学有所专攻，从未分心其他“学科”；刘学长心无旁骛，执教意趣从未有一丝一毫改变，“从政”“跳槽”对他毫无吸引力；刘学长自毕业之后一直为中国人民大学服务，秉持“从一而终”的职业忠诚，而他似乎从未期待有人欣赏这样的忠诚。余主管在中国政法大学中欧法学院期间，刘学长应余之邀请，屈尊到一个初建的法学院讲课，此时援之以手实为无比珍贵。

刘学长是谦谦君子，可是，对于学界“黄钟毁弃，瓦釜雷鸣”的乱象，他一直是看在眼里，不时发出深切的感慨、入木三分的评论。

刘学长是笃于行而慎于言的君子，然不言则已，言必由衷，尽吐胸中块垒，说到淋漓酣畅的时候，常常妙语横生，令人击节叫好。

让我们怀念这位把毕生精力都奉献给了中国法学教育事业的伟大学者！

2023年3月29日

* 中国政法大学中欧法学院原院长，教授，博士研究生导师。

我与恩师刘春田教授

冯晓青*

2023年3月28日，早上起来，我按照通常习惯看了一下微信的最新信息，突然发现“刘师弟子家园群”里留言数量众多。打开一看，无异于五雷轰顶，才知我们的恩师刘春田教授近日已溘然长逝，并且是在赴美参加重要学术活动期间突发疾病，经抢救无效而辞世的。随即泪如雨下，不敢相信这是真的。很快，又接到了中国人民大学法学院郭禾教授的电话，证实刘老师在3月25日离开我们了，悲痛之情，无以言表。

先生的仙逝，是我国知识产权法学界的重大损失，也是我国法学界的重大损失和国际知识产权学界的重大损失。作为“刘师弟子”的一员，我则失去了一位好导师、一位好老师，再也不能像平常一样每每遇到困难或困惑求助于老师释怀了。先生虽然离开我们了，音容笑貌却历历在目。“萧萧黄叶闭疏窗。沉思往事立残阳”①，魂牵梦萦，先生生前的栽培和帮助让我难以忘怀，情不自禁地浮现于眼前，为此萌发了撰写

* 中国政法大学民商经济法学院教授、博士研究生导师，国家知识产权专家咨询委员会委员。中国人民大学1988级知识产权第二学士学位生，中国人民大学法学院2005级博士后（合作导师：刘春田教授）。

① 纳兰容若．浣溪沙·谁念西风独自凉．

纪念文章的强烈冲动。遂成此文，以示对先生的感恩和深情怀念。

一、恩师门下学习与研究的几个阶段

（一）人大知识产权专业学习期间

我步入知识产权专业的殿堂始于1988年9月。在那个时代，尽管《民法通则》制定者以非凡的睿智和远见卓识，将知识产权制度明确纳入这一基本法中，人们对于“什么是知识产权”却还是非常陌生的。当时我们在本科毕业阶段面临与现在的学生一样的就业与继续深造的决策。在那个信息不够发达的时代，好不容易获得了中国人民大学开设第二学士学位专业的招生信息。当时有五个专业可供选择，包括新闻学、国际关系、知识产权专业等。在经过一番考虑后，我最终选择了法律系（现法学院）设立的知识产权专业。坦白地说，当时选择这一专业具有很大的偶然性，因为我和其他人一样，对于什么是知识产权没有任何概念，只是感觉这一新兴名词有些“新意”——知识还有产权？没想到，这一偶然的选择决定了个人一辈子的专业领域和工作。也正是这一选择，让我成了先生的学生，并且在后来的满30年的知识产权法专业工作中从先生那里受益无穷。我不禁感慨，不仅选对了专业——选择自己一辈子喜爱的专业，而且更重要的是遇到了一辈子给予我关爱的好老师。

我们这个班，是人大开设的第二届知识产权专业，第一届始于1987年。经过岁月的熏陶，作为知识产权专业的早期毕业生，很多同学早已成为我国知识产权相关领域的中流砥柱。仅以学界为例，当前我国知识产权法学界诸多著名学者都来自知识产权专业班，如中国人民大学郭禾教授、中南财经政法大学曹新明教授等。有时大家在一起活动时，自称为“老三届”或者“黄埔第一期”“黄埔第二期”。

饮水思源，我们这个专业实际上是由先生和另一位德高望重的著名知识产权法学者郭寿康教授（也是我们的授业恩师，深切缅怀）共同创办的。在20世纪80年代，在世界知识产权组织的帮助下，先生和郭寿康教授一起参与了我国知识产权法学教育的顶层设计，不仅在1986年创办中国高校首家知识产权教育与研究机构——中国人民大学知识产权教学与研究中心，而且成功获得教育部批准，创办了中国高校第一个知识产权专业。

在知识产权专业学习期间，先生虽然不是我们这个班的班主任，但一直在为大家的学业进行指导，并且还担任了版权法等相关课程的教学。我们今天在版权法等相关知识产权法领域取得的些许成就，最初都是从先生以及其他老师那里获得的。时光流逝，关于当初学习生活中的很多细节的记忆已经模糊，但先生留给我们的总体印象是他总是及时将当时前沿专业信息告知我们，并且还十分重视学术交流。

在我们从知识产权专业毕业后，人大知识产权专业双学士学位班又举办了很多届。随着法学专业学历教育的不断完善，人大法学院作为我国法学专业人才培养的重镇，先后培养了一大批知识产权法专业领域的专业人才，很多已成为相关单位和部门的骨干和中坚力量。先生作为知识产权法专业的负责人和学科带头人，为本专业的发展呕心沥血。“谁言寸草心，报得三春晖？”如今，先生已是桃李满天下。

（二）人大法学博士后流动站研究期间

我在1990年7月从人大毕业后，基于各种考虑和原因，最后选择回到家乡的高校工作。在20世纪末，学术交流和交通远不如现在便利。记得毕业后，和先生有过多次通信，不时也向先生汇报工作和专业研究中的一点收获和感受。1998年，我获得了一次去北京开会的机会，有幸在入学（1988年）十年后再次见到先生。入学十年后首次回到母校也是感到特别惬意。那年我正好刚刚被破格晋升为法学教授，见到久别的先生，心情无比激动。先生很关切地问起在学校工作的情况，勉励我避免浮躁，扎实做学问，一定会有所造诣。

时间过得很快。我在1999年年底开始在北京大学法治研究中心从事高级访问学者研究，于次年继续攻读北京大学法学院知识产权法研究方向博士学位，师从著名知识产权法学者郑胜利教授。从此，我在专业研究上又有了一位恩师，并且在后来的专业学习和研究中同样受益无穷。在2003年6月博士毕业前，基于专业提升的需要，我进一步萌发了在先生门下从事博士后研究的想法。在当年的某一天，我将想法直接向先生表达，很快得到了先生的积极回应。后来，按照人大博士后招收的条件和程序，我顺利地进入中国人民大学法学博士后流动站从事知识产权法研究方向博士后研究。这样一来，我和先生又有了第二次师生之缘。

在博士后研究期间，先生的指点和教诲让我至今难以忘怀。特别是针对博士后报告的选题，先生高度肯定了进一步深入研究知识产权法利益平衡理论的重要性，并提出了研究思路。正是因为先生的指点，我得以在此前的成果基础上最终完成了知识产权法利益平衡理论的体系化研究，为后来出版的《知识产权法利益平衡理论》奠定了坚实基础。先生对我在专业研究上的指导，宛若春风化雨，让我时时记在心田。

（三）知识产权法教学研究和实务工作期间

在我近些年的知识产权法教学研究、人才培养、学术交流和相关实务工作中，我与先生仍然保持着密切联系，更多的是继续受到先生的呵护和帮助。专业上有什么解决不了的困难或困惑，先生总是不厌其烦地帮助我们解决。在专业研究和学术交流方面，先生时常语出惊人，观点犀利。近些年来，和先生一起参加了无数次学术会议、学术活动，以及人才培养和知识产权法实务方面的活动。这些活动，无不体现了先生作为长者的风范和气度，作为学术大师的睿智和勇气，作为知名学者的独立人格与担当。先生可谓亦师亦友，我也从与先生的多年交往中受益良多，领悟到“一日为师，终生为父”的道理。

二、先生对中国知识产权事业的巨大贡献

先生曾告诉我们后辈，他当初填报高考志愿时，选择的专业并非法

学，而是历史学，只是后来被法学院招生改换专业并予以录取。这一改不要紧，历史的事实证明，中国虽然可能会少了一个著名历史学家，但多了一个著名法学家和法学教育家，因为先生成了中国知识产权法学学科的奠基人。

“春蚕到死丝方尽，蜡炬成灰泪始干。”先生心无旁骛，毕生致力于我国知识产权事业发展。年过古稀，依然老骥伏枥，为知识产权事业奔忙。[①]先生为中国知识产权事业和知识产权国际合作与交流作出了杰出的、卓越的、巨大的贡献。先生曾获评“2010年度全国知识产权最具影响力人物”、2013年度和2014年度“全球50位最具影响力知识产权人物”、“中国版权事业卓越成就者”奖、“知识产权教育杰出成就奖”等。先生在知识产权领域的杰出成就涉及我国知识产权高等教育、知识产权学术研究、国家知识产权战略制定与实施、知识产权立法与司法保护、知识产权国内外学术交流等诸多方面。以下根据中国人民大学法学院提供的资料和个人所知所感，对先生的毕生贡献做出一点总结，以示对先生的深切缅怀，并激励后辈继承先生的遗志，将我国知识产权事业发扬光大。

（一）先生在中国知识产权教育和人才培养方面的卓越成就

先生被公认为我国杰出法学家、法学教育家，中国知识产权法学学科的奠基人，中国知识产权法学教育的开拓者。先生历任中国人民大学法律系副主任、中国人民大学知识产权教学与研究中心主任、中国人民大学研究生院副院长、中国人民大学知识产权学院院长。

先生从1978年起，先后在中国人民大学本科和硕士研究生毕业，在攻读硕士研究生学位期间，师从我国著名民法学家佟柔先生。在中国知识产权教育史上，先生开创了诸多“第一”。除前述中国高校首家知

① 李琛．道风儒骨，侠胆文心：缅怀恩师刘春田先生．中国人民大学法学院微信公众号：2023-04-01.

识产权教学与研究中心外[①]，1985年，开设我国第一门系统的知识产权法课程；1986年，撰写我国首部以“知识产权”命名的教材；2000年，主编我国首部知识产权法核心课教材；2011年担任“马工程”重点教材《知识产权法学》第一首席专家。在先生的主持下，中国人民大学“打造了我国知识产权法通用教材最齐备的体系，包括司法部高等学校法学专业统编教材、教育部全国高等学校法学专业核心课程教材、教育部全国成人高等教育法学主要课程教材、‘21世纪法学规划教材’、‘21世纪法学系列教材’和‘马克思主义理论研究和建设工程’重点教材等”，为我国高校知识产权教材建设与人才培养作出了巨大贡献。

作为中国知识产权法学教育的开拓者，先生不仅完成了上述诸多第一，而且是我国知识产权法专业建设的开拓者。例如，在1986年，先生作为原国家教委法学学科组的召集人，力推创建知识产权法专业，最终使得知识产权法学成为法学领域新增二级学科。在1987年，如前所述，力推在中国人民大学开设知识产权专业第二学士学位，开启了我国高校知识产权专业教育的先河，为培养知识产权法领域专门人才奠定了坚实基础。2009年，先生又根据我国知识产权高等教育形势的变化，在中国人民大学知识产权教学与研究中心的基础上，主导成立知识产权学院。

在中国知识产权教育与人才培养方面，先生在专业教育体制机制、教学与教材体系改革、学科建设等方面发表了众多的真知灼见，对当今我国日益深化、适应国家战略需求的知识产权教育和人才培养体系的完善作出了重要贡献。

此外，先生还以导师身份直接培养了数百名知识产权法专业或者研究方向的硕士、博士和博士后，毕业生遍布各地，成为我国知识产权事业发展的重要力量。

---

① 该中心在2008年10月被授予“世界知识产权组织创意金奖”。

（二）先生在知识产权法理论方面的巨大贡献

知识产权法是一门既具有极强的实践性，也具有极强的理论性的法学学科。基于知识产权制度在我国是一个舶来品，我国知识产权法律制度的建立较之于欧美发达国家来说较晚，知识产权法理论研究也相对滞后。然而，知识产权法律制度的完善及其有效运用，需要有先进的理论武器作指导，知识产权法学教育离不开知识产权法理论的学习和研究。正是基于此，先生在知识产权法学科建设和学术研究方面，一以贯之地高度重视知识产权法理论构建和思考，提出了诸多令人深受启发的学术观点和学术思想。先生“勤于思考、慎于着墨，但落笔无陈言、成行皆妙谛，提出了一系列具有开创性的命题”。这些具有开创性的命题，对于我国知识产权法理论体系的完善以及我国蓬勃发展的知识产权事业产生了极其深远的影响。其尤其体现于以下几方面：

其一，“知识产权私权论”。先生“师从著名民法学家佟柔先生，具备深厚的民法学功底，注重体系化思维、强调知识产权的私权属性、在民法理论的框架下研究知识产权，是其鲜明的学术特色之一”。知识产权作为私权，在知识产权法理论上本无任何争议。先生曾提出“人间正道是私权”。然而，在知识产权立法构建和知识产权保护实践中，要贯彻知识产权之私权理念并非易事。先生正是基于知识产权立法和司法实践中存在的对于知识产权私权属性偏离的问题而疾呼尊重知识产权的私权属性，回到知识产权之民事权利的轨道上来。为捍卫知识产权的私权属性，先生在诸多论著、演讲、采访中进行了充分的表达。基于知识产权私权属性，先生还针对实践中知识产权行政执法的过度扩权等问题进行了深入思考并提出了政策建议。先生关于知识产权私权论的诸多精彩观点，对于在《民法典》体系下深入实施我国知识产权制度、妥善处理知识产权之私权保护与公权调控的关系、协调知识产权人利益与公共利益的关系，以及完善我国现行知识产权法律制度等，都具有十分重要的意义和作用。

其二，知识产权客体知识论。先生认为：知识产权的客体是以“形式、结构、符号系统”等为存在方式的知识。人类对不同的客体控制、利用、支配的行为方式不同，造成法律调整其行为的手段的差别，进而形成了不同的权利类型。其中，物权的客体为物，债权的客体是行为，知识产权的客体是知识。知识是精神活动的产物，是人类对其认识的外在描述，是人造的客观世界。知识的存在方式是具体的、有限的形式、结构或符号系统。知识是知识产权发生的前提和基础。知识产权法中的“知识”，和物权法中的“物”，在法律关系上遵循相同的逻辑。知识产权中的“知识”也并非泛指所有的“知识”，同样是一个经过法律筛选的，内涵、外延确定的法律概念。随着认识的深化，将知识产权的客体界定为“知识”，是思想上的进步。将知识产权的客体定义为知识，并进行理论说明，无论在逻辑上，还是在实践中，都不存在困难。①

关于知识产权客体，我国学者还存在其他观点，如著名知识产权法学者郑成思教授主张的“信息论”、著名知识产权法学者吴汉东教授主张的“知识产品论”。尽管如此，在知识产权法的理论构建上，先生关于知识产权客体的知识论仍然具有极其重要的理论和学术价值，对于指引相关知识产权立法和司法实践仍然具有十分重要的作用。

此外，先生还进一步提出了“形式”说。先生指出：物权以人类的支配物为前提。物的自然状态是形式加质料，有形有体，是形与体的统一；债权以债务人的履行行为作为前提；知识，作为一种纯形式、符号，是非物质的。这一自然属性决定了知识产权具有不同于物权与债权的独特的面貌和特征。作为“形式”的知识具有以下特征：第一，“知识”作为形式，不具有实体性，它必须依赖一定的物质载体而存在。第二，“知识”作为形式，在时间上具有永存性的特点。第三，“知识”

① 刘春田．知识产权法学．北京：高等教育出版社，2019：14-15.

作为形式，受其非物质性决定，在空间上可以无限地再现或复制。[①]细细品味，先生关于知识形式说的观点深邃而通俗，对于深刻认识知识产权作为一种无形财产权及其在制度构建上区别于有形财产权具有非常突出的理论启发意义和实践应用价值。

其三，知识产权创造论及劳动与创造区分论。在先生的有关知识产权法概念和理论的学术观点中，不乏对主流观点挑战甚至与主流观点“背离”的观点与思想。其中，关于劳动与创造的区分就是最具有代表性的观点之一。先生认为，知识产权保护的是创造，而不是劳动，因为劳动具有重复性，而创造才是非重复性的。在先生关于“知识产权”的定义中，“知识产权是基于创造成果和商业标记依法产生的权利的统称”。先生不大主张使用“创造性劳动”的提法，而是强调知识产权的本质是要保护创造成果。这种学术思想，权且可界定为知识产权创造论，以与知识产权劳动论相区分。愚以为，在知识产权法理论构建中，区分创造和劳动不仅具有理论意义，也具有十分重要的实践价值。除工商业标记外，知识产权保护基于鼓励创新的制度秉性和立法目的，侧重于保护创造成果。对未付出创造性努力的对象主张知识产权，则不应受到保护。

除以上三方面的深邃思想外，先生从体系化的角度对于整个知识产权制度的变革和发展提出了诸多富有启发的观点和见解。先生在知识产权法领域的观点、思想和理论，为构建中国特色知识产权法理论做出了卓越贡献，“形成了以注重基本理论和体系化为特色的人大知识产权学派。其理论深度已经超越知识产权法学本身而走向哲学，对学界产生了深刻的影响”。

① 刘春田. 知识产权法学. 北京：高等教育出版社，2019：15.

此外，在推进中国知识产权法理论构建方面，先生不仅具有远见卓识，提出了深邃而创新的观点和学术思想，而且通过执掌的中国法学会知识产权法学研究会开展了卓有成效的学术活动，并通过主编或编著“一系列有重大学术影响力的知识产权法学出版物”，极大地推进了我国知识产权法理论研究和学科发展。就前者而言，先生先后担任两届中国法学会知识产权法学研究会会长。该研究会十分重视理论研究和学科建设。例如，每年组织青年学者论文比赛，就特定时期重大立法问题展开理论研究，每年组织年度学术研讨会等。就后者而言，先生近些年来主编或编著了系列文丛，如《中国知识产权评论》《中国知识产权文库》《知识产权判解研究》《世界知识产权法典译丛》《中国知识产权发展报告》等。这些系列出版物，具有持久的学术生命力和影响力，成为我国知识产权法研究极为重要的专业读物。

（三）先生在推进国家知识产权战略和立法、司法制度完善方面的重大贡献

知识产权立法是整个知识产权法律制度的基石与最重要内容之一。由于知识产权制度在我国是一个舶来品，我国知识产权立法进程相对于西方发达国家而言有些滞后。随着20世纪70年代末改革开放的进行，我国知识产权立法逐渐启动和完善。作为改革开放后我国最早一批知识产权法学者，先生在推进我国知识产权立法制定及其后续多次修改与完善方面，费尽心血，参与了国家知识产权立法高级别的专家咨询和活动，并发表了大量的真知灼见，推动了我国知识产权立法进程和立法完善，为我国知识产权制度完善立下了汗马功劳。

当前，知识产权已经成为国家发展的战略性资源和国际竞争力的核心要素。知识产权制度及其有效实施，上升到国家战略的层面。为此，国务院在2008年6月发布《国家知识产权战略纲要》。2021年9月，

中共中央和国务院发布《知识产权强国建设纲要（2021—2035年）》，我国知识产权制度将在中国式现代化建设中发挥更加重要的作用。先生担任中国法学会知识产权法学研究会会长、中国法学会学术委员会委员、国家知识产权专家咨询委员会委员，在近些年来国家层面知识产权战略的研究、制定和实施中，先生作为我国知识产权法领域泰斗级专家，深度参与了国家知识产权战略的研究、制定和实施工作，发表了一系列创新见解并被充分采纳，为国家政策层面的我国知识产权战略构建、有效推进作出了重要贡献。

有关材料评价先生"深度参与了我国《著作权法》《专利法》《商标法》等所有知识产权单行立法的起草与修订，主持研究了《国家知识产权战略纲要》的专项课题，曾在全国人大常委会专题讲座上为党和国家领导人讲授《与贸易有关的知识产权协定及其修改的有关法律问题》，并为国家创新驱动发展战略和'一带一路'重大倡议提供了法治方案。他是对中国知识产权决策、立法、司法最具影响力的法学家之一"。

（四）先生在促进知识产权国际合作与交流方面的重要成就

知识产权国际合作与交流，也是我国知识产权制度有效实施不可缺少的重要组成部分。知识产权制度本身是一个高度国际化的法律制度。随着改革开放的深入进行，我国知识产权制度也面临国际化的问题。加强知识产权国际合作与交流，也是促进我国知识产权制度国际化，更好地维护我国的国家利益，提高我国在知识产权国际保护中的话语权和影响力之所需。特别是在当前经济全球化和贸易自由化背景下，全球知识产权治理问题凸显，更需要我国发挥在知识产权国际保护、知识产权国际合作与交流中负责任大国的作用和影响力。因此，推动知识产权国际合作与交流，同样具有重要的意义与作用。在这方面，先生不遗余力，不辞辛苦，兢兢业业，为中外知识产权国际合作与交流搭建了一系列重要学术平台、会议平台、对话平台。不幸的是，今年3月25日，先生在赴美出席知识产权国际交流活动中出现意外，“鞠躬尽瘁，死而后已”。

先生无愧于“知识产权法学中外交流的积极推动者，国际著名知识产权学者”。“在他的努力下，中国人民大学与联合国教科文组织、世界知识产权组织保持着长期的深度合作，知识产权学院成为联合国教科文组织版权与邻接权教席的主要依托机构和联合国世界知识产权组织出版物版本图书馆所在地。他曾经主导举办了‘中美知识产权司法审判研讨会’‘中美知识产权学者对话’‘中美知识产权高峰论坛’‘亚太知识产权论坛’、中欧知识产权学界合作机制、‘东亚知识产权论坛’‘中印知识产权论坛’等诸多重要的国际会议与国际对话机制，为提升中国知识产权高等教育的国际声誉作出了巨大贡献”。

三、代结语：永远怀念恩师

恩师刘春田教授猝然先逝，驾鹤西去。弟子举踵思慕、室迩人远。“人生有情泪沾臆，江水江花岂终极！”① “近泪无干土，低空有断云”②，也不足以表达弟子失去恩师的悲痛之情和深切缅怀之情。恩师毕生致力于中国知识产权事业，乐此不疲，功勋卓著，声名远播。先生的高足李琛教授总结先生的学术人格是“道风儒骨，侠胆文心”③。先生之学术人格，无不体现了其思想之深邃、观点之睿智以及责任之担当。先生虽然离开我们了，但其在知识产权方面留下的学术遗产和智慧之光，

① 杜甫．哀江头．

② 杜甫．别房太尉墓．

③ 李琛．道风儒骨，侠胆文心：缅怀恩师刘春田先生．中国人民大学法学院微信公众号：2023-04-01.

依然会在如火如荼的中国知识产权强国建设事业中继续发挥重要作用。

恩师刘春田先生千古！

永远怀念吾师刘春田先生！

2024年春

回忆春田老友

傅强国*

春田的脸看上去总显得有些疲惫，略显虚胖，眼袋也随着年龄大了不少，也许是长期熬夜做学问缺觉失眠的缘故吧。他的笑声不太爽朗却自信，有时看上去似乎有些无奈，但是发自内心的，因为他对世态是乐观的，待人是真诚的。

春田有时不修边幅，除了参加一些重要活动，不太讲究着装，胡子刮得蛮干净，走路并不快，给人总是若有所思的印象，似乎永远在考虑一些学术上难解的问题。他对一些学术观点比较执着，不惜与学界的学者专家发生争论，有时很激烈，为佐证自己观点和追求其完美，仿佛会不顾一切地“拼命”，言辞有时比较尖锐，无意中伤害了一些学界大佬，这也许是大多数学者的风范和性格吧。

学界的一些人，治学不严谨，春田向来不留情面地深恶痛绝和嗤之以鼻。他一直强调：学术上，学者的观点正确与否不打紧，但要讲究逻辑和自圆其说，得使人一看就明白你的观点。不能因为太忙，胡乱涂上几笔应付了事，别人看了多遍都不得要领，不明白所以然，不仅浪费了

* 上海市华诚律师事务所资深高级合伙人。

自己的时间，而且浪费了其他人的工夫。这是对自己和他人的不负责，不是正确的治学态度。

不满归不满，春田还是会认真研读他人所发表的文章，眼睛不济，便戴起眼镜来看，常常看到深夜。在学术讨论会上，春田会认真聆听他人的学术发言，有时不忘提出一些尖刻的评论，场面有时比较尴尬。

春田是一位知识产权法学家和教育家，在知识产权法学界占有一席之地。编著过很有分量和影响力的知识产权法教材，出版过多部知识产权法律论著，发表过无数论文，属多产学者，也算是一位中国知识产权界的风云人物，在全球也有影响力。

春田对知识产权法的观点凸显“大民法主义”格调，认为知识产权法，如同物权法和债权法等，是民事法律制度体系的一个组成部分，并非独立于民事法律制度体系的特别法律制度，不具有特别民事法律关系的属性，不属于特别法的调整对象。他坚持知识产权本质上就是一种财产权，虽涉及人格权，但本质上受民事法律制度财产编的调整，世界贸易组织《与贸易有关的知识产权协定》并未改变知识产权的民事权利属性。春田等学者的“大民法主义”观点，着实引发了20世纪末和21世纪初中国知识产权法学界的一场大争论，中国《民法典》的颁布实施似乎倾向于春田的观点。

春田主张的知识产权客体“知识论”与已故著名知识产权法学者郑成思教授主张的“信息论”是不同的，春田与郑教授之间有过一些学术争论。此后与其他学者也有过类似的学术争论。尽管如此，春田在知识产权法律领域以及关于知识产权客体以“形式、结构、符号系统”等方式存在的见解具有重要的理论和学术价值，丰富了知识产权立法和司法实践的理论依据。

春田关于知识产权客体的“形式说”也是与学界的其他学者不同，他承认知识产权的无形性特征，属无形资产，强调它寓于一定的物质载体，体现于时间的永恒性和空间的无限性。细细想来，春田的观点似与各国和国际公约的现行知识产权及其保护制度的地域性和时间性特征存在矛盾之处。知识产权的无形性是其成为财产受法律保护的主要特征，但并非永恒和无疆域的权利，其最大的局限性恰恰是受时间和空间的制约。为此，我曾与春田有所探讨，虽不能互相说服，但受益匪浅，春田的观点是一个新视角，对构建和完善知识产权制度，强化无形资产的保护，具有重要的理论启迪和实践价值。

春田有时在待人接物上不太在意其他人的感受，不过很看重同窗好友间的情谊。春田交友甚广，以人品为择友标准，不论对方是处于人生的低谷还是高光时刻，一日为友，终身为友，也不太在意朋友间的玩笑，表现出侠义之气，是一个处江湖而远离江湖之人，心干净，魂丰盈。印象中，春田喜酒，但不好酒，朋友聚会，却也能大快朵颐、大杯喝酒，全然没有了学者的派头。

春田有蛮强的自我保护意识，有时也表现出令人捉摸不透的性格，对个人生活没有过多的讲究和追求，个人的感情生活着实有些单调乏味，也很少与人分享他埋藏在心底的与个人情感相关的隐私。想来，这就是人生，无论怎样安排、怎样策划，都无法完美。春田是个大孝子，对母亲极尽儿辈孝道、侍奉之责。

春田的记忆力还是比较强的，他能记得许多年前的琐事，有时我都忘了，他却会冷不丁地提起，往往令我吃惊。他所放的东西看上去凌乱，却“乱”中有序，并非随意散置。

春田与我虽非同窗，但属同行。我与春田在众多与知识产权相关的学术场合相遇、相识、相交、相知，又一起创办北京阳光知识产权与法律发展基金会。我与中国法学会知识产权法学研究会之间的渊源较深，可以追溯到其初创时期，曾筹办和赞助研究会的成立、学术研讨和年会。这构成了北京阳光知识产权与法律发展基金会与中国法学会知识产权法学研究会之间的天然联系。其时，正逢春田选任为中国法学会知识产权法学研究会会长，自然地赞助起中国法学会知识产权法学研究会和其他机构与知识产权相关的各类学术活动。春田与我职业不同，他在学界，我在业界，但我们交往颇多，几乎没有间断的时候。

原本春田与我相约，在他2023年春赴美参加学术活动期间得空一聚，不幸成了他与我之间的一次永远无法践行的约会，留下一个大大的遗憾。春田与我之间的情谊从此只能凭借记忆慢慢地寻找最初的滋味，回忆是很模糊和拥挤的，虽能从记忆以及他留下的著作和论文中回味相识和相知的场景，但总难以寻得友人的身影。不过，我总觉得他并未绝尘而去，只是他跑赢了时间，走在了时间的前面。如同在学术上，他总能超越许多学者，走在众多学者的前面，成为知识产权法学学科的奠基人之一，一位虽有争议但颇有成就且具有影响力的知识产权法学家和教育家。

2023年12月18日于旧金山

离去

高思*

癸卯春传来他离去的消息眼前浮现一幅幅：
在迎接我们开学典礼上他充满朝气的声音，
在人大校园里他骑着单车潇洒而过的身影，
在毕业十年聚会上他叫出同学名字的欢愉，
在一版版知识产权法教程上他的著述导引，
在著作权修法论证会上他提出的条条建议，
在欧盟布鲁塞尔国际会议上偶遇他的惊喜，
在一位同学离世后他深夜微信电话的问语，
在《著作权法三十年》中承载了他的耕耘，
在甲辰春田向我们缓缓走来带着微笑的您。

2024年3月24日

* 国家版权局原副司长。中国人民大学首届（1987级）知识产权第二学士学位生。

刘老师纪念

谷海燕*

今天是冬至。记得有一年的冬至，有幸和您一起吃饭。吃饺子就蒜，吃面条要多放醋，再烫上一壶姜丝黄酒，饭桌上那氤氲的香气，犹如昨日。

记忆里第一次留下深刻印象的与您近距离的接触，是知识产权的研讨会。那次会议请到了诸多学者、法官和行业研究者，讨论体育赛事直播到底能否构成作品，大家众说纷纭，三个小时就这样过去了……到您发言了，您抿了口茶，徐徐地、铿锵有力地说："我自己就很爱看篮球，我们有那么蓬蓬勃勃的篮球、足球这些体育赛事，有高度发展的体育产业。如果说一幅图片尚能构成作品，花费几百万乃至几千万制作精良的大型体育赛事直播节目如何不能构成作品？我们做学问，怎么就不能直视这个问题？知识产权到底是在研究什么？"您的发言振聋发聩，会议室顿时雅雀无声。在沉闷的学术研讨会场中，您的发言仿佛一面旗帜，提振人心。

您总是无私支持知识产权维权工作。新浪诉凤凰中超体育赛事直播构成作品案从一审、二审到再审，历经七年终获成功。而在此过程中，

* 新浪集团法务部总经理。

中国也正经历着境内外体育赛事在电视直播端与网络直播端爆发式增长的时代，新浪诉凤凰案件成功定义了体育赛事直播作品之确权以及权益保护模式。其间，得到业内各位老师和各位专家的无私帮助，我们制作了一本纪念册，在一次会议间隙想送给您。当时您正在给好多同学签名，并与他们合影，我们乖乖地如小学生一般垂手而立，终于轮到我们了，您看到纪念册瞬间兴奋起来，详细问了办案的过程，并在扉页上留下了纪念的话语。

您说过我们要学会运用新时代的传媒手段加大对知识产权事业的传播。2020年，您在新浪演播室与青年律师王立岩合作录制一期《知识产权观察家》节目。那是我们第一次邀请您到新浪总部大厦，有点儿紧张。电梯门打开，您高大的身影映入眼帘，您充满力量的握手把我的紧张瞬间融化。节目进入正式录制，我们全部退到录制间旁边的小屋，大家全神贯注地凝视着监视器，忐忑着这对新鲜的组合能否擦出火花，却见二位妙语连珠，你来我往，访谈渐入佳境，旁听者无不沉浸其中。那期节目中，您金句不断，精彩连连。节目组将您的金句剪辑成了短视频，每条短视频的播放次数均突破数万次，节目点播总数突破50万次，刷新了知识产权类视频节目开播以来的纪录，该纪录保持至今。

您对青年学者和行业后辈的欣赏、提携与栽培，真挚而热诚。在那期节目录完之后的与您的数次合作和接触中，您对王立岩律师的敏锐、专业和深度见解赞赏不已，不知从何时开始，会议上一旦遇到，您总是亲切地呼唤立岩律师“徒弟来了，徒弟来了”。我们邀请您到新浪法务部坐坐，与年轻的互联网法务团队见面。大家听说您来了，都抢着过来会面。您说，互联网是朝阳行业，代表着先进生产力，您也渴望与互联网业态多交流。我们惶恐，但见到您与年轻的互联网小伙伴们交流时的热烈与欢喜，真是非常荣幸与兴奋。大家向您请教着网络时代知识产权遇到的新课题，您总是能用大道至简的道理加以诠释。而每当有小伙伴参悟了其中的道理，接上您的话，无论隔着几个人，您都会歪头一笑，传递过来“孺子可教”的眼神，还时不时地用手捋着额前的发梢，狡黠可爱，仿佛孩童。

正是那次，我们在新浪法务部的会议室里，第一次听您详析“商”的学术理念。您就像发现了宝贝一样兴奋，滔滔不绝。您直接肯定“市场”本身作为商品的价值，其价值的质的规定性来自“交易场”的功能性。市场价值的量的规定就是商标所标记表征的交易活动的累加，以及为促进交易所做出的其他财产投入的累积。而当我们谈论到当下最热的数据话题，您说要推动数据产权保护与数据有效利用、流通交易的有机统一，其实就是扩大数据的流转范围与速度，使之进一步市场化。本质上是打通数据与资本的融通，推动数据资源与金融资源的优化配置，更便捷、更高效地生产财富。您作为知识产权大咖，并不总是用法理来讲法律，而是从法哲学、市场逻辑和商业逻辑等不同的角度向我们解释民商事世界的本源，使人醍醐灌顶。

在某一年的业内新年联欢会上，您与黄勇老师碰了面。黄勇老师是我的硕士导师。初起，我一直担心，这两位在各自领域的“大佬”能否“耍”到一块儿。当你们见面时，我才知道什么是顶峰相见、惺惺相惜。您和黄勇老师说了同一句话：“唯他而已。”你们在一起的画面就像东邪西毒华山论剑。那个夜晚，大家将手机的灯打开，满场星光璀璨，一起迎接新年，两位我挚爱的老师肩并肩，留下了难忘的合影。

您平时谆谆教导我们：知识就是力量，社交资源亦是人世间非常重要的资源。您不仅是中国知识产权学界的泰斗，您还跨越语言的屏障，与国外众多资深法官与学者保持着多年的深厚友谊，您一直不遗余力地浇灌着中外法学交流的友谊之花，为中美知识产权交流架起了桥梁。

2022年末，我和包括您在内的几位老师一起聚餐，平时冬日爱喝黄酒的您，那晚来了兴致，喝了少许白酒，爽朗的笑声余音绕梁。我们谈天说地，说东道西，谈论美食与生活。2023年1月，有天晚上我梦到了您，于是微信告诉您，您随即回复道“谢谢海燕！能在梦中相见，肯定是修来的缘分，令人高兴！说起’商’，这几天我通过读书学习思考，认识越发成熟，对于商标的新定义已经呼之欲出，所以说，‘商’是一个发现，堪称名副其实了，这可能是我几十年来对知识产权理论的实质贡献之一，改天可以和你们详细地解释，想想都令人兴奋。” 2023年3月10日，您给我发微信：“海燕好，谢谢你的热情邀请，遗憾的是我4月9日还回不去， 4月中旬在旧金山和纽约参加两个会议，祝你们的会议成功圆满，回去再聚，祝好。”谁曾想到，这竟是您发给我的最后一条微信。而无论是疫情期间、春节期间、赴美期间，您未曾有过半刻的放松，利用一切可利用的时间研究和丰富“商”的整体理论，亦全力开拓中国与世界知识产权界的学术交流。

我多么想再当您的第一批听众、您的终身听众，多么珍惜向您学习的时光，怀念与您的交往。向您学习的不仅仅是法学知识，更是世界观、全球观和方法论。我会牢记您的教导：年轻人需要彻底转变观念、克服浮躁、丢掉幻想，通过踏踏实实地创造、经营、管理和劳动获取财富，这才是最终靠得住的人生之路。

念及至此，已是哽咽，
谆谆教诲，惟记心间，
感恩感动，无以言表，
今朝送别，师长春田！

2024年春季

桃李报春 京田成蹊

——怀念知识产权改革先锋刘春田老师

谷永久*

一、结缘京成，匡时疫下——忆与刘春田老师的相识

2020年的春节，一场突如其来的疫情蔓延。时值寒冬，人心惶惶。然而就在那些困难的日子里，因为一个偶然的机会，我与刘老师结缘。

那是4月26日之前的一周，我与两个学生策划了“首届蓟门知识产权论坛”。就在如火如荼准备之时，法大的冯晓青教授问刘劭君这个论坛名称的来历，说跟他去年举办的活动的名字一字不差。我意识到，我们这些知识产权人，不能做任何侵犯知识产权的事。于是我急中生智，将论坛名称改为“首届黄亭子知识产权论坛”。我告诉学生，大家都愿意用“蓟门”起名，是为了沾国家知识产权局的地址的光，其实，就连圈里也很少有人知道中国专利局的地址是黄亭子1号。

当时，离活动举办仅剩三天时间了！劭君与她父亲刘春田教授春节到加拿大探亲被困，无法回国。劭君从加拿大打来电话说，刘老师认为这个论坛名称不吉利（这个活动还没干呢，就黄了，明儿就停了），劝我们更名。我听后却暗自窃喜，因为我一直想邀请刘老师出席论坛，只

* 北京京成知识产权研究院名誉院长。

是没敢开口，现在刘老师自己提出更名，是个绝佳机会！

于是我提出两个请求：一是请刘老师为论坛重新命名，二是邀请刘老师出席论坛。刘老师欣然同意，先后提供了“京西知识产权论坛”和“京成知识产权论坛”两个名称。经查证“京西”已经有人注册了，我们最终选择了“京成”，核心是个“成”字，聚拢人心、振奋人心，具有“集成、合成、成事、成就、成功”等激发人们上进的立意。“京”象征聚人才，“成”寓意聚人心，体现我们汇聚知识产权界精英，以成就知识产权事业的美好愿景。

就这样，在不平常的2020年，首届京成知识产权论坛如期而至。刘老师克服万难，远隔万里，凌晨4点在加拿大，为此次论坛做了视频致辞。论坛结束当晚，大家对线上线下活动进行了复盘、研讨，从4月26日讨论到了4月27日凌晨，我至今难忘。

二、指点迷津，知遇师恩——忆刘春田老师对我的帮助

如果说2020年的论坛我与刘老师结下了缘分，那么2021年在北京举办的京成知识产权论坛则是我们缘分的延续。那一年的主题为“变局”，刘老师亲临论坛现场，与大家面对面交流，讨论知识产权新形势、新机遇。我们也有幸邀请到北京市委宣传部副部长王野霏，以及北京市知识产权局党组书记杨东起出席指导。论坛圆满成功，参会者深受启发。

转眼来到2022年京成知识产权论坛，遗憾的是刘老师因病无法出席论坛，庆幸的是论坛的主题是刘老师钦点的，我们也有幸邀请到最高人民法院知识产权庭原副庭长金克胜老师致辞。最初向刘老师递交的主题名称是“三新”，意指探讨知识产权领域的新趋势、新机遇、新格局，却受到了刘老师的批评。后来在中国科学院战略咨询研究院肖尤丹研究员的启发下，我们重新拟了一个“冲突与调和”的主题，刘老师建议，使用“矛盾”和“平衡”这两个词，既兼具中西文化内涵，又更加中立润泽，于是这一年的主题就此敲定。最终，那一年我们论坛的主题就确定为“矛盾与平衡——知识产权研究的新边界”。

人生就是这样，总有预料不到的际遇。2022年底，我有幸参加一个课题研讨会，研讨会的题目是“商标与商号和法律法规的制度冲突研究”，线上线下专家、学者、法官等五十多人参加，恰好刘老师也在，并做了总结发言。可是十分钟的时间里，刘老师竟一个字也没有提及研讨会的内容，而是讲起他的新作——《商标新解》。我听得如痴如醉。会后他拍着我的肩膀问我：“听懂了吗？”我都忘记怎么回答的了！

如今回想起来，刘老师严谨又而务实的治学精神、积极而又谦卑的人生态度，无时无刻不成为我学习的榜样。

三、巨星陨落，宏愿砥砺——继续为知识产权事业发展努力

在2022中国知识产权经理人年会暨第十二届中国知识产权新年论坛上，刘春田教授指出：“知识产权事业是最有生命力的，也是最有强大动力的，生命力与人的思想和创造同在。”刘春田教授在致辞中讲道：“疫情带来了很多困扰和限制，但唯一限制不了的是思想，以思想和创造的成果为奋斗和保护对象的知识产权事业是最具生命力的。”

世事无常，2023年3月，刘春田教授赴美参加学术活动期间突发疾病，因抢救无效，于北京时间2023年3月25日在美国洛杉矶逝世，享年75岁。

哀痛！哀痛！哀痛之余，还要继续前进。

在2023年京成知识产权论坛上，我引用了刘教授的这段话：疫情给我们带来了很多困扰和限制，但是，限制不了我们的思想……北京市知识产权局党组书记兼局长杨东起先生、中国科学院大学马一德教授等分别在论坛致辞中表达了对刘春田老师不幸逝世的哀悼！

没错！知识产权的生命力源自人类的思想，源自世间的创造。它就是人类文明传承的根本所在。我们每一个从事知识产权事业的人，都肩负着推动时代进步的重任。这就是刘老师一直以来激励我们的力量源泉。

怀念之余，我们更要继续前行。要以刘老师的精神为指引，不断开拓创新，携手奋进，主动作为。我们要努力把京成知识产权研究院建设成国内一流的跨界智库，将知识产权事业的成果惠及社会每一个角落，实实在在为国家知识产权战略体系建设贡献京成的力量。

知识产权创新机制的有效运转离不开社会各界的理解和参与。京成知识产权研究院力争开展跨界研究与合作，争取与经济、金融、教育、科研、文化、出版、传媒等各界机构和人士开展互动合作，开展跨界实证研究，通过知识产权论坛、培训、讲座等形式，跨界解析知识产权制度，探讨知识产权价值，推动知识产权运营，贡献于中国创新文化建设。

我们深知，路漫漫，道阻且长！我们也坚信，力不辍，行则将至！这就是我们怀念刘老师的方式。刘春田教授的精神永远指引着我们砥砺前行！

2024年2月9日

斯人已远行 吾辈泪沾襟

——忆与刘春田先生相识二三事

顾奇志*

先生逝世的消息，是一个月前的3月27日晚8点多，业界一位老师微信语音告诉我的。闻之愕然，继而震惊，悲痛到不能自已。当晚转辗反侧，未能安眠。

我与先生相识甚晚。我2003年3月21日进入知识产权圈子，成为一名知识产权媒体记者，迄今已经20年。正如我在微信朋友圈中怀念先生的文字中写道："从入行知识产权，到真正走近您身边，我用了17年半！跟您认识的两年半，您的为人处世，让晚辈如沐春风！您对修法的认真较劲，让晚辈高山仰止！您亲自修改我给您代拟的书序，让晚辈回到小学生时代！您允诺我担任'南方知识产权智库''季华国际知识产权智库'的专家顾问，让晚辈得以扯上您的大旗，策划推动了很多事情。您还答应我，一起在大湾区做更多的事情。可是，您自己却走了！先生，我们怀念您！也请您如擎天火把，继续照亮我们行走在知识产权的道路上。先生永生！"

我认识先生的时间，是2020年11月9日。先生应我的邀请，去澳

* 北京京成知识产权研究院名誉院长。

门参加博鳌亚洲论坛国际科技与创新论坛首届大会知识产权分论坛。

认识先生甚晚，原因很简单：作为一名知识产权媒体人，我能够参加的知识产权活动基本上都是在广东省内举办的实务论坛活动，这些活动多为知识产权职能部门主导。由于业界周知的原因，先生比较少作为这一类论坛活动的座上宾，而我又没有多少机会参加学术性会议，因此与先生一直无缘相识。

我内心中对先生却神往已久。这不用解释，但凡做知识产权工作的人，不可能不知道先生，不可能不希望认识先生，不可能不想结交先生。高山仰止，景行行止。

离开记者岗位后，我成立了广东省知识经济发展促进会，核心内容就是推动知识产权价值实现，促进知识经济发展。促进会成立后，也先后举办了不少活动，因为多偏实务，没有机会邀请到先生。

机缘巧合，我成为博鳌亚洲论坛国际科技与创新论坛首届大会知识产权分论坛的策划者，终于有了机会，可以邀请先生了。经先生弟子冯山泉兄中转邀请，先生欣然允诺，答应出席。

2020年11月9日中午，我有幸在澳门与先生共进午餐，第一次见到先生。先生卓尔不群的气质给我留下深刻印象。当天下午，我作为分论坛主持人，先生作为演讲嘉宾，我有幸聆听了先生现场演讲。

人民日报客户端报道了论坛消息，涉及先生的内容为“中国人民大学知识产权学院教授、中国法学会知识产权法学研究会会长刘春田围绕‘全球化与世界知识产权体系’的主题进行了阐述。他指出，知识产权是国际竞争首当其冲的问题，它不仅关系到中国未来经济发展的道路与模式，也关系到世界经济格局和未来的走向。知识产权也是进入现代社会的‘门槛和钥匙’。因此，在经济全球化的大背景下，需要建立一个与全球化相匹配的世界知识产权体系，借助于这个体系真正实现现代化。”

论坛结束后，我的主持工作意外得到先生的表扬。当晚在大会晚宴上，我又成为先生的“微信好友”。真有一种受宠若惊、连升三级的感觉。

次日，我离开澳门，回到广州。先生好像是去了深圳。

再次日的11月11日，先生回到广州，我在广州市的海门鱼仔总店请先生吃饭。那时候还是疫情初期，海门鱼仔生意兴旺，我们没能订到包间，订了一个相对安静一点的卡座。当天发生了一件重要事情：关于修改《著作权法》的决定通过。消息是当天中午发布的，但晚上才看到修法全文。

其间我们自然谈到修法的事情。先生谈到他对修改的具体意见。在没看到全文之前，我能够明显感觉到先生的期待，待看到全文之后，我又能明显感觉到他对自己的意见被采纳的欣慰，以及有些意见没有被采纳的遗憾。这是我作为一名资深媒体人的敏锐，也许先生自己都没有感觉到。

先生对促进《著作权法》等知识产权法律起草、制定及修改所做出的卓越贡献，业界早有共识，毋庸我过多阐述。我仅从先生在修法后等待全文公布的过程中的一个侧面，就感受到了先生对知识产权制度建设的拳拳之意、赤子之心。

次日，我陪先生到广州开发区见相关负责人，探讨在开发区建立研究院的事情。其间宾主相谈甚欢。开发区知识产权局蓝局长表示：山不在高，有仙则名。关键在人，要有高人。先生表示：有了平台，才能开出美丽的花朵。双方达成共识。

谈过之后，先生回京，委托我继续跟广州开发区沟通后续事宜。再后来，由于区里相关人员变动，研究院的事情无疾而终，成为我心中憾事。是的，这是我的憾事，不是先生的。我原本设想借研究院的成立与运营，以先生的丰厚资源和远见卓识，结合大湾区丰富的创新资源，打造一个具有国际影响力的学术兼实务型研究机构，既提升我自己的事业空间，又为大湾区知识产权事业添砖加瓦。

开发区研究院没有修成正果，我仍不死心，将目标瞄准另外一个制造业重镇：佛山市。经过与佛山市局相关领导接触、沟通之后，市局领导对将先生引入佛山成立研究机构非常重视，让我抓紧时间跟先生商量落实。于是就有了我与先生再一次见面的机会。

2021年5月24日，我去北京，在先生弟子冯山泉兄安排下，与先生共进晚餐。席间，我们谈到继续在大湾区觅点建设先生的研究院的事情，也谈到举办“中美知识产权50人论坛”的事情。先生表示，论坛第一届必须在北京举行，第二届可以考虑大湾区。

饭后别过，没想到这是我最后一次线下见到先生。此后的一年多，因为疫情问题，我们都是通过微信、电话交流。为了不过多惊扰先生，我经常通过先生的助理沙京伟兄转达。其中包括邀请先生在2021第六届岭南知识产权新年大会上视频致辞，在2023第八届岭南知识产权新年大会上作主题演讲，以及邀请先生担任2022年7月举行的博鳌亚洲论坛首届创新与知识产权保护会议的全体大会演讲嘉宾。

2022年7月13日，博鳌亚洲论坛在广州举办首届创新与知识产权保护会议。先生应邀出席大会并发表演讲。在大会的所有嘉宾中，先生是唯一以音频方式进行演讲的。先生那时候大病初愈，本来准备“西装革履”发表线上演讲，但因为感觉精神状态不算太好，就以音频方式发表了演讲。

先生在演讲中表示，创新是人类对物质、信息、能量等资源要素所作出的新配置，是财富生产的核心要素。科技创新是一切创新的基础，应拓宽视野，树立一个创新无处不在的观念。要确立保护知识产权就是保护财产的观念以及树立对微观创新的基础进行广泛有效保护和对宏观全局进行合理科学调控的意识。协调好宏观调控和微观创新之间的关

系，对落实国家知识产权强国战略和发展知识经济具有非常重要的作用。（据博鳌亚洲论坛消息）

2022年4月，广东省知识经济发展促进会与广州市律师协会联合编写《岭南知识产权诉讼典型案例辩与析》（第一辑）。为了提高该书的影响力，我冒昧请先生作序。先生允诺，让我们先准备一个代拟稿。我不自量力，自拟了一个。2022年8月，先生的助理沙京伟兄将先生的序言发给了我。先生将原本1200余字的代拟稿，扩充到了3600多字，让我有一种重新做了一回小学生的感觉。当时的感觉是“汗流浃背”“醍醐灌顶”。人与人的差距，不是身高，是思想的高度。先生的高度，我难以企及。

佛山研究院的事情，因为政策的问题，最终也没有办成。退而求其次，便有了今天的季华知识产权发展促进中心。研究基地的建设，也是中心的重要任务。中心成立之后，在我心里，不管这个研究机构是不是先生的，我都要为先生建一个“道场”，邀请先生每年不定期过来“坐而论道”。先生也欣然允诺我担任了“季华国际知识产权智库”专家，并表示待疫情之后，帮我邀请更多的国外专家来参加线下活动，并打造“季华国际知识产权智库”专家团队。

山不在高，有仙则名。先生就是知识产权界的“仙”。从疫情后全面放开到先生逝去，我们一直在探讨这个“道场”的形式和内容。先生这一走，我众多的想法，又全面落空了。

这不是先生的遗憾，却是我的遗憾，而且成了终身遗憾。先生何忍心如此！

与先生交往不到两年半，我一而再，再而三麻烦先生，又是邀请演讲，又是邀请作序，又是邀请做智库专家。恨不得先生天天为我所用。以先生为人，对我这样的初识未久的晚辈，尚如此有求必应，料想对业界无不如此。先生工作之繁重劳累，可想而知！

让吾辈只能在反复回忆中，在泪眼中，模糊先生的音容笑貌，想不起先生的风度翩翩。先生何忍心如此！

2023年4月20日上午，最高人民法院召开知识产权宣传周新闻发布会，最高人民法院副院长陶凯元介绍2022年人民法院知识产权司法保护的总体情况，并对刚刚去世的知识产权法学学科奠基人刘春田教授表达深切缅怀。陶凯元副院长在发言中说："今天上午9点30分，中国人民大学法学院举行刘春田教授追思会。因时间冲突，不能前往。刘春田教授是我国知识产权法学教育的开拓者、知识产权法学学科的奠基人，毕生致力于我国知识产权法学教育和研究工作，在国内外知识产权法学理论和实务界享有崇高威望，在我国知识产权法治事业发展进程中做出了卓越贡献。刘春田教授作为最高人民法院第四届特邀咨询员和最高人民法院知识产权司法保护研究中心学术委员会委员，长期关心支持我国知识产权审判工作，积极推动知识产权司法政策完善，为我国知识产权司法保护工作和人民司法事业发展贡献了重要智慧和力量。在此，我们表达对刘春田教授的深切缅怀。"

先生的弟子、我的好友兼同乡杨雄文在缅怀先生的时候写道："左右无人，前后有音"。

信然！痛哉！

先生千古！

2023年4月26日"世界知识产权日"下午

法学权威刘春田生前点滴

——一个性格独特有真性情的人

顾晓阳*

一

老刘是法律系的，我们在同一个日语班，座位挨着。他岁数大，不愿意在课堂上站起来说日语，偏偏老师经常爱点他的名。估计老刘一肚子不高兴。每次上课时，全体起立，老师用日语说：“同学们，早上好！”我们则集体回答：“森赛（老师），早上好！”有一天我忽然听到老刘嘴里说的是：“孙贼，早上好！”我噗嗤一下就笑了，扭头小声质问：“老刘，你说什么呢？”老刘回我一笑。

老刘什么都看不惯，爱说怪话。人民大学的校牌、徽章原来用的是美术体字，复校后，成仿吾当了校长，请华主席给题校名，校牌、徽章都换成了华写的“颜体”。一天去学校我正好跟老刘坐同一辆公交车，到站下车往马路对面的校门走时，老刘指着校牌说：“你看看，这叫什么？还颜体？就是几个蚂蚱趴在牌子上！”把我给乐的，直拍老刘肩膀。太喜欢老刘了！我也爱胡说八道，但没人家说得精彩。

我跟法律系的好多同学都熟悉，他们各有各的特点。杨松写诗，而且

---

* 中国当代作家，著名导演。

一直写了几十年。他为人特别朴实，在不喜不怒的外表下，有一颗滚烫的心。但一喝酒，滚烫的就是脸了，而且变了个人。我从美国回来后第一次见面，都喝大了，分手时在大街上互相抱着紧紧贴脸，其他同学强行把我们俩给拉开了。俩大老糙爷们儿这么公然亲密，他们实在是看不下去。杨松是律师，我读过他写的一篇辩护词，真是雄辩滔滔、铿锵有力。晚年我发现他热爱毛主席。北新看上去年轻，实际比老刘好像还大些，他永远会对人微笑，不言不语，温和谦逊。他也是律师，也爱写东西，做什么都是默默的，但做什么都出色，可惜在去年因癌症离世了。

他们班毕业时分配的工作都非常好，北新分在中办，杨松在全国人大常委会，其他大都类似。我没想到老刘会选择考研究生。这时我才知道老刘是学者的本质。没有花多少年，他已成了某个领域的权威。

有一次他去洛杉矶开会，正好赶上我的朋友中迅在家办party，我就把老刘也约去了。我给朋友介绍说，老刘是国内某某领域的No.1。老刘赶紧纠正，说："不，我是No.2，上面还有一个，70多岁了。"

老刘还有很多金句，比如，他的一个学生告诉我，有一次有学生问老刘："刘教授，那个××、×××都写了那么多本书了，您比他们厉害多了，怎么不多写几本？"老刘说："白面就是白面，棒子面儿你磨得再细它还是棒子面儿。"

二

上面这段文字，是在刘春田生前的2020年写的，并放在了我的公众号上。他看到后，给我打了个电话，说："哎哟，晓阳，这篇文章在网上传开了，人家都知道写的是我……"我哈哈笑，说："没有失实的地方吧？"他说："那倒没有。"我说："我把一些话删掉吧？"他说："不用，没关系，咳，无所谓了，不用删……”

其实我在写的时候，对这句话也犯犹豫，但此金句实在精彩，不忍割舍，又考虑到他已退休多年，写出来应该不会有什么麻烦，就写上了。

那是我和春田的最后一次通话。

2023年3月他在洛杉矶开会时，突发主动脉夹层破裂，猝死他乡，享年74岁。

三

春田兄是法学权威，我国知识产权领域的领军人物，国际著名的知识产权学者。他在中国人民大学后，一生都在人大工作，当过法律系副主任、知识产权学院院长等，直到退休。他祖籍山东，在北京长大，“文革”开始时，是北京二中的高中生。恢复高考后，他已近30岁，以高分考入人大法律系。

春田读研究生时，我到学生宿舍找过他，咨询法律问题。跟他同一宿舍的有姜伟、梁治平，好像还有苏北新。姜伟和北新都是他本科时的同班同学，我都熟悉。梁治平是从西南政法学院考到人大的，我只见过那一次，印象很深，因为他给我讲了什么是英美法系、什么是大陆法系，我第一次知道这个，颇觉新鲜。后来经常在《读书》杂志上读他的文章。姜伟拿到博士后走上仕途，当到了最

某年人大校庆时，法律系与中文系的1978级部分同学合影，左五为刘春田，右三为刘瑞起，右一为本篇作者

高人民法院副院长。

在上学期间，春田就开始发表知识产权方面的论文，引起国际法学界的注意。记得他跟我说第一次出国参加学术会议，好像是去瑞士，他学的是日语，英语不灵光，在机场搭出租车，司机对他说了一串儿话，他听不懂，只把写着酒店地址的纸条递过去，说："这儿！go！走吧您哪。"

2000年代，北京市政府聘请知名专家担任顾问（准确的名称我记不清了），也给春田下了聘书，聘书上是市公安局局长马振川的签名。有一次春田开车违规，被交警拦了下来，春田说："我是市政府的顾问，我这是'知法犯法'。"并把聘书拿给交警看。

退休后，春田继续参与学术活动，同时也干起了律师行当，同学宋毅的朋友找他打一起跨国的知识产权官司（外方侵权），据说十分给力。

2019年夏，宋毅请我们在南锣鼓巷东边的一个私人会所吃饭。老刘虽年届七旬，但精神矍铄、身体健康，说话还是那么干、艮、倔，又睿智又幽默，几十年了，总能把我逗得哈哈大笑。吃完散伙，老刘往东，我往西，都走出了十几步，忽听老刘在背后叫我："晓阳，来来来，咱俩还没告别呢，拥抱一下吧。"嘿！这可是从来没有过的事情，春田什么时候学了洋派？我走回去，与他拥抱，互道珍重。谁料：

这竟是"最后的告别"！

四

前些天，他的同班同学刘瑞起给我打电话，说春田去世一周年了，他们班同学和春田的学生要编一本纪念文集，他们对我2020年写的那一段文字印象深，让我把内容再扩充一下，收入集中。我当即应命。

瑞起早年在深圳当律师，后来与徐建等同学一起创办中国人民大学律师学院，徐建和瑞起先后当院长。也因这层关系，这十几年来他们与春田在学校经常合作，联系紧密。我不如他们对春田的了解那样深入，尤其是春田兄在学术上的成就与贡献，我是门外汉，说不上来。但我们对春田有着共同的深情，对他的骤然而逝无比哀痛，至今思之不已。作此小文，以为纪念。

2024年4月21日

深切怀念刘春田老师

桂　佳*

1999年，我考入中国人民大学，当时作为一名法学专业的本科生与刘春田老师的交往并不多。本科毕业后，我前往瑞典斯德哥尔摩大学学习欧盟知识产权法，硕士毕业后便成为一名知识产权领域的律师，迄今已经执业近20年。现在回想起来，与刘老师真正熟识起来其实是在工作以后，因刘老师对学问的严谨与认真、对人才的重视与激励、对后辈的关心与帮助以及对知识产权事业的热爱与执着而对刘老师越发敬佩。虽然刘老师已经离开我们一年了，但是有人说“只要我们记得，他就不曾离去”。所以，作为刘老师的学生和后辈，我谨以与刘老师交往中的几件小事感恩与怀念从不曾离去的刘老师。

刘老师在世时，我曾有幸多次与刘老师一起参加活动：

其中一个活动是人大知识产权同学论坛。起初，我作为“人大校友知识产权之家”微信群的创始人，邀请刘老师出席由“人大知产之家”召开的第二届人大知产之家知识产权实务研讨会。在该会议上，我正式向刘老师提出举办人大知识产权同学论坛的倡议，该倡议获得了刘老师

* 环球律师事务所合伙人。

的认可与大力支持。在2016年7月16日，由我发起倡议、刘老师推进组织、中国人民大学知识产权校友会承办的中国人民大学知识产权教学与研究中心成立三十周年纪念会暨第一届知识产权同学论坛隆重举办。在活动中，我结识了诸多深耕知识产权领域的志同道合的校友，并与他们交流学习，深受启发。刘老师也十分关注该活动，重视人才的培养和团结。在刘老师生前的一次记者采访中他很骄傲地提到，经过二十余年努力，中国人民大学知识产权教学与研究中心已成为中国知识产权高等教育中影响最大、层次与结构最为完整的教学与研究中心和工作基地，培养了大批的博士和硕士研究生。刘老师对人大知识产权教研室的教学实力、培养的知识产权方向的学生的能力以及中国知识产权的未来都充满了信心。

另一个是“中美知识产权高峰论坛”，我曾连续多年受刘老师邀请，与刘老师等共同参与他主导举办的这一重要国际会议。如，在2015年10月8—9日，由加州伯克利大学法学院/法律与科技中心、中国人民大学法学院/知识产权学院、洛杉矶洛约拉大学法学院联合主办，加州伯克利大学法学院/法律与科技中心负责承办的“第四届中美知识产权高峰论坛”在美国伯克利隆重举行，论坛以“创新驱动发展的最佳实践”（Best Practices for Innovation and Creativity）为主题。我参加了本次论坛，并发表了《中国知识产权诉讼中境外原告所需要注意的事项》（“Special Considerations for Foreign Plaintiffs in Chinese IP Litigation”）的主题演讲，获得了较高的评价。在本次论坛中，我与100余位国内外知识产权法学者、专家、法官和律师进行了深入讨论与交流，受益匪浅。刘春田老师一生都在为建设知识产权国际对话机制、提升中国知识产权高等教育在国际上的影响力辛劳奔波、不遗余力，直至最后，刘老师也是在赴洛杉矶参加“中美知识产权学者对话”等系列学术活动期间突发疾病辞世。刘老师鞠躬尽瘁，死而后已。

此外，在刘老师去世前的那一年，我曾就团队代理的一起关于图书名称保护的侵犯商标权和不正当竞争纠纷案件，询问过刘老师能否请他为该案件出具专家意见。该系列案件由多家法院审理，国内约有200家出版社出版过书名含有该图书名称的图书，牵涉图书出版领域众多利益，在当时引发了出版界、知识产权学界和主流媒体的密切关注。刘老师爽快地答应帮助为该案出具专家意见，并多次与我讨论确认案件细节。甚至，在专家意见的具体文字措辞上，刘老师也是跟我逐字逐句地讨论如何修改该意见。在多次的沟通过程中，我发现刘老师认真细致，从不马虎。

在我读书和工作这些年，时常能在各种学术交流活动中看到刘老师的身影，也仔细拜读过刘老师的学术专著。刘老师曾说过，陈寅恪有三不讲：书上有的不讲；别人讲过的不讲；他自己讲过的不讲。他自己做不到陈寅恪这般极其严苛的要求，但是陈寅恪这种一丝不苟的治学态度，始终影响着他做学问研究。刘老师对学问研究时刻保持尊重与敬畏的态度，他关于知识产权基础理论的著述，都是知识产权学科体系的根本，对解决目前实践中出现的很多“新”问题具有启发和指导意义。作为刘老师的学生，我十分敬佩刘老师的研究态度，也为刘老师很多极其深刻的见地因没有形成文字记录并留存下来而感到遗憾。不过正是这份遗憾，提醒着我们珍惜刘老师在知识产权方面留下的学术遗产与学术智慧，追随他的精神与脚步，并在刘老师的基础上继续推动知识产权基础理论的研究，为知识产权实践发展提供有力的支撑与指引。

刘老师曾说，佟柔老师是一位伟人，其敬业精神，堪称典范，非常人所及。可在我看来，中国知识产权事业的发展，是刘老师一辈子的梦想，他自己又何尝不是为之兢兢业业、竭尽全力。

刘老师毕生致力于中国知识产权事业，积极推动中国知识产权的基础理论研究、人才培养、国际交流等方面的工作，始终希望为国家和社会做一些事。刘老师的逝去，是国内外知识产权法学界甚至国内外法学界的重大损失。作为刘老师的学生，我至今仍不愿相信、也不敢相信刘老师的离开。这一年里，时常回忆起与刘老师相处的点点滴滴，忘不了刘老师对我的帮助与关怀，仍希望和刘老师一起参加更多的知识产权国际交流活动，仍希望继续向刘老师请教生活和工作中遇到的难题，聆听刘老师对我的指导。今后唯有继续努力为中国知识产权事业的发展贡献绵薄之力，方不负刘老师的帮助与教诲。我将始终铭记刘老师对我的关心与帮助，并决心像刘老师一样激励与帮助后辈，共同努力推动中国知识产权实践的发展。

2024年3月3日于北京

从汇编作品的解释窥刘春田老师的治学方法

——谨以此题纪念刘春田老师

郭　禾*

刘春田老师逝世近两周年了，每每想起刘老师心中都感慨无限。这不仅仅因为刘老师多年前曾有恩于我，更因为他对我这个半道出家学习法律的游子在为人、为学等方面的影响。虽然我一直没有机会投到刘老师门下，但刘老师对我的影响绝不亚于我的导师。在过去一年多的时间里，与刘老师共处近三十六年的经历，桩桩件件皆历历在目，但同时又一直陷于“理还乱”的境地。无论从哪里着笔，都难以表达内心的完整感受。在这期间尽管有不少朋友不断地提示我，在理性上我完全认同他们的想法，但确因笔拙一直写不出来。在一次与朋友闲聊时，谈及刘春田老师曾坚决地赞同针对汇编作品的一种另类解释，由此受到启发，我想就以著作权法理论中的这个小问题为背景，谈一谈刘老师的为学之道。虽不一定能够完整全面地反映刘老师的思想，但至少可以在一定程度上看出刘老师注重形式逻辑的研究思路和方法，毕竟一滴水还是可以映射出七色阳光的。

在大约二十年前，我曾因一涉及汇编作品的系列纠纷求教于刘春田

* 中国人民大学法学院教授、博士研究生导师。中国人民大学首届（1987级）知识产权第二学士学位生。

老师。当时我国的中小学教材实施“一纲多本”政策，各地都出版了自己编写的教材。在此基础上，针对不同教材编写的配套教学参考资料更是五花八门、琳琅满目。由于市场竞争，一些出版社试图通过教材的著作权实现控制教学参考资料市场的目的。其中，语文教材与其相关的教学参考资料之间的关系似乎更为密切，由此引出了关于汇编作品保护的法律解释及概念界定问题。具体而言，争议焦点集中体现为：汇编作品作为著作权法保护的一种作品或表现形式是只包含各个被汇编的作品之间的选择、编排或组合形式，还是必须包含被汇编作品本身？

根据我国《著作权法》，“汇编若干作品、作品的片段或者不构成作品的数据或者其他材料，对其内容的选择或者编排体现独创性的作品，为汇编作品，其著作权由汇编人享有，但行使著作权时，不得侵犯原作品的著作权”。由该条款可见，汇编作品的独创性集中体现在选择或编排两个方面。在这里，选择或编排有可能完全脱离被汇编的作品、作品的片段或者不构成作品的数据等被汇编材料，但仍然可以作为一种表现形式或表达为人感知。比如，一本论文集作为汇编作品，作者的创作无疑表现在对论文的选择和编排上。在当今信息社会，读者只要获悉了该论文集的目录，便可感知或获取该汇编作品作者的全部创作思想，即该汇编作品对被汇编材料的全部选择和编排。也就是说，任何人只要知道该论文集的目录，即掌握了汇编作品作者的全部创造性劳动成果。如果读者根据目录通过网络或数据库按图索骥，分别找到被汇编的论文，也就与持有论文集完全等效。这里描述的过程可以被分割为两个部分，即对论文集目录的使用和对被汇编论文的使用。更进一步，使用者在使用论文集目录时，是在利用汇编作品作者的智力成果；在使用被汇编论文时，则可能不再是使用汇编作品作者的智力成果，而是单独对被汇编论文的利用。

回到前述基于语文教材编写教学参考资料的例子，教材和教学参考资料分别为两个作品，其中语文教材可被视作汇编作品，因为其中的习题、教学提示等在语文教材中所占分量并不大；而该语文教材的教学参考资料通常只包括对被教材收入课文的讲解、评论、背景介绍等周边信息，可能完全没有被教材收入的作品甚至作品片段本身。在这里，如何界定汇编作品的属性就成为认定教学参考资料是否使用了汇编作品的关键。

刘春田老师在了解了这些情况之后，随即指出："汇编作为创作行为不是演绎，而是原创。"仅此简单的一句话，就反映出刘老师严谨的逻辑思维能力和敏锐的洞察力。如果是演绎行为，行为人在为此行为时，需征得被演绎作品著作权人的同意，而原创行为则另当别论。更进一步，按照我国著作权法，汇编作品被定义为对被汇编作品或材料的选择或编排，即被汇编内容的组合形式，而该组合形式未必以包含被汇编作品或材料为必要条件。可见，基于对汇编作品定义的不同理解，就可能推导出两种截然相反的结果：第一种，按照"通说"对汇编作品的理解，汇编作品不仅包含对被汇编材料的选择和编排，在构成上还包含对被汇编的作品、作品的片段或不构成作品的数据等。基于此，只要教学参考资料中不包括被收入语文教材的课文，该教学参考资料中就不包含整个汇编作品，故而没有直接使用汇编作品，教学参考资料便不是基于教材的演绎作品。第二种，若将作为汇编作品的教材理解为对被汇编作品的选择和编排，则教材的目录已经全面且直接地反映了教材对相关课文的选择和编排。换言之，根据教材目录编写的教学参考资料便直接使用了整个汇编作品中全部具有独创性的表现形式，教学参考资料即构成了教材的演绎作品。由此可见，对于汇编作品的两种不同理解或解释直接关系到凭借教材的著作权能否控制根据该教材编写的教学参考资料。这两种解释显然存在不一样的底层逻辑，其逻辑推理和由此产生的法律后果自然也不同。

本文的目的不在于对这两种汇编作品定义在著作权法理论上的合理性进行论证，虽然学术界也有一些学者支持刘老师的上述观点，如李雨峰教授就曾在其著述中持赞同态度。我希望以此问题作为一个示例，展示刘春田老师思考和研究法学问题的方法和路径。近年来，不少学者都喜欢引用霍姆斯的一句话，其大意为：法律的生命不是逻辑，而是经验。我以为，从一般意义上去理解这句话似没有任何问题。人类社会发展中所积累的各类被叫作自然法的规范，无疑都可归于经验的总结。但当学者们将法律作为一门学科去研究，进而将该学科称为法学的时候，其所追求的首要目标则是如何用符合逻辑的理论去解释经验。刘春田老师应当是早就深谙其中之道，因而他在面对任何一个新问题时首先考量的便是如何给出一个符合形式逻辑的解释。辩证唯物主义认同哲学是人类认识世界或者科学研究的方法论。形式逻辑无疑是所有科学研究必须遵从的方法。强调逻辑的作用，无疑是理论构造系统化的必然要求。事实上，现代法治要求法律规范所具备的可预见性，在很大程度上正是通过逻辑来实现的。

回到法学研究，基于中国与具有法治传统的西方国家在国情或国民的现代法律意识等方面的差异，在前述逻辑与经验之争的态度上，自然也应当是有差异的。强调法律中的经验层面，对于西方国家或许是有的放矢的，因为他们曾机械地强调规则至上，需要矫枉过正，于是有了社科法学等新兴学科。但将其置于中国，或许就得考量特定的应用场景了。中国传统文化中对于经验的强调远胜于西方；相应地，对于逻辑的应用则弱于西方。中国是在消灭了封建王朝之后才开始建立现代意义上的法制的。到今天也就一百多年的历史。形式逻辑的运用对于法学，尤其是法学理论的构建有其特殊的作用。不少学者如今已经意识到这个问题，这或许是近年来法教义学在我国重新被关注的原因。这也是民法学理论在近三十年里成为我国应用法学理论发展基础的底层原因。刘春田老师在诸多场合都曾提及20世纪80年代民法学与经济法学关于独立法律部门之争所反映出来的法学学科构造中的问题，并将此推及科技法、数据法等学科。这场论战也直接影响到他对知识产权法学学科的判断。他的相关思想也较为集中地反映在他关于知识产权专业与法学学科的关系的一篇文章中。

如今，知识产权法学理论在世界范围内都方兴未艾，对许多问题的解释尚未形成系统或体系。形式逻辑作为哲学方法无疑在解释既有的学说或者创设全新假说的过程中均有着指导性作用，因为它是在知识论、认识论基础上概括总结形成的结晶。很显然，任何被叫作科学的理论无不以追求逻辑工整为目标。理论的美往往就体现在其逻辑的工整上。知识产权法学作为社会科学的一部分，其理论无疑应当遵从形式逻辑。

刘春田教授在其教学和科研中一直将形式逻辑作为构筑学术理论的基本规范。刘老师的各类著述，无不反映出这一指导思想。在讨论知识产权的定义时，刘春田老师刻意地将智力成果与工商业标记区分开来，以图理清知识产权法律制度的立法宗旨。在挖掘知识产权特点，尤其是在批判“地域性、时间性、专有性”等学术界流行的“通说”时所表现出的严谨，更显出刘老师对学理与逻辑相符的追求。在研究知识产权法律关系时，刘老师特别区分权利客体和权利对象也是为了能够给出一种符合形式逻辑的说辞。我们还可以从刘老师在汉语表达中对语法近乎苛刻的要求，感知其对形式逻辑近乎完美的追求。比如，不少正式公文中都在使用“专利侵权”、“商标侵权”、“网络侵权”以及“网上作品”等词组。每当刘老师在学生论文中发现这类不规范表达时，他都会要求学生修正。刘老师甚至在各类研讨会上会公开批评一些正式文件中的用语不规范现象。时延安教授曾提及刘老师在一次正式会议上批评刑法界“网络犯罪”的提法。

刘春田老师在学术研究时的思维模式，以及在学术研究中的哲学追求贯穿于他的各类著述之中。对于汇编作品的理解，只是其思维方式的自然流露而已。科学研究不能像艺术创作那样随心所欲。科学研究必须遵守一系列研究规范，形式逻辑则是其中最为重要的规范之一。突破这些为世人所认同的范式去从事所谓的研究，恐怕难称科学。我们纪念刘春田老师，就得学习其严谨的学风和对科学的信仰。

2024年12月31日

追忆春田老师

郭　虹*

多年来，因学习和工作原因，我有幸受教于刘春田老师。

我与春田老师相识于2002年。那年秋，春田老师给我们那届法律硕士讲授知识产权典型案例分析课，因为先生的盛名，选这门课的同学特别多，教室很大，仍然需要提前去占座位，所以大家分外珍惜上课的机会，课上课下都会抓住机会向先生请教问题。记忆中先生对典型案例的法理分析透彻深入，会让大家多从原理进行思考。偶尔在讲课中，先生还会提及相关的学术争论，他会鲜明地表达自己的不同学术观点，这时他会把眼睛微微闭起来，头向后拗过去，带着学者的骄傲与固执，让人印象深刻——好一位有学术坚持的有个性的可爱学者。

硕士毕业后我去了学校出版社工作，因为学科教材与著作出版工作，与春田老师的交往多了起来。除了有机会继续聆听先生对最新的知识产权研究和司法判例的研究心得和评价观点，还学习到一些先生在知识产权学科的研究方法和治学理念，了解到先生对推动中国知识产权事业发展和推动知识产权公共外交所做的一些努力，对先生的敬佩也越来

* 中国人民大学出版社编审，政法分社社长。

越深，他不仅有学术坚持，更有一颗爱国的赤子之心。

先生高度重视知识产权教材编写工作，认真组织中国人民大学法学院知识产权教研室的各位老师合力开展教材编写修订工作。我曾建议先生在教材中大量增加图片和案例，先生没有采纳，因为他认为知识产权学科最重要的是基础理论，把基础理论研究清楚、学明白是最重要的，人大版知识产权法教材要坚持和保持自己的特色。先生在教学中非常重视基础理论教学，他强调知识产权作为私权、作为民事权利的属性是客观的，人们之所以把知识产权归于民事权利，是由它所反映和调整的社会关系决定的，这使它具备了民事权利的最本质特征。对于知识产权国际公约与知识产权国内法、知识产权基础理论的关系，他有自己的学术分析和坚持：知识产权和任何已有的财产制度一样，它产生于深刻的社会经济生活。对知识产权的研究要遵循从经济基础到上层建筑、从国内法到国际法的逻辑过程。

国内知识产权法学科发展起步比较晚，在基础理论和基本概念上仍有不少有待厘清、统一的地方，我深感学科发展的迫切需要，因此请春田老师主编一套知识产权专业的教材并向他约稿知识产权基础理论教材，先生欣然同意。他积极组织中青年学者编写著作权法、商标法、专利法等教材。对于他个人的这本知识产权基础理论教材，他看得很重，加上绝大部分精力都投入推动我国知识产权研究事业发展更为宏大的架构工作中，这本书稿一直未能最终成稿，很是遗憾。

春田老师还相当重视学科史的相关研究和资料搜集，在我们出版社组织出版了《中国百年著作权法律集成》等著作。

春田老师认为要搞好知识产权研究，需要有广泛的不同学科的知识积累，他个人阅读兴趣广泛，广泛涉猎历史、哲学、经济、科技等领域，并有深刻独到的见解。他很关注社会方方面面的最新发展资讯，常有新的思考和领悟。听说我们出版社出版了《梁启超全集》《康德著作全集》，他大为赞赏，第一时间找来阅读。春田老师还推荐我阅读商务印书馆的汉译世界学术名著系列，告诉我其中有些版本未来可能会很难买到，要早些买来阅读。春田老师崇尚客观真实与科学的研究方法，他对自然科学研究领域的学者有着天然好感。有一年他向我推荐一位由自然科学领域转向法学研究领域的学者的作品，并写了长长的推荐信。后来因为种种原因，这本书稿未能在我社出版，但我从春田老师的推荐中，能看出他对在社会科学中引入自然科学研究方法和研究理念的重视。

为了更好地推动国内知识产权事业的发展，春田老师规划了比较宏大的知识产权学科译著和本土青年学者专著出版计划。译著出版他找到了我们出版社，开列了长长的书单，包括著名的戈斯汀论著作权（四卷本）。引进版图书出版成本比较高，春田老师为了引进版图书出版积极寻找相关支持并努力推进。

春田老师高瞻远瞩，推动在中国法学会知识产权法学研究会中设立了体育赛事、审判理论、医药知识产权、企业知识产权等不同专业委员会，在世界范围内推动知识产权学术对话，这些举措极大推动和促进了我国知识产权事业的发展。

任何时代，开路者都是负重前行，春田老师为我国知识产权事业的发展擘画蓝图、殚精竭虑，我辈当继承先生的遗志，努力前行。

2024年2月

忆春田

河　山*

一、深深思念

春田老师不幸仙逝。2023年11月4日，中国音乐著作权协会副主席兼总干事刘平微信："河山老师，您好！还有件事情，想托您帮忙，就是想在我叔叔刘春田去世一周年之际（也就是明年三月）出版一本《刘春田纪念文集》，撰稿者均为其生前友好和知识产权业界前辈同仁（目前已联系了一批），我叔叔刘教授生前常跟我提起他和您共事的历史经历。因此，如果可以，可否请您拟篇对刘教授的纪念文章，长短体例不限，回顾一下您和他的共事岁月点滴，成稿时间最好在明年1月底之前，

* 全国人大机关副研究员，中国法学会消费者权益保护法研究会会长。

以便出版社三月出版。冒昧之至，祈盼示下。”

我回复：“收到刘平短信，忆春田，激动万分，久久不能平静。”刘春田先生是杰出的、享誉盛名的知识产权大家，本文着重从著作权之点忆春田。

我与春田老师是同龄人，都是“文革”前的北京老高中生，“文革”后考上大学。我们是20世纪80年代中叶在起草《中华人民共和国版权法（草案）》时相识的，我俩都是起草小组的成员。自与春田老师并肩起草著作权法始，至2023年3月25日，近四十年间我们同舟共济、心心相连、亲如手足。春田老师是中国人民大学知识产权学院院长，我被聘任该院客座教授。我任中国卫生法学会·南方医科大学卫生法学国际研究院院长，春田老师被聘任该院研究员。第二届中国版权协会，春田老师出任副会长，我任副秘书长、版权鉴定中心副主任。在中国法学会，春田老师任中国法学会知识产权法学研究会会长，我任中国法学会消费者权益保护法学研究会会长。在中国法学会知识产权法学研究会，春田老师任会长，我是常务理事。在中国法学会消费者权益保护法学研究会，我任会长，春田老师是研究会会员、3·15志愿专家。我们都是中国国际经济贸易仲裁委员会仲裁员、北京仲裁委员会仲裁员。20世纪司法部设立高级律师高级公证员培训中心，培训全国中级律师中级公证员，我们是那里的教员，春田老师

2015年在广州的南方医科大学聘春田老师为中国卫生法学会·南方医科大学卫生法学国际研究院研究员，春田老师表示应加强卫生法之中的知识产权研究。

讲知识产权法，我讲民法。我们都作客《知产观察家》，洞察剖析知产事。我们还在国家知识产权局、商标局、最高人民法院挂过咨询专家。这些，把我们紧紧地连在一起。我们多次与会研讨知识产权前沿理论，共同论证知识产权疑难案件，常常商讨研究会事宜。

律师班任课教师名录（按授课时间排列）

姓名	性别	年龄	职务	工作单位	通讯地址	邮编	电话
王勇飞	男		教授	中国政法大学法理教研室	北京大学[redacted]		28[redacted]-22
河山	男		副研	全国人大法工委民法室	海淀区[redacted]		309[redacted]
严振声	男		副教授	中国政法大学经济法系	法大内[redacted]		201[redacted]—2782
魏润泉	男		教授	中国人民保险总公司国外业务部	西三环北路[redacted]		601[redacted]—1103
王书江	男		副教授	中国政法大学	清华大华[redacted]		28[redacted]-853
刘春田	男		副教授	中国人民大学法律系	人民大学[redacted]号	100872	256[redacted]—7277
张佩霖	男		教授	中国政法大学法学所	法大内新[redacted]	100088	201[redacted]—2343
康德琯	男		教授	中国政法大学	法大内[redacted]	100088	

河山、 刘春田同是中国高级律师高级公证员培训中心的任课教师

忆春田，春田老师的音容笑貌、言谈举止涌现我的脑海，历历在目。

二、春田老师是《中华人民共和国版权法（草案）》起草小组的成员，为《中华人民共和国著作权法》的制定出谋划策，他力主著作权法法名的观点得到立法机关认同。

改革开放后，我国制定的宪法、继承法、民法通则中都有著作权条款。1982年12月4日第五届全国人民代表大会第五次会议通过的《中华人民共和国宪法》第47条规定："中华人民共和国公民有进行科学研究、文学艺术创作和其他文化活动的自由。国家对于从事教育、科学、技术、文学、艺术和其他文化事业的公民的有益于人民的创造性工作，给以鼓励和帮助。" 1985年4月10日第六届全国人民代表大会第三次会议通过的《中华人民共和国继承法》第3条第6项规定，著作权中的财产权利属于遗产范围。全国人民代表大会常务委员会秘书长、法制工作委员会（以下简称全国人大法工委）主任王汉斌在《关于〈中华人民共和国继承法（草案）的说明〉》中指出："因为民法牵涉面很广、很复杂，我国经济体制还在进行改革的过程中，目前还难以制定完整的民法。这几年，对其中比较成熟的部分，先作为单行法提请全国人大和人大常委会审议，现已制定了婚姻法、经济合同法、涉外经济合同法、专利法和商标法，还有民法总则和版权法正在起草。"这是我国在法律文件中首次提出制定著作权法。1986年4月12日第六届全国人民代表大会第四次会议通过了《中华人民共和国民法通则》，其中第94条规定："公民、法人享有著作权（版权），依法有署名、发表、出版、获得报酬等权利。"第118条规定："公民、法人的著作权（版权）、专利权、商标专用权、发现权、发明权和其他科技成果权受到剽窃、篡改、假冒等侵害的，有权要求停止侵害，消除影响，赔偿损失。"这些规定，为著作权法的制定提供了法律依据。

1985年7月国家版权局设立，国家新闻出版署署长宋木文兼任国家版权局局长。版权局成立了《中华人民共和国版权法（草案）》起草小组，承担草拟著作权法的具体工作。1986年5月，国家版权局向国务院呈报《中华人民共和国版权法（草案）》。1987年4月，国家版权局将修改后的版权法草案再次呈报国务院。

呈报的是《中华人民共和国版权法（草案）》，何时改为《中华人民共和国著作权法（草案）》了？那是一次版权法起草小组的工作会议，具体时间我记不清了，地点在国家版权局。参加那次修改版权法草案会议的人有国家版权局版权司司长沈仁干、国家版权局版权司副司长裘安曼、国务院法制局教科文卫司司长贾明如、国务院法制局教科文卫司副司长李建、中国社会科学院法学所研究员郑成思、中国人民大学法学院教授刘春田和我。

过完版权法草案的条文后，春田老师提议将《中华人民共和国版权法（草案）》的法名改为《中华人民共和国著作权法（草案）》。贾明如、李建支持改为著作权法，郑成思、沈仁干、裘安曼主张用版权法。郑成思老师认为版权是复制的权利，著作权不科学。裘安曼副司长说，如果叫著作权法，国家版权局得改名了，叫著作权局。这时，春田老师十分严肃地厉声说："《大清著作权律》究竟好不好！"如雷贯耳，会场的空气顿时凝缩，气氛一下子变得紧张起来，沉静了。见此状，我急忙发言说："是用版权法，还是用著作权法？讨论那么多次，我从未发表过意见，看来都各有道理，以前都用版权法草案，用了好几年，不妨改为著作权法草案试试，看看反映。"最后沈仁干拍板，他说："那就试一试吧。"这一试，一试不回头，没有再改回来，直到颁布《中华人民共和国著作权法》。

1989年12月20日，国务院将《中华人民共和国著作权法（草案）》提请第七届全国人大常委会第十一次会议审议。国务院法制局在《中华人民共和国著作权法（草案）》送审稿的说明中，专门阐述了为什么取著作权法的四点理由。李建曾对我说："你们在继承法、民法通则中用著作权，这成为我们用著作权法的重要理由。"裘安曼说："版权法起草那么多年，是老姑娘了，只要能嫁出去，叫什么都行。"

著作权法为什么会有第51条"本法所称的著作权与版权系同义语"的条款，这与郑成思老师有很大关系。他写信给王汉斌副委员长：

王汉斌叔叔：

您好。

我自己从1979年起研究版权，后在英国进修两年版权法课程。我国最新的一稿《著作权法》草案的保护范围，已不限于文字著作，而延及音像制品、影视产品及计算机软件产品；保护主体也不限于著作者，而延及表演者、出版者等，故再称“著作权法”显得文不对题，还是以称“版权法”更恰当。“版权”（Copyright）在当代国际社会已不仅仅包含出版权，而且包含了一切复制权，“Copy”的中文直译，即是“复制”。复制权则能够概括上述扩大的客体与主体享有的权利。台湾的“著作权法”很久以来即被国际上认为“文不对题”，我们似不必求与台湾相同。这点看法仅供参考。

祝您一切好。

郑成思

1990年4月8日

汉斌同志在信上做了批示：

请项、顾考虑14/4。

后，著作权法专门增加“本法所称的著作权与版权系同义语”一条。“系同义语”，文乎乎几字，绝非一般人用词。

郑成思老师英年早逝，他走后我写了《思成思》一文，记述了这段事：“著作权法制定中，我们都是起草小组的成员，经常一起开会，研究法律条文。成思同志认准的事，都执着地去努力。如著作权法的名称，成思同志始终认为应叫版权法。著作权法草案开始时叫版权法，后来改为著作权法，即将通过时仍是著作权法，未提版权二字。成思同志急了，写信给汉斌同志。因成思的父亲郑伯克与汉斌同志抗战期间都曾在西南联大现又都在全国人大法工委等原因，成思同志信的抬头为‘王汉斌叔叔’。后著作权法在附则中增加一条：著作权与版权系同义语。事后听成思同志讲，‘当时心里实在是别扭，学者就是好认死理’。郑成思老师后来也成为全国人大法工委委员。父子两代人均是全国人大法工委委员，后无来者。”

第七届全国人大常委会以九个月的时间，经第十一次、十二次、十四次、十五次会议四次审议，终于于1990年9月7日通过了《中华人民共和国著作权法》，并由中华人民共和国主席发布第31号令予以公布，自1991年6月1日起施行。《中华人民共和国著作权法》的制定，标志着著作权制度在我国全面确立。

春田老师作为《中华人民共和国版权法（草案）》起草小组成员，为《中华人民共和国著作权法》的出台献计献策，倾注了大量心血，特别是他力主用著作权法法名的观点得到立法机关的认同。

《中华人民共和国著作权法》通过后，国家版权局给《中华人民共和国版权法（草案）》起草小组的成员每人发了一信函，春田老师的信是这样：

刘春田同志：

《中华人民共和国著作权法》业经七届人大第十五次会议审议通过。这是各有关方面共同努力的结果。作为著作权法起草成员，您倾注了大量的心血和汗水。特送上我局翻印的《中华人民共和国著作权法》一份，并向您表示衷心的感谢。

著作权法的公布只是完成了第一步的工作，法的完善、著作权保护制度的完善将会遇到更多的问题和复杂情况，将要花费更长的时间。作为著作权管理机关，我们深感担子的沉重。我们希望继续得到您的关心、支持和合作。

国家版权局

1990年9月7日

著作权法的制定凝聚着千百人的劳动，春田老师和我只是其中的一员，是尽职尽责的一员，尽心竭力，不负历史使命。

三、春田老师举办《大清著作权律》颁布百年纪念会

《大清著作权律》由清王朝于宣统二年，即1910年制定， 2010年是它颁布一百周年的年份，应当开会纪念。从《大清著作权律》到中华民国北洋政府1915年的《著作权法》、中华民国国民政府1928年的《著作权法》，再到《中华人民共和国著作权法》，中国的这项法文化一脉传承。

百年之际，机不可失，时不再来。找谁来举办《大清著作权律》颁布百年纪念会？此时郑成思老师已去世，我就找了春田老师。春田老师满腔热忱地投入其中，在中国人民大学举办了盛大隆重的《大清著作权律》百年纪念会。知识产权各界几百人莅临会议，沈家本的曾孙中国政法大学沈厚铎教授参会发言。

会议之前，春田老师发了一个议程方案给我，其中写："秘书长：河山、刘春田。"春田老师太谦让了，事都是他做的，怎能把我放他前头！我说不能这样排。春田老师说我是发起者，要排在他前面。

春田老师执意不肯改。最后，我只好弃权，不参加会议，以保障会议的秘书长是刘春田一人。

《大清著作权律》百年纪念会很成功，大大地宣扬了中华著作权法文化的历史意义。春田老师还告诉我，他邀请国家新闻出版署与版权工作相关的领导莅临会议，这位同志说："中国还有《大清著作权律》"？当他得知原委，即参与其中，热情出席会议。

关于《大清著作权律》，《中国著作权法三十年》一书中收录了春田老师写的《中国著作权法三十年（1900—2020）》，文中写道：

谈著作权法，我们之所以推崇《大清著作权律》，一是它的开创性，二是它的生命力。台湾地区所谓的"著作权法"直到20世纪80年代中期以前，仍承袭《大清著作权律》的基本格局。回想30多年前，在起草著作权法的过程中，凡遇相关问题，常把目光投向《大清著作权律》，投向台湾地区所谓的“著作权法”。大家对《大清著作权律》的感受尤深。谈到立法者的见识、眼界与能力，无论立法技术、架构设计、逻辑安排、言简意赅，都堪称典范。提起《大清著作权律》，大家对这部出自晚清名臣，20世纪大法学家沈家本、伍廷芳之手的中国著作权法的开山之作交口称赞。虽然，《大清著作权律》落笔时的大清帝国已经风雨飘摇，如被压下最后一根稻草前的骆驼，仍以“洪荒”之力，在被迫改良中与革命赛跑。透过55条言简意宏的法律文本可以看到，中国士大夫高居庙堂，“为生民立命，为万世开太平”的那种专业性、开放性、时代性和鞠躬尽瘁的敬业精神，堪为后世之表。以至于中华人民共和国著作权法起草小组核心成员沈仁干先生，每以与沈家本为本家为荣。我对《大清著作权律》也有一段感受，80年代，在著作权法起草中，曾带学生几次到位于故宫午门外西侧的第一历史档案馆（明清档案馆）查阅与《大清著作权律》有关的资料，记忆尤深。那时，档案馆访客不多，工作人员一边打听我们的来历，好奇现代立法，还有人会关注这些“古董”，称从未有人来查阅这方面的档案；一边找出珍贵的资料，小心翼翼地叮嘱：“这是清朝老物件儿，既是档案，也是文物，因为没钱做成胶片，也没条件复印，只好拿出原件，请务必小心。”回想起来，这段经历对我最大的教益是，敬畏真相。真相是认识的起点，凡事靠证据说话。以往的笼统说法是，《大清著作权律》未及实施，就随着清朝的覆灭而成为一纸空文，这种说法至少有两点不符合事实。其一，以著作权登记制度为例，依《大清著作权律》第2条之规定：“凡著作物归民政部注册给照。”当时，我们蹑手蹑脚地摆弄那些近百年前的王朝档案，犹如回到晚清。我们惊喜地看到，一册册上好宣纸印制的著作权登记簿，大量记载商务印书馆等出版的原著、译著书籍目录，清晰的墨迹，历历在目。清室亲王领衔主管著作权登记事务。登记簿上，娟秀的小楷和工整的官方印章跃然纸上。这说明，《大清著作权律》在清朝并非一纸空文，而是有过确切实施的实践。其二，辛亥革命后，根据中华民国大总统于1912年3月命令通告，《大清著作权律》“暂行援用”，生效期被延长至1915年。1915年，北洋政府在此法基础上制定了《北洋政府著作权法》。后来的国民政府及台湾地区所谓的“著作权法”，半个多世纪沿用《大清著作权律》的基本框架，足见《大清著作权律》的生命力。相信，认真研究这段与中国著作权法律制度与实践有关的历史，有助于填补国人思想和文化的空白。

四、主编《中华人民共和国著作权法三十年》

新冠疫情有段时间内，春田老师被困加拿大温哥华。他用微信联系我，说为纪念《中华人民共和国著作权法》制定30周年，要编一部《中华人民共和国著作权法三十年》，把制定著作权的历史留给后人，请我

回忆一下当年制定《中华人民共和国著作权法》中的人与事。微信架起万里连线，我向他聊起《中华人民共和国著作权法》制定历程，“著作权法”与“版权法”称谓之争等花絮。时过30年了，当年的一些立法情形依然历历在目，我问他，可写一篇《著作权法立法史记画卷》。我俩交流了足有几十分钟，春田老师说，一定要把这些写下来，留给后人，你不说别人就都不知道。

因写这段，我找出《中华人民共和国著作权法三十年》。《中华人民共和国著作权法三十年》于2021年3月由知识产权出版社出版，ISBN：978-7-5130-7408-7，刘春田主编，390千字。或许是忙，这本书没有开封过。拆掉那层薄薄透明的封书塑料纸，翻开一看，作者们的姓名是那么熟悉、亲切，他们多是《中华人民共和国著作权法》制定的亲历者，大家从各自的工作角度，描绘出一幅跌宕起伏、波澜壮阔的著作权法立法画卷。这又是一部抢救性文集，制定著作权法的重要领导者宋木文和参加著作权法制定的法学大家谢怀栻、郭寿康、郑成思已经仙逝，天有不测风云，人有旦夕祸福，我们这些人不定哪天也没了。《中华人民共和国著作权法三十年》把著作权法立法记录了下来，是一部著作权法立法史记，读了一遍，感慨万分。春田老师主编《中华人民共和国著作权法三十年》，谱写出一部令人难以忘怀的著作权立法功德曲。

春田老师在《中华人民共和国著作权法三十年》的出版说明中写道：“著作权法律终于回归了民法体系的制度母体，找到了民法理念的精神家园。”知识产权属于民法，这是春田老师一贯坚持和倡导的，我多次听到他对这一观点的阐述。春田老师师从佟柔，紧握这一真谛。

五、推动著作权、板本权探源的研究

1991年人民出版社出版了我的《著作权法概要》，书中探索中国著作权、板本权之源，写道“唐、五代、宋时已有保护出版权的记载”，

“这些虽尚为著作权保护的萌芽，但它在当时却处于世界领先的地位”。30年后，再加考证，详述唐的著作权意识，五代、宋的著作权、板本权法令。数月之功夫，著述10万字，传数十幅古籍照片，成《再考中国著作权板本权之源》。

造纸术、印刷术是中国古代享誉全球的伟大创举，四大发明占其二。有此雄厚的经济基础、肥沃的孕育权利的土壤，难道就没有产生著作权、板本权吗？笔者从浩如烟海的古籍中梳理出唐“敕诸道府不得私置历日板”。五代后“广颁天下如诸色人要写经书并须依所印敕本不得更便杂本交错”、宋“所有每年历日候朝廷颁行后方许雕印傳寫所司不得预前流布于外违者并法科罪”“禁擅镌必须申请国子监”“禁私印及鬻之者杖一百许人告赏钱二百千”、《两浙转运司 録白》《行在国子监 録白》《福建转运使司》、“浙东提举司给榜禁戢翻刊”十部法令，其中五代“广颁天下如诸色人要写经书并须依所印敕本不得更便杂本交错”、北宋“禁私印及鬻之者杖一百许人告赏钱二百千”、南宋《行在国子监 録白》三部是史学界、出版界、法学界从未问津的。五代、宋保护著作权、板本权的十部法令是十颗璀璨明珠，谓之国宝，泉涌中国著作权、板本权之源，折射知识产权璀璨光芒。它标示中国是著作权发祥地，中国是板本权创始地，中国是著作权、板本权的发端国家，最早的著作权、板本权是中国，著作权、板本权之源头在中国。不否认《安娜妊法》的伟大意义，但将五代、宋保护著作权、板本权的十部法令集统，则勾勒出中国古代的著作权法律、板本权法律，这要比《安娜妊法》早几百年，也比十五世纪后期，英国国王赐给图书出版商人的印刷特权早许多年。

这项中国古代著作权、板本权的探源研究，得到春田老师的极大支持，春田老师灵敏地意识到这点，他看见了古籍的记载。这一点，正如春田老师描述考察《大清著作权律》得益的体会：“回想起来，这段经历对我最大的教益是，敬畏真相。真相是认识的起点，凡事靠证据说话。”春田老师博大胸怀。

颤抖的手打开存有的春田老师的微信。

春田老师率先支持建本著作权的研究。中国法学会知识产权法学研究会2021年年会在深圳召开。福建版权协会理事长严桂忠与方彦寿写有《开启古代版权保护先河的建本》论文，2021年12月17日我微信语音向春田老师推荐严桂忠去参会，随即传去“严桂忠，福建版权协会理事长”几字。春田老师立即回复：“好的老河，请严桂忠理事长联络研究会办公室沙京伟，由他安排邀请事宜。欢迎严理事长参会！”

2022年6月6日，我将《再考中国著作权板本权之源》传给春田老师。第二天，春田老师回复：“如此精细考据之大作，我定认真拜读，这也是一个影响深远的大问题，值得研究。”2022年6月9日，春田老师又发来短信，问：“老河好，这篇大作准备投给哪家刊物？”接着，春田老师点通微信，跟我通话十几分钟。

2022年12月5日下午，春田老师短信：“老河，方便请回电话，谢谢。”当晚，我俩通话十几分钟。春田老师告诉我，2022年12月17日以网络形式召开中国法学会知识产权法学研究会2022年年会，请我在开幕式上做《中国著作权板本权溯源》的大会发言。

2022年12月16日22∶02，春田老师短信：“明天听你的演讲，同时我提议，还要向你颁发一个研究会的学术贡献奖。”

2022年12月17日，线上召开中国法学会知识产权法学研究会2022年年会。上午年会开幕，在我发言前，春田老师特别向大家做了个介绍。下文根据录音整理（刘春田先生即席讲话录音稿）：

大家知道，河山先生是1977年也就是恢复高考以后的第一届北京大学法律系的学生，毕业以后到全国人民代表大会常务委员会法制工作委员会（简称“全国人大法工委”）民法室工作。

自《中华人民共和国著作权法》起草以来，他一直参与著作权法的起草工作。当时学界的代表有郭寿康教授、谢怀栻教授、郑成思教授和我。我当时算是壮劳力，其余3位现在都已经作古，我还是目前仅存。那么，河山先生是立法机关的机构的代表。当时来牵头做这个起草工作的，前头有版权局，中间有国务院法制办，后边还有全国人大常委会法工委。有实际工作机关的，有行政立法机构的，还有最终的立法机构。因著作权法的立法，专业性比较强，在当时还算比较复杂，做了11年的时间，在1990年9月7日才颁布。

我回忆起当时起草工作那几年和河山同志在工作中的共处，他是一个思想睿智的人，经常在大家意想不到的领域、意想不到的问题上提出新的见解、新的思考，给大家非常多的启示。记得当时郑成思教授对河山同志有个戏称，管他叫作“鬼才”，就是因为他的思想很活跃，出的主意很多，提的想法也很新颖，给我们留下了非常深刻的印象。从那个时候起，他就持续地对著作权法进行研究，特别是近年来对板本权的研究有非常大的心得和收获，也写出了非常有价值的论文。所以我们研究会的秘书处经过研究，又经过会长办公会议决定，给他颁发这样一个“学术贡献奖”。下面我想请河山同志做详细报告。

接着，我在杭州联网做了《中国著作权板本权溯源》的长篇发言，中国法学会知识产权法学研究会给我颁发了“学术贡献奖”。

2023年1月22日，我给春田老师发拜年微信：“给老刘拜年！感谢老刘颁发的‘学术贡献奖’。在刘教授的主导下，更进一步推进中国唐、五代、宋的十部法令打包，以较劲一下《安娜妊法》，向世界阐明，著作权、板本权的源头在中国！”春田老师回复：“谢谢老河！给你拜年。关于著作权法的源头，我相信会有丰硕的成果！精彩的结论！老河领头干，当惊世界殊！”

2023年2月12日凌晨02：56，春田老师发来昨晚我被评为“2022

年度中国知识产权影响力人物”的照片，微信点赞“老河”。

春田老师讲，2023年，他将举办专利法400年世界大会，并邀请我做《中国著作权板本权溯源》报告，把著作权、板本权源头在中国推向世界。很不幸，出师未捷身先死，长使英雄泪满襟。春田老师一去，无人能张罗起专利法400年世界大会了。

六、携手共进

（一）祝愿

每逢佳节，春田老师都发祥语问候。如近年微信，春田老师2020年1月1日发：“新年快乐！”2020年1月24日发：“新春快乐！”2020年1月26日凌晨02：30发：“新春快乐！”2021年2月14日发：“给老河拜年！牛年吉祥。”2021年5月4日发：“怀旧五四，珍惜生命。”2022年1月29日发：“谢谢老河鼓励！虎年大吉！拜年啦。”2023年1月22日发：“谢谢老河！给你拜年。”我也同样发祝福给他。

有疫情更见真情。新冠疫情大爆发期间，春田老师发来微信：“我有些烧，不严重。老河你千万要小心，不要大意。”我回复：“我在杭州有密接，返京未能幸免，昨已退烧。与老刘并肩，共同战胜病毒。”我又发：“不管怎样，按张文宏说的，多吃蛋白质，增强免疫力，战胜病毒。”春田老师回复：“听老河的，尊重科学，尊重医生！”

春田老师对会员关心体贴。老朋友程永顺病了，春田老师问好住址，开车拉我一起去探望。

多位友人讲，春田是孝子，精心呵护老母。

除节日祥语，在工作上我们还相互支持。

（二）春田老师出席中国法学会消费者权益保护法学研究会成立大会，被聘为“3·15”志愿专家。

2006年12月28日中国法学会消费者权益保护法学研究会成立，春田老师到北京市第一中级人民法院出席成立大会。中国法学会消费者权益保护法学研究会聘请春田老师为中国法学会消费者权益保护法学研究会“3·15”志愿专家。

春田老师和部分与会人与王汉斌同志的合影。

中国法学会消费者权益保护法研究会为春田老师颁发“3·15”志愿专家聘书。

刘春田老师：

中国法学会消费者权益保护法研究会于2006年12月28日成立，本会聘请您为本第一届中国法学会消费者权益保护法研究会“3·15”志愿专家。

中国法学会消费者权益保护法研究会

2006年12月28日

（三）春田老师的中国法学会消费者权益保护法学研究会会员登记表

中国消费者权益保护法学研究会会员登记表

<table>
<tr><td>姓名</td><td>刘春田</td><td>性别</td><td>男</td><td>民族</td><td>汉</td><td>出生年月日</td><td>1949.03</td></tr>
<tr><td>政治面貌</td><td>中共党员</td><td>学位</td><td>硕士</td><td>专业</td><td>法学</td><td>职 称</td><td>教授</td></tr>
<tr><td>工作单位</td><td colspan="5">中国人民大学法学院、知识产权学院</td><td>行政职务</td><td>院长</td></tr>
<tr><td>通讯地址</td><td colspan="5">北京中关村大街59号</td><td>邮政编码</td><td>100872</td></tr>
<tr><td>电子信箱</td><td colspan="4">×××@×××.com</td><td>电话</td><td colspan="2">×××××</td></tr>
<tr><td colspan="2">加入中国法学会时间</td><td>1985</td><td colspan="3">中国法学会会员证号码</td><td colspan="2"></td></tr>
<tr><td colspan="8">简历：
1968—1978先后在山西、北京插队、做工
1978—1985中国人民大学读书
1985—2011中国人民大学教书</td></tr>
<tr><td colspan="8">主要学术成果：
《民法通则概论》《知识产权法》及在《中国社会科学》《中国法学》发表论文40余篇；</td></tr>
<tr><td colspan="4">本人签字：刘春田
2011年7月7日</td><td colspan="4">单位意见：　　同意
（单位人事部门公章）
2011年7月7日</td></tr>
</table>

2012年3月15日下午3：15，中国法学会消费者权益保护法学研究会在北京大学法学院维宪模拟法庭换届。春田老师传来“中国消费者权益保护法学研究会会员登记表”，成为中国法学会消费者权益保护法学研究会会员。第二届中国法学会消费者权益保护法学研究会继续聘请春田老师为中国法学会消费者权益保护法学研究会“3·15”志愿专家。

（四）中国法学会消费者权益保护法学研究会、中国法学会知识产权法学研究会共同主办宣传贯彻商标法惩罚性赔偿座谈会

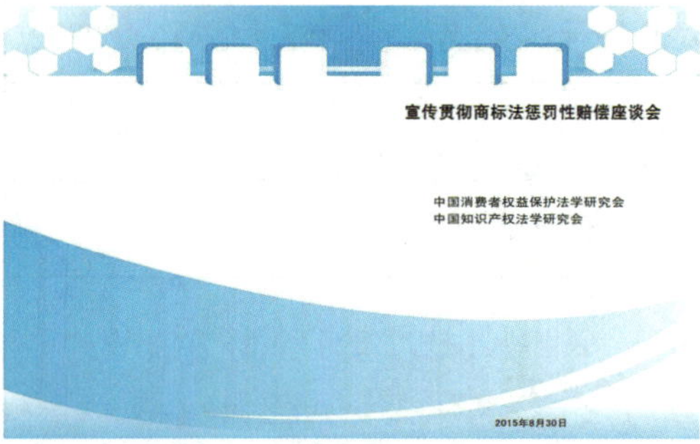

2013年8月30日第十二届全国人大常委会第四次会议审议通过了商标法第三次修正案，规定“对恶意侵犯商标专用权，情节严重的，可以在按照上述方法确定数额的一倍以上三倍以下确定赔偿数额。”商标法引入惩罚性赔偿具有重要意义，是知识产权界的大事。然两年过去了，国人对此知之甚少，且实施为零，不见有商标权人出来打假索赔。为了宣传贯彻商标法的惩罚性赔偿，推动法人打假索赔，我与春田老师商议：在商标法修正案通过两周年之际，中国法学会消费者权益保护法学研究会、中国法学会知识产权法学研究会两家联合举办会议，宣传贯彻商标法的惩罚性赔偿。2015年8月30日，宣传贯彻商标法惩罚性赔偿座谈会在北京紫玉饭店召开，会议由中国法学会知识产权法学研究会秘书长郭禾老师主持。会议在社会各界引起强烈反响，通过百度搜索“宣传贯彻商标法惩罚性赔偿座谈会”可找到相关结果约8,370个，中国法学会官网、民主与法制时报、中国消费报、中国消费者网、腾讯网、消费者网等众多媒体或网站对此次会议进行了相关报道或转载。

2015年9月，春田老师邀我参加在广州举办的中国法学会知识产权法学研究会2015年年会，做“宣传贯彻商标法的惩罚性赔偿”发言，进一步宣传商标法的惩罚性赔偿。2018年8月29日，中国首例贯彻商标法惩罚性赔偿的“六个核桃饼干”案的生效法律文书由山东省枣庄市中级人民法院“作出。

（五）投票

春田老师既是中国法学会消费者权益保护法学研究会会员，又是中国法学会消费者权益保护法学研究会“3·15”志愿专家，我们支持春田老师出任中国法学会知识产权法学研究会会长。

2006年9月10日，一颗知识产权巨星陨落， 61岁的郑成思老师过早地离开了我们。谁来接替郑老师的中国法学会知识产权法学研究会会长，颇受关注。谁是中国法学会知识产权法学研究会会长，谁就是中国知识产权法学的领军人。2006年的中国法学会知识产权法学研究会年会在北京上地中国知识产权培训中心召开。晚间的理事会，为中国法学会知识产权法学研究会会长人选争论不休，甚至失态。白日的会议，沈仁干同志坚辞不做中国法学会知识产权法学研究会会长候选人，说会长应由学者出任。大家提出由我担任推举会长候选人的召集人。

5年后，中国法学会知识产权法学研究会换届。中国人民大学党组发函中国法学会党组，推荐春田老师担任中国法学会知识产权法学研究会会长。选举前，有人要临时增补常务理事，被中国法学会主管领导制止。按照中国法学会章程，新一届会长人选先要由研究会常务理事会提出，故常务理事的票数至关重要。

春田老师告知我常务理事会召开的时间，我当时在深圳，由于深圳机场的原因，我那天下午才登上返京飞机。我坐在后排，告诉乘务员我要赶时间希望届时能第一个下飞机。飞机着陆前，乘务员安排我先到舱门，问我有没有托运行李，我说没有。她见我空手，又问包呢？我说没包，明天一早还要返回深圳。这也是生平唯一一次的空手乘机。晚8点前，我按时赶到会场。经过几轮投票，春田老师最终以微弱的多数获选。确定会长人选后，我提议郭禾老师为秘书长人选，协助春田老师做具体工作，获得多数支持。会长、秘书长名单投票后，大家酝酿副会长人选，我也在其中。我说我已在消费者权益保护法学研究会有职务，不能再担任知识产权法学研究会副会长。西南政法大学张教授希望将这一副会长名额给她们，支援偏远地区，我立即赞同。春田老师对我说，如果大会选举他任中国法学会知识产权法学研究会会长，他一定让吴汉东当名誉会长。

(六)学术交流

我们时常学术交流。我到人民大学参加春田老师组织的学术活动。春田老师邀我到苏州的人民大学校区出席中欧知识产权等会议，发表演讲。我们共同到北京务实知识产权发展中心研究知识产权疑难案件。坐春田老师的车，我们赴京郊调研那里冒出的小木屋。春田老师关心华为的知识产权保护， 2015年广州年会后，他即赴深圳到华为考察。2020年5月28日春田老师给我发“BC省法官判孟晚舟案快讯”，时间是凌晨03：01。

2024年2月25日，娃哈哈集团创始人宗庆后因病医治无效，于10时30分在杭州逝世，享年79岁。听到这一闻讯，我不禁联忆起春田老师为宗庆后定星化难一则。宗庆后注册了“娃哈哈”商标，又注册了

“哈哈娃”“哈娃哈”“哈娃娃”防御商标。1996年宗庆后与法国达能合资合作，就“娃哈哈”商标，双方签订了“阴阳”两份合同。“阳合同”交商标局，写明“娃哈哈”商标归“娃哈哈”集团所有。“阴合同”私下各自保存，写明“娃哈哈”商标转让给法国达能占51%股份的合资公司。十年后双方矛盾激化，法国达能以宗庆后不能擅自使用“娃哈哈”商标为要挟，企图吞并宗庆后的非合资企业，一些媒体也跟着起哄。形势急迫，宗庆后上京求助于春田老师。因关于“娃哈哈”商标有“阴阳”两份合同，春田老师特请我来一道把脉。见到宗庆后，我先讲述了当年《娃哈哈》歌曲作者告宗庆后用“娃哈哈”作商标侵害其著作权，许嘉璐副委员长认为“娃哈哈”是汉语一词组谁都可以用，宗庆后未侵权一事。宗庆后听了很高兴，表示感谢。接着我们听取宗庆后汇报，认为：“阳合同”存商标局，载明“娃哈哈”商标归“娃哈哈”集团所有，光明正大。转让注册商标须经商标局核准。2001年《商标法》第23条规定：“注册商标需要变更注册人的名义、地址或者其他注册事项的，应当提出变更申请。”第39条规定：“转让注册商标的，转让人和受让人应当签订转让协议，共同向商标局提出申请。受让人应当保证使用该注册商标的商品质量。转让注册商标经核准后，予以公告。受让人自公告之日起享有商标专用权。”“阴合同”仅是私下协议，双方没有到商标局提出变更申请，“娃哈哈”注册商标未向合资企业移动。“阴合同”不能对抗“阳合同”，“娃哈哈”集团是“娃哈哈”注册商标人，“娃哈哈”注册商标归属于“娃哈哈”集团。况且当年也不允许向外国公司转让商标。春田老师一针见血击中“娃哈哈”商标“阴阳合同”的要害，宗庆后听后茅塞顿开，一块石头落地，设晚宴连连道谢。事后，宗庆后奋起反击，大获全胜，收购了法国达能在“娃哈哈”的股份，恢复了“娃哈哈”的民族品牌。

春田老师对商标有新解，即与我交流。2021年12月17日上午

07：56，春田老师微信发来他的文章《商标概念新解》。当日上午11点，我们语音通话20分钟。交流中，春田老师特别提到他的博士后余俊研究我国商代就有商标。中午12：41，春田老师发来短信："商标，或曰市场，作为交易工具，是有别于产品服务，以及商家的一个独立的存在，产品、服务就是通过这个交易工具完成交易的。交易工具是铁打的营盘，产品、服务是流水的兵。市场就是以商标为材料构建的，市场作为平台，就是交易工具。没有这个工具，就没有市场经济。我们过去看走眼，看错了商标，低估了商标的地位。"

七、春田千古

谁能想到，2023年3月25日，春田老师在他乡以身殉职，与世长辞。

（一）中国法学会消费者权益保护法学研究会唁电

春田老师的噩耗传来，中国法学会消费者权益保护法学研究会发唁电。

悼念刘春田先生

中国消法学研究会通字（2023）10号

中国法学会消费者权益保护法学研究会会员、"3·15"志愿专家刘春田先生于2023年3月25日在美国洛杉矶不幸逝世，沉痛哀悼刘春田先生，刘春田先生千古。

附讣告

中国法学会消费者权益保护法学研究会

2023.3.30

中国法学会消费者权益保护法学研究会举办会议，会议开始前全体起立默哀一分钟，沉痛哀悼春田老师。

（二）追思悼念

春田老师魂归故里，2023年4月20日举办隆重的春田老师追思会。庄重肃穆的北京科学会堂摆满洁白菊花，各界数百友人前来吊唁、缅怀。中华人民共和国最高人民法院、中华人民共和国最高人民检察院发来唁电。我走到春田老师遗像前三鞠躬，献上一束鲜花，春田老师的女儿劭君邀我做了追思悼念发言，春田老师千古！

2024年春节

一生一世师生情

——追忆恩师刘春田教授

何银秋*

2023年3月28日，清明节前的广州，持续阴雨天气，令人压抑。当我得知恩师刘春田教授于3月25日在美国突发疾病仙逝的消息后，如五雷轰顶，眼泪瞬间落下，不敢相信也不愿相信。最让我遗憾的是，恩师的遗体告别仪式在美国举行，我连最后告别的机会都没有。如今，距离恩师仙逝已一个月，我不停回忆曾经与恩师相处的时光，真希望时间能倒流……

07年硕士入学考试，中国人民大学法学院第一次把知识产权专业从民商法专业独立出来，单独出卷，感谢那一年考研的变化，让我有机会获得求学生涯唯一的第一名，如愿以偿成为恩师的学生。第一次见恩师，我紧张之余又兴奋，恩师亲切、爽朗的笑声，很快缓解了我的紧张。虽然我只是刘门弟子中很普通的一个，没能成为恩师的骄傲，但进入刘门成为恩师的学生，却是我最大的骄傲。

研究生毕业时，我没有了当年报考中国人民大学知识产权专业的孤勇，最终选择了一份稳定的工作。虽然我从事的工作与知识产权无关，

* 中国证券监督管理委员会广东监管局四级调研员。刘春田教授指导的2007级法学硕士。

但恩师对我的职业选择给予了充分肯定和鼓励，他不止一次对我说“回广东好啊，广东多好”！毕业后多年，每次见到恩师，他都会关心我的工作情况和家庭情况，再次提及就业选择时，他能看出我的茫然和困惑，给予我很大的安慰和支持。

虽然我没有从事知识产权专业，也没在北京工作，但我仍希望能有机会多见恩师、多聆听恩师的教导。感谢恩师，每次我到北京，只要他在北京，他都抽空出来和我们聚会。师兄师姐们笑称，我每次到北京，能为大家提供一次聚会机会。这真的是我莫大的荣幸。恩师健谈、幽默，不管是否专业领域的事情，他都有自己的独到见解，许多看似复杂的问题，听他分析完就能豁然开朗。每次见面，都觉得时间过得特别快。很可惜，疫情三年，进京不易，我与恩师最后的一次见面是2020年12月，万万没想到那一次见面竟成永别。

2022年12月，疫情肆虐时，我曾微信问恩师身体情况，恩师的回复与往常一样乐观，“在排队等阳，这个时候都希望有人插队，自己越往后越好，但终逃不过。你和孩子也多注意防护”。本想着疫情结束，终于可以带两个小朋友去北京拜见师爷，却已经没有机会。

2023年3月31日，是恩师的头七祭，一大早我便飞往了北京。以前每次去北京，我都无比期待和开心，这是第一次以如此沉重的心情进京。对我来说，亲自为恩师上炷香，是我最后能为恩师做的事了。

站在恩师的书房里，仿佛还能看到恩师工作的场景，他的书桌放着他出差前看的书，还有他未完成的手稿。恩师博览群书，从他的书柜根本看不出他是一位法学家、一位知识产权学者。看着这么多柜子的书，我感到非常惭愧，毕业后我没有“学有所用”，连恩师这种终身阅读的精神我也没能学到多少。那一天，我一直在恩师家里，在恩师生前最喜欢的音乐中，与师母、各位同门一起聊着与恩师的往事，就像恩师未曾离去。

恩师的学识、人品以及学界地位无须多言，我也害怕我所理解的恩师的思想不够透彻，表达不够准确。正如王轶副校长在恩师追思会上所言，“当一篇文章，遮住作者名字，还能看出是谁的文章，这个人就是真正的学者”。没错，恩师就是这样一位真正的学者、大师，他是干大事的人，是中国知识产权学科的奠基人、领头人，一直为推动中国知识产权事业拼搏着。今年是知识产权制度在世界建立400年，也是知识产权概念在中国提出50年，恩师把自己留在了这个特殊年份的春天，留在了知识产权事业的田野上。

一生一世师生情，毕生难以报师恩。愿恩师安息，来世再续师徒情！深切怀念我的恩师，刘春田教授！

2023年4月26日

令人难忘的三句话

——追忆恩师刘春田教授

黄　骥*

自我到刘春田老师门下学习，不知不觉已有十年光景。这十年里，刘老师于我而言，不仅是传道授业解惑的恩师，更是人生路上的一盏明灯。在这个追忆刘老师的时刻，脑海中不由浮现起老师说过的三句话。

“你再考虑考虑，我们再商量商量”

在知识产权学界，关于知识产权对象的本质存在多种观点。刘老师是“知识说”的开创者。我刚入学时，觉得很难把商标理解为一种知识，因此觉得“符号说”比“知识说”更有说服力。某次刘老师授课时，恰好给我们介绍他提出“知识说”的研究过程，我抱着“初生牛犊”的心态当众提出了质疑。但发言之后，马上感到自己有些莽撞。一是因为“知识说”是刘老师引以为傲的理论贡献，他尚未阐述完毕就被我打断；二是我自己也尚未充分研读相关论著。然而，刘老师只是耐心地启发我，“保护商标，本质上维护的是不是标记、商品、经营者之间的特定联系？这种联系是不是存在于公众的认知之中？这种认知能否理解为一种知识呢？你不妨从心理学、认知科学的角度去做一些考察”。

* 西南政法大学民商法学院助理教授。刘春田教授指导的2013级法学博士。

看到我还有些迷茫，刘老师笑着说“你再考虑考虑，我们课后再商量商量”。

面对晚辈的不同观点，既没有居高临下，也没有不屑一顾，而是认真、平等地循循善诱。刘老师的胸怀气度，让我至今感念。

“少说些过年的话”

我跟随刘老师读博期间，参与了不少学术会议的会务工作，也获得了宝贵的学习机会。每次会议上，刘老师发言中深刻的思想、犀利的观点、直面问题求真务实的态度，总是让人深受感染。

在一次新年伊始的会议上，有嘉宾发言时用较长的时间介绍了某政策实施以来取得的各方面成绩。嘉宾言毕，刘老师拿起话筒说道：“刚才这位老师说得挺好，都是过年的话。”大伙儿哄笑。刘老师接着说：“我们聚在一起，主要是查找问题、解决问题，大家接下来就少说些过年的话吧。”当时会场的气氛轻松愉快，刘老师对这位嘉宾的发言并无任何反对之意，刘老师一向同意要肯定既有成绩，但另一方面，多一些冷静思考、理性辨析，不遮掩短板不足，不回避争论批判，也一直是刘老师组织和主持学术会议时着力贯彻的理念。在会场外，这也是刘老师处世治学所秉持的原则。正如刘老师时常教诲学生的那样，“学术求真，科学的生命在于批判与革命，真的学术，无关个人恩怨与得失。岂能看人脸色，因他人臧否毁誉而轻言放弃”。我想，今天有那么多人发自内心地怀念刘老师，很重要的原因就是刘老师纯真、率直、“视真理为第一”的知识分子风骨。

“就怕你不出格”

我的博士论文研究的是商标法制史方面的主题，在写作初期遇到一个困惑。一方面，感觉要把商标法律制度的历史演进说清楚就必须对经济、商业方面的历史背景作详尽考证，另一方面又担心自己把握不好比例布局，把法学论文写成经济史论文。当我就这一困惑与刘老师交流时，刘老师鼓励我，“博士论文的思路和视野要宽广，哪怕写成经济学、哲学论文也不要紧，不要怕出格，可以先‘出格’再‘入格’。你之前的稿子太中规中矩了，我就怕你不出格”。

刘老师说的“出格”，强调的是学术思维的开放，对学科研究范式的拓展、研究对象的突破。“就怕你不出格”，这是刘老师对晚辈学术创新的包容和期待。

刘老师曾说过，“即使有满天星斗，照样是漆黑一夜，只要有一轮红日就足以照亮全球”。我想，刘老师走了，犹如巨星陨落，天空会有星光黯淡的时刻，但刘老师的风范、风格、风骨以及留给我们的谆谆教诲，仍如红日高悬，照耀着中国知识产权事业，照耀着我们正道前行。

2024年1月

纪念刘春田教授

黄武双*

2003年3月25日，中国知识产权学界泰斗级人物、中国知识产权法学研究会会长刘春田教授不幸去世。刘春田教授， 1978年至1985年，在中国人民大学法律系学习，之后留校任教。2010年，被国家知识产权局、国家工商管理总局、国家新闻出版总署（国家版权局）评为全国知识产权最具影响力人物。2013年，被英国《知识产权管理》杂志评为全球知识产权最具影响力50人之一。著有《知识产权法》《中华人民共和国著作权法三十年》《中国知识产权四十年》《知识产权保护与国际惯例》《知识产权判例研究》等经典书目。刘春田教授作为中国知识产权法学的开拓者，在国内开设了第一门系统性讲述知识产权法的课程，并长期致力于知识产权法的教学、基础理论研究和学科基本建设，为中国知识产权法学的迅速发展奠定了基础。刘春田教授的离世，不仅是法学界的重大损失，更让我们深刻认识到继承和发扬他的学术遗产的重要性。

一、第一次聆听刘老师的讲课

在2001年10月世界知识产权组织在中国人民大学举行的教师培训

* 华东政法大学知识产权学院教授、博士研究生导师。

班上首次接触刘春田教授，我就深刻体会到了他的学术风格和学术追求。那次培训于我而言，不仅是对知识产权知识的系统学习，更是一次深受启发的学术之旅。刘教授的讲解深入浅出，既有理论的高度，也有实践的深度，让人受益匪浅。他对民法与知识产权关系的阐述，让人眼前一亮，为今后的研究和教学指明了方向。此外，他对学科建设的看法也深深影响了参训的每一位教师，让人意识到遵循学科规律的重要性。

（1）民法调整的是平等主体之间的财产关系及相关的个人关系，其核心原则如平等、自愿、公平、诚实信用等，对知识产权法的形成和发展起到了基础性的指导作用。知识产权法在保护创作人的权益、促进科学技术和文化艺术发展等方面，体现了民法关于财产权利保护的基本原理，同时在处理权利人与使用者之间的关系时，也遵循了民法中关于合同、侵权等方面的基本规则。

（2）在权利归属方面，民法原理强调权利人对其财产的支配权，这一点在知识产权法中得到了体现，即创造者其创造的智力成果享有排他性的权利。在权利运用方面，民法中的财产权利转让、使用和保护等概念，为知识产权的许可使用、转让以及保护提供了法律框架和操作方式。

（3）民法注重保护权利人的合法权益，同时也强调各方利益的平衡和社会公共利益的考虑。在知识产权法中，这一原则体现为在保护创作者权益的同时，考虑到公众利益和促进知识、文化的传播与创新。例如，版权法中的“合理使用”原则，就是在保护版权所有者的合法权益和满足公众获取信息、知识的需求之间寻求平衡的体现。

（4）知识产权法的具体适用和解释过程中，民法的基本原理提供了重要的思考角度和方法论。例如，在处理知识产权侵权纠纷时，民法关于侵权责任的原则及其赔偿机制为判定知识产权侵权行为的性质、确定赔偿范围和方式提供了参考依据。

民法的基本原理不仅为知识产权法提供了理论基础和法律框架，而且在权利归属、运用、保护以及法律适用和解释等方面，对知识产权法的具体实施和发展也起到了重要的指导和影响作用。因此，深入研究民法基本原理对于理解和运用知识产权法具有不可替代的重要性。

二、与刘春田教授的深度接触

在参加了2001年10月的培训以后，华东政法学院于2003年11月成立了知识产权研究中心和知识产权学院，我本人也转岗到知识产权学院从事教学工作，并于2006年担任知识产权学院主管本科教学的副院长，从这个时间开始，我与刘春田教授接触的时间增多了。自此以后，由于华东政法大学经常举办全国性知识产权学术会议和讲座，我有机会邀请刘春田教授到会议上致辞和发表学术观点，并来学校做学术讲座。

随着接触机会的不断增多，我有机会进一步领略到刘春田作为一位知识产权大家的人格魅力，严谨的学术风范和对知识产权理论高屋建瓴的批判性思维，对一些基本概念正本清源。他在法学研究中坚持高度的严谨性和深入的思考，不满足表面的分析，而是深挖法律原理和实践问题的根源。在推动中国知识产权法学科建设过程中，刘春田教授强调理论与实践的结合，倡导通过实证研究深化理论认识。

在外国判例法所创设的规则能否直接引入国内法律体系的问题上，刘春田教授的观点非常明确。

（1）应当谨慎对待外国法律概念和规则的引入。刘春田教授认为，随着全球化的发展，国际法律之间的互动变得尤为重要。他强调，外国的法律经验，尤其是判例法的规则，对于国内法律体系的完善和发展具有重要的参考价值。但同时也要注意到中国法律体系与西方国家（如美国的普通法体系或德国的大陆法系）存在的制度差异。这些差异不仅体现在法律术语上，还包括法律思维、原则及实践方法。因此，在引入外国的知识产权法律概念时，必须对这些概念进行本土化处理，凡是在国内法能够有对应概念和制度的，都应该使用国内法律既有的概念和规则，确保它们与中国的法律体系和实际情况相兼容。即使国内法律尚未规定的制度，也必须研究其与国内法律制度的兼容性，能否起到实质推动国内修法的作用等，才考虑是否需要引入。

（2）知识产权保护不仅是法律问题，也是文化和价值观问题。尽管看重外国判例的参考价值，刘春田教授也提醒，直接将外国的判例法规则引入国内法律体系存在一定的局限性。这主要是因为不同国家的法律体系、社会背景、文化传统和价值观念存在差异。在引入外国法律概念时，需要考虑这些概念背后的文化假设和价值判断是否与中国的社会价值观相适应。例如，版权法在西方国家强调创作者的权利，而在中国，可能需要平衡创作者权利与公众利益的关系。在认识到直接引入外国判例法规则的局限性后，刘春田教授提倡对外国判例进行适应性改造。他主张通过比较法研究，吸收外国判例的精髓和核心价值，同时对其进行本土化的改造，以更好地融入国内的法律体系。

虽然倡导从外国判例中借鉴和吸收有益元素，刘春田教授同样强调国内法律体系独立性和自主性的重要性。他认为，在借鉴外国法律经验的同时，必须保持国内法律体系的核心价值和原则不受侵蚀。这一点凸显了在全球化背景下，保持法律文化的多样性和各国法律体系自主性的重要性。通过在借鉴与创新之间寻找平衡，刘春田教授的观点为如何合理利用外国法律经验提供了宝贵的指导。这些观点为我们在法律全球化趋势下如何合理吸收外国法律经验提供了重要的思考路径。

三、刘春田教授的人格魅力

在与刘春田教授打交道的过程中，逐渐体会到了他的人格魅力。

（1）博学多才。刘春田教授以其广博的知识和深邃的学术造诣著称于法学界。他不仅精通法学理论，而且对哲学、历史等领域也有深入的研究和独到的见解。博学是刘春田教授人格魅力的重要组成部分。他的广博知识使他能够在法学研究中跨学科思考，提出具有深度和广度的学术见解，这种能力在学术界尤为珍贵。

（2）严谨治学。刘春田教授治学严谨，对待学术研究持有高标准和严格要求。他的研究工作细致入微，力求每一项研究都能达到学术界的最高水平。严谨的治学态度不仅体现了刘春田教授对学术真理的尊重和追求，也是他能够在法学领域取得卓越成就的重要原因。这种态度对学生和年轻学者具有强烈的示范作用，鼓励他们追求学术的精粹。

（3）谦虚和善。尽管学识渊博、成就斐然，刘春田教授却始终保持谦虚低调的态度。他平易近人，乐于交流，对学生和同事的意见和建议总是持开放和包容的态度。谦虚和善不仅是刘春田教授人格魅力的重要体现，也是他得以在复杂的学术和社会环境中保持个人影响力和号召力的关键。这种性格特质促进了学术界的健康交流和合作，对培养和谐的学术氛围起到了积极作用。

（4）教书育人。刘春田教授热爱教育事业，深知教书育人的重要性。他不仅传授知识，更关注学生的全面发展和独立思考能力的培养。作为一位杰出的教育者，刘春田教授的人格魅力也在于他能够激发学生的潜能，引导他们形成自己的见解和思考。他的这种育人理念和方法深受学生爱戴，使他成为一代人心中的良师益友。

刘春田教授的人格魅力在于他博学多才、治学严谨、教书育人的优秀品质，以及他谦虚和善的性格特质。这些特质不仅使他在法学界享有崇高的声誉，也让他成为众多学生和年轻学者心目中的楷模。

四.刘春田教授推崇国内外学术交流

刘春田教授推崇国内外学术交流的观点和实践，体现了他对法学领域发展的深刻理解和前瞻性思考。刘春田教授还身体力行地组织了大量的国际国内理论和实践交流的会议、沙龙、讲座等学术活动。

（1）学术交流的重要性。刘春田教授认为，学术交流是推动法学发展的重要途径，特别是在全球化背景下，国内外的学术交流尤为重要。尤其现代知识产权制度深受西方国家影响，这种交流有助于法学研究者拓宽视野，吸收和借鉴国际上的先进理论和实践经验。这一观点强调了在法学领域，知识和理论是跨文化、跨国界的，只有通过广泛的学术交流，才能促进不同法律体系和文化之间的理解和融合，从而推动法学理论的创新和发展。

（2）促进比较法研究，刘春田教授特别强调国际学术交流在促进比较法学研究方面的作用。通过比较不同国家的法律制度和实践，可以发现各自的优势和不足，从而为国内法律改革和发展提供参考。比较法学是理解和吸收外国法律经验的重要方法。刘春田教授倡导的国际学术交流不仅促进了不同法律体系之间的比较和借鉴，而且也推动了法学研究方法的创新和多元化。

（3）构建国际学术合作平台。为了促进更有效的国际学术交流，刘春田教授积极参与和推动构建国际学术合作平台，如参与国际学术会议、合著跨国学术作品以及建立学术交流网络等。这些平台和机制的建立，不仅为法学研究者提供了交流思想和研究成果的机会，也促进了国际法学界的紧密合作和知识共享。刘春田教授在这一过程中发挥了重要作用，其努力大大促进了国内法学研究的国际化进程。

（4）培养国际化法学人才。刘春田教授深知在全球化时代，培养具有国际视野的法学人才是非常重要的。因此，他不仅自己积极参与国际交流，也鼓励和支持年轻学者和学生走出国门，参与国际学术活动。通过这种方式，刘春田教授不仅传授法学知识，更是传递了一种国际化的法学研究视角和价值观。这对于提高国内法学人才的国际竞争力，以及促进我国法学教育的国际化具有重要意义。

刘春田教授推崇的国内外学术交流观点和实践，不仅展现了他对法学发展趋势的深刻洞察，也体现了他作为一位学者对于推动法学领域进步和创新的积极贡献。通过他的努力，促进了国内外法学界的互动和合作，为中国法学的国际化发展作出了重要贡献。

作为一位杰出的法学家，刘春田教授为法学界作出了不可磨灭的贡献。他的学术成就和人格魅力将永远被我们铭记。他是法学领域的一面旗帜，其辞世让人无比悲痛。我们深切怀念他，感慨他留下的空缺将是不可填补的。刘春田教授的逝世是中国法学界的一大损失，但他留下的学术遗产将永远激励着后人。

2024年2月

创新创意超越国界 开放合作促进共赢*

——刘春田教授在美荣膺知识产权教育杰出成就奖纪实

金海军**

2018年9月12日，美国商会（U.S. Chamber of Commerce）在其位于华盛顿西北H街1615号的总部大楼隆重举行年度知识产权杰出成就奖颁奖典礼，用于表彰美国及世界其他国家来自科技创新、文艺创作、知识产权法律保护与教学研究等领域的杰出贡献者(IP Champions)。活动于当晚18时开始，这座始建于1912年的美国历史建筑一改往日的庄重肃穆形象，顿时华灯璀璨，佳宾云集。令人惊喜的是，主办方还请来造型栩栩如生的功夫熊猫到现场助兴，为今年的典礼带来一抹中国色彩。随着一个个奖项陆续揭晓颁出，整场活动宛如知识产权与工商界的奥斯卡。

在今年的11位获奖者中，唯一获得知识产权教育杰出成就奖（Award for Excellency in IP Education）的是来自中国人民大学的刘春田教授。这也是自该奖项设立以来首次颁发给中国的知识产权高等教育与研究学者。

---

* 原载《中国知识产权》，2018（11）。

** 中国人民大学法学院教授。刘春田教授指导的1995级法学硕士、1998级法学博士。

从当晚揭晓的这份获奖者名单中，在颁奖人与获奖者的致辞上以及现场嘉宾与观众的热情互动中，可以看到美国与国际社会在有关创新创造以及知识产权立法、执法与教育上形成的普遍共识，各国有识之士对于当前知识产权在全球化进程中所面临问题的高度关切。

一、工商界对创新与知识产权领域杰出成就的最高褒奖

美国商会成立于1912年，迄今已逾百年历史，是世界上规模数一数二的商业组织协会。它的总部位于华盛顿，拥有300多万各种规模、行业、地区的会员，既有小型零售商店，也有大型跨国公司。美国商会的职责是代表商业机构和企业的利益，向美国政府、国会和法院争取利益，是美国商界利益的集中代表，对美国政府制订经济贸易政策具有重要的影响力。其关注的领域包括税收、能源、卫生保健、国际贸易与投资、劳动力竞争力、资本市场、基础设施、司法改革、创新和法规改革等与商业发展密切相关的各个方面。在当前的创新经济体系中，有关创新与知识产权的领域，自然也是其关注的重点。美国商会从5年前开始创设年度知识产权杰出成就奖，就意在褒奖这方面作出重大贡献者。

今年颁出的奖项分为五类，具体获奖名单可见于https://www.uschamber.com/event/2018-ip-champions-gala

执法杰出成就奖（Award for Excellence in Enforcement）：获奖者是来自伦敦警察局（City of London Police）经济犯罪科以及知识产权犯罪调查科的两位负责人Peter O’Doherty与Nick Court。

创新杰出成就奖（Award for Excellence in Innovation）：获奖者有3位，分别是新英格兰地区肾脏捐献匹配项目（Kidney Exchange）共同创办人、2012年诺贝尔经济学奖获得者埃尔文·罗斯（Alvin Roth）教授；美国一家科技创新公司Aluna的创办人Inderjit Jutla，该公司开发了一种家用型呼吸状况监测系统设备；以色列通信公司Maxtech Networks的创始人兼首席执行官Uzi Hanuni，该公司在今年

6、 7月间为深陷溶洞的泰国少年足球队所进行的国际大营救提供了特殊通信设备。

创作杰出成就奖（Award for Excellence in Creativity）：获奖者也是3位。一位是美国著名电影制片人Kristie Macosko Krieger，她与好莱坞大导演斯皮尔伯格长期合作，并因为在2015年的《间谍之桥》（Bridge of Spies）与2017年的《华盛顿邮报》（The Post）两部电影中担任制片人而获得奥斯卡最佳电影奖项提名。另一位是21世纪福克斯电影公司执行副总裁Kira Goldberg。第三位则是二十世纪六、七十年代在美国流行乐坛风靡一时的至上合唱团（The Supremes）主唱玛丽·威尔逊（Mary Wilson）。

积极倡导杰出成就奖（Award for Excellence in Advocacy）：获奖者是来自纳什维尔词曲作家协会（Nashville Songwriters Association）的总裁Bart Herbison与会长Steve Bogart。

教育杰出成就奖（Award for Excellence in Education）：获奖者是中国人民大学知识产权学院院长刘春田教授，他也是中国知识产权法学研究会会长。

从这份包含了创新、创作、执法、倡导与教育等多个方面的杰出成就者名单可以看出，这些获奖者在知识产权相关领域确实作出了非常了不起的贡献。同时，这反映出工商界对于知识产权与创新的理解是非常现实与客观的。美国商会的设奖宗旨表明，其目的是在于承认从时装到电影、从技术到药品各领域的发明人与创新者，因为他们为我们实现想象、丰富生活、创造就业，并且使美国经济在世界上变得最多样和最具有活力。美国商会全球创新政策中心（Global Innovation Policy Center）主席Rich Bagger在颁奖典礼的欢迎致辞中指出，知识产权是世界上最为强大的一种思想，但并不能认为这种权利思想就是理所当然的，而是需要通过执法、倡导与教育，提高人们的知识产权意识。

二、创新与知识产权是全球共同的主题

在今年的获奖者中，来自以色列的Uzi Hanuni先生特别引人关注。在今年夏天牵动全球人心的泰国少年足球队员被困溶洞事件中，多国救援团队与各方技术力量的合作，才顺利寻获受困人员并最终营救成功。其中受困少年与外界通信所仰赖的，正是这家由Uzi Hanuni所创办的以色列创新企业Maxtech Networks的通信技术。主办方还特别邀请泰国驻美国大使出席颁奖典礼，由其致颁奖词。据《以色列时报》（The Times of Israel）报道， Maxtech Networks通信系统可使无线电设备以菊链(daisy-chain)模式联结起来，使受困于洞穴深处的少年借此将语音、数据与影像信息传送至外界。这种可彼此进行无线通信的小型设备(类似手持无线电装置)，可以在一般无线电无法起作用的地方产生无线电传输能力，例如内部有障碍物阻碍传输的洞穴。

Uzi Hanuni在答谢致辞中提到，他在得到泰国方面传来的需求信息之后，在12小时内就配备了20台小型无线通信设备，并在第一时间赶赴营救现场。这些设备让受困少年得以对外联系，并在后续潜水营救行动中立下奇功。Hanuni表示正计划创立配备自家技术的救援团队，未来更可能在世界各地的紧急意外事故，看到他们积极参与救援的身影。在活动酒会与颁奖典礼后台， Uzi Hanuni先生还专门向刘春田教授致意，刘教授则对此项技术创新与跨国营救事迹大为赞扬。

这种利用创新技术拯救生命，服务社会的故事，远不止这一例。另两位本年度创新杰出成就奖的获奖者，同样为人类的生命与健康作出了独特的贡献。斯坦福大学经济学教授埃尔文·罗斯（Alvin Roth）以市场设计理论而获得2012年度诺贝尔经济学奖，但他不仅是理论的开创者，更是身体力行的实践者。此次获得创新杰出成就奖的正是他共同发起设立的新格兰地区肾脏捐献匹配项目，这一项目已经取得显著效果。相比而言， Inderjit Jutla共同创办的Aluna公司则还处于初创阶段，

他们研发的一种小小的家用设备，利用大数据算法，可以帮助哮喘患者不用借助医院或者专门医疗设备，就能随时监测呼吸状况。

无论是技术发明还是商业模式创新，它们都不仅服务于本国人民，而且必将为全人类带来福祉。这些创新者应当得到社会的尊重，他们的成就也应当得到知识产权保护与合理的回报。

在文艺领域，即使在美国也同样面临着鼓励创造与完善知识产权保护的问题。无论是今年的创作杰出成就奖获得者、颁奖人还是特邀嘉宾、表演嘉宾，都表达了他们对于美国国会就音乐著作权最新法律修改的关切。田纳西州府纳什维尔是美国音乐之都，今年获得积极倡导杰出成就奖的正是来自纳什维尔词曲作家协会的会长与总裁。而在活动现场奉上多首热门歌曲的两位词曲作者兼歌手，同样来自纳什维尔。在典礼活动最后致辞的特邀嘉宾，则是来自美国众议院的两位议员：Doug Collins与Judy Chu。另一位创作杰出成就奖获得者玛丽·威尔逊为此项著作权法修正案亲赴国会，在参议院听证会上作证，而她在晚会现场更是数次向场上嘉宾与现场观众呼吁，应当为各种形式的音乐作品使用而向著作权人付费。

或许正是通过这样的方式，美国社会才会不断提高知识产权意识，将创新创造成果作为一种财产权，从而促进科学技术与文化艺术的不断创新，使社会资源得到合理配置。这也是值得包括中国在内的新兴市场国家学习的地方。

三、通过合作对话解决中美的创新与知识产权争议

刘春田教授此次参加美国商会的颁奖活动，正值近期所谓中美贸易战不断升级之际。而其中起因，就是美国政府对中国知识产权制度与创新政策的不满而提起的“301调查”。去年此时，刘春田教授还在亲自组织力量，应对这场“301调查”，并且派出中国知识产权法学研究会的两位理事作为代表，出席由美国贸易代表办公室主持的“301调查”

听证会。此番受邀访美，中美关系更趋复杂，因此，这绝非领取一个奖杯那么简单。应该看到，这次安排既体现了美国工商界对于改进中美经贸关系的一种善意与愿望，也是中国学者向美国社会表达增进理解与合作对话的机会。

美国商会在促进对华经贸关系方面扮演着重要角色，曾多次组织美国企业家来华访问。各委员会、中心和特别工作小组与国内相关政府机构、商协会和学术界在各个领域进行卓有成效的合作。美国商会代表其会员，特别是在华投资的美国企业，对中国知识产权保护状况尤为关切。例如，2012年在中国人民大学举办的中美知识产权司法审判研讨会，2013年开始的每年两次在中美之间轮流举办的中美知识产权学者对话，美国商会都有积极参与。此次赴美，刘春田教授还受邀出席美国商会的年度理事大会，向来自美国工商界的数十位理事作了关于中国知识产权最新发展的报告，并就部分理事所关心的问题进行了交流。

在当晚的活动中，IBM公司的政府关系与知识产权主管Marc Williams先生代表美商会致颁奖词。他提到，刘春田教授是中国知识产权高等教育的先行者，1985年即率先在中国开展知识产权法教学工作，并于1986年创办中国人民大学知识产权法教学与研究中心。刘教授在知识产权领域撰著丰富，为推进知识产权保护积极倡言，并且具有全球视野，包括在2013年以来的历次中美知识产权合作对话中担任共同主席。由此可见，美国商会将此重要奖项颁发给刘春田教授，不仅是对刘教授学术与教育杰出贡献的褒扬，也是对中国改革开放40年以来在知识产权教育成就的肯定，在某种意义上反映了中美知识产权界希望通过合作对话解决争议的良好愿望。

刘春田教授在获奖致辞中强调，他是这次所有获奖者中唯一来自发展中国家的，也来自离华盛顿最远的地方，北京华盛顿远隔万里。但是，他通过中国40年的改革开放成就表明，中国的发展离不开世界，世界的发展也需要相互依存。事实上，刘教授与前美国专利商标局局长大卫·卡波斯作为共同主席所设立的中美知识产权学者对话，就是要将这种理念付诸实践。在当前复杂多变的格局中，两国的有识之士更应当认识到并且携起手来，共同通过合作对话解决分歧。“中美关系走过了过去风风雨雨的四十年，也会在风风雨雨中走过下一个四十年。”刘教授这样总结道。

附1：刘春田教授荣获知识产权教育杰出成就奖（Award for Excellency in IP Education）的颁奖词

原文：［IBM公司政府事务主管马克·威廉姆斯先生(Mr. Marcus P. Williams, IBM Governmental Affairs Exclusive)］

I have the pleasure of introducing Professor Liu Chuntian of Renmin University of China who is receiving the IP Education award this evening.

Professor Liu was a pioneer in developing the study of intellectual property in higher education in China. He was the first professor to teach IP Law in China starting in 1985 and he founded the Renmin University of China IP Teaching and Research Center in 1986.

He is a prolific writer on IP matters and serves as an advisor on all things IP for numerous organizations - he is also very active in championing artists rights in China. Professor Liu is progressive, has a global outlook and serves as co-chair of the U.S. Chamber’s IP Cooperation Dialogue with China.

His most recent work advocates for treating intellectual property as the foundation to fulfill human aspirations and amending China’s civil code to improve the protection of IP rights in China. I have had the opportunity first hand to see Professor Liu's amazing capabilities and commitment to strong IP rights in his service as co-chair of the IP Cooperation Dialogue.

It is my honor and privilege to present the 2018 IP Champions Award for Excellence in Education to Professor Liu Chuntian of Renmin University of China.

原文: (Mr. Marcus P. Williams, IBM Governmental Affairs Exclusive)

译文：我很高兴来介绍中国人民大学刘春田教授，他在今晚将获得的是知识产权教育奖。

刘教授是在中国开展知识产权高等教育研究的先行者。1985年，他开启在中国的知识产权法教学工作，是在这一领域首位教授，并且在1986年创办中国人民大学知识产权法教学与研究中心。

他在知识产权各种问题上多有撰著，并且为不同机构的知识产权事务积极倡言——他也在中国积极推进对艺术家权利的保护。刘教授秉持进步观念，具有全球视野，在美国商会与中国的知识产权合作对话中担任共同主席。

他在最新的著述中倡导将知识产权看作实现人类理想的基础，倡言通过修订民法典而提升中国的知识产权保护。我曾得到机会，亲睹刘教授在作为知识产权合作对话的共同主持人时所表现出来的令人惊叹的组织能力与加强知识产权保护的承诺。

在此，我荣幸地将2018年知识产权杰出教育成就奖颁予中国人民大学刘春田教授。

附 2：活动现场图片

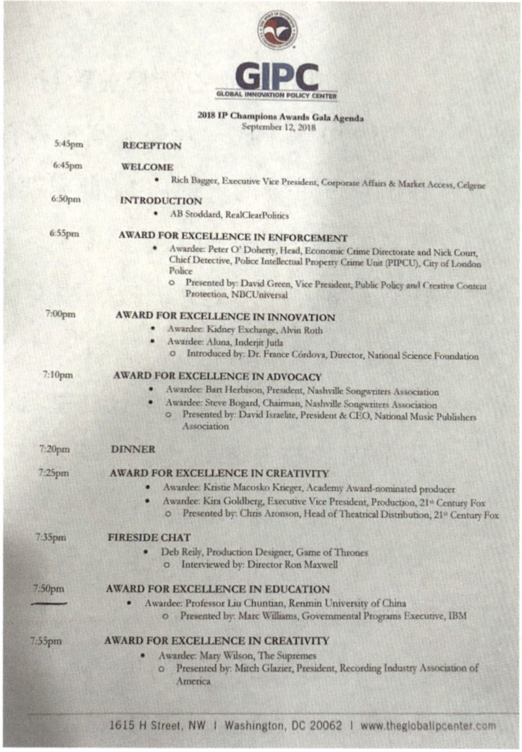

GIPC
GLOBAL INNOVATION POLICY CENTER

2018 IP Champions Awards Gala Agenda
September 12, 2018

5:45pm **RECEPTION**

6:45pm **WELCOME**
- Rich Bagger, Executive Vice President, Corporate Affairs & Market Access, Celgene

6:50pm **INTRODUCTION**
- AB Stoddard, RealClearPolitics

6:55pm **AWARD FOR EXCELLENCE IN ENFORCEMENT**
- Awardee: Peter O' Doherty, Head, Economic Crime Directorate and Nick Court, Chief Detective, Police Intellectual Property Crime Unit (PIPCU), City of London Police
  - Presented by: David Green, Vice President, Public Policy and Creative Content Protection, NBCUniversal

7:00pm **AWARD FOR EXCELLENCE IN INNOVATION**
- Awardee: Kidney Exchange, Alvin Roth
- Awardee: Aluna, Inderjit Jutla
  - Introduced by: Dr. France Córdova, Director, National Science Foundation

7:10pm **AWARD FOR EXCELLENCE IN ADVOCACY**
- Awardee: Bart Herbison, President, Nashville Songwriters Association
- Awardee: Steve Bogard, Chairman, Nashville Songwriters Association
  - Presented by: David Israelite, President & CEO, National Music Publishers Association

7:20pm **DINNER**

7:25pm **AWARD FOR EXCELLENCE IN CREATIVITY**
- Awardee: Kristie Macosko Krieger, Academy Award-nominated producer
- Awardee: Kira Goldberg, Executive Vice President, Production, 21st Century Fox
  - Presented by: Chris Aronson, Head of Theatrical Distribution, 21st Century Fox

7:35pm **FIRESIDE CHAT**
- Deb Reily, Production Designer, Game of Thrones
  - Interviewed by: Director Ron Maxwell

7:50pm **AWARD FOR EXCELLENCE IN EDUCATION**
- Awardee: Professor Liu Chuntian, Renmin University of China
  - Presented by: Marc Williams, Governmental Programs Executive, IBM

7:55pm **AWARD FOR EXCELLENCE IN CREATIVITY**
- Awardee: Mary Wilson, The Supremes
  - Presented by: Mitch Glazier, President, Recording Industry Association of America

1615 H Street, NW | Washington, DC 20062 | www.theglobalipcenter.com

大智慧 真性情

——忆与刘春田教授交往二三事

姜 洁*

一、呕心沥血打造经典教材

1999年年底，我来到高等教育出版社工作，编辑的第一本书就是刘春田教授主编的“面向21世纪课程系列教材”《知识产权法》，这系列教材即学界通称的“红宝书”。在此之前，早在1986年，受司法部委托，刘老师与郑成思教授、陈美章教授等即合作编写了中国第一部高等学校法学专业知识产权统编教材，该教材的内容与结构奠定了中国知识产权法学系统教育与研究的基础。1998年，知识产权法被确定为法学专业14门核心课程之一，受教育部委托，刘老师主持编写了《全国高等学校法学专业核心课程教学基本要求》中“知识产权法”部分，从而为高校法学专业教育组织教学、编写教学大纲和教材、质量评估等提供了主要依据。

作为教育部统编的第一本知识产权法核心课教材的编辑，又是刚刚踏入出版行业的新兵，我的压力无疑是巨大的，可谓是如履薄冰，生怕因自己学识浅薄导致编校错误，进而误人子弟。刘老师是了解我情况

---

* 高等教育出版社经营法事业部副主任，编审。

的，但自始至终他未提出过任何异议，反而经常勉励我要大胆提出不同意见，特别是从在校学生所思所想所接受的视角，去看教材有没有表述不清楚的地方，有没有更好的表述。

2000年5月，教材即将发稿，还有一些存疑问题拿不准，就给刘老师打电话请教。刘老师接到电话，当即表示要来出版社面谈。刘老师比约定的时间晚到了半小时，原来是路上遇到了一个小插曲。高教社当时办公地点在沙滩后街，紧邻故宫后门，路况比较复杂，刘老师不小心在单行道上逆行了，正好被交警撞上。刘老师说："我一想坏了，肯定得罚款了，赶紧靠边走下车，给交警出示驾驶证、行驶本，还把工作证掏出来了，跟交警说，着急开车没看清指示，说我是法学教授，是知法犯法，您罚我吧。交警一看我态度特好，教育了几句，竟然把我放行了。看来，法学教授的招牌还挺好使啊！"

《知识产权法》从2000年第一版到2015年第五版，每一次修订再版，都与时俱进反映最新立法和学术研究成果。据不完全统计（大量盗版无法统计），累计发行40多万册，成为法科学生的必选教材。作为五版教材的主编，从教材体系结构到内容编排，从参编作者选择到统筹统稿，刘老师付出了巨大心血。

2000年8月出版的第一版，由刘春田、郭寿康、王学政、沈致和、郭禾五位作者共同编撰。第一版采用的知识产权法导论、著作权法、专利法、商标法、反不正当竞争法、国际知识产权公约的六编体例，基本确立了知识产权法的学科体系和教材体系，并在之后的修订版教材中一以贯之。刘老师在后记中特别提到：本书注重学科的科学性、体系性和稳定性，立足于对基本概念、基本理论和基本制度的阐释，力求使学生掌握本学科的概念和理论体系，建立较为合理的知识构成，具备分析问题和解决问题的能力，掌握面对日新月异的科学技术进步和社会发展而认识新事物的方法。

2003年2月出版的第二版，主要是依据2000年、2001年新修正的《专利法》《著作权法》《商标法》而对教材内容所做的一次全面修订，作者和教材结构基本没有变化。

2007年10月出版的第三版，是依据我国入世五年以来在知识产权立法、司法、实践和理论研究的新成果、新面貌所做的一次较大修改。这次修订，郭寿康教授因年事已高退出编写组，并新增了李琛、金海军两位作者。在教材内容方面，导论部分新增一节专门探讨知识产权法与民法的关系，加重了关于知识产权法为财产法、属于民事特别法的描述；著作权法编增加了对信息网络传播权的解说，修正了“著作权不属于夫妻共同财产”的观点等，专利法编和反不正当竞争法编亦有内容调整。

2010年7月出版的第四版，在保持教材体系和作者基本不变的基础上，主要依据2008年修正的《专利法》和2010年修正的《著作权法》进行了修订。此次修订，刘老师提出“在民法学科的理论、思维与知识框架之下，构建具有中国特色的知识产权的理论与知识体系”，可谓高屋建瓴、耳目一新！也不禁使人联想到，14年后即2022年，习近平总书记在中国人民大学考察调研时发表的“加快构建中国特色哲学社会科学，归根结底是建构中国自主的知识体系”的讲话。此外，对知识产权一般问题的研究，刘老师也提出了一些新认识，例如“知识产权是基于创造成果和工商业标记依法产生的权利的统称”，“知识产权的对象与客体不是对同一事物的不同表述，而是完全不同的事物”，等等。

2015年5月出版的第五版，是新时代背景下对教材的一次重要修订，无论是作者构成还是体系结构都有很大变化。作者方面，新增李雨峰、姚欢庆、崔国斌、张广良、余俊、杨巧、李扬、张今、曹新明、黄武双、张平、罗莉等，使作者团队更加充实、富有代表性，展现了新的气象。体系和内容方面，不仅根据2013年修改后的《商标法》对教材做了相应修订，还新增“其他知识产权问题”一编，介绍了数字技术、生物技术与知识产权的关系，以及集成电路布图设计、地理标志和域名等其他知识产权问题。特别值得称道的是，刘老师提出，“知识产权法学既是民法学科的重要分支，也是相对独立的领域法学”，“运用马克思主义的经济学与法学理论，运用体系化的思维方法”，“构建既具全球视野又有中国观的知识产权法学的理论与知识体系”，等等。这些观点，在十年后的今天看来仍具有前瞻性和科学性，甚至对法学教材建设都具有重要指导意义和参考价值。

二、不遗余力阐明基本概念

刘老师常说的一句话是，知识产权法学学科是年轻的学科，也是永远的朝阳学科。很多对知识产权法的误解、曲解，都是由于搞不清楚知识产权法的基本概念造成的。因此，他格外重视对基本概念、基本原理和基本制度的阐释，不仅在教材编写中始终如一地坚持并不断完善论述，而且多次会议、座谈、讲座时反复强调。

2009年年底，高教社在南京主办了华东地区法学精品课程资源建设研讨会，刘老师主讲题目就是“知识产权法的基本概念”。去程跟刘老师同机，会议结束后同游秦淮河，有幸聆听刘老师的京剧唱段，切身感受刘老师的广博见识。熟悉刘老师的人都知道，他讲话绘声绘色，非常有感染力，原话我记不清了，但他关于知识产权几个基本概念和问题的观点，却记忆犹新。

一是，关于知识产权法的属性以及与民法的关系问题。认为民事法律制度是一个整体，物权法、债权法、知识产权法等制度和民法之间是部分和整体之间的关系，而非民事特别法和民事普通法之间的关系。物权、债权和知识产权各有其特殊性，各自构成不同的民事权利。知识产权法本质上是财产法，具有私权属性。

二是，要区分知识产权的客体和对象。作为知识产权对象的知识，作为一种人为设计的形式，具有符号性，是具体的、感性的、非物质的；而作为知识产权客体的行为，是在对象上所施加的、能够产生一定利益关系的行为，是由法律来具体规定的。

三是，创造是人类产生、进步和社会发展的原动力，知识产权法律制度作为制度文明的典范，是激发创造力和促进社会进步的加速器。但同时也要看到，科学技术和法律都不是万能的。

四是，知识产权是最具国际化的现代法律制度和规则之一，也是世界经济贸易体系的重要支柱之一。建构中国特色知识产权理论体系和知识体系，既要不断融入国际社会，又要向世界表达中国的知识产权观。

三、有理有据对待学术争论

2011年，刘老师担任“马克思主义理论研究和建设工程”（以下简称“马工程”）重点教材《知识产权法学》编写组第一首席专家。历经八年时间的打磨，教材终于在2019年8月出版，后于2022年8月推出第二版。“马工程”教材是集中全国力量编写并经中央审定批准出版的，具有很强的理论性、学术性和政治性。教材编写审议过程中，面对学科专家和一线师生的不同意见与建议，刘老师表现出充分的理解和尊重。他常说，这不仅反映了读者对“马工程”教材的关心与重视，也反映了教师的敬业精神，值得肯定。同时，他又从教材建设的科学性和规范性出发，通过大量论证和说明工作，坚持教材主张和观点，并最终得到国家教材委的肯定并同意出版。

试举两例。一是关于创造和劳动的区别。有专家认为，根据劳动价值理论，劳动是价值的唯一来源。而以刘老师为首的编写组则认为，创造是本质上有别于劳动的、人类创造财富的活动，符合客观事实。劳动价值理论和剩余价值理论，都无法解释创造者因创造成果的应用而发生的财产现象，也无法解决因创造成果的市场化而出现的财产分配以及流转问题。该认识是支撑知识产权法作为新的财产制度得以确立的内在根据，否定这一认识，不仅知识产权制度将失去正当性，而且使知识产权法学作为法律科学失去理论支撑。

二是关于知识产权的概念表述问题。有专家提出，应按照世界知识产权组织的定义来表述。而刘老师等则在仔细考察后认为，无论世界知识产权组织、世界贸易组织，或是哪一个知识产权国际公约，都没有对“知识产权”下过官方的有法律效力的定义。教材对“知识产权”的定义，即“创造成果与商业标记权”说，准确地反映了知识产权的内涵，清晰地界定了知识产权的范围，是对知识产权现象尽可能提炼与概括的结果，是我国知识产权法学界共识最大的表述方式，是经得起批评、辩难与推敲的。

先生是大智慧的，他以知识产权为使命，深度参与立法，积极推动国际交流，辛勤耕耘教坛数十载，笔耕不辍著书立说；先生亦是真性情的，他如一轮红日，心怀大爱、坦荡豁达、道风侠骨、烛照前路。

2024年3月

刘春田教授：知识产权司法者的良师益友

蒋志培*

春田是我的老师、益友和同一战壕的战友，我们曾在知识产权不同岗位上相处几十年，我又曾在最高人民法院和中国人民大学举办的“高法班”学习，后又在中国人民大学在职攻读硕士和博士学位，他的音容笑貌、喜怒哀乐都印在我脑子里。在我退休的十几年里，我们见面虽然少了但仍有交集、联系，我时时关注他仍然在一线不辞辛苦奔波的身影和学术创意的新发展。那天读到他在国外学术交流期间突然去世的消息，我深感震惊，一时不敢相信自己的眼睛！和春田交往的往事，瞬间像过电影一样在脑中盘旋，春田的身影在我心中一下子显得高大起来。

多年来，刘春田教授以其深厚的学术造诣和广泛的影响力，被誉为中国知识产权领域的权威专家之一。他的教学和研究工作为我国培养了一批批优秀的知识产权专业人才，他积极参与该领域立法、司法及行政等实践活动，为中国知识产权事业的发展作出了重要贡献。

春田和我是同龄人，我其实很早就对他不陌生，他曾经在北京市物资储运系统短暂工作过，而那时我哥哥在储运公司工会任职，闲下来他

* 最高人民法院原知识产权庭庭长。

就给我介绍推荐好青年刘春田。春田追求远大、酷爱学习，成功考上大学后来当上法学教授，在哥哥所在系统是颇受好评的励志形象。那阶段我也正从“兵团战士”向法律工作者转变，当时春田就是我未曾谋面的学习榜样。后来我调任最高人民法院工作多年，曾在一段时间内主持知识产权审判庭的工作。刘春田教授对知识产权法官培训作出突出贡献，法官们由衷感谢。他在培训中注重理论与实践的结合，通过丰富的案例分析和实践操作，帮助学员们深入理解知识产权的概念、原理和应用。他对知识产权法律保护提出专家建议也总是很中肯、有深度，但有时也会有棱有角，在一些场合我真有点儿暗自替他担心，然而随着潮起潮落，实践总是证明他的建议正确。个人体验，当人逐渐老去时，肯定成绩的话都已淡忘，恰恰是些强“刺激”，不但当时激发思维，现时受益，还过久不忘。

刘春田教授经常受邀参加国际会议和学术讲座，与国内外的专家学者进行交流，推动知识产权领域的国际交流与合作。对国际认知我国知识产权领域学术和实践专业水平、提升我国知识产权国际声誉作出了突出贡献。记得我在退休以后，还曾陪同刘春田教授出访日本早稻田大学、英国伦敦大学及韩国的大学等进行交流讲座。刘春田教授的演讲交流活动给邀请国的知识产权学术和实务界留下深刻印象，受到赞赏。在访问中我给他拍摄过照片，至今还珍藏在身边。

刘春田教授毕生致力于对知识产权基本概念和基础理论研究，提出过一系列具有开创性的命题。他和我曾探讨过知识产权法律适用问题。记得他重点提到：知识产权如此广泛的范围、如此丰富的类别、如此繁杂的法律规范、如此日新月异的新情况和法律应对，最后还是要回到知识产权概念等基本理论上去研究、认识和把握；在民法的基础上设立和完善知识产权的基本理论和原则，以一应万，才是关键。在去世前几年他还在邀我参与他的这方面研究、撰写文章，然而因琐事我却跟不上他的步伐，至今都感到遗憾。

刘春田教授是著名的学者，他秉承了中国人民大学佟柔教授及郭寿康教授老一代学人的精神，也颇具改革开放实行市场经济后的开拓精神和睿智，能应对各种挑战。他是司法者的良师益友，在实务中扶持正义，主持公道，坚守法律和理论的原则，坚持真理。刘春田教授以他一生不懈的坚持，深深地感动着我、激励着我。

2024年1月

Looking to Tomorrow

——Dean Liu Chuntian

James E. Brookshire*

At this writing in 2024, Winter visits the Northern Hemisphere and the Chinese New Year approaches. Remembering our good friend "Dean" LIU Chuntian necessarily brings thoughts of that holiday – a time, among other things, to honor and remember family and ancestors. In our many discussions on intellectual property and its related law, this time of year remained particularly special to the Dean.

Some say success rests in the accumulation of experiences. Some say it revels in a celebration of relationships. Still others point to the ability to change and the skill to persuade. Whatever its elements, in the end we all gauge our success with an awareness not only of our respective contributions but also of our challenges and weaknesses. Something else, however, holds critical significance: The enrichment of our own lives gained from the lives

---

* 美国联邦巡回上诉法院律师协会原会长。

of those now departed.

The Dean stands, first and foremost, a good friend and respected colleague. Of course, his success at and beyond Renmin University of China Law School commands our deep respect. Moreover, a library of legal codes could not hold all the contributions which he made in the intellectual property system of his beloved country. Nor can one overstate the importance of his voice in global discourse – the area where our efforts met. His openness to others and to different views demonstrated both his confidence in his own ideas and his respect for the role of dialogue.

In 2011, our paths first crossed. At the outset, we explored the possibilities of a global conversation among jurists and leading practitioners in the global intellectual property community. These intersections would continue until the time of his death. The Dean advocated the importance of a global dialogue and the utility of intellectual property law as a connective thread among global systems. Others shared that view. Although global systems surely took different approaches, all those systems endeavored to encourage innovation and its contribution to the betterment of societies.

In 2012, after much mutual labor, more than one thousand attendees attended a multi-day gathering at Renmin University of judges and other intellectual property law professionals from around the globe. This gathering both reflected the vision of dialogue leaders and benefited from the hospitality of Renmin University. It tangibly confirmed the importance of innovation, enjoying the partnership of representatives of other governments, jurists, and leaders. Together, these minds demonstrated that an exchange of views could occur and that its tone could be one of mutual respect. All that said, there was something else. Dean LIU recognized that the future belonged to the young. That recognition assured not only the 2012 success but also that which would follow. In this we celebrate and to this we now turn.

From the beginning, the Dean made sure that his students played key roles in planning program content and building relationships. This was foresight of the first order. In fostering their involvement, he demonstrated that the voices of tomorrow would always continue beyond those of the day. This foresight rested on an even more fundamental proposition. The Dean understood that the voices of tomorrow would be those called upon to adapt existing approaches in response to changing needs. He wanted those voices at the table.

Dean LIU purposely included his students in critical scoping decisions and in planning sessions. Of course, the systems' current intellectual property frameworks held key importance for the upcoming conference. That said, the students consistently explored what might lay ahead as innovation law met the challenges of evolving technologies. He positioned his students so that their views were always heard, whoever else might be seated at that table. Whether in several meetings on the campus at Renmin University or on countless teleconferences, student voices spoke alongside those already in practice and leadership.

Among the important conference suggestions to emerge, students would get to know and interact with speakers – jurists, practitioners, and others.

Through this, the students gained a unique opportunity to highlight their own community and culture and to share their personal backgrounds with guests from around the world. Through that sharing, students could – and did – acquaint their visitors with innumerable locales in China where they grew up. That openness met similar warmth from the guests as the latter shared their own histories with the students. This enrichment did not begin and end with the conference itself. It traveled home with those participating.

Of course, Renmin University continued its law school classes during the conference days. But the Dean still had more ideas. He again advanced the interests of his students. Those students arranged with a number of professors for conference speakers to attend and participate in contemporaneous class discussions. Competition law, copyright, and others – Students in these classes had opportunities to query speakers from other systems in an atmosphere of mutual respect.

Having helped construct the substance of the conference agenda, students also served important logistical roles. That hospitality strengthened still further respectful exchange. It consistently showed cordiality typical of the Dean as speakers moved to and from the conference dais, as lighting adjusted to the conference dynamics and as transportation to and from the conference center occurred.

In 2012, two meals bear particular mention. On one day, the morning sessions ended, and the conference took a respite. Lunch followed. Student ingenuity triumphed. Again fostering informal conversations, the students arranged an on-site lunch with service from a nearby restaurant. What would in the end be a box lunch allowed speakers and attendees to continue in a casual manner – enabling friendly exchanges within small groups.

After several days, the conference concluded. The hospitality, however, continued. Students, professors, speakers, and others gathered for post-event conversations. Singing followed. Yes, singing. Who encouraged – and led – this singing? The Dean. Others in the conference team joined. How fitting.

The following day, the second mealtime exchange occurred. At that time, law students offered to lead an impromptu tour of the broader Renmin campus. Through the arches, among the trees, the students' pride revealed a beautiful campus. As the morning progressed, lunch time came. These students, numbering (by memory) as many as thirty, invited those in the group to share a meal – this time at the campus commissary. Visitors joined hundreds of others taking a break from their hectic pace for a midday meal. The space bubbled with energy. At the visitors' request, the law students ordered items usual for their meals at the commissary. They then arranged a long table more than adequate to seat those in the group. The meal began. More memorable than even the meal itself, the students shared the traditions of the various menu items, spoke of their respective upbringings, and – one and all – celebrated their presence at Renmin University.

Significant principled cooperation anchored these 2012 sessions. That cooperation laid a durable foundation for later dialogue. Both in and outside of China, the Dean and his students would continue to participate. In each instance, as in the original session, the Dean's encouragement of youth and of exchanges of views supported an atmosphere of mutual respect amid acknowledged differences. There was no judgment of another's system. This was an exchange of views.

Today, many of the Renmin University students the Dean guided have become judges, legal experts, and builders of "tomorrow" for their system. The same can be said of the participants who returned home to their own systems. With more than a decade of time separating us from the 2012 exchange, all of those then participating now carry clear evidence of the usefulness of sharing and respecting differences. Manifest challenges confront all our systems. The rate of innovation continues to race against our ability to adapt -- let alone get ahead. For just such an environment, the Dean understood the importance of students. They were part of his family. He cared enough to make room for leadership. He engineered ways to nurture engagement.

The Dean looked to tomorrow, taking the long view. He understood that today provided the transition between yesterday and tomorrow and that today brought the obligation to work toward that transition. In that, we can see the wonderful tradition of the Chinese New Year and his irreplaceable success.

忆曾经的小圈子

金渝林*

时光荏苒，张俊浩老师走了已近两年，刘春田老师离去也快有9个月了。一直想写点什么，又理不出头绪，故而一拖再拖，直至今日方才动笔。

20世纪90年代初，经郑成思老师介绍认识了刘春田老师，又经刘老师引荐结识了张俊浩老师，之后我们三人从相识到相知终成一生之挚友。在我们的小圈子里，一直保持着相互理解、彼此尊重和互帮互助的氛围；在教学经验和方法上交流借鉴、取长补短；在学术研究中各抒己见、和而不同。两位兄长在各自的研究领域中都有着扎实的基础、深厚的积累和开阔的眼界，对许多存在争议的学术问题有着自己独到的见解和系统的阐释。两位兄长严谨的治学态度，对问题追根溯源的精神，以及对理论体系的探究，对我的教学和研究有着极其深刻的影响。在我写作拙作《理论概念研究》期间，两位兄长的鼓励是完成此书之重要的推动力。他们不仅参与了每一章的讨论，而且提出了许多宝贵的意见和建议，刘老师在仔细阅读了全书后欣然为之作序，并主动承担起所有出

* 对外经济贸易大学法学院教授。

版事宜，如果没有刘老师的帮助，这本书不会如此顺利地面世。遗憾的是，张老师未能等到这本书的正式出版，于2022年1月22日因病离世。得知兄长西去，我和刘老师相约去送他最后一程。其间刘老师几度哽咽，表现出深深地不舍之情。随着张老师的离去，我们的小圈子也解体了，剩下我和刘老师继续着未尽之学术交流。然而天妒英才，刘老师也于2023年3月25日不幸病逝，我失去了最后一位亦师、亦友之兄长，悲痛之情难以言表。

两位兄长是真正的学者。在他们的学术生涯中，一直都在思考着如何解答所面对的基本问题，尝试着构建出合理的理论体系。为了一个命题，张老师会一遍一遍地推演，即便已经得出了合乎逻辑的结果，依然会与大家讨论，听取不同的意见和建议，不断完善自己的观点，力求精益求精，直至满意为止。他严谨的治学态度、广博的学识、丰富的理论知识，不仅得到了学界的普遍承认，也赢得了中国政法大学学生和同事的敬重。刘老师《知识产权学科的性质和地位》一文，奠定了他在知识产权学术和教育领域中的地位。在这篇论文中，刘老师回顾了知识产权学科创建、发展的历程，强调了创建一门独立学科必备的条件，指出了学科设置应有的合理结构，再以法学专业为例，阐释了一级学科和二级学科的关系，以及各级学科的课程安排，包括核心课程、必修课程和选修课程，整个论证有理、有据，具有难以辩驳之说服力。从这篇论文可以看到，刘老师对于民事权利体系有着深刻的理解和系统的知识，因而能够通过知识产权的外部结构精准地定位知识产权学科在整个法学学科体系中的地位。

在与两位兄长的交往中，我深深地感受到他们所具有的泰而不骄、虚怀若谷之品格，这在如今之学界是难能可贵的。现今之学界，权威比比皆是，学者却寥寥无几。学者不仅要有否定自己之魄力，更要有听取不同意见和接受他人批评之勇气。在我们的小圈子里，两位兄长的学术地位和社会名望都远在我之上，但这并不影响我们讨论和争辩学术问题。在我们的讨论中，不论谁提出论点都必须进行严格的论证，力争做到以理服人，而不是以势压人。我们可能会就一个问题争得面红耳赤、互不相让，但只要有一方能够指出另一方论辩中的问题和错误之所在，对方就会欣然接受，而不会影响到我们之间的关系。不像某些所谓之权威，把对其学术观点的质疑作为对其个人地位和人格的挑战，认为听取、接受别人的意见是不可思议的事情，甚至不惜穷其所能来维护既得之利益，以表现出不容置疑、不能侵犯的所谓权威性。

之所以称两位兄长是学者，是因为他们有着学者的风骨，文人的脊梁。在当前的学术环境中，他们依然能够保持自我，坚守本心，不趋炎附势，也不向任何势力低头，只求在学术研究中能有所得，在教书育人上能尽其力。张老师将其一生贡献于法学教育事业，不求名利，不计得失。他主编的《民法学原理》影响了一代又一代法学学子，产生了积极的社会效果。虽然张老师在教学和学术研究方面都有着极佳的口碑和很高的社会评价，但直到退休也未能取得博士研究生导师的资格（他的博士研究生导师资格是在退休后才得到的）。对此他也只是淡然处之，而在其离世后获得之“法大扫地僧”的称号，表达了民法学界对其人品、学识和奉献的肯定、赞许和敬重。在当前的学术界和教育界，语词“交叉学科”不知成就了多少“专家”、“教授”和“权威”，只要根据需要随意把不同学科的部分课程捏合到一起，就可以“创造”出一个新的“交叉学科”。通过这个方法，又可以把不同理论体系中的部分内容混杂在一起“创造”新的理论，美其名曰“交叉理论”。正是通过这种方法，“学者型”的官员和“官员型”的学者们“创造”出了与法学并列的知识产权一级学科，然后通过不同学科的交叉再“创造”出五花八门的二级学科。在这种混乱的学科设置下，知识产权概念与其他学科概念的混搭就产生了各种“交叉理论”，并在这个氛围下造就了形形色色的各式“专家”。以20世纪90年代出现的“计算机程序著作权”为例，当时就产生了一批“精通”计算机程序著作权的专家，他们面对法学研究者时自称计算机专家，而在面对计算机专业研究人员或工程技术人员时又称自己是法律专家，凸显出了交叉学科专家的优势和特殊性。随着科学技术的发展，又出现了网络知识产权专家、人工智能知识产权专家、半导体知识产权专家、生物技术知识产权专家，以及随着其他学科的介入而出现的知识产权管理学专家、知识产权经济学专家，知识产权评估专家等等，不一而足。每出现一个新的交叉理论概念，就会诞生一批与之相关的“专家”“学者”，他们都植根于共同的土壤——“交叉学科”之上。针对这一乱象，刘老师提出了“交叉学科”是虚假概念的论点，并进行了详细的论述。刘老师敢于明确指出“交叉学科”之虚假性，在于他对学科之体系结构的准确把握，深谙其树型构成，而这一结构从任意节点向下都不会出现回路，因此在学科划分中不会出现交叉学科。能够认识到“交叉学科”是虚假概念已是不易，敢于公开指出它的虚假性更需要勇气，因为这样做直接危及到一些人的利益，而这些人不乏有权有势者。刘老师这种不计个人得失，勇于追求真的精神，正是真正的学者应有之风范。

两位兄长已先后离去了，好在他们并未走远，他们的音容笑貌宛然在目。相别是暂时的，终有一日我们会再相见，再续兄弟情，再组小圈子。

2023年11月于温都水城

追忆恩师刘春田教授

黎华献*

时至今日，我对恩师刘春田教授的突然离去仍难以释怀，每每至此，总觉得老师仍在，只因各自忙碌不得见而已。

初见刘老师，是在2015年广州的中国法学会知识产权研究会年会上。当时为了考老师的博士，便瞅准了这个机会。记忆中老师高大的形象，也是在那时留下的。当时去了老师休息的房间见了面，我能够感受到老师的疲惫，或许是年会事宜所致，但老师见到我后，仍以他那最温和的笑容跟我说话。交谈中，老师似乎是察觉到了我的局促，便说了一些轻松的话题。后来听说，老师对我的初次印象还挺好，在我考博期间多次询问了我的情况，这坚定了我考入中国人民大学知识产权学院的决心。当然，考入中国人民大学，虽然有老师的支持，过程仍较为艰难，但最终得偿所愿，或许这是一场师徒缘分使然。

入学后，虽未正式拜见老师，我便从他人口中得知到刘老师的一些振奋人心的事迹，如跟某位领导拍桌子等等，对老师的崇拜正是在那时具象化的。入学后第一次拜见老师，老师和我在明德楼的咖啡厅聊了整整一个

* 北京理工大学法学院助理教授。刘春田教授指导的2016级法学博士。

上午。老师对我的学术方向更为关注，他不在意我研究的具体问题，他总说方向比努力更重要。他总叮嘱我多去看书做读书笔记，读书不要浅尝辄止，否则不如不读。老师给了我研究的方向，现在我的研究仍然是沿着这个方向进行的，在这一过程中，我也慢慢体会到了老师的良苦用心。

老师的事务多，但仍坚持给我们这届博士班上课。印象最为深刻的是，老师在讲课中的旁征博引，哲学的、经济学的经典书籍，总是能信手拈来，那一刻，我感受到了一位法学大家应有的样子。他喜欢在上课过程中跟我们交流，而非是传统意义上的大水漫灌。在课堂上，为了能记住更多的老师讲的内容，往往一边听一边写，老师叮嘱我们，不要记，要去理解，这是最重要的。老师习惯于从历史的角度来看待当下的学术研究，听老师讲课像极了观赏一部历史剧，听者都沉醉于老师的讲解和剖析之中。老师总是尝试引导我们如何正确看待一件事，而不是让我们接受他的观点。记得在讨论知识产权的对象时，同学们各抒己见，争论不休。老师认真倾听每个人的观点，然后逐一剖析，引导我们从不同的角度去思考问题。他的讲解如抽丝剥茧，层层深入，让我们对复杂的知识产权法律体系有了清晰的认识，也让我们懂得了严谨治学的重要性。课后，老师总是找机会给我们改善伙食，那时，我便发现老师的饭量很小，他更喜欢看着我们大口朵颐，狼吞虎咽地吃东西，这对他而言可能是再幸福不过的事儿了。我也总是找机会蹭老师的饭，争做老师的食客，一是为了果腹，二是为了听老师在饭桌上的侃侃而谈，这真的很美妙。

在读博期间，由于写论文缺少资料，我便向老师提出想去伯克利访学，老师非常支持。老师亲自给莫杰思教授写了推荐信，访学的进程推进得很顺利。临行前，老师让我到他家里交谈。老师的房间不大，但书比较多，老师说这就是一位教书匠的家。在客厅，老师跟我说了很多，叮嘱了我去伯克利要准备的东西。我肠胃不好，老师让我带着一种名叫正露丸的药，在美国的两年间，我遇到的所有肠胃问题都被这个药治愈了。当然，这样的机会老师还是不忘对我进行教导，他谈论了很多有关如何做好一名教师的看法，这让我终身受益。在美国期间，我经常通过微信和老师讨论论文写作的事，每每遇到困顿处，老师的话总能让我豁然开朗，这让我在异国他乡仍能感受到老师带给我的温暖。2020年，正值美国疫情扩散，由于各种原因，无法按时回国，内心十分焦虑，当时老师也因疫情滞留在国外。在此期间，在和老师的通话中我们互相鼓励。在他的悉心指导下，我逐渐找到了方向，顺利完成了毕业论文。

毕业后，我选择在北京的高校找教职，在老师的推荐下我顺利入职了北京理工大学。原本想着能够时常来中国人民大学这边，但遗憾的是，北京理工大学法学院整体搬迁到了良乡校区，虽然距离不远，但还是为经常回中国人民大学带来了不便。刚开始工作，忙于上课和考核任务，也忙于一些无意义的琐事，其间我忽视了与老师的交流，总觉得以后还有很多时间和很多机会。可造化弄人，从别人口中听说了老师突然离世的消息，我是不相信的。那时慌乱间向多方求证，证实了这个噩耗，对我而言，犹如晴天霹雳，我找了一个没人的地方，痛哭了一场。在之后的一段时间里，我晚上经常梦到老师，梦到老师上课的样子，梦到老师走路的样子……这是生者对逝者的留恋。

恩师的人格魅力，深深地感染着我们每一位学生。他正直善良、谦逊和蔼，对待每一个人都充满尊重与关爱。无论是与学界泰斗交流，还是与初出茅庐的学生讨论，他总是保持着那份谦逊和平易近人。无论多忙，只要学生有问题请教，他都会放下手中的工作，耐心解答。他的这种无私奉献精神，让我深感敬佩，也激励着我们在学术道路上不断前行，努力成为像他一样的人。

后来，我逐渐意识到，老师并未离去，我总是能在人民大学老师们和师兄师姐身上看到老师的影子，我想，这就是老师以另一种形式存在的样子。

2024年夏季

追忆我的老师刘春田

李冰青*

转瞬夕阳西下，

感叹岁月如烟。

回首昔日年华，

还道逝者如电。

这是我在毕业论文致谢部分所写的文字。毕业十八年来，偶尔还会拿出曾经的这本论文，翻开绿色封面，扉页上就是刘老师亲笔题写的“学养深厚，人品贵重”的叮嘱。

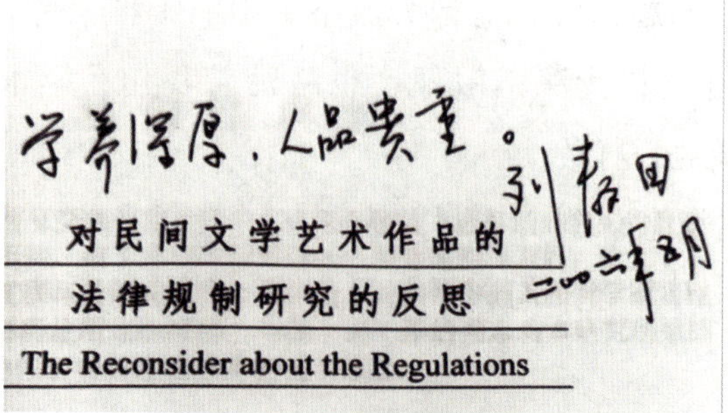

* 北京知识产权法院法官。刘春田教授指导的2004级法律硕士。

相顾无言。

我和刘老师的缘分，始于2004年的秋天。根据法学院的安排，2004级法律硕士专业的学生在“分方向、分导师”时，采用了“公开、随机”的分配方式。于是，在中国人民大学第一教学楼的阶梯教室里，老师们往讲台上搬来一个透明的大号塑料箱，里面盛着一堆经过折叠的纸条，每张纸条里都写着一个学生的名字。当着下面几百号学生的面，老师开始“唱票”：假如要给民法教研室分配30个学生，就从箱子里胡乱抽出30张纸条，被念出名字的学生就成为民法方向的研究生，以此类推，合同法教研室、刑法教研室、劳动法教研室……过程上虽然简单粗暴，形式上却公平合理、无可指摘，众学子虽毫无心理准备，却无不拉长脖颈、竖耳倾听，唯恐漏下自己的姓名。

慢慢地，塑料箱里的纸条越来越少，同学们纷纷名花有主、各入彀中，我却始终没有听到我的名字。这不禁让我愈发紧张惶恐，心想各个部门法几乎宣读殆尽，还能给我剩下哪个专业方向呢？直到纸条只有十余张时，老师宣读到“下面开始分知识产权教研室……”知识产权？那时的法律硕士入学考试只考民刑宪理法制史，非法学本科的我对知识产权尚一无所知——不过从名字上听起来，貌似也非等闲之专业——胡思乱想之间，一箱子纸条只剩下两张，我成为倒数第二个被念到名字的学生，就这样懵懵懂懂地走进了知识产权专业。

分导师是随后的事情。深秋的傍晚，天黑得已经很早，分入知识产权教研室的十几位同学被郭禾老师召集到食堂门外，听郭老师传达各自分配的导师。这一次，我成为倒数第一个被念到名字的学生，而导师就是刘春田老师。彼时的我，对刘老师的了解尚仅限于他是研究生院的副院长、知识产权教研室的负责人，别的一概不知。于是，应付完其他同学充满羡慕的恭维，我赶忙跑回屋中、打开电脑、上网“背调”——只见研究生院网上的刘老师在照片中横眉立目、面沉似水、不苟言笑，其相之庄严肃穆，宛若金刚下凡，让我不禁倒吸冷气；再查历届学子在论坛上对老师的各种八卦，便知老师治学严谨、不讲情面，更让我暗自叫苦：我等小菜鸟竟然歪打误撞晃晃悠悠进了刘师之门，又有何资质能入大师之法眼呢？！震惊之余，赶紧购书恶补。

待和刘老师见第一面，已是数周后的知识产权大课上，刘老师讲著作权的独创性。我坐在教室的第三排，对其中之玄妙疑窦丛生，遂斗胆与老师开始了课堂互动。老师几番释义后，我仍然不明就里，于是在课下又来提问，老师耐心解答至教室大空，方使我恍然大悟。见我已觉，刘老师合书微笑："你是谁的学生？"我赶紧自报家门："老师，我就是您的学生……"师生遂就此见过。待回归宿舍，细品此前情境，反觉老师和蔼可亲、平易近人，且言语风趣，乃性情中人，并无第一印象之威严肃穆，自此算是松了口气。

尔后，从一开始参加刘门聚会时与刘老师的面面相觑、不知所言，到私下请教老师对国内房价走势的观点，我与刘老师由疏到亲、由远至近。学业上，刘老师对每位刘门子弟都精心点拨，又鼓励我们的自由发挥和自在成长；生活上，刘老师又完全退隐至学生的生活之外，印象中除了一次因法学院搬家至明德楼以外，再无支使学生鞍前马后、跑腿打杂之任务。这与当下那些被学生称为"老板"而视学生为员工的所谓导师们，可谓天壤之别。在一次刘门聚会上，老师讲起有学生向他"告状"——某教授的学生在明德楼碰见我们都视而不见、毫不理睬——的时候，意味深长地说，社会是有阶级、有隔阂的，但学生之间不应该有阶级、有隔阂，"我希望，咱们这些同学，不管将来去什么地方、做什么工作，都要把彼此作为兄弟姐妹、作为一家人，都能平等对待和互相帮助"。

中国人民大学法律硕士是两年学制，很快就到了写毕业论文的时候。在刘老师的指点下，我煞费苦心地搞出一篇研究民间文学艺术作品的论文，对此沾沾自喜不说，还不知天高地厚地概括出了论文里对"现有技术"的"十大创新"。彼时中国人民大学研究生院正在搞优秀硕士毕业论文的评选工作，于是我就毛遂自荐地前去报名，结果碰了一鼻子灰。负责接待的老师拒绝我报名的理由是，法律硕士是按照应用型硕士的方向进行培养的，而优秀硕士毕业论文评比的是“理论型硕士论文”，所以，我无权参选。我据理力争，“我写的论文就是理论型论文”，但对方回答，你写理论型论文就违背了法律硕士的培养方向，本身就是错误而不可取的。

出了研究生院，在天下第一法学院接受过充分法治教育并由此培养了充足权利意识的我，转身就进了刘老师的办公室“痛陈受压迫历史”。刘老师闻听大怒——我终于看到了老师金刚怒目的一面——“论文的方向是自己选的，和法律硕士的培养方向有什么关系？！谁规定的法律硕士只能写应用型论文？！报名个论文评选还要人为限制吗？！你去找研究生院的某某某，就说是我让你找她的！！”

刘老师的仗义执言给了我莫大的勇气，也让研究生院的某某某老师在沉默有加之后温润如玉地表示，由于中国人民大学研究生院的优秀毕业论文评比在此前并无应用型硕士的毕业论文参评，故如果我的毕业论文确系理论型论文且执意参评，则应征得法学院的同意之后，方可报名参选。于是，我又找到时任法学院院长的韩大元老师说明情况，得到了韩老师的许可和法学院的同意，终于交上了论文报上了名。最终评比的结果，是人民大学的每个院系都有两篇获奖的优秀硕士毕业论文，而我的论文成为法学院当年的两篇获奖论文之一，这也是人民大学的优秀硕士毕业论文评比中，首次出现由应用型硕士所撰写的论文获奖。

毕业后，我来到法院系统工作，工作内容基本没有脱离知识产权审判。脱离校园生活进入工作状态，与名师大家的思想碰撞和平等互动变成与当事人乃至信访人的比武过招和对上级指示的贯彻服从，我非常地不适应，有诸多的不自在。在繁重的审判压力下，对知识产权理论的探索也不得不停下脚步。毕业后才两年，我在一次培训会上与李琛老师遇见，李琛老师认认真真地打量了我一番，然后一字一顿地说道：

“你——变——了。”我听罢一愣，随即自嘲道“变老了”。不料李琛老师又一字一顿地说道：“你——确实——老了。”

…………

被工作和生活挟裹着，我就这样蹒跚地走了下去，蹎踣者屡。风轻云淡的校园生活，风采飞扬的刘师授课，恍如隔日却不可再触。虽说此后尚有同门聚会之机可与刘老师相见，但惭愧于自己之碌碌，羞赧于自己之平庸，便越来越不愿意参加这些聚会，与刘老师相聚的次数也越来越少。直到老师往生极乐世界，方哀叹星光之陨落，痛恨自己之无能。

评书《白眉大侠》里，单田芳先生塑造了一位唤作冯渊的窝囊废形象。此人虽然师从少林名师，还曾向老剑客八十一门总门长“偷师学艺”，但自己的武功却在老少英雄中排名末尾，被大头鬼房书安起了个“臭豆腐”的诨名。刘老师在中国知识产权界的功法和地位，用“八十一门总门长”来形容应该并不为过。然而，身为“八十一门总门长”之徒，我对知识产权的研学水准恐怕还不如那位“臭豆腐”。进入知识产权专业至今20年，每当有人介绍我说“这是刘春田的学生”时，我都难免尴尬讪笑而如坐针毡，急环顾左右而言他。刘老师那句“学养深厚”的寄语，让我虽仍在辜负，却惨淡经营而挣扎追赶；那句“人品贵重”的叮嘱，也让我虽颠倒迷茫，却不肯低头于黑暗龌龊而屡败屡战。

曾有文章提出这样的观点：对多数人而言，毕业前的校园生活就是他们这一辈子最闪亮的高光时刻。于我，尤为如此。在那个轻舞飞扬的青春花园中，刘老师就像一位宽厚的园丁，细心呵护着每一株草木的自由成长，无论这些孩子是激情盛放还是不声不响。

他，是青春花园的守护者。

他的心，永远年轻着。

2024年12月

遗音沧海如能会 便是千秋共此时

——在刘春田教授追思会上的发言

李　琛*

今天，我作为刘老师的学生，和大家一起沉痛地怀念我的恩师刘春田先生。我于1994年开始，追随先生学习，而后留校任教，在老师身边已近30年。因此，我有更多的机会体察老师的苦心，看到老师煌煌功绩背后种种的不易。我敬重老师，对老师的离去感到痛惜，并非仅仅因为他那些有目共睹的事功，更因为他的人格。“高高山顶立，深深海底行。”老师的一生，走的是一条难行之路，唯其难行，愈显可贵。

在学术研究方面，老师走的是寂寞之路。知识产权法与新技术关系密切，又是舶来品，很容易做得轻松而热闹。但老师始终以沉静之心，致力于基础理论研究。我的硕士论文后记中记录了他的一句话：“一切学科的基本问题，归根结底都是概念问题。”他还对我说过：“一个人一辈子如果能贡献一个概念，就很了不起。”这就是老师的志向。在喧嚣的世风之下，老师生前有时也难免作知音寥落之叹，但他守道不移。老师走后，我为他撰写生平时，发现我根本无须用数字来计量他的成

* 中国人民大学法学院教授、博士研究生导师。刘春田教授指导的1994级法学硕士、2000级法学博士。

果，我可以非常清楚地说出老师在概念方面的贡献：例如，他区分劳动与创造，他提出形式财产权说，他提出了衡量理性的四个标准。于是我深刻地体会到，老师实现了他自己说的“了不起”。

在学科建设方面，老师走的是无我之路。他最精妙的思想，都在讲课、讲座和师生的闲谈之中。他的只言片语，常常激发学生的灵感，启迪学生形成学术成果，但他自己对于论文发表并不是很在意。他推动国际交流，举办各种会议，这些活动对于整体的学科发展功莫大焉，但在现有的考评机制中根本留不下痕迹。以老师的智慧，出版几本专著是很轻松的事。但每次和他谈起此事，他总是说：“不着急，再沉淀沉淀。”与此形成对比的是，他非常重视教材，而且撰写教材也总是让教研室的全体同事参与，让大家借此机会共同切磋，得到锻炼。他把学科和学术团队的整体发展，置于个人名望之上。今天，这么多人从四面八方赶来纪念老师，正应了《道德经》所言：“夫惟弗居，是以不去。”

在立身处世方面，老师走的是大乘之路。我曾在一篇纪念小文中说老师“道风儒骨”。他天性洒脱不羁，但骨子里又是儒家，有社会责任感。他的个人向往是自由自在，但为了学科发展，他要做事，要做事，有时就难免不自由。老师属牛，且出生在春天，他曾经开玩笑说：一年的活都等着我呢。他有闲云野鹤之心，但终究还是选择了做一头负轭的老牛。如他的名字一样，他把自己留在了春天，留在了春天的田野。

刚才播放的视频结尾，原本我拟了两句哀婉的话，后来想想，老师是刚强之人，于是决定替换成叶嘉莹先生的两句词，意思是：老师的学术思想如同海上的遗音，只要有人懂得、会得，即便隔着千秋，也如同在一起。“遗音沧海如能会，便是千秋共此时。”老师，您的遗音，我们当然懂得、会得，您永远和我们同在！

2023年4月20日

道风儒骨 侠胆文心

——缅怀恩师刘春田先生

李　琛

惊闻恩师驾鹤之时，我尚沉浸在丧父之痛中。先失家父，又失师父。孤露之哀，逼人而来。我写下几句诗：

一世亲炙，　如师如父。
既失父荫，　何夺师祜！
智海慈航，　慧舟悲渡。
自此飘零，　积劫孤露。

1994年，我投入师父门下攻读民商法学硕士。他讲课从不贩卖资料，重在阐发思想，从一个基本概念出发即可洋洋洒洒、纵横万里，真是像梁漱溟先生说的“以简御繁”之境——“片段的见解都没有了，心里全是一贯的系统，整个的组织。”他的讲课风格给我打开了一扇新的窗，让我初窥了学术的魅力。注重概念与体系，重视基础理论而不贵记问之学，是老师对我最大的影响，也奠定了我终生的学术基调。硕士毕业后，我留校任教，随后又在职跟随先生读了博士学位。

我在老师身边已近三十年，古人以三十年为一世。正因为从先生游已近“一世”，往事纷纭，需要时间慢慢沉淀，才能理性地追忆。在此，仅以数语简单地概括恩师的人格，可谓“道风儒骨，侠胆文心”。他骨子里是儒家，积极有为，总想为国家和社会做点事。师父和我谈及事业规划时，最爱说“人生为一大事而来”。他年过古稀依然老骥伏枥，为知识产权法事业奔忙。若非如此，但凡多重一点自我保养，断不会这般猝然仙逝。同时他又有道家的飘逸，闲云野鹤，气韵超拔。他喜欢京剧，尤其是潇洒俏皮的马派，和他洒脱不羁的个性非常相契。他身为文人，却毫无酸腐之气。侠肝义胆，古道热肠。他曾厉声喝止殴打小贩的城管，对方质问他是何人，对曰：“专门管你们的！”他的身高与气度，竟然吓退了城管。城管走后，围观群众纷纷探问：“您是干什么的？”他调皮一笑：“教书的。”大家发出一阵惊呼，为恩师捏把汗。

某年，我短信问恙，师父回了两句：“皮黄雅韵今犹在，何忍驾鹤赴西归。”师父，您何故改了心意？！您最爱唱马派的《淮河营》一段，末一句是：“生死二字且由他。”皮黄雅音犹在耳，雨露恩教永存心。今后唯有努力接续慧命，但求不负先生教诲！

2023年4月1日

不与恩师刘春田先生告别

李芬莲*

3月27日下午从同学那得知恩师仙逝到今天，已经一月有余。这段时间，在悲痛中忙碌，在忙碌中悲痛。回想过去，也曾失去亲人，也曾为其悲痛。但唯有恩师的离去，悲痛如此持续绵延，至今不能已。过往二十年，恩师于我，为师亦为父。

一、与恩师结缘

与恩师结缘，先闻其名，后见其人。第一次听闻恩师大名，是2003年考上研究生，在学校分配导师的广播声中，还清楚记得当年被学校录取的同学聚集一堂，焦急而又充满期待地等待导师分配的通知。当广播我的导师为恩师时，看着比我还激动的身旁同学的满脸羡慕之情以及她不停地赞叹我的好运气，我想我的导师应该是学术界大名人，我的运气是真的好。没多久，恩师就召集新生见面会。记得那天，在贤进楼，第一次见到我的恩师以及同门同学。恩师给每一位弟子发言机会。轮到我发言时，一向笨拙的我不知说什么好，于是谈及自己考研过程中书读五遍方能懂的备考经历。恩师安慰道，五遍能懂，已经非常厉害了。这

* 中国知识产权研究会编审。刘春田教授指导的2003级法律硕士、2012级法学博士。

次见面会上，恩师要求我们熟读论语，常品道德经；做人做到“人品贵重”；学业做到“学业精进”；学问做到“板凳甘坐十年冷，文章不写一句空”。

二、恩师提携

研究生毕业时我选择去电子科学技术情报研究所《电子知识产权》杂志从事编辑工作。恩师教导我，这是一份很好的工作，因为它与学习有关，与知识有关。在《电子知识产权》四年的编辑工作，我真正品到了恩师所说的编辑工作的好处，拓宽了自己的知识面，扎实了专业知识。

2009年，我离开《电子知识产权》，到中国知识产权研究会工作，负责编辑《知识产权》杂志。在编辑这本杂志的十余年里，我经常得到恩师的耳提面命。还记得2010年《商标法》第三次修改，我想策划专题，于是向恩师约稿并请教能约稿的其他专家和选题。恩师在电话中欣然允诺给杂志撰写文章，并向我推荐当时的商标局局长李建昌为约稿专家之一，告诉我对方的联系方式和地址，指点我应该围绕《商标法》修改的哪几个方面向李局长约稿，并建议我当面去约稿。我按照恩师的指点联系李建昌局长，果然当面约稿成功。同期还向时任最高人民法院民三庭庭长孔祥俊成功约稿，也是打着恩师的旗号。

2011年，杂志改双月刊为月刊，要在中国知识产权研究会第五届四次常务理事会上正式宣布。时任研究会秘书长的张云才命我请恩师出席会议并就杂志未来发展发表讲话。我给恩师打电话求助，恩师满口答应。在会议讲话中，恩师担忧杂志改月刊后的品位、质量和使命问题，为杂志设定“高学术起点，入国际主流”总体目标，提出要树立历史使命感和责任感，把杂志办成跟中国国际地位相匹配的刊物。恩师指出刊物的品位，就是办刊人的品位；刊物彰显的素养，就是办刊人的素养，要把发展学术作为核心任务，要提倡学术自由，这是学术的生命。提出要严格用稿标准，保障质量，促进学术的可持续发展。要树立知识产权学术研究的引领性，兼顾内容的综合性，集理论性、专业性、实践性于一身。要提升国际性，成为衡量海外学者学术水平和是否具备国际性的重要指标。恩师的这次讲话，为杂志下一步发展指明了方向，为我更好做好编辑工作提供了根本遵循。在接下来的十余年中，恩师多次亲自为杂志策划选题、组稿并撰稿，为提升杂志质量和扩大影响力倾注心血。

三、恩师关怀

恩师除了对弟子们学业和工作悉心指导和着力提携之外，亦时刻关心关怀大家的身体健康。疫情三年，恩师常在微信群里叮嘱弟子们要做好防护，保护身体健康。永远不能忘却的是今年元旦，大家都在各自家里承受感冒导致的身体各种不适。我微信向恩师和师母问候，得知恩师失眠、咳嗽、乏力等，体重又降了七八斤，很是担心，但又没法去看望。恩师得知我感冒后也有失眠等各种症状，即刻打电话给我，叮嘱我吃药，告诉我失眠等症对身体造成的损害远远大于吃药对身体的副作用，同时要加强营养，增强抵抗力，等等。春节前夕，我回老家与父母团聚，回老家之前，没能去看望恩师，便发微信向恩师问安。恩师回复："回家注意安全，尽量减少聚会，归途顺利，平安归来。"过完春节我平安归来了，但是再也见不到我的恩师了。

四、悲从中来

一个多月来，在恍恍惚惚、浑浑噩噩、失魂落魄中梳理恩师三十年来特别是近十余年来对研究会和杂志的重大贡献，写悼词在杂志编委会上宣读，写唁电给母校，写悼念文章发布在研究会和杂志公众号，为参加追思会写发言稿。其间，全力找寻恩师的每一张照片，认真整理恩师的每一篇文章，仔细品读文章的每一个文字，无法言说的悲，无法忍受的痛，不受控制的泪，时而喷发。

追思会上，北京知识产权法院张晓霞庭长说，总得与刘老师有个告别，要不然心里总是堵得慌。追思会结束时，再次端详大屏幕上伟岸且散发光芒的恩师形象时，我再次无法控制自己的情绪，泪如泉涌，难道真的要与恩师告别了吗？晚上恍恍惚惚地回到家，第二天醒来，内心深处有个声音在说，我没有与恩师告别，恩师没有离去。随后的几天里，每天醒来总是想着恩师没有离去。同期，有好几个同门兄弟姐妹向我倾诉恩师离去后夜里的梦见，心里的悲痛。

五、恩师永在

悲难尽，痛还在。我开始求助于圣贤经典，寻求人生终极答案。《道德经》中老子云："夫物芸芸，各复归其根。归根曰静，是谓复命。"如此，恩师已经复命，我又何苦悲痛。《庄子·外篇·至乐》中，庄子与骷髅问答，骷髅对庄子说："死，无君于上，无臣于下；亦无四时之事，从然以天地为春秋，虽南面王乐，不能过也。"如此，恩师已经从容自得地与天地一样长寿，已得大自在，我又何苦再悲痛。《般若波罗蜜多心经》也云，"色就是空，空就是色。"如此，恩师仙去即是未去，我又何苦空悲痛。

人生就是一场修行。恩师一生，见自己，见天地，见众生。恩师之德、之学、之品、之功，天地能感，众生能会。我想，恩师在人的道场修行已经圆满，所以转至更高维度道场。我等，唯有化悲痛为力量，提升心性，不断精进，方能不负师恩，永随恩师！

2023年4月28日

纪念刘春田老师

李文彬*

《知识产权判解研究》（第一辑）的后记，原定是由刘老师来写的，他与我商量许久，打算在后记里写一下这一辑“判解研究”的约稿、审稿以及在相关时间节点里发生的那些“小事情”，顺便也与读者说说未来“判解研究”出版的计划。

不想在去年初春，上天就这么急切把他召走了，原来在那个平行空间里，也需要知识产权学科的教授去工作。

按照老师的想法，我来继续完成这篇后记。同时也借此追忆一下我与老师一起工作中所发生的几件事情，从中可以看出他对我国知识产权学科发展所付出的毕生心血与情感。

刘春田教授是我国著名的法学家，知识产权法学的学科带头人，知识产权高等教育的开创者、主要设计者和奠基人。他对我国知识产权的立法、司法、法学研究、法学高等教育以及国际合作事业作出了杰出的贡献，在亚洲和欧美等国际知识产权学界产生了重要影响。[①] 学界对老

* 清华大学出版社编审。

① 中国人民大学法学院微信公众号.

师的评价无愧于他，但在我眼里，老师更是一位文人，一位实事求是、学术求真、道风儒骨，侠胆文心的大先生。

一、编辑出版《知识产权法》教材，初识刘老师

中国人民大学出版社从1999年开始陆续出版“21世纪法学系列教材”，其中刘春田教授担任《知识产权法》教材的主编。当年我刚调入中国人民大学出版社工作，被安排负责编辑老师这本教材。这本教材的编辑工作引发了我与老师的一场观点争论，从此开启了我与老师近14年的合作出版工作，我们建立了深厚的师生友谊，成为在很多方面彼此都可以畅所欲言的“忘年之交”。

还记得，当时我把刚修改编辑完的《知识产权法》清样送到法学院回到编辑部不久，就有人叫我，我当时不认识老师，他是拿着教材清样站在编辑部门口。于是，我们在编辑部里就上演了那场在以后若干年回想起来还津津乐道的学术观点之战。

我的硕士论文中关于著作权部分的撰写，是郑成思老师指导的，当然在编辑这本刘春田教授主编的《知识产权法》教材中关于著作权的内容，我与老师出现了不同的观点。

那场讨论一直持续到下班，我坚守着郑老师的观点。后来，刘老师在一次回答记者采访时，对他与郑老师之间的论战，质朴而果决地说：“我们两人对自己的观点都是非常执着，谁也说服不了谁。我的观点是思索的结果，我相信这些观点终究会由实践做出回答，如果合于科学，总会被人接受。”

我记得，刘老师在之后不同场景下谈到与郑老师的争论时，他说道，自己也反思过两人的分野，根本原因或许还在于各自知识结构的不同。

我至今还清楚记得，那天老师拿着书稿的清样，耐心地给我讲解关于“知识产权对象的形式说，劳动与创造的区分，权利对象与权利客体的划分”等内容，尽管当时我有的地方还是懵懵懂懂的，但这些内容让我从知识产权法学自身开始接触到哲学层面，打开我从另一个视角重新认识知识产权。

那场讨论的另一个结果，老师也接受我的建议：本科教材也应从学科自身的知识结构出发，多角度地介绍阐述知识产权中的基本概念，让本科生从最初学习时，要全面认识与了解知识产权领域，拓宽学术视野。

我与老师就是这样认识的。他认可我对书稿的认真、执着，与作者交流沟通的坦荡、真诚。我也看到老师身上自带的知识分子的天职：“实事求是、学术求真”，这是我一直非常认可和毕生追求的品质。

我与老师在学问与做人的认知上如此相同，这为我们后来的一系列出版编辑工作奠定了坚实的基础。

在中国知识产权教育（教学）史上，刘春田教授开创了多个“第一”，1985年开设我国第一门系统的知识产权法课程；1986年，撰写完成我国第一部以“知识产权”命名的教材。在刘老师的主持下，中国人民大学法学院打造出我国知识产权法学通用教材最齐备的体系，包括：司法部高等学校法学专业统编教材、教育部全国高等学校法学专业核心课程教材、教育部全国成人高等教育法学主要课程教材、“21世纪法学规划教材”、“21世纪法学系列教材”以及“马克思主义理论研究和建设工程重点教材”等，为我国高校知识产权教材建设与人才培养作出了巨大贡献。

刘老师在这些教材中，提出了一系列具有开创性的命题。例如，“权利对象与权利客体的划分”“知识产权对象的形式说”“劳动与创造的区分”，等等，其理论深度已经超越知识产权法学本身而走向更宽广的哲学领域，对法学界产生了深刻的影响。

刘老师把毕生致力于知识产权法学的基本概念、基础理论的研究成果都写入每一种他主编教材里，坚持基本理论和体系化教学与研究，成为我国知识产权领域中同仁们均认可的一位学术大家！

二、策划编辑出版《知识产权判解研究》（第一辑），老师与我“不辞而别”

自2009年起，我到清华大学出版社工作。在清华大学出版社工作的这些年，是我与老师联系、交流、合作最频繁、最愉快的日子。

每年的中国法学会知识产权法研究会年会，我都按时参加，作为出版人，我负责出版了老师主编（主持）的一系列学术著作或工具书："世界知识产权法典译丛"之《十二国著作权法》《十二国专利法》《十二国商标法》《知识产权国际条约集成》，"中国知识产权发展报告系列"之《中国知识产权发展报告》（2015）、《中国知识产权发展报告》（2016—2017），并把它们提供给每年参加年会的中外知识产权界的专家、学者，司法实务界的法官、律师等，这些图书已经成为大家学习，了解知识产权领域最新学术动态、讨论交流的必备读物。

2021年1月19日上午，老师把我，还有北京君策知识产权发展中心的汪泽老师，邀到友谊宾馆一层咖啡厅喝咖啡谈事情。此时，厅外寒风凛冽，厅内老师热情似火，他兴奋地告诉我俩，要计划重启"知识产权判解研究"工作。

对于"知识产权判解研究"，老师如课堂讲课一般，从文义上逐字逐句给我俩进行了讲解，何谓"判"、何谓"解"、何谓"研究"？

老师说，"判""解"所讨论的内容应该是对法院裁判之后已经生效的案例所作出的评析，而非针对一般发生的事例或案例。"研究"强调的是裁判内容，关键是如何应用法律规定对所处理事件的判断与处理。

之前出版的诸多"判解研究"，包括民法、刑法，也有知识产权法的专利法、商标法等，其中不少内容从最基础就搞错了，他们选取的是事例或未经法院判决生效的案例，就对其作出评析与研究，没有体现出"判解研究"本身的实质。

那么，为什么要重启"知识产权判解研究"？老师接着讲，对于我们一个大陆法系国家，目前立法采用的仍是成文法模式，尽管近几年来，学界一直都在呼吁要建立我国的判例法制度，最高人民法院每年也颁布民法、刑法等典型十大案例，但鉴于我国的基本国情，鉴于历史、文化、司法体制以及目前法官判案水平等，我国建立判例法制度还为时尚早。

在知识产权全球快速发展的当下，我们知识产权研究会要以“判解研究”为导向，召集大家在这个平台上，对已生效的司法案例进行研究，研究会不仅要关注高校知识产权的教学、教材工作，更要贴近司法实践部门，对典型的司法案例做好判解研究……

那天，咖啡会议一直开到中午结束。“知识产权判解研究”工作正式启动。我按照老师的要求，回去起草《约稿函》，汪泽老师负责遴选作者，清华大学出版社负责出版《知识产权判解研究》（第一辑）。

当书稿陆续交来，我便开始了书稿的审稿编辑工作，对于书稿情况，我在我们三人工作群里，直接讲出我的审稿意见，老师每次都是认真在听，同时也一一回复我的疑问，指示汪泽老师去落实书稿所缺少的部分，请各位作者做修改增补工作。

2023年春节，老师微信我，他要去加拿大、美国，等一回国就见个面，把中美两国知识产权交流中所出现的问题放在《知识产权判解研究》（第二辑）中，回国要马上启动“著名知识产权学术专著”的翻译工作，而且要我女儿担任日本的一本译著，要着手启动“知识产权与哲学”系列，还要与我交流耕读哲学著作的读书心得。

2023年3月下旬，老师突然与我们“不辞而别”，我们都无法接受！

2024年7月19日，《知识产权判解研究》（第一辑）出版，书籍排版与封面设计延续了“中国知识产权发展报告系列”，这是老师一贯喜欢认可的风格，拿到样书的当天，我在微信里告诉老师：“《知识产权判解研究》（第一辑）样书20本已寄给汪泽老师，我和汪泽老师完成了您交代的工作，样书我也会寄给您一本，请查收。”

刘老师千古！

2024年4月

春风化雨 田心留芳

——深切缅怀恩师刘春田先生

李永明*

2023年3月，恩师刘春田先生赴美参加学术活动期间突发疾病，溘然长逝，享年75岁。作为中国知识产权界的精神支柱和泰斗，刘老师的去世是国内、国际知识产权界的重大损失。时光匆匆，不觉中，我们与刘春田先生已离别快一年。悲痛之情无以言表，遂以此文，以示对刘老师的深切感恩与怀念。

刘老师是我国知识产权法学教育的开拓者、创新者，也是我在法学和知识产权领域最重要的领路人。1987年，我作为中国第一届知识产权专业学生，有幸被刘老师招生录取。我们这一届理工科背景的学生，承蒙刘老师参与拟定的“限于理工科毕业”的报考规定，开启了全新的知识产权人生之路。刘老师作为法律系副主任和学科负责人，为我们量身定制了培养方案，他还和郑成思老师一同教授我们版权法课程。刘老师理性思辨的知识产权哲学思想是我在知识产权法学研究之路的重要启蒙。1993年，在我毕业后不久，我完成第一部个人专著《知识产权法新

* 浙江大学光华法学院教授、博士研究生导师。中国人民大学首届（1987级）知识产权第二学士学位生。

论》，便邀请刘老师为我作序。我仍清晰地记得刘老师在序中所提到的一句话："法学研究和教学，貌似清闲，实则为一项永无止境的工作，时时要求精进，兢兢业业，含辛茹苦，不敢懈息方能勉强不致落伍。"作为刘老师刚刚"出道"的学生，老师为我作序是对我莫大的信任和支持，学生至今仍不胜感激。刘老师的这段话是对我的勉励，同时也激励着我在知识产权法学研究和教学工作上，不断迎接新挑战，研究、回答新问题。而这份工作的高标准和高要求，刘老师始终如一地坚持了一辈子，其非凡的人格魅力影响了一代又一代的知识产权工作者。

刘老师对浙江大学知识产权学科建设一直大力支持，将很多重要的任务交给我们浙江大学承办。2012年，刘老师担任中国法学会知识产权法学研究会会长。那一年，刘老师原本想让浙江大学来承办研究会的年会，但由于临近年底，学校无法再做会议立项，因而错过了2012年年会的承办工作。当时我便向刘老师请缨，研究会明年的年会可由我们浙江大学法学院来承办。在刘老师的帮助和支持下，中国法学会知识产权法学研究会2013年年会在杭州顺利举行。年会云集了国家立法、司法、行政主管机关的有关领导和国内外著名高校、研究机构的专家学者以及知名企业代表近五百人，是一次规模空前的学术盛会。我仍记得那年我向刘老师提议，作为全国性的学术年会，除了设立指定发言人的专题论坛之外，还应增设开放论坛模式。开放论坛鼓励每一个与会者畅所欲言进行深入探讨和思想交流，这一论坛的组织形式得到了刘老师的高度肯定和赞扬。刘老师亲切地以我的名字命名这种论坛形式，这些话语让我感到无比自豪和荣幸。那年年会，我们还首次设立了知识产权青年学者征文比赛，并以"王力杯"命名。刘老师在会后也很高兴，赞扬本次会议承办工作树立了年会标杆。如今想来，刘老师的亲切教诲仿佛就在昨日。还记得2010年初浙江大学筹建知识产权研究院，我和学院老师一同去拜访刘老师，请刘老师给我们一些建议，并邀请刘老师来浙江大学兼职。刘老师给了我们很多宝贵的指导和意见，并答应来浙江大学兼职，同时刘老师还给了我一些师生间才会有的殷殷告诫。后来，研究院未能如愿成立，其个中缘由果然被刘老师言中。好在近年我们学校正式成立了浙江大学知识产权与竞争法研究中心，尽管晚了十多年，也算是对刘老师的一种告慰。刘老师强调“不拘一格地选用知识产权研究人才”，在浙江大学知识产权高端人才的引进方面，我们也一直秉持着刘老师所提倡的这种人才引进理念。近年来，我们浙江大学陆续引进了多位高层次知识产权人才，每一位人才的引进，我都曾向刘老师征求意见，恳请刘老师对引进人才在专业能力等方面进行把关，刘老师给了我们很多宝贵建议，还推荐了多位人选。

刘老师很喜欢杭州这座富有历史底蕴的城市，老师的足迹遍及杭州的各大高校、阿里等多家企业。刘老师每次来杭州，我总能听见他爽朗的笑声，感受老师满腹的喜悦。回顾浙江省知识产权事业的发展，可以说，我们整个浙江省的知识产权学科建设和人才培养都承蒙刘老师的关照和指点。印象中，刘老师每次来杭州，总是马不停蹄地奔赴各个高校做讲座。尤记得2008年由浙江工业大学承办的浙江省法学会知识产权法学研究会年会邀请刘老师作主题演讲，刘老师富有哲理的演讲内容感染和启发了在场的每一位听众。2022年，中国计量大学知识产权学科建设研讨会邀请刘老师出席，刘老师特向我提前了解了该学校的情况和知识产权学科的建设背景。不知不觉间，浙江知识产权事业这片“绿地”承蒙老师关照和帮助得以蓬勃生长，而当年在杭州这片土地上奔波劳碌的“老黄牛”却永远离我们而去。

刘老师在人间耕耘数十载，留下中国知识产权法学创新发展之“春田”。刘老师的学术遗志和智慧之光在中国知识产权发展新时代也将永远伴随着我们开拓、进取。

恩师永在，先生不朽！

2023年12月31日

春风化雨 田园育峰

——深切缅怀刘春田先生

李雨峰*

一直以来，刘春田先生在我的心目中都是一位极富传奇色彩的“知识产权界思想家”，可望而不可即。先生为人直率，为学严谨，特立独行，敢于坚持。对于刘春田先生的功与名，官方媒体已有权威表达，在此不作赘述。我仅想留存我人生际遇里关乎于他的记忆片段，通过这些叙事，给各位师友提供一些真实存在的时间和空间，一起品读属于他的生命经纬。

一、学术与缘分

在20世纪90年代，我国知识产权法学界处于一个学科创建和发展的历史时期。那时，我生活的城市济南有一家专门的法律书店，但与知识产权法有关的书籍甚少。后来，好不容易寻得刘春田老师主编的中国人民大学出版社出版的《知识产权法教程》，以及郑成思老师的《版权法》。诸如张玉敏老师主编的四川人民出版社出版的《知识产权法》以及吴汉东老师的教材，那时在济南则是无从获取的。这是我与刘春田先

* 西南政法大学民商法学院教授、博士研究生导师。中国人民大学法学院2004级博士后（合作导师：刘春田教授）。

生建立链接的开始，尽管是以“读者”的身份。

2000年9月，我考入西南政法大学民商法学院攻读硕士研究生，毕业以后留在本校继续攻读博士学位。在博士论文选题时，我因为阅读了安守廉教授的英文著作便决定以版权史作为我的博士论文题目，这在当时颇具争议。囿于2003年“非典”疫情，博士论文答辩时间由2003年6月推迟到2004年2月。此前，张玉敏老师和刘有东老师去广东开会，先生在会议上说收到一篇博士论文，涉及版权史，观点与他不同。彼时我还很疑惑论文怎么会送到先生手里，但想来也算是生命经历的缘分。这是我与刘春田先生的第二次链接，这次是以“写者”的身份。

第一次近距离接触先生，是在2004年2月博士论文答辩现场，当时先生是答辩委员会主席。坦白来说，我的博士论文的确存在一些问题：一是出现了不少打印错误；二是不同于常见的写作手法。尽管多数老师给予肯定，但也存在不同声音。有老师认为知识产权法聚焦个人利益与公共利益的关系，为何不按照这个思路开展学术研究；也有老师主张这篇论文不能算作是一篇规范的民商法学位论文，以致在论文的提问阶段，答辩委员之间就展开了激烈的争论。作为答辩委员会主席，先生最后一个发言，他的发言铿锵有力、态度鲜明，指出“任何人都没有权力去垄断一篇学术论文的规范标准”。他指出，与越来越多的专家相比，这篇论文彰显了作者的人文关怀，应当予以肯定。他说，这篇论文放到国家图书馆，不会给西南政法大学丢脸。后来答辩委员会经过了漫长的评议，甚至有老师以论文思路和框架不符合民法论文研究规范为由，坚持反对给以“优秀”资格。评议形成意见后，先生说，“尽管有种种不足，但瑕不掩瑜，不失为一篇优秀的博士论文”。虽然此前和先生有过单向的思想交流，但是根本没有任何来往，先生能在答辩委员会上对我如此评价，在关键时刻对我的写作方法给予肯定，对我之后从事学术研究有极大的鼓励，我至今仍清晰可感。

正是由于前述机缘，在博士论文答辩通过以后，我便向先生提出可否去做他的博士后，先生回复应该可以。直到2004年6月博士后入站答辩之前，我跟先生都没有任何联系，以至于先生答辩当天还在跟我确认博士后一事（尴尬）。然而，那年博士后答辩形势特别严峻，法学学科所有方向在一起面试，印象中有高铭暄、王利明、韩大元、刘春田等老师，最后应该是二十几个人里录取不到十人。我当时进去只说了很短的时间，大概十分钟。我的博士论文侧重历时性分析，从过去、现在和未来的角度研究版权法的历史演变，我的博士后研究报告选题侧重共时性分析，考察版权法和宪法的关系。两三天后，我便向先生询问该选题的研究可能性，先生让我坚持自己的见解。据说答辩讨论环节，还有老师说李雨峰毕业于校外，不在北京，对他的情况不了解。先生的原话是："你们不用了解，我自己了解就可以。"之后，我就进入中国人民大学法学院博士后流动站，师从先生从事研究工作。我也因此与先生由相识，到相交、相知。

二、人生与纠偏

与刘春田先生相识约二十年。于我而言，先生是一位真正的知识分子，或许正是因为"新三届"的曲折人生经历，给人留下了线条硬朗、观点犀利的印象。在为人底色方面，先生坦诚直爽豁达，不卑不畏不俗不谄，没有丝毫的高傲和虚伪。无论对方是权官达贵还是寒门子弟，先生都能始终不渝地忠实于自己，可谓是"居上位而不骄，在下位而不忧"。李琛老师曾言先生是"道风儒骨"，天性洒脱不羁有闲云野鹤之心，但终究还是无法违背内心的责任感和使命感，选择成为中国知识产权事业的探路者和开拓者。在为师风范方面，先生不仅注重知识产权法学学科的体系建设，更关注学生对于知识产权法学专业独立思考和创新的能力。自1985年毕业后留校任教伊始，先生就逐渐开始建设包括专门课程、配套教材、专门机构和专业人才在内的一体化、立体式的知识产权法学体系，为之后中国知识产权事业的快速发展打下了坚实的教育和人才基础。更值得一提的是，先生积极鼓励学生对既有理论和思想的质疑，指出真理是相对的，学术是没有禁区的，从而滋养孕育了一批批兼具锋芒思想、个性见解和独到立场的知识产权法学人才。在为学信念方面，先生追求的是可以证立自身价值的思想贡献。他把学术思考作为一种生活方式。仅从先生写下的文字来看，就可以知道他具有敏锐奇妙的思想才能。在他看来，求新不是目的，学术研究应当源于对实践问题的困惑，而为了解惑，就不得不反思传统的学说与理论，进而慎重地提出自己的见解。另一方面，先生始终坚持思想和表达是每一个人的权利，真的学术，无关个人恩怨与得失。“实事求是”和“学术求真”是他一以贯之的学术风格。

刘春田先生在言行举止中诠释着知识产权界的发展，用自己的笔触浓墨重彩地描摹着知识产权界的传承。而我亦带着先生的理解与指引，在恒久的坚持中达至最初的目标。五十余载， 2016年的际遇可以称作是我人生事业篇中的一件大事。那一年，由于各种因素和巧合我被组织选调到重庆市知识产权局担任副局长。从内心深处来说，我是非常勉强的，没有优势。但作为一名党员，又必须服从。我一直纠结是否要给先生汇报此事。恰逢当年中国法学会知识产权法学研究会在重庆召开年会，我便在年会前一天给先生讲述了这件事。当时，先生的态度十分明确且坚决，他直言：“你不能去，你不适合当官，那是你的比较劣势。”说实话，给先生汇报此事的初心是寻求他的理解和安慰，但没想到得到的是一顿批评和不理解。第二天，记得我和郭禾老师在一起，先生当着郭禾老师的面还对我说，“郭禾曾经有机会去当官，但最后也没去”“李雨峰，去了你就完了”“你不适合从政”等诸如此类的话。印象深刻的是，在场的还有李文彬老师，她当时是清华大学出版社的编辑，她在旁边劝先生，说雨峰也有难处，当前环境下，所有人都应当服从组织安排。但先生还是坚决反对此事。那时的我，感到非常委屈，因为先生很少对我说如此重的话语。当然我非常了解先生的本意和好心，这恰好就是他的人格体现，他本就是敢于坚持本心并且直言不讳的人。先生当晚可能觉得态度过于坚决，便给我发了一则短信，说自己下午措辞过于激烈，但仍然认为我不应该去知识产权局。也正因如此，在我去了重庆市知识产权局以后，就一直在寻找机会回归学校。从知识产权局回来当天晚上我就给他发了微信，他特别高兴，直言“这才是你应该走的路”。

三、不可冻结的思想

先生长期从事知识产权法的教学、基础理论研究和学科建设工作。从知识产权法学术研究上说，先生的论文和著作不是最多的，但一定是最基本和最厚重的。先生对于中国知识产权学界最重要的贡献，不仅在于其是中国知识产权法学学科的奠基人，中国知识产权法学教育的开拓者，知识产权法学中外交流的积极推动者，而且还在于其一直理性务实地参与推动中国知识产权的创新发展。他的思想和经验，将一直指引着中国知识产权法学界的未来。下面我将略谈一二。

第一，关于“知识产权法的体系化”观点。他认为民事法律制度是一个整体，物权法、债权法、知识产权法等制度和民法之间是部分和整体之间的关系，而非民事特别法和民事普通法之间的关系。民事权利对象自然属性的不同，导致了民事权利间的区别。知识产权法是民法的组成部分，是民事普通法，不是民事特别法，主张知识产权法在体系化的前提下与民法实现整合，进而把知识产权法的研究深入引向理性。在民事权利体系中，知识产权的发展历史较短，理论的体系化程度也较低。尽管存在较为流行的“通说”，也欠缺理性，远未成熟。因此，体系化研究是当前知识产权法学的重要任务。

第二，关于“权利对象与权利客体的划分、知识产权对象的‘形式说’、劳动与创造的区分”观点。首先，他将知识产权的权利对象与权利客体相区分，认为对象是利益乃至权利发生的前提，知识产权的对象是“知识”本身，是人们认识世界的结果，体现了主体的创造性，是个性化的；而客体是对象上所施加的，引起利益关系产生、变更、消灭的行为，知识产权的“客体”则是主体对对象所施加的行为。其次，他认为知识是人类对认识的描述，知识的普遍存在方式或本体是形式。形式是不变的，形式对应的是质料。作为知识产权对象的知识只是一般意义上知识的一部分，它是指由人类创造，并经由法律的标准加以确认而获准予以保护的那些“形式”。最后，他放弃了“创造性智力劳动成果”的传统提法，提出了“创造成果”的新表述。他主张创造不是劳动的特殊形态，而是与劳动有本质区别的另类的人类活动。他认为，社会必要劳动时间是劳动成果价值统一的计量标准，它可以衡量人类任何地方、任何劳动形态和任何劳动成果的价值量。反之，作为创造成果的知识，只具有使用价值，不可以用劳动的尺度来衡量。

第三，关于“知识产权和市场经济关系”问题。他主张市场经济是私权制度的基础，知识产权作为私权，是市场经济的产物。在计划经济体制下，没有私权，其结果必然导致封闭、管制，掏空了作为现代社会基本财产与人身权利总章程的民法制度的生存土壤，自然也就没有了作为典型私权的知识产权的容身之处。在中国，随着社会主义市场经济和私权制度的重建，短短40年，中国知识产权法治从无到有，从初建到基本健全，再到与国际规则体系对接，进而为中国经济发展和社会转型，为创新型国家建设构建了充分有效的制度保障。可见，完善的市场经济和财产制度是知识产权法治的基础。

“这是一个流行离开的世界，但是我们都不擅长告别。”遗憾是生命的本质，仅此而已。

但春分过后，世界将告别冬季留下的寒冷气息，迎来一天比一天温暖的春天。

2023年12月2日

缅怀刘春田教授

——追忆先生与厦门大学知识产权研究院的情缘

林秀芹　曹　琳*

惊闻刘春田教授赴美参加学术活动期间突发疾病辞世，厦门大学知识产权研究院师生深感悲恸。刘春田教授是中国知识产权法学学科的奠基人，一生致力于推动中国知识产权法学事业的发展，为海峡两岸乃至国际知识产权学术交流作出了卓越贡献，厥功至伟，为吾辈之楷模。先生不辞劳苦，多次莅临厦门大学知识产权研究院，激励和启迪了一批又一批厦大知产人。先生对我院发展给予的莫大支持，使每一位厦大知产人铭感五内。

现回顾先生历次莅临我院参加的主要活动，以表深切缅怀之情。

2012年9月8日，先生应邀出席我院共同主办的“两岸（厦门）知识产权投融资论坛与专利技术对接会——第九届海峡两岸知识产权学术交流会”，就知识产权促进经济复

* 林秀芹，厦门大学法学院教授、知识产权研究院院长；曹琳，厦门大学知识产权研究院秘书。

兴的重要价值等问题发表高论，激发了在场的境内外知识产权界专家学者、企业事业单位代表的热烈讨论，将会场气氛推至高潮。

同年9月10日，先生为我院师生带来“思考、探索、坚持”主题讲座。先生不拘泥于学术问题的探讨，而是从历史到专业、从生活到学术，知识范围之广、逻辑思维之缜密，让我们见识了学术大家是如何炼成的。

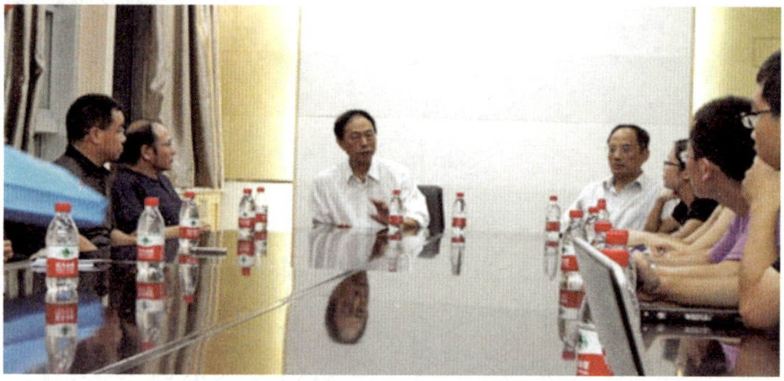

2013年9月7日，先生应邀出席我院主办的“两岸知识产权论坛——知识产权管理与争端解决”会议，并担任首场专题演讲的主持人。

2014年10月9日，先生莅临我院，见证了我院首届知识产权台湾博士生专班开班典礼，对台湾博士生专班的设立给予了高度肯定，并对各位博士生提出殷切希望。典礼结束后，先生以“创新驱动发展战略”为主题，为我院师生做学术讲座。

2015年3月15日，先生应邀出席我院联合主办的“推动中国商业秘密保护工作研讨会”。先生在会上强调制订专门商业秘密法的必要性。

2016年12月9日，先生应邀出席我院承办的“中国—欧盟创新政策圆桌会议”。在先生的主持下，来自商务部条法司、欧盟驻华代表团、欧盟知识产权合作项目的嘉宾围绕中欧知识产权合作成就与前景等进行了主旨发言。会前一天，先生应邀在我院担任“知识产权法前沿理论问题的解析”学术讲座的主讲人。

2018年11月2日上午，先生应邀出席我院成立十周年庆祝大会，并在会上致辞。先生对我院成立十周年表示祝贺，盛赞我院已经成长为中国知识产权教育的重镇，并对我院的未来发展提出殷切希望。

当天下午，先生应邀出席"'一带一路'与国际知识产权问题研究——暨改革开放40周年知识产权法治发展论坛"，并担任论坛主持人。

2018年11月3—4日，由中国法学会知识产权法学研究会主办、我院承办的中国法学会知识产权法学研究会2018年年会在厦门大学隆重举行。来自国内外总计800余位专家学者，围绕“新时代知识产权法治论坛”的主题，进行了为期一天半的深入交流与研讨。先生担任大会开幕式主持人。

2019年11月2—3日，先生应邀出席我院联合协办的“2019海峡两岸商业秘密保护学术论坛”，并在开幕式上致辞。先生强调，应当转变观念，更好地保护商业秘密这种新型财产权。

2021年4月6日，先生应邀参加厦门大学百年校庆活动，并在“人文社科国际论坛——全球治理下的知识产权法治发展论坛”上以“《民法典》与知识产权”为题发表主旨演讲。先生阐述了《民法典》重大的时代意义，着重指出《民法典》对于知识产权的影响贯穿主体、客体等各个方面，强调应当充分领会知识产权的私权属性，减少行政权力的干预。

次日上午，先生应邀为我院师生作了以“评新修著作权法的作品条款”为主题的讲座。

昭昭名节，万古流芳。先生溘然长逝，是中国知识产权法学界的巨大损失！先生的谆谆教诲仍萦绕于耳畔，先生的学术精神将继续激励我们前行。深切缅怀刘春田教授！

2023年4月15日

忆好友刘春田

刘波林*

我和刘春田是1985年举办南京版权培训班的时候认识的。这个培训班由国家版权局与世界知识产权组织合办，聘请国际版权专家讲授，讲义由国家版权局组织翻译。我当时作为国家版权局的工作人员之一，负责接待前来参加培训班的学员。这些学员中除了来自全国各省市出版局、出版社的干部以外，还有三位大学老师：中国人民大学的刘春田和中国政法大学的张俊浩、费安玲，他们是为编写教材来培训班收集版权资料的。三位老师没有什么架子，经常和我一起讨论版权问题，大家也就逐渐熟悉起来。我和刘春田都是66届高中毕业生，又都有知青经历，所以关系更近一层，以至彼此更习惯于直呼对方的名字。

刘春田是一个富有同情心和正义感的人。在一次聊天中，他问我的英语是在哪儿学的，我说我没上过大学，英语是在景山学校学的。他问我为什么没参加前些年刚恢复的高考，我告诉他，我和我弟弟上中学时都喜欢英语，家里有一本英文版的《中国寓言》，我们经常读，英语学得都很好，我在高中时还当过三年英语课代表，两人在内蒙古插队九年

* 国家版权局原调研员。

也没把英语丢了，1977年也都参加了高考，但都没被录取。原先还打算过两年看情况再考，但没两年国家又开始限制报考年龄了，两人这才“黄粱梦醒”。刘春田虽然出身于工人家庭，但对那个年代一些极左的东西颇不以为然。他当时对我说，贯彻阶级路线不能只看出身，搞成“血统论”，这样不仅剥夺了个人的权利，而且使本来就亟须人才的国家也蒙受了重大损失。他还说，对于出身不好的考生，高考政审应坚持“重在表现”，就知青而言，即主要看他接受贫下中农再教育合不合格，而接受再教育是否合格当然要由贫下中农来评定，由教育机构自己说了算难道不是笑话吗？！他的这一番话给我留下了深刻的印象。

我是1981年调到国家出版局（国家版权局的前身）版权处工作的。当时从北京图书馆和首都图书馆的藏书目录里还查不到内地出版的现代版权书籍，在工作之余，我主要阅读处里的一些英文版权资料，如联合国教科文组织出版的各国版权法（活页汇编）和《版权公报》（季刊），世界知识产权组织出版的版权、邻接权公约修订会议纪要和《版权》（月刊），以及老同志们出国考察带回来的英文版权专著等。1985年年底的一天，刘春田打电话让我周末去中国人民大学一趟。见了面，他指着一大摞捆得结结实实的书让我带回去，一问才知道原来是本科法学专业的全套教科书，是他专门为我收集的。他说我是“老高三”，看这些书不会有什么困难，有不明白的地方可以问他，写信、打电话、周末去他那儿都行。临走，他还帮我借了一辆自行车驮书。从此，我的业余时间再也没有闲暇，每天我都要按照课程表的紧凑安排来研读这些书籍，而通过自学所获得的越来越系统的法学专业知识，也对我在国家版权局的工作有很大帮助。多年来，每当我看到这些教科书，就会想起刘春田这个热心而又细心的朋友。

刘春田还是一个有见解的人。在关于“版权”和“著作权”的争论中，他明确提出了自己的主张，最终被立法机关采纳。这一争论的起因似乎与秦瑞玠的《大清著作权律释义》（以下简称“释义”）有些关联。《释义》的绪论中有一段文字阐述了法律称“著作权律”而不称“版权律”的理由。我在国家版权局编印的《版权参考资料》（1985年第6期）上发表了一篇短文（《关于“版权”和“著作权”两个用语的由来和使用情况》），其中引用了《释义》绪论中的这段文字。后来刘春田在国家版权局主办的正式刊物《著作权》上发表了一篇文章，提出相关法律应称为“著作权法”，文章中也引用了《释义》绪论中的这段文字。这篇文章大概就是“版权”和“著作权”之争的开端。顺便一提的是，《释义》是一本线装书，收藏于首都图书馆，不外借也不提供复印，我和孙建红只好当了一回“窃书贼”，把书悄悄带到馆外复印了一份。随后我又给郑成思和刘春田各复印了一份，刘春田欣然接受了，郑成思没有要，而是小心翼翼地问我，这些东西有用吗？因此我猜测，郑成思是一个把有限精力用于阅读经典著作的人；刘春田是一个精力充沛、博览群书的人。再来谈关于“版权”和“著作权”的争论，它主要涉及两个问题：一是“版权”和“著作权”是不是同义语，二是相关法律应称“版权法”还是“著作权法”。多数人认为“版权”和“著作权”就是同义语，相关法律称“版权法”还是“著作权法”都无所谓——只要孩子没抱错，叫什么都行。少数人的意见则相反。以郑成思为代表的意见认为，虽然“版权”和“著作权”是同义语，但相关法律还是称“版权法”更适宜。以刘春田为代表的意见认为，“版权”至少在历史上和“著作权”不是同义语，相关法律还是称“著作权法”更适宜。还有的专家认为，“版权”和“著作权”都容易被误解，不如称“作者权”或“作品权”更准确。立法机关为了避免问题复杂化，主要考虑在“版权”和“著作权”两个约定俗成的旧称中做出取舍，并最终采用了一个折中方案——相关法律称为“著作权法”，但直接在该法（而不是其实施条例或官方释义）中申明“版权”和“著作权”是同义语。尽管如此，关于“版权”和“著作权”的争论并没有结束，甚至在时隔多年后又有专家提议将“著作权法”改称“版权法”。记得刘春田说过，“著作权”即使被误解，也还是作者本人的权利；“版权”如果被误解，就真可能变成他人的权利了。或许在刘春田看来，这就是“著作权”和“版权”之争的意义所在。

在建立我国现代著作权制度的过程中，不少专家都做了很多基础性工作，这些工作如同给大厦打地基一样重要，其中三位老师——郑成思、刘春田、郭寿康——可以看作是这些贡献者的典型。郑成思通过著述和讲授，向国内全面介绍了现代著作权制度及相关知识。刘春田通过组织编译多国著作权法，为我国著作权立法提供了参考。郭寿康通过组织翻译国际著作权条约解析，为我国融入国际著作权体系提供了指南。其中刘春田的做事风格是：不瞻前顾后，先做着再说，错了再说错了的，而他做事的这股“冲劲儿”又往往能带动别人和他一起来做。举个例子，刘春田想研究《安娜女王法》，问我见没见过汉译本，我跟他说，我上谷歌搜索过，内地、港台好像都没有，于是他干脆让我来翻译。我还是有一点儿自知之明：一个连大学都没上过的人去翻译三百年前的英国法令，而且可能是首个汉译者，这绝对是昏了头了！何况还可能有什么刻薄的翻译评论在等着我！于是我问：让我翻译合适吗？刘春田毫不犹豫地说：合适！就你合适！虽然我还是不认可他的说法，但他那恳切的眼神表明他对我是绝对信任的，以至让我不忍拒绝他的要求，只能接受并尽全力而为之。《安娜女王法》属于早期现代英文，我要做的一是读懂原文，二是以略带文言的形式翻译出来。由于没有足够的工具书，我基本上是在国家图书馆里完成这一翻译的。译文（附原文）刊登在刘春田主编的《中国知识产权评论》（第二卷）上。

刘春田的朋友很多，原因之一是他懂得尊重别人，从不盛气凌人，也不在背后贬损别人。他身为学者、教授，却和我这个普通人始终保持着以诚相待的朋友关系，和我平等地讨论版权问题。在和他的讨论中，我有什么说什么，并不需顾虑他可能不赞同，而他经常是专注地倾听我的观点，并不争论。他曾经问我国外有什么比较有影响的著作权理论著作，我说据我所知，有影响的著作倒是有，但严格来说并不能算是纯理论著作。借这个机会，我又跟他谈了我的几点看法。第一，著作权制度应该是一种激励自然人创作的工具或机制，而不是基于理论的产物：著作权法已有300年的历史，现今世界上几乎所有的国家都制定了著作权法，我们知道所有这些著作权法的所有条款是什么，却不知道它们赖以制定的系统理论是什么，这种系统理论是否存在，本身就是一个问题。第二，著作权理论研究是件好事，但如果盲目地将著作权理论和著作权制度捆绑在一起，将“具有中国特色的著作权理论”作为我国著作权制度的基础，反倒可能延缓我国著作权制度的建立和完善，特别是在国外没有现成的系统理论可资借鉴，国内版权界连“版权”和“著作权”一类基本概念都要争论不休的情况下。第三，我国著作权法的修订，应主要在国际著作权条约的框架内，通过参照各国法（特别是斯洛文尼亚等前东欧国家的著作权法）来进行，只要是条约准许并有若干国家采用的规定，均可考虑在基本符合我国国情的条件下纳入我国著作权法。刘春田耐心听完了我讲的话，严肃地说，你讲的几点看法很好，把它写成书面材料给我，方便时我帮你交给人大法工委的人。其实，我只是想和刘春田作为朋友之间随便聊一聊，并不在意立法机关是否知晓我的看法，所以最终也没有写什么材料，但刘春田对朋友的那股认真“劲儿”还是长久地留在了我的记忆中。

刘春田是一个好人，一个能人，一个值得朋友信赖的人，能够认识刘春田并和他结交为好友，是我人生的一大幸事。

2024年1月24日

知识产权的“春田”

——怀念刘春田老师

刘道臣*

刘春田老师溘然长逝异国他方，初闻难以相信，继而默然长久，不觉悲泪中流。呜呼！悲哉！呜呼！痛哉！

在中国人民大学读硕时，我学的是法理学专业，刘老师不可能是我的导师，但我毕业后矢志不渝做一名知识产权律师，刘老师却是我真正的“导师”，当然刘老师不知其详。我相信，像我这样受刘老师启发、教导和影响走向知识产权领域的学生不计其数。

事情还得从20多年前的听课说起。我的专业是法理学，但对知识产权很感兴趣，遇到有刘老师知识产权课，就去“蹭课”，结果第一次听课就被刘老师给“震”住了。刘老师讲课幽默风趣，三言两语就把深奥的法律原理解释得淋漓尽致。记得那次讲课，刘老师问同学们：比尔·盖茨，不过一介大学“未”毕业生，区区数年，怎么超过这“大王”，那“大王”（指的“钢铁大王”，“石油大王”等）成为世界首富？原因到底是什么？有同学说：因为比尔·盖茨是罕见的电脑天才啊。刘老师说：他是天才不假，但天才很多，缘何他成了首富？他之所以

* 北京艺识代律师事务所主任、创始合伙人。

成为首富是因为他运用著作权挣钱。一套软件，卖几十美元，复制成本不过一张光碟的费用，也就几分钱。这在经济学叫边际成本几乎为零，复制即生产，比印钱都快，他不成为首富谁成为首富？我正好本科是学经济学的，刘老师这番话醍醐灌顶，我一下子就认识到软件著作权的基本特点和深刻机理。在刘老师，也不过寥寥数语。后来，我作为知识产权律师也时常给人讲知识产权，刘老师的这段讲课我不知引述了多少遍。斯师已远，道不远人！

也是在中国人民大学读硕期间，我兼职了一家数据库公司的法律顾问，在知识产权领域“牛刀小试”，开始在实务中接触软件、数据等当时看起来比较前沿的知识产权问题，太多问题我都不懂，碰壁多多。由于是中国人民大学的学生，我有幸到刘老师的办公室当面请教过不少问题。我不是刘老师的研究生，但刘老师丝毫不以为意，耐心解答我的问题，给了我很多具体的指导，让我受益至今。

离开中国人民大学正式做了律师以后，听刘老师的课，见刘老师的面越发难了，偶然一些知识产权论坛或者活动中一睹刘老师的风采，再聆刘老师教诲。十多年前，在一个影响很大的案子中，我甚至有幸还成为刘老师的“小战友”，实在幸甚之至。

我知道在刘老师视野里，我不过是一片普普通通的树叶；而在我的视野里，刘老师是参天大树。这就是刘老师在知识产权领域开枝散叶的福泽，他启发教导和引领了一批又一批知识产权人奋斗不息，可谓硕果累累。刘老师，正如您的大名，如春风化雨，浇灌耕耘出一望无际的知识产权的沧海桑田！

刘老师安息！刘老师千古！

2023年3月30日

唁　函

刘　杲*

刘春田教授治丧委员会：

惊悉刘春田教授于学术活动中急症遽逝，不胜悲痛。刘春田教授是我的老朋友。我们相识于著作权法起草小组。三十多年来，我们时相过从，忘年之交。刘春田教授成就超群，对我多有帮助。哲人其萎，风范长存。故旧凋零，无可奈何。谨此致以沉痛悼念，并诚挚慰问家属。

刘春田教授千古！

2023年3月29日

挽联

春田教授千古

名满天下功在国家法学巨星耀银汉

交已忘年谊因道义人间悲痛哭英才

---

* 国家版权局原副局长。

春田二三事

刘瑞起*

我与春田是人大法律系1978级同学，我俩相识相往已有四十多年了。上学时，班中年逾三十且有家室的同学有八九位，班中同学为示尊敬常在这些兄长的姓氏之前加一“老”字，如老邱、老韩、老蔡等。春田比我大九岁，社会经历丰富，在系里及班里还是担任重要职责的学生干部，同学们大多称呼他“老刘”。但我俩相处无拘、言谈无忌，他也从未把我当小字辈看待。特别是我2010年回到人大律师学院工作，而他在知识产权学院任职任教，两人相聚交集的时间也更多了。在这期间，我借着春田之名望也沾过一些光，诸如他曾经的学生，现仍在知识产权学院任教的张勇凡，每遇我必郑重其事地叫我“师叔”，最初我听此手足无措，久之我则坦然地回之“贤侄”。不曾预想，因与春田同学之缘，我竟享有抬高辈分之尊。尽管如此，我与春田见面打招呼时从来都是直呼其名，未曾做作。每遇共同关心的事项及话题我们也是直抒胸臆，两相惬意。其实，这都是兄长对我的宽容与顾惜，这也算是忘年之交吧。

---

* 中国人民大学律师学院院长。

值此追忆春田之际，我试图再从头到脚地打量这位兄长的行止，现仅讲二三件小事，以作拾遗。

学者的“鸭舌帽”

记得上学时甚少见春田去阅览室或教室自习，他在宿舍床边摆放有一张桌子，上面码满了经典文集和各类资料，他大多课余时间都窝在宿舍里看书。他还有一顶深灰色薄呢的鸭舌帽，上学期间这顶帽子他经常戴。我之所以印象至深，是因为在20世纪70年代末、80年代初，正值改革开放初期，人们的穿戴也逐渐摆脱禁锢，衣着也开化多样了。以往，大多数男性习惯于戴干部帽（军帽），戴鸭舌帽的不多，所以春田这种标新立异的穿戴，是开风气之先，既是敢于时尚的与众不同，也是意念开放的隐语，衣着往往蕴含着丰富的社会学寓意。

2021年7月，春田面询我并多次打电话，让我帮他寻找佟柔老师当年给我们上民法课时的《民法原理》教材（蓝色封皮，分上下两册）。他说由于搬家，这教材一时找不到了。后经我在法学院图书馆搜寻，终于寻到叶秋华老师捐赠给图书馆的孤本。这套《民法原理》是民法教研室1980年编写的，佟柔老师负责了第一至第八章的执笔，对民法的调整对象、内容、体系、渊源种类、概念、规范的解释以及民事法律关系等基本理论问题均有阐述。我将复印后的书交给他时，我问他这书有何用？他说：“这书是当时全国最早的关于民法基础理论及研究方法的著作，现在回想起来它对研究知识产权法学基本问题具有重要的借鉴及指导意义，依循老师的思路及研究方法可以掂度知识产权法学的一些基本问题。”我听后暗暗自忖，这是自上往下确定方法论的思考方式，难怪这么认真！依其所言，我又联想起当年佟柔老师给我们上课时的情形……噢！想起来了，佟老师当年也常戴一顶鸭舌帽，身着一件连肩袖的中式上衣，这师生之间的风范竟如此相似。原来“鸭舌帽”竟是一种学术现象？！岂不是衣钵的传承？

“行僧”的旅行鞋

上大学时，春田是法律系篮球队的边锋主力。当时法律系学生仅有几十人，但在学校篮球竞赛中，他们总能跻身前三名。不知是否受此影响，春田的着装总是偏好运动休闲风，除了参与特别重要的场合活动，大多时候他总是背着一个双肩背包、上身冲锋衣、脚蹬一双旅游球鞋，驾车也专喜运动型SUV。到了晚年，他仍然腰板挺直，步履轻盈。这几十年间，估摸着这双鞋陪他走遍大江南北，横跨神州东西。在学、业两界春田为传播知识产权法学的影响，特别是与实践及产业的结合方面繁忙奔走、纵横联谊，这情形已模糊成行僧的影像：不甘于仅仅坐诵经法，还要用步履行走于社会生活之中去接触，传扬影响，用亲身的体验和实践深化对佛法的理解。身体的移动，象征着他内心的证悟，也是与超然境界的同归同一。春田得此法否？难说他能全覆盖，但这双鞋确也频频越洋跨洲，把影响力、国际化推上世界新高！早就有言：“书山有路勤为径”，这双行僧般的旅行鞋一直不倦地攀登，春田正是在用“行僧”的足迹在大地上撰写了无形而常存的书卷。

“阳光”照在春田上

2010年，春田在中国人民大学如论讲堂主持召开“中国著作权百年国际论坛”。会前他郑重地向我征询，说他将在会上为对应“100年”这一里程碑，宣布成立一个100万元的知识产权基金，让我组织几个朋友承担这个任务。大会当天，人大校长、时任最高人民法院副院长张军及诸多相关领导嘉宾出席，会场上共有四百多人参加。校友黄士林、大律师朱仲明及我等人作为基金的参与人也参加了会议。会后我与春田讲：“100万元的基金成立了，你虽然对社会及全世界都宣布了，但这只是个财会项目，管理不方便，不如我帮你成立一个基金会吧，创始发起的几百万资金可以找几个志同道合的朋友来筹集，立项审批我来办。”他听后十分高兴，表示赞同。很快，黄士林、朱仲明、傅强国、翟雪梅、徐驰及我六人便完成了资金的筹备工作。立项、审批由于事先得到了领导的支持和关注，相关手续办理也很顺利。但在确定基金会名称时，民政局的经办处长有些迟疑，认为知识产权与公益的关系及相关的基金属性需要解释说明。此时我觉得只有让春田到场才合适，通过春田当场向处、科相关经办人员解释后即获审批同意，基金会名称确定为“知识产权与法律发展基金会”。“法律发展”这几个字是傅强国特别提议加上的，最初几年的办公地点也设在他位于北京的办公室。当时，经办处长调侃说：“人大法学院的老师就是敏锐，偌大的人民大学仅有三个基金会，一个是学校的教育基金，其余两个都与法学有关，一个是曾宪义法学教育基金，另一个便是知识产权法律基金。”鉴于这个基金会全因春田而起，在具体命名时我曾建议叫“春田知识产权与法律发展基金会”，但春田几次推却，说这不合适，不宜以他个人名义命名，经过他思虑后提议叫“阳光”，说这个名通俗、常用，最后名称确定为“阳光知识产权与法律发展基金会”。我当时便想，这是春田作为学者的礼让与谦逊吧。现基金会已健康蓬勃运行了十多年，发展已愈加有规模。忽然有一刻，我始觉叫“阳光”似有深意：阳光照在春田上，那不就是郁郁葱葱，绿植成荫吗？原来在这儿等着了，还是与“春田”脱不了干系！高，实在是高！

太阳照常升起，阳光灿烂，春田依然茂盛！

又值三月，再次想起2023年4月在友谊宾馆科技会堂的春田追思会，会上曾吟诵过的古律：

故人西辞黄鹤楼，
烟花三月下扬州。
孤帆远影碧空尽，
唯见长江天际流。

2024年3月

天为谁春

刘　芸[*]

桑榆犹有东隅志，白雪青丝毕一功。

曾记初相识，我称你为“您”，你说：“您字，不必了，你要称我为‘你’，徒见心，心相许，不问世俗，平等是我们的基础。”当我赞美你有君子之风，你说：“不以君子自居，但求是条汉子。”

人间哪得许多情？除尽匆匆生共死。

有一回，你照核磁CT，我和劭君在门外等着。检查完后你跟我说，当时躺在冰冷的机器上，你突然有个想法，万一你有什么不测，那么坐在门外等待的两个女人，肯定是最难过的。我说，是的，我会哭死。你说，这一天不会提前到来，即便到来，至少你也得活过周有光。

2022年4月，你胆囊炎复发住院。夜里听着你痛苦低沉的呻吟，见你眉头深锁，我特别难过，不知如何才能减轻你的痛苦。我趴在床边，握着你的手，你吃力地回应道：“媳妇，我死不了。”那一瞬，我眼泪纵横。夫妻同心，你竟感知到了我的担忧。后来你病情好转，吴大夫告知我，那几天她夜不能寐，因为当时你的病情凶险，她不敢轻易告诉我

---

* 刘春田教授之妻。

们，特别害怕夜里听到你的消息。

至11月下旬，因清零政策，我滞留在外近一个月。返京后一进家门，你迎上前来的第一句话："我们从未分开过这么长时间。"过去你总说，我在家，你方觉心安。而你表达思念的方式也是隐晦的，你很少直接说我想你，可你会说，想喝汤了。

同年12月底，我们感染新冠，一路闯关，原以为喜迎2023年，一切都能好起来。殊不知，有更大的悲剧在等着我。

那个传来你噩耗的夜里，每每回想，我都悲伤不已，当时只觉，天塌了。随之潸然，家没了。春田，你连离开人世的方式，都如同一位铮铮铁骨的汉子，刚毅而决绝。

往事总无穷，此心究竟不堪同。

对学生，你像一个父亲，刀子嘴豆腐心。有一回，你批评了学生，学生哭了。你告诉我此事，我问："学生可因负气不来？"你沉默片刻回道："不会的，如不来，我找他去。"

过年了，你说最好居家，因为会有学生上门拜访，可趁此机会交流思想，所以，在京多年，你从未外出过年。

对知产事业，你说，为知产奋斗，是人间正道，投入其中，便能享受其中。

我常在半夜被一束亮光晃醒，随后便听到你手机码字的声音。问你为何还不入睡，你说突然想到一个观点，得赶紧记录下来。

每逢你出差，我们约定睡前通话。然而眼看已过凌晨，你仍未来电，致电你时，你总说在谈事或有学生来访，这已成常态。我叮嘱你要调整，以身体为主，你常为他人考虑，不忍拒绝。

你常不辞劳苦地到外地讲学，有人劝你，报酬低的就不要去了。你却说，只望借此机会传授平日所思所想。师者，毕生以授业解惑为重，不能以利为先。

天为谁春

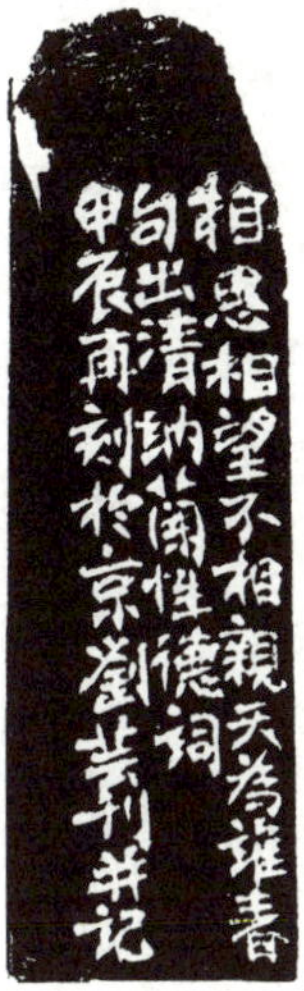

后来，你爱上了听书，开始系统学习宗教、哲学、奥派经济学方面的知识，你说当下知产领域许多基本概念需要重新定义，你想重新编写教材，这需要大量阅读和学习。

你计划这次美国的学术活动结束后，居家休养，要事有二：喝汤，写书。那一刻，我有苦尽甘来之感，深感多年，你终于能够回归家庭，不再奔波了。然而事与愿违，没想到上苍对你我，竟如此残忍。

生活上，你常因工忘食，过了饭点，才想起我在家备好饭菜等着你。在连声抱歉之余，你感慨，原来过好日子，也需要适应。

多年来，只要耐心与你商量，慢慢地，你会放下老我，改变观念，与我共同营造良好的居家环境。你说：“虽然年纪大了，可我一直在改变，在进步。”

你原本不喜欢养小动物，在我再三恳求下，养了一只玄凤鹦鹉。后来发现你很喜欢它。每逢居家追剧时，你总爱让其落在肩上，安静相伴，直到剧终。可好景不长，鹦鹉病死了，当时我非常伤心，你安慰说：“再养一只吧，实在不行，养只猫，猫活得久，也可以多陪伴我们。”那一刻，我倍觉暖心。

你最喜欢的，莫过于与家人相聚的时光，每逢年过节，为迎接亲朋到来，你总是早作准备。你负责收拾客厅，我负责备菜，一顿饭下来，累并快乐着。你说，只要夫妻同心同德，能让家人高兴，再累也值得。

记得某年在台湾，我们在刘孔中教授家做客，当时你使出了看家本领，献上“醋溜圆白菜”，惹得众人围观喝彩。此情此景，甚是有趣，故留有合影。

今生已过矣，结取来生缘。

岁在甲辰，正月十五，我码字至此，深感痛心。天上人间，无限思量。如果没有基督信仰的慰籍、师父的鼎力相助、家人及学生的陪伴，我无法想象，一个破碎的我，将如何重拾生活？

都说之所以成为夫妻，是因为彼此有所亏欠。你说，亏欠不准确，是彼此有恩。天若有道，自不会让相守的人分离。天若无道，人就应该尊重天命。过去我从不信命，不畏世俗，只遵从内心处事。可如今，却不得不感叹时也命也。那种灵魂被硬生撕扯，剥离的痛，深深地烙印在我心里。纵使时间能淡忘一切，可心底深处，总有一处地方，永远为你悲伤。

近读纳兰词《画堂春·一生一代一双人》，其中“相思相望不相亲，天为谁春”之句，令人感慨万千。忆癸卯之春，得知春田去世的消息，我怀着沉痛的心情，匆匆回京，当时看着满城春色，不知为谁而来，望眼皆殇。那个每回我返京，前来接站、嘘寒问暖的人，不论我多么地思念、盼望，却再也回不来了。在此背景下，构思印稿，取法古玺，旁及当代，印出芙蓉，以寄哀思。

2024年2月24日

致我最敬爱的恩师刘春田先生

龙富泉*

又一位亲人离我而去，再也听不到他跟我聊天了，再也看不到他熟悉的笑脸了。我放下手中的电话，任凭昼夜更替，却始终无法接受网上那令人心碎的消息。

明明老师还在短信里叮嘱我保重身体，说人生路很长；明明手机里还有他回复的“兔年大吉”，怎么这一切就突然停顿在了他们说的消息里？

我忍不住眼泪地给老师发短信，还有那么多的话没有说，您怎么舍得就此别过？！等啊等！等啊等！终究那端是像夜一般的沉默。

老师，您还好吗？

整夜难以入眠，我脑中尽是电影胶片一样的镜头片段。在人大教研室的面试现场、在教室讲台前、在各种学术论坛茶歇处、在西湖夜游的茶社里、在南澳海风习习的快艇上、在茶溪谷温泉池旁……一回眸，这段师生情已是过去这二十载人生最深刻的记忆。我想入睡，因为我希望在梦中与您相见！

在那里，您擎着一盏灯，笑着对我说：“不要怕，去躬下身子探求根源，而不要只是迷恋枝叶上的花朵；不要怕，怀抱着一颗赤子之心，

* 深圳市龙岗区人民法院知识产权庭法官。刘春田教授指导的2004级法学博士。

你可能会吃点亏，但会体会到真正的美好！不要怕，你是喜欢形而上思考的，即使错了，对于后人而言，证明此路不通，也是一种贡献！

我就是这样一步一步被您引领，摇摇晃晃如小儿学步般完成了学业。但戴上博士帽那一刻，我知道，我们之间岂止师徒情谊，我们早已深深印刻在彼此的生命里。

还记得小女出生时，刘爷爷从香港专程带来的礼物；还记得您鼓励我从教，为我亲笔手书的推荐信；还记得您在教书育人三十载座谈会上，笑眯眯接过我送您的那把刻着“弟子规”的戒尺。

老师，我多希望再次聆听您的教诲，驱走内心不时的迷乱与雾障。

下午又是一桩接一桩的庭审，人却很难专注，我给徐瑞发消息说：“心里的一盏灯灭了，很沉，很痛！”

开完庭，我一个人枯坐在办公室，像是丢了魂。我知道，我得好好的，但就像当年送奶奶走时您说的那样，真的舍不得！

心里的一份信任、挂念、支柱没了！

同学们都纷纷吐槽职业的种种不如意，我是说得比较少的，一来是因为我反应稍慢，敏感度没那么高；二来是因为每次跟您讲起案件裁判时在您眼中读到的肯定与赞许。坚持不易，您在用自己的行动为我们这些徒弟晚辈们打样儿，证明人若用一辈子专注做好一件事，就能守正出奇！

成年人的世界，经历了太多的分别与远离。但是我坚信墨西哥人的那句古谚，只要这世上还有人在思念，离开的灵魂就永远都在。

老师，我想您了！那个一直慈祥微笑的样子，那个时不时轻松调侃的样子，那个永远不拘一格特立独行的样子！

在我心里，那盏灯会重新燃起，它会一直在，一直亮着，照亮世界，驱走黑暗！给我光明，给我勇敢！

恩师，您一路走好！弟子泣拜！

2023年3月29日

追忆春田兄长与我四十年难忘岁月的往事

龙翼飞*

今天是大雪时节。漫天飞舞的燕山雪花为中国人民大学海淀中关村校园带来了洁白无瑕的别样清晨。我驻足在明德法学楼二层大厅里刘春田教授的塑像前，缅怀逝去的春田兄长，回忆起他与我共同经历的往事，不禁潸然泪下。

春田兄长不幸离开我们已经一年多了！他与我师从同门，同窗学习，同室生活，同校任教，同研法理，同议立法，同坛宣法，同庭护法，在长达四十年里结下了深厚的情谊。难忘岁月，往事如昔，历历在目。春田兄长和我在长期的法学科研、教书育人、立法建言、服务国家的历程中，互相认同，互相理解，互相鼓励，相伴而行，他的不平凡形象令我铭刻在心！

追忆春田兄长与我共同的往事实在太多了，一时竟不知从何处写起。慢慢归拢来，择其中一些事儿，随笔写下，以为纪念。

一、同一经历话蹉跎

春田兄长生长在北京。1966年高中毕业后，他本该顺利参加高考，

* 中国人民大学法学院教授，博士研究生导师。

接受高等教育，但遭遇到史无前例的“文化大革命”影响，于1968年赴山西省晋北农村人民公社插队，成为一名普通知青，与当地农民朋友同甘共苦、辛勤劳动了两年。我于1976年高中毕业，在“文化大革命”的后期，赴辽宁省辽北的农村人民公社插队，作为知青大军中的一员，也经历了两年农村劳动生活的磨炼。虽然春田兄长比我早下乡插队八年，但每每与我谈及下乡插队接受再教育、塑造世界观、人生观及价值观的那些艰苦生活和蹉跎往事时，他总是饶有兴致，轻松分享彼此的苦乐感受。1978年，国家恢复高考制度，春田兄长与我都参加了高考，分别被录取为中国人民大学法律系和吉林大学法律系的本科生，开启了为期四年如饥似渴的法律求学之路。1982年6月，春田兄长与我共同参加了全国的硕士研究生招生考试，并一起被录取为中国人民大学法律系民法学专业的硕士研究生。1985年7月，春田兄长与我在硕士研究生毕业后共同留校任教，成为母校的教师，教书育人三十余载。共同的劳动、求学和从教经历，使春田兄长与我相识相知，心意相通，相互支持，共同成长。我从春田兄长的成长经历中感受到他不平凡的人格魅力，获益良多。

二、同一师门受教诲

1982年9月，我从北国春城长春回到了阔别十余年的北京，进入新中国成立后中央人民政府设立的第一所高等学府——中国人民大学，在法律系攻读硕士学位。春田兄长、甄占川同学与我一起成为新中国“民法大先生”佟柔教授指导的八二级同班且同专业的硕士研究生。在佟柔教授和中国人民大学法律系众多老师的悉心指导下，我们三人顺利完成了硕士研究生的学习任务。佟柔教授对我们三位同学的指导，包含了政治方向指引、专业基础建构、品德修养进步、科研能力培养、理论素养提升和社会服务能力锤炼等各个方面，他既要求我们具备“一览众山小”的科学研究规律观，又强调我们需具备求真务实、解决法律实务问题“点石成金”的能力，真可谓宏观开眼界、润物细无声。曾记得，佟柔教授高瞻远瞩地为我们三人选定了马克思的《资本论》原著三卷，作为我们必须刻苦研读的马克思主义经典著作，让我们终身受益。我们作为佟柔教授的亲传弟子，获得了无限的幸福感和成就感。春田兄长格外尊崇我们的导师佟柔教授，每每与我谈起导师佟柔教授为学生们的成长所付出的心血都感佩不已，怀念之情无以言表。春田兄长和我一直都由衷怀抱着对我们的导师佟柔教授和中国人民大学法律系其他老师们的感恩之情，并努力把这份珍贵情怀传递给自己的学生们。

三、同一宿舍亲兄弟

春田兄长、占川同学和我在中国人民大学校园内的东风7号楼三层的同一间宿舍里共同生活了整整三年。这间宿舍具有四个功能：第一，学生寝室；第二，学生书房；第三，学生教室；第四，学生娱乐室。春田兄长、占川同学和我在这间宿舍里生活，三人虽年龄有差异，作息规律有不同，生活习惯亦各有特点，但春田兄长待我们二人始终亲如兄弟。春田兄长每周从家中返回学校，都把老妈妈精心烹制的美味佳肴带给我们，让我们一同感受到慈祥母亲的温暖和关爱。当占川同学和我遇到生活上的困惑和挫折时，春田兄长总会耐心地开导我们，并为我们提供解决难题的建议。当我们生病时，春田兄长主动帮助我们取药、打饭，给我们亲人般的安慰。改革开放之初，法学研究资料甚少。春田兄长极善于收集法学研究文献资料，一旦发现，就把他收集的资料搬到宿舍，供我们三人研读和分享。在这间宿舍里，我们三人先后聚精会神地聆听了导师佟柔教授、赵中孚教授、郑立教授、郭寿康教授、林榕年教授、江伟教授、李景森教授、王乃荣教授、杨大文教授、刘素萍教授、章尚锦教授等老师的法学专题讲座。有幸在这间普通的学生宿舍里聆听法学大家们的深刻法学理论和精辟学术见解，汲取到了特别丰富的精神养料，我们确实获益匪浅。在这间宿舍里，我们三人曾因研讨马克思的《资本论》原著三卷中的基本理论问题以及对当代世界和中国社会发展的影响而秉烛长谈、彻夜不眠。占川同学喜好围棋，我们这间宿舍就成了研究生同学交流棋艺的小小娱乐室。春田兄长和我时常观战助威，为同学们的战绩点赞。春田兄长喜好京剧，尤为推崇“马派”。在学习空闲时，春田兄长会应同学们的请求，在这间宿舍里兴致勃勃地唱上马连良的《淮河营》或《借东风》的精彩唱段，引来班里同学们的驻足欣赏，氛围和谐友好、其乐融融。

四、同一母校育英才

春田兄长和我于1985年7月毕业留校，成为中国人民大学的教师，共同肩负起培育国家法律英才的光荣使命。我选择留在了民法教研室，从事民法学教学与理论研究工作。春田兄长根据国家法治建设和法学学科发展的需要，直面经济贸易全球化和知识产权保护的法律挑战，选择了具有创新意义的知识产权法学作为他从事法学研究、法律教学、立法活动和法律服务的新领域，并进行了长达三十八年的耕耘和创造。春田兄长在1985年就开始主讲知识产权法课程，这在新中国的法学教育中是首次在本科生教学方案中设立知识产权法课程。1986年，春田兄长经过不懈努力，在中国人民大学首先设立了新中国首个知识产权第二学士学位培养体系，并于1987年由法律系招收了全国首批知识产权专业第二学士学位学生。春田兄长高度重视中国知识产权法律知识体系的建构，不仅出色完成了教育部下达的知识产权法教材建设任务，还主动承担了国家知识产权局、商标局、版权局等机构赋予的知识产权法律制度建设的重大科研课题，填补了中国知识产权法学理论的空白。2000年，春田兄长担任中国人民大学知识产权教学与研究中心首任主任。2009年11月，春田兄长组建成立了中国人民大学知识产权学院并担任首任院长。在教育部和世界知识产权组织的支持下，中国人民大学知识产权教学与研究中心和中国人民大学知识产权学院的师生们筚路蓝缕，踏实创业，教学水平和科研能力取得了长足进展，为推动国家知识产权法治建设、培育精英法律人才作出了不可磨灭的贡献。春田兄长率领下的中国人民大学知识产权教学与研究中心和中国人民大学知识产权学院所悉心培养的大批优秀毕业生，在走上工作岗位之后，已经陆续成为我国知识产权法学教育、知识产权保护行政管理、知识产权司法审判和知识产权法律服务领域的骨干力量。1996年教育部组建“高等学校法学类专业教学指导委员会”。我们法学院尊敬的老院长曾宪义教授担任首任主任委员，春田兄长、王利明教授等国内许多资深法学专家受聘担任委员，我担任该教学指导委员会秘书长。在该教学指导委员会工作期间，我经常就如何培养德才兼备法律人才的国家法学教育发展战略、法学学科建设、师资队伍培育、教材体系建设、理论基础奠定和实践教学模式的具体措施等问题，同春田兄长促膝长谈，彼此启发，形成许多共识。春田兄长提出了许多发展中国高等学校法学教育的建设性意见，并被教育部采纳。春田兄长在教书育人的岗位上成就斐然，仅举以下几例：2002年，他因教育工作成就显著，获得国务院颁发的政府特殊津贴；2010年，他被国家知识产权局、国家工商管理总局、新闻出版总署评为全国知识产权最具影响力人物；2013年被教育部授予“教育改革创新优秀教师奖”；2014年，被英国《知识产权管理》杂志评选为“全球50位最具影响力知识产权人物”；2018年，被美国商会评选为“知识产权教育杰出成就奖”；2020年，被中国版权协会评选为“中国版权事业终生成就者”。春田兄长把教师的工作做到了如此高尚的境界，足以让我们努力学习和效仿。

五、同一讲坛弘法治

1998年以来，全国人民代表大会常务委员会每年都举办专题法制讲座，邀请法学专家为全国人民代表大会及其常务委员会的立法活动建言献策，阐述法理思想，提供立法依据和具体立法建议，这已经形成一定规模。这一讲座又被誉为“共和国最高讲坛”。中国人民大学法学院的多位教授凭借自己在法律专业领域中的研究成就，应邀担任相关法律讲座的主讲人。2000年8月25日，我受全国人大常委会邀请，作为第九届全国人大常委会第十六次法制讲座主讲人，讲座的主题是”完善我国社会保障法律制度“。2007年10月24日，春田兄长受邀在第十届全国人大常委会第三十次会议上，作了“与贸易有关的知识产权协定及其修改的有关法律问题”专题法律讲座。春田兄长和我作为中国人民大学的教师，从法律专家的角度，在同一“共和国最高讲坛”上为国家的法治建设特别是科学立法活动提供立法依据和立法建议。事前，我们对讲座的具体环节和观点进行过仔细的交流；事后，我们又对讲座所产生的立法效果进行了客观总结。

六、同一法庭护人权

春田兄长和我作为法律人都深信：良法贵在公正实施，人权需要司法保障。1986年颁布实施的《中华人民共和国民法通则》第一百零一条规定了“公民、法人享有名誉权，公民的人格尊严受法律保护，禁止用侮辱、诽谤等方式损害公民、法人的名誉。”这条规定，在新中国的法律制度史上首次宣示了国家保护公民和法人的名誉权，成为我国《宪法》确立的保护公民基本人权原则的具体化法律规则。但是，这项保护名誉权制度的法律条文，其内容相对比较原则，需要通过具体的司法审判活动为该制度的精准实施提供充分体现司法公平正义的裁判措施，以切实保障公民的名誉权不受侵害并及时得到相应的法律救济，让法律规定所蕴含的立法宗旨在司法审判活动中切实落地。1988年夏天，春田兄长和我曾经共同为河北省秦皇岛市一位普通女工王某英的名誉权遭受某文章作者和刊发该文的三家杂志社侵害一案，担任王某英的诉讼代理人，出席河北省石家庄市中级人民法院审理此案的公开审理活动。这次审判活动，受到了最高人民法院、河北省高级人民法院和石家庄市中级人民法院的高度重视。在法庭上，春田兄长和我为王某英仗义执言，摆事实、析法理、证责任，发表了长达万言的代理词。该案最终的审判结果，是判令被告共同承担停止侵害、公开赔礼道歉、消除影响、恢复名誉并赔偿王某英损失的民事责任。该案例被刊载在1990年发布的《中华人民共和国最高人民法院公报》上，并被中国人民大学出版的民事法律经典案例专辑收录。后来，春田兄长和我又多次出席了最高人民法院主持召开的若干保护民事主体合法权益司法解释的研讨会，为统一司法裁判尺度和切实维护司法公平正义建言献策。努力让人民群众在每一个司法案件中感受到公平正义，是我们党和国家对司法活动的最高要求。春田兄长和我长期参加司法实践，为人民群众在司法案件中能够感受到公平正义，发挥了我们应有的作用。

时光荏苒，日月如梭，春田兄长虽然已经故去，但他永远活在我的心中。衷心期望春田兄长在天之灵化作星辰，照亮我们不断前行的道路。

2024年12月6日于中国人民大学明德法学楼

高山仰止 景行行止

——怀念我的导师刘春田先生

卢　岩*

最后一次见到刘老师是在2020年12月17日，彼时，新修订的著作权法在不久前通过，刘老师受邀到某部讲座，我因为工作原因被单位安排前去听讲。他还是一如既往，没有任何讲稿，一瓶水，一个话筒就开讲。其间，他随机点名了前排领导进行提问，搞得大家都很紧张，我在台下暗笑——果然，还是那个熟悉的导师。讲座结束后，我前去打招呼，人群簇拥中，他一眼认出了我。寒暄过后，我说有时间再去专门拜访他，没想到那竟是最后一面。刘老师桃李满天下，作为他众多学生中的一员，仅回忆点滴小事二三，来表达对刘老师的怀念。

2015年秋，我很荣幸地成为刘老师指导的最后两届法学硕士生中的一员。第一次见到他是在新生见面会上，他精神抖擞，高大挺拔，思维活跃，风趣幽默，完全看不出是一位已年近70岁的老人。会后我和另一位同门特地前往他的办公室拜访。自我介绍后，刘老师直接抛出一个问题："你们都怎么看待体育赛事直播中的著作权问题啊？"作为跨专业

* 中国歌剧舞剧院法务。刘春田教授指导的2015级法学硕士。

的理工生，当时的我对知识产权法一窍不通。刘老师看出我的局促，随即补充道："你就围绕不同的导播对比赛画面的选取谈谈。"答毕，老师鼓励道："你逻辑挺好的，措辞也简练，挺适合学知识产权法的"。就这样在老师的循循善诱下，我开始走进知识产权的大门。

2016年冬，我在深圳最高人民法院第一巡回法庭实习，恰逢论文开题之际彼时，刘老师刚好在深圳参加学术会议，我短信联系他，他立马从会议中出来，告诉我有一个跟我论文选题相关的研讨会，让我去听听，并提前把材料发给我，叮嘱我认真思考，好好写，有问题随时交流。事实上，在整个论文的写作中，从选题、初稿、盲审、答辩到定稿，老师一直给予我无限的帮助与指导，每当我因论文某一争议点困惑不已时，他都会引导我回归最基础的理论，从逻辑的起点出发论证；每当我焦虑不自信时，他都会给予我及时的肯定和鼓励。法学院六楼的咖啡屋见证了老师每次跟我见面指导时"密密麻麻的笔记"，遗憾的是老师的这些手稿都因为当时"只道是寻常"而丢失了。

2018年春，在一次交流论文的邮件中，老师写了篇毕业寄语给我。（在这里与大家共享）在邮件中他说自己要讲几句"多余的话"，他告诉我要多读书，读经典，无论理工农医文史哲，并且告诉我任何时候读书都不晚，还叮嘱我要牢记"精神骨骼"中的"1"，实事求是地为人、做事，要去追求任何外在美都无可比拟的内在美，要去"享受"人类科学、人文、技术巨变进步的好时代。

2018年夏，毕业前夕，我很迷茫。在六楼咖啡屋，刘老师跟我分享了他自己在动荡年代里的生存之道，并鼓励我勇敢面对生活的挑战，不妨边走边瞧。如今回忆起来，其实人生的大道理，老师早已在日常的点滴中，以及在给我的邮件里，表达得清清楚楚。

记得刘老师对"师者"这一称谓要求很高，而他本人则用一生践行着这个称号，传道授业，不分贵贱。我会永远记得老师在往来信件及日常对话中所给予我的尊重、平等、关怀与鼓励，也会记得他在面对自己不熟悉领域时谦逊的姿态。老师是当之无愧的大先生，高山景行，师之，何其有幸。

2024年3月3日

附：刘老师的毕业寄语

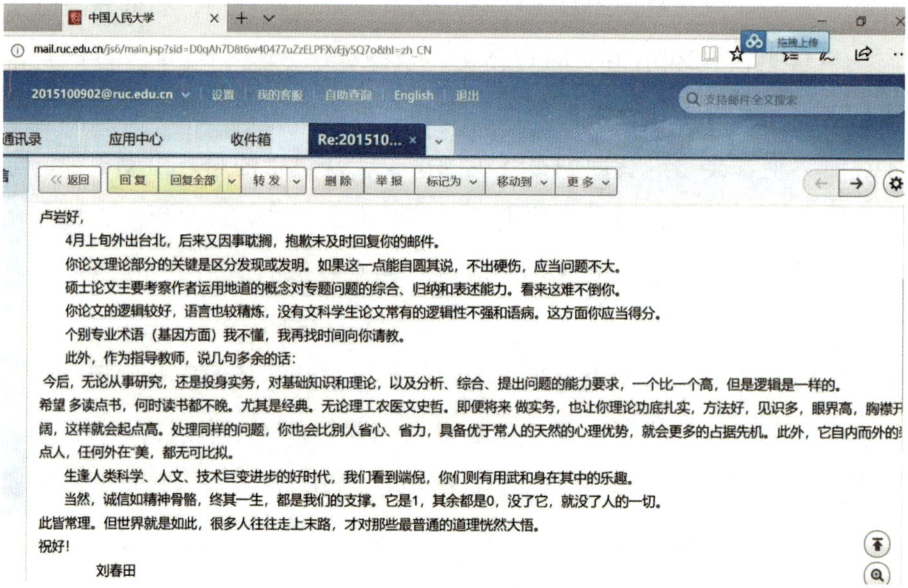

卢岩好，

4月上旬外出台北，后来又因事耽搁，抱歉未及时回复你的邮件。

你论文理论部分的关键是区分发现或发明。如果这一点能自圆其说，不出硬伤，应当问题不大。

硕士论文主要考察作者运用地道的概念对专题问题的综合、归纳和表述能力。看来这难不倒你。

你论文的逻辑较好，语言也较精炼，没有文科学生论文常有的逻辑性不强和语病。这方面你应当得分。

个别专业术语（基因方面）我不懂，我再找时间向你请教。

此外，作为指导教师，说几句多余的话：

今后，无论从事研究，还是投身实务，对基础知识和理论，以及分析、综合、提出问题的能力要求，一个比一个高，但是逻辑是一样的。

希望 多读点书，何时读书都不晚。尤其是经典。无论理工农医文史哲。即便将来 做实务，也让你理论功底扎实，方法好，见识多，眼界高，胸襟开

阔，这样就会起点高。处理同样的问题，你也会比别人省心、省力，具备优于常人的天然的心理优势，就会更多的占据先机。此外，它自内而外的

点人，任何外在"美，都无可比拟。

生逢人类科学、人文、技术巨变进步的好时代，我们看到端倪，你们则有用武和身在其中的乐趣。

当然，诚信如精神骨骼，终其一生，都是我们的支撑。它是1，其余都是0，没了它，就没了人的一切。

此皆常理。但世界就是如此，很多人往往走上末路，才对那些最普通的道理恍然大悟。

祝好！

刘春田

永恒的灯塔

——缅怀恩师刘春田先生

路晓芳*

惊闻恩师离去，我久久不愿相信……刘老师一向精神矍铄，精力旺盛，尽管已年逾古稀却无半点老年人的疲惫感，经常出席各类中外交流活动，也乐于为我们这些学生“传道、授业、解惑”。半个月前，我还电话向老师请教问题，老师中气十足，耐心解答许久。因此我一直心存侥幸，总觉得大洋彼岸那么遥远，这很可能就是个乌龙，直到在老师家里设了灵堂，我还私下里想会不会突然说消息有误。直到母校官方开了追思会，我的幻想彻底破灭了，我痛彻心扉，恩师真的离我们而去了……

刘老师的离去，是我国知识产权界的巨大损失，也是我们学生的巨大损失。他不仅是我们学业上的导师，更是我们人生道路上的引路人。刘老师对我影响最大的，一是如何做人，二是如何治学。这也契合了刘老师的师训“人品贵重，学业精进”，说明做人和治学都是刘老师极为看重的。这八个字，不是一句简单的口号，而是他一生践行的信条，同

* 北京市人民检察院检察官。刘春田教授指导的2007级法学硕士。

时也成了我做人和治学的准则。

在学校时，刘老师常和我们说，走向社会后，要说真话，如果不能说真话，可以保持沉默，不要为了逢迎去说假话、谎话、违心的话，尤其是不要伤害别人。在这个充满诱惑和挑战的社会中，能够坚持这样的原则，需要极大的勇气和坚定的信念。刘老师就是这样的人，他发表学术观点，不唯上、不唯书、只唯实。在学术界，刘老师以其高尚的品格和严谨的学术态度，赢得了广泛的尊重。他的大师风范，他的人格魅力，如同春风化雨，潜移默化地影响着我们，让我们明白，做人的品格比任何成就都重要。

刘老师孜孜不倦，对基础理论问题有着很深的研究，他教会了我们严谨和创新的重要性。刘老师坚决反对制造学术垃圾，常对我们说，要独立思考，不要人云亦云，言之无物的文章不要强写。他经常鼓励我们要多读读文史哲的书，不要局限于知识产权这一专业领域，他说思考问题要看清本质，注重体系，不要陷入技术和手段之中。刘老师广阔的视野、贵重的品格、严谨的治学以及孜孜不倦的追求，都展现了其大师风采，给我们留下了宝贵的精神财富。

刘老师是个真性情的人，对我们每个学生都是真心相待。每每让我很感动的是，尽管老师是学界泰斗，社会活动很多很忙，而我只是他众多学生里一个小小的硕士生，但是他对我的每个微小请求都放在心上。我毕业后在检察院工作，有时会邀请老师参加研讨会或者咨询问题，老师不管多忙，都是欣然应允，和我分享他治学的心得，并告诉我检察工作大有可为，督促我要勤于思考，用心工作，力争有所作为。

刘老师的只言片语常常带给我很多思考和启发。比如，在谈及商标和字号的冲突问题时，刘老师说，市场经济本质上是妥协经济、共存经济、和谐经济，民商事法律的基本精神是维护市场秩序、鼓励交易。按照我国现行法律，注册商标和企业字号的冲突是制度设计欠缺体系化思维造成的。即便如此，一些商标和字号的权利人仍可以相安无事、各自发展。这让我学会了不片面、不偏颇、不非黑即白，秉持全面、系统、共存、包容和共赢的思维方式，从有利于市场经济发展的角度思考问题。

传承是最好的告慰，弘扬是最深的缅怀。恩师虽已离去，但他的精神和教诲，如同永恒的灯塔，始终照亮着我前行的道路。今后我唯有牢记师训，不断努力，为知识产权事业的发展贡献自己的力量，同时也将老师的智慧和温暖传递给更多的人。

2024年春季

追忆恩师刘春田

罗明东*

去年今日，恩师刘春田教授在洛杉矶仙逝。时隔一年，尽管内心已然接受了这一事实，但情感上仍不能释怀。有些情感，一旦付诸文字，似乎就会显得浅薄。进入高校工作已有六年，这六年我深刻认识到自己并不擅长文字。因此，用文字记录我与恩师的点滴，用文字表述对恩师的尊敬、感激和惋惜，我一直很慎重。但时值恩师仙逝一周年，心底的思绪不断上涌，仅以几段粗鄙的文字，略表对恩师的纪念。

赤脚攀峰，忝列刘门

与恩师相遇是在2010年西南政法大学知识产权学院成立的学术活动上，硕导带着大师兄和2009级一众研究生前往参会见世面。尽管在硕士时期我已经开始研习知识产权法学，但是彼时研习功夫过浅，对学界也知之甚少，更从未奢望过能与主席台上的知产大家结缘。在开幕式结束后，便进入分论坛环节，我们几位同学便在各分论坛仰望前辈们的风采。恩师所在分论坛结束时，知道我有意考博的师兄从该论坛会场奔

---

* 西南大学法学院助理教授。刘春田教授指导的2012级法学博士。

到我所在的会场，一把把我拽了出去，直奔向酒店电梯，边跑边给我交代："刘老师要离开会场了，抓住这个机会跟刘老师见上一面！"当我们奔到电梯时，刘老师已经在李雨峰老师的陪同下进了电梯，万幸我们在电梯门关上前赶上。师兄匆匆做了几句自我介绍，然后向老师介绍了我，并表达了我想考中国人民大学博士的愿望。庆幸的是，刘老师并没有拒绝我们这两位陌生又冒失的学生，反而很开心地不断说着"欢迎"。与刘老师的第一面就是如此匆忙，前后不足一分钟时间，恩师让我事后找李雨峰老师要他的邮箱。我很快给刘老师写了一封邮件，做了简单的介绍和汇报，表达了读博的愿望。事实证明恩师并非客套，也无"门户之见"，次日便回复"欢迎报考，水平面前，人人平等。"

春风化雨，大爱无痕

我在课堂上听刘老师讲课并不多，但是，但凡刘老师上课，各学历层次、各年级的学生都会蜂拥而至。刘老师的语言表达、讲话节奏、内容的展开，无不让人沉浸其中、如沐春风。刘老师平时出差多，因此更注意抓住一切的空隙时间指导学生，刘老师对我们的教导，功在平时。"对知识产权行政保护的评价"是我博士复试考核时的题目，尽管当时思考也不深入，但心中一直对知识产权私权属性有所认识，吞吞呜呜，在郭禾老师的点拨下我才明确了观点。在确定博士论文选题时，刘老师正致力于知识产权历史的问题的研究，于是同门均选择了知识产权制度史作为研究方向。在博士论文预答辩中，因功夫不足，我"洋洋洒洒"23万字的著作权制度史论文初稿，并未写出任何新意。但其中关于"著作权行政保护的演进与反思"一章引起了老师的注意，老师随即建议我更换题目，专注于研究知识产权行政措施。尤记得刘老师语重心长地说："可以说，你是幸运的，这样的文章在其他任何学校，都不可能让你写。但是，我们支持你写，你不要有负担，该怎么样就怎么样！"就像命中注定一般，一切又回到了原点。我开始自己研究，解答复试时没有完成的答卷。在写作过程中，请老师指导提纲，老师提完意见，直接开始口述：“开头你可以这样写：自第二次世界大战结束以来……”我奋笔疾书，用自己才能辨认的字迹几乎一字不漏地记录了下来，这段话便成了我论文的导语，一篇高屋建瓴、叙事宏大的宣言。由于写作话题特殊，我不免一直担心外审的结果。但写作过程总体是痛快的，甚至还透露出些许戾气。临近毕业，刘老师专门关心了我的工作去向。刘老师的态度是指导、尊重和帮助。尽管他有意劝我留京发展，但也尊重我的选择，在需要帮助的时候，帮我联系学校，支持我返渝工作，并专程来校进行讲座和交流。

人品贵重、学业精进

刘老师为学谦逊、诚实。记得刘老师第一次在办公室见我，我还是一个二十四五岁、对学术一无所知的学生，刘老师很谦虚地说：“我们人大的特点，也可以说是我们的劣势，就是重基础理论。”与其他影响力相当的学者相比，刘老师的著述或许并不算丰硕，但他对知识产权基础理论的思考，如知识产权形式财产权说、对象与客体区分说、知识产权是21世纪第一财产权等观点，却个个扎实。刘老师文力深厚，尤善用比喻，擅长用直白的语言写清楚深邃的道理，可读性极强。有幸曾跟随李琛老师的课堂，一起细细品读过刘老师的文章，受益匪浅。刘老师的研究向下扎根，而视野则面向全球，而最终也长眠在了推动中外知识产权交流，发出中国知识产权声音的路上。

人大知产独具一格，我在人大知产的时光也是快乐而充实的。人大知产的所有老师实际上也是我的导师。我经常在明德楼10楼，见哪位老师在便直接找哪位老师指导，老师们都把我当自己学生。刘老师曾经说过，人大知产是导师组，我们被分到某位老师名下，唯一的意义也在于一些表格、文件需要签字的时候，我们知道该找谁而已。在刘老师的影响下，人大知产老师之间、同门之间、老师与学生之间的关系是和谐的、温馨的。

刘老师对我们的要求是“人品贵重、学业精进”。刘老师也用自己的一生践行了这一信条。刘老师在关键时刻对老师和学生的帮助，动荡时期的风骨以及为人的刚正常被人们津津乐道。刘老师也经常谈起佟柔老师、郭寿康老师，对老师们的老实、厚道赞不绝口。刘老师还常常用自己的经历来教导我们，尽管在老师幽默的口吻下，过去残酷的斗争听起来像是故事，但其中蕴含的巨大能量无时不在感染着我。老师是幽默的，更是智慧的。刘老师曾专门召集我们在校的几位同学，在西门天使食府边吃边聊，畅谈了近5个小时，讲述自己在不同年代的坚持，悉心教导我们该如何为正义呼喊，又该如何保全自身。至今记得那天的刘老师，话语低沉，仿佛心底一直在叹息。

直到恩师仙逝，我已迈上工作岗位五年有余。尽管在恩师外出开会时我曾偶尔看望过恩师，但出于各种原因、借口，出于只言片语未立的羞愧，更出于来日方长的期待，我竟一直没有专程回京拜望。突闻恩师仙逝时，我内心的悲伤与失落如飓风卷起的落叶，飘零无依。当刘姐告诉我不论成就大小，恩师一直都乐于收到我们的消息、听到我们的声音时，我方才顿悟，自己所认识的恩师，看重的又怎么会是我们的那些浮世虚名呢！实在不孝之至、羞愧难当。

恩师千古！

2024年3月25日周年祭

回忆刘老师

罗　水*

我是1999年进入人大法学院读研究生的，指定的导师是刘老师。刘老师当时已经是知名的知识产权法专家，能进入老师门下是我的幸运。不过，第一次和老师见面，老师就给了我一个当头棒喝。因为我本科不是学法律的，老师说我能上研究生是考试制度的悲哀。虽然第一次见面让我感觉老师非常严厉，有点不近人情，但后来我明白老师这么直言不讳，第一是老师的个性使然，老师就是这么直率、真实；第二其实是一针见血指出了我知识结构的问题，需要在研究生阶段恶补法律基础知识。可惜我当时没有领会老师的意思，三年研究生阶段浑浑噩噩就过完了，没有主动和老师有太多来往。幸运的是，毕业时在老师的指点下我顺利通过答辩，并且在和老师的交流中发现老师其实还是很和蔼可亲的。

毕业后，我们同门的联系和聚会相对较多，我也尽量参加了几次，每次都有收获，也对老师有了进一步接触和了解。当然，少不了聆听老

* 加拿大LLPC律师事务所首席律师。刘春田教授指导的1999级研究生。

师的京剧演绎和对传统文化的解读。现在想起来，倍感珍惜。我们同门之所以能够经常团聚，互相帮助，和老师的人格魅力及凝聚力是分不开的。通过同门聚会，我认识了更多的同门师兄妹，在工作和学习上都受益不少。可惜后来忙于工作和家庭，加上移民出国，我和老师以及同门的联系基本上就很少了。

这次，突然在同门微信群里看到老师离去的消息，我感到非常突然。虽然长期没有联系，但刘老师是我这辈子唯一的一位导师，这种缘分是多少年修来的福分。正如离家的游子在心中始终有一个家的位置一样，我的心中也始终有一个导师的位置，总觉得哪天还会相聚。我此前失去过母亲，这次失去恩师，同样是切肤之痛。自此，心中又多了一个空空的思念，以及深深的遗憾——未能及时向您表达我的谢意和敬意。

老师，愿您一路走好！学生永远怀念您！

2023年4月9日

深切怀念恩师刘春田先生

罗正红*

一

3月27日下午3点，我在上海出差，突然得知恩师离开了我们。一时间，如五雷轰顶，我几乎瘫倒在地，瞬间泪目，不敢相信这是真的。

第二天，中国人民大学法学院发布讣告：我国杰出的法学家、法学教育家，中国知识产权法学学科的奠基人、中国知识产权法学教育的开拓者，知识产权法学中外交流的积极推动者、中国人民大学知识产权学院院长刘春田教授在赴美参加学术活动期间突发疾病，于北京时间2023年3月25日在美国洛杉矶去世，享年75岁。

每当想起与恩师相处的种种，泪水就禁不住模糊了双眼。

二

初见恩师，是在30多年前。1989年，我从安徽师范大学外语系毕业后，被中国人民大学知识产权专业第二学士学位班录取。在那年9月的

---

* 北京罗杰律师事务所主任合伙人。中国人民大学1989级知识产权第二学士学位生。刘春田教授指导的2002级法学博士。

迎新会上，我首次见到了时任法律系副主任的恩师。他向我们介绍了人大法律系知识产权第二学士学位项目的来历。他说这个项目是世界知识产权组织资助的，本来准备设置在北京大学，因为人民大学法律系有大名鼎鼎的郭寿康教授，所以最终决定把这个专业设在人民大学。他鼓励我们说，知识产权法专业大有可为，你们是第三届学生，都是幸运儿，全班20多人是从500多名考生中杀出重围的……我内心对未来的憧憬瞬间被点燃。

1998年，我已经在国内律师事务所做全职律师。为争取国家留学基金委公派留学的机会，我找到恩师以及当年教我们宪法学的董成美教授，请他们帮忙写推荐信。令我感动的是，两位老师均欣然同意。这也是我和恩师第一次真正意义上的私下交往。在两位老师的大力推荐下，我成功获批公费留学。

1999年，我又获得由司法部选派、英国政府资助的中国青年律师培训项目的公派机会，赴英国深造一年。由此，我在同一学年内完成了三个事项：中国青年律师培训项目、国家留学基金委公派留学项目、伦敦大学国王学院知识产权专业法学硕士学位课程，圆了自己长久以来的留学梦。这次留学，对我后来的涉外律师职业生涯产生了非常深远的影响。

现在回过头来看，我人生的几个关键转折点，都和恩师有关。当年被人民大学知识产权法专业录取，与知识产权结缘，这彻底改变了我的人生轨迹。而人大知识产权法专业创建时的学科组召集人，正是恩师。我出国留学，恩师有玉成之恩。2002年考取恩师的法学博士更是开启了我向学者型律师转变的新阶段。

2000年9月，从伦敦大学国王学院毕业后，我加入了美国贝克麦坚时律师事务所，并被派到该所香港办公室工作。没想到，却因此有了更多与恩师深入交往的机会。当时香港办公室知识产权合伙人美国著名大律师谢西哲（Joseph Simone）和恩师是老朋友。2001年的夏天，恩师到香港讲学，被谢西哲邀请到家中做客，我负责陪同。自那以后，我们见面的机会多了起来。

2002年9月，我正式考入恩师门下，攻读法学博士研究生。

那段时间，我的律师事业正处于上升期，在业内也渐渐有了点名气。不可否认，出自名校和师从名师的光环，给我的工作带来了不少的便利，我也越来越自信，渐渐有了“与外国品牌所有人或律师谈中国知识产权维权事宜，我就是专家”的底气。对我而言，这些自信是我向业内顶尖律师看齐，参加高级别国际知识产权研讨会，以及服务世界500强企业客户时，所不可或缺的。

三

有幸成为恩师的入门弟子后，我们的交流就更多了。由于我国法律教学中理论和实务长期脱节，恩师一直有意识地和实务界保持着密切的互动，也鼓励我把律师经验传授给学生。为此，我时常为人民大学法学院、北京大学法学院、清华大学法学院和香港浸会等大学的学生讲授中国知识产权司法保护的律师实务。

2000年，中国外商投资企业协会优质品牌保护委员会成立，目的是促进中国知识产权行政执法与司法保护工作的持续进步。后来“品保委”逐步发展壮大，有近200家国际跨国公司会员。在贝克麦坚时的安排下，我深度参与到了“品保委法律工作委员会”（以下简称“品保委”）的相关工作中。恩师是对中国知识产权立法、司法最具影响力的法学家之一，因此，“品保委”确定的不少与知识产权保护相关的研讨项目都是和人民大学知识产权研究中心合作推进的。

作为“品保委”法律工作委员会副主席和“品保委”副主席，我曾多次在各类大会上发言。其间，我还代理了一些社会影响力较大的案子。比如，代理了一些世界著名品牌发起的诉讼，首次要求市场管理单位与售假摊位共同承担侵犯商标权的连带民事责任。该案被最高人民法院评选为

2006年全国十大知识产权诉讼案件之一，并引起了媒体的广泛关注。

2008年8月，我成为了英国鸿鹄律师事务所（Bird & Bird）的权益合伙人，这是该所成立100多年以来首位中国律师被选为权益合伙人。

我在知识产权律师实务方面所做的努力和取得的成绩，恩师都看在眼里。

也正是因为这些工作和生活中的点点滴滴，加深了恩师对我的认识，并从恩师那里获得了更多的认可。攻读博士期间，恩师曾拿着我的博士论文对我说：“正红啊，你如果做学者，也是可以做出来的。”在一次同门聚会上，恩师也曾拍着我说，“这个徒弟招对了”。

这种认可，对我而言，是一种特别暖心的存在，也让我和恩师走得更近了。

四

长期以来，恩师都是“知识产权中外交流的积极推动者”。关系近了以后，他到国外交流访问常会邀我同行。

我陪同恩师访问过多所国外大学，并参加过海外知识产权研讨会。2012年，美国加州伯克利法学院举办“中国著作权法修法及反盗版执法研讨会”，恩师邀请我加入访问团，我在会上用英文作了演讲。2013年，我陪同恩师等学者参加了由美国商会在华盛顿举办的“中国知识产权保护研讨会”，并在会上用英文发表有关中国知识产权司法保护新进展的演讲，获得美国同行的称赞。2016年，我又陪同恩师等专家到英国伦敦大学玛丽皇后学院访问，恰巧该校商法研究中心主任Spyros Maniatis教授是我当年留学英国时的老师。

推动中外交流，恩师一直都怀着强烈的使命感。随同他一起出国交流，我们自始至终都在展示中国过去三十多年以来为推动知识产权保护所做出的努力和取得的成绩。

恩师是在搭建中外交流的桥梁，而我是其中的一块砖。陪同恩师出访，是我人生中一段非常美好的回忆。在朝夕相处中，我近距离地感受到了中国一流学者在国际舞台上真正的大家风范。对此，我始终心存感激。这些年我更是有幸能通过恩师担任理事长的“北京阳光知识产权与法律发展基金会”这个平台，为知识产权的公益事业做出特别的贡献。

五

转眼间，我成为恩师的博士已经二十年有余。由于种种契机，我也成为与他走得比较近的弟子之一。恩师曾希望我在取得丰富律师经验以后能到法院做知识产权法官，判出一些典型案例。可惜，由于各方面原因，我今生难圆法官梦，只好通过担任世界知识产权组织仲裁员和中欧仲裁中心仲裁员的身份实现“裁判”梦。

这些年，我一直劝恩师放慢脚步，工作不要太累了。去年，恩师做了次手术，瘦了十几斤，让人非常心疼。

每到年底，我们这些“刘师弟子”都会和恩师一起吃个饭，聚一聚。去年因为疫情严重，没能聚成。临近年关时，我还特意请求恩师多加注意，保重身体。

今年防疫全面放开后，原本打算近日约恩师一起吃饭，汇报一下工作进展，没想到……

去年，恩师还在叮嘱我这个五十多岁的弟子，要多看书，把理论吃透，他还笑着说，“正红你起码还能再工作二十年”。恩师还称赞我为有品格的人。师妹劭君告诉我，在提及我的时候，恩师总是得意地说：“正红啊，就是又正又红。”恩师说这些话时的语气、神态，宛在眼前，不承想，恩师却溘然长逝，走得如此匆忙，如此突然。

数十年来，恩师为中国知识产权事业创新理论、为国育才，孜孜不倦，直至生命的最后一刻还在为中国知识产权事业积极奔走，真正做到了“鞠躬尽瘁、死而后已。”

四月的北京，因为沙尘，天灰蒙蒙的。那个在中国知识产权事业“希望的田野上”播洒春雨的先生走了，永远离开了我们。

这半个多月里，我的脑海中不时浮现出恩师挺拔的身姿、爽朗的笑容。有时，我会突然陷入恍惚，静静地望着某个方向出神，似乎恩师会突然从那个方向走来，仿佛他并没有走远。是的，恩师的精神永在！

恩师千古！永远怀念恩师！

2023年4月19日

教授与京剧

马秀山*

惊悉中国人民大学知识产权学院院长刘春田教授在访美学术交流时突发疾病病逝。近日，刘老师的弟子们撰文纪念，特别提起其喜爱京剧，切身感受。

刘教授兼任中国知识产权研究会副理事长时，我每次与其联系，手机短信都附京剧名段“留言”。刘老师说，你挺喜欢京剧的啊。2004年初冬，杨正午理事长带队赴温州调研企业知识产权工作，刘教授与清华大学王兵教授同行。在返程路上，刘老师与杨理事长谈了一路的京剧，我在旁边深受“教育”，极大地丰富了我的京剧知识。

我曾与刘教授一同观赏京剧《游龙戏凤》，刘老师称此戏中正德皇帝的微服私访也算“调研”。每当杨理事长来研究会的早晨，我都放京剧唱片，杨理事长循着声音来到我的房间问，这是于魁智的《捉放曹》吗？刘春田教授闻言，立刻哼唱起该段的第一句：“听他言”……春田教授还曾回忆起陪同母亲在长安大戏院雅座看戏时偶与著名京剧演员张学津同座的情景，其母非常高兴。

---

* 中国知识产权研究会原副秘书长。

2011年8月，我到中国人民大学知识产权学院参会，刘院长在会后于校园内餐厅请饭，但这却是“附条件的民事行为”：吃我的饭，得唱戏。我“被逼无奈”只好唱了“卧龙岗”（《空城计》诸葛亮：我本是卧龙岗散淡的人），同桌的中国版权协会秘书长张秀平唱了“大雪飘”（《野猪林》林冲唱段），非常经典。刘教授兼任中华商标协会副理事长，专利商标版权都有“戏”。

就于魁智与李胜素应邀到国家知识产权局演唱一事，刘教授对我说，领导，以后有这样的好事也请我们参加——“领导”是刘教授对我的工作称谓。

京外梅派大青衣在京城不乏粉丝，还受到高级知识分子“拥戴”，刘春田教授介绍道，其进京演出结束后，中国政法大学民法大家张俊浩教授安排夜宵招待，并请刘教授春田院长作陪。

刘教授所喜欢的马派名剧名段《淮河营》①，被北京京剧院马派传人朱强称为“世界名曲”，每当朱强演唱这段脍炙人口的“西皮流水”时，整个长安大戏院就变成“卡拉OK”大合唱的现场。

在纪念马连良诞辰115周年京剧演唱会上，马连良的女儿马小曼压轴演出，京胡名家燕守平“妇唱夫随”。马小曼说，父亲去世50年了，大家还记得他，这是对他最大的褒奖。今晚众多老生名家出演，我学青衣的，不敢班门弄斧，就反串一段父亲的《淮河营》吧……

2023年4月2日

① 相关链接：[西皮导板]淮南王他把令传下，分作三班去见他。分明是先把虎威诈，不由得吾等笑哈哈。[西皮流水]此时间不可闹笑话，胡言乱语怎瞒咱？在长安是你夸大话，为什么事到如今耍奸滑？左手拉住了李左车，右手再把栾布拉。三人同把那鬼门关上爬，[西皮摇板]生死二字且由他。

缅怀刘春田老师小记

马云鹏*

我国杰出法学家、法学教育家，中国知识产权法学学科的奠基人，中国知识产权法学教育的开拓者刘春田教授在赴美参加"中美知识产权学者对话"等系列学术活动期间突发疾病，抢救无效，于北京时间2023年3月25日在美国洛杉矶去世，享年75岁。

惊闻刘春田老师溘然长逝的噩耗，作为在知产界工作十余年，虽尚未取得太多成绩，但也算有思、有感、有想、有所小成，曾被老师亲切地评价为“处于生命、职业、专业三位一体运动的高峰”的业内人士，我既为自己热爱的知产领域陨落了一位最权威的领路人和带头人而错愕扼腕，也对失去了一位曾在学术和职业道路上给予过自己温暖关怀和有力勉励的师长而深感悲痛。

初识老师，是在2012年冬天举办的一次知识产权论坛上。刚踏入知产领域的我还习惯性地以学生的身份缩在会场后排，第一次有机会领略到老师登台前在后排低调谦逊地踱步准备和登台后的从容大气，自此，

* 最高人民法院第一巡回法庭综合办公室主任。

尊崇和敬意之情油然而生。之后，借着学习和工作的机会，我有幸不断在各类场合与老师相识相谈，这不仅加深了我对各类业务问题的理解，更让我从老师辨法析理和纵横捭阖的言谈中感受到并学习到了他卓越的学术水准和超然的治学风貌。每次近距离的接触，我总会感触良多，收获颇丰。

2021年，拙作《专利权利要求解释规则》即将付梓之际，我鼓起勇气请老师赠序。本以为老师事务繁忙，无暇应允，没想到老师不仅完整认真地阅读了书稿初稿，更是从本书选题出发，高屋建瓴地对知识产权基本制度，如保护对象、权利客体等方面进行了鞭辟入里的阐释与剖析。更让我铭记于心的是老师对作品的肯定和对我的鼓励，既让我感受到了前辈对于后辈提携有加的拳拳心意，也让我看到了为人师者对于后辈寄予的深切期望。

刘春田老师在拙作序言中提到：“学术著作反映笔者的人格和价值取向，也反映人的生命价值……持续的吐故纳新，更新配置，创造新知识，并让这种模式处于运动中，是生命力量的真谛。因此，生命运动归根结底是不断地让思想冲破牢笼，让精神独立，让心灵解放，创造身心健康的人的过程。”我深以为然，也会以此为动力，鞭策自己立足实践、潜心业务，珍惜时代赋予的平台和契机，以更为深入和厚重的方式来表达心灵、思索和意识，继续努力传承、发扬和光大先辈们的优良品行风貌，不负师恩，不负韶华！

本书内容简介：“权利要求解释是专利领域的核心问题，本书从权利要求

的诞生和属性出发，阐释了权利要求解释的必要性以及立法和司法的认知，归纳总结了权利要求解释的原则、主体、参考资料。之后，本书全面梳理最高人民法院历年年度报告、各年度“中国法院10大知识产权案件和50件典型知识产权案例”、部分地方法院典型案例，以权利要求解释的情形细化分类，结合案例（配以附图）对各种情形下权利要求的解释规则进行了整理。本书既可以为权利要求解释的理论研究作参考，也可以作为查阅相关典型案例解释规则的工具。”

附：刘春田老师为《专利权利要求解释规则》所作序言。

序

马云鹏博士让我为本书作序，给了我做第一读者的机会。

开卷第一任务是解题。在我看来，这不是一本探讨技术问题的著作，也不是什么“交叉学科”的作品，而是着眼于研究专利制度的核心，即专利权利要求这一专门问题的法学论著。

首先，应当为解读专利法问题设定认识框架，即将专利法的问题都置于财产制度、法律体系的模型中。

离开法律的框架，已经不是专利法的问题。尽管在司法实践中为了弄清案情，需要过程冗长、费尽心力的辨析证据程序，但那是对技术事实的实质性判断，而技术问题适用的不是专利法规范，完全可以通过法律以外的其他途径获得准确答案。因此，弄清事实不是法律问题。把专利法当作技术法，或当作技术与法律交叉、糅杂的问题的观点都会把事情引向歧路，引向谬误。近年来，流行“交叉学科”一语，但如深究，经不起推敲。实践中，不同学科经过“交叉”，产生新的学科，是科学与技术进步过程中的常见现象。但是，无论是逻辑的，还是实践的，都不曾存在不同学科以交叉状态存在的“交叉学科”。无疑，专利法会不可避免地涉及技术事实问题，但技术反映的是人和自然的关系，法律的调整对象却是人与人之间的关系。因而技术只是适用法律的前提和基础，不是法律问题本身。如同量体裁衣，技术是身体，法律是衣裳，二者相关，却是实然与应然两个领域本质不同的事物，不可混同。又如同物权法，法律和物相关，但一个是物理实体，另一个是关系实在；一个是实然之物，另一个是应然可能，二者不在一个逻辑层次。因此，专利问题归根结底是财产问题，调整的是关系实在，是法律问题。

其次，确立专利权为私权，专利法为私权法的观念。

作为以技术发明为前提、为基础，以追求经济利益为目标，以调整人的行为为客体的一类财产法律制度，专利法因其表象形式上的特殊性而采用单行法律的方式规范之。因此，专利法因其内在的私权法律属性而成为民法的组成部分。同时应当认识到，无论是形式上，还是实质上，知识产权法和物权法属于同一性质，是处于同一位阶的法律，都是财产法的下位法律，是民事单行法，不是民法的特别法。知识产权法和民法是部分和整体的关系，不是特别法与一般法的关系。此处强调指出，知识财产权制度作为近代科学发展的产物，在其萌发、诞生和发展的西方各国，都是循着独自的道路发展的。但是，成熟市场经济和法治传统的力量，把单行知识产权法律紧紧地吸附在私法体系中。因此，在发达的市场经济社会，知识产权的发生、发展、运作和灭失，天经地义地遵循私权法则，不会发生认识的误解，不会发生实践的走样。尽管如此，在发达国家主导下缔结的世界贸易组织，在其《与贸易有关的知识产权协定》（以下简称《协定》）中，仍然心心念念地明确提醒全球贸易组织的全体成员，知识产权为私权。有文件显示，在《协定》的序言中增加这个表述，是来自我国香港特别行政区代表团的坚持。显然，这个表述对我国有重要的价值：其一，囿于我国在计划经济向市场经济过渡时期的特殊国情。其二，我国诸单行知识产权的法律制度是在既没有成文民法体系，又缺乏私权文化传统的环境下建立起来的。其三，我国民事立法当下没有把知识产权法以独立成编的形式纳入《民法典》。这是个“疏漏”，它给试图“异化”知识产权制度，追求“另立门户”，独自发展的愿望点燃希望。如果这种追求不幸成真，无疑会破坏法律的体系性，伤害创新机制并阻碍经济社会的健康发展。

最后，毋庸置疑，知识产权制度实质上已经融入《民法典》。知识产权法学的研究，也应当纳入民法学，成为民法学的重要分支。

人类凭借法学家的智慧，对照市场经济和市民生活，总结提炼出精密、系统的规律与规则，把各种原本单行的、基础的、成熟的私权制度，收揽在一起，经过系统的组合与精密的集成，把包括调整对象、民事主体、民事权利、民事法律行为、代理、民事责任、诉讼时效、期间、物权、所有权、用益物权、担保物权、占有、合同、准合同、人格权、婚姻家庭、继承、违约与侵权责任等在内的一系列制度整合在一起，熔于一炉，构成了系统、完备的民事法律制度的集大成模型——《民法典》，从而为人类建立在市场经济基础上的社会生活提供了系统的百科全书式的行为准则。《民法典》是科学、理性、系统思维的产物，是一项划时代的伟大发明。在价值规律的作用下，《民法典》作为经济社会生活中系统的法律工具，以其优越的性价比，犹如巨大的“黑洞”，把所有民事制度“吞噬”于其中，使它们竞相投身于自己门下。知识产权历经近代技术、经济、法律的相互运动，历经沧桑，终于组织起来，形成一种新生的私权财产制度，但它一旦和《民法典》相遇，便身不由己地融入其中。性质和规律使然，知识产权的一举一动，“一颦一笑”，都会受到《民法典》的规制，离开《民法典》，知识产权无以自洽、寸步难行。因此，知识产权学者应当意识到，任何以所谓知识产权特殊为由，试图与《民法典》“脱钩”，变相“另立山头”的做法，都是违背理性的，是不智的。如同20世纪80

年代盛极一时的经济法，曾有学者主张以经济法取代民法，把民法制度改头换面，提出“经济法人”“经济权利”“经济合同”“经济责任”等概念，最终因欠缺科学性无疾而终。前车之鉴，知识产权法不应重蹈覆辙。一言以蔽之，专利法问题的研究，应当纳入民法体系的理念和思维中。

借为本书作序，通过“说明书”和“专利权”的关系，对民事权利的“对象”与“客体”的关系，尤其是权利“客体”问题做一个简要的阐释。民事财产权由主体、利益发生的前提(如物、能量、信息、知识)、支配行为(被传统民法理论称为“内容”的，对物或利益的占有、使用、收益、处分等行为)、受法律保护的利益(权利或法益)等要素构成，分别属于权利主体、物理实体、人的行为和关系实在。学界对这些要素的定性、定位，以及他们相互之间关系的认知并不相同。共识是，客体是私权关系的核心。但对何为客体，却有歧见。“通说”认为，权利客体是指“物”或“知识”。按照“通说”，在专利法中，专利权的客体是指技术发明或外观设计，它们就是法律要保护的东西。众所周知，技术发明是发生利益和法律上的权益的前提。技术无疑是极其重要的。但是，无论实践上，还是逻辑上，技术发明作为物理实体，它处于自然状态，并非利益本身，因而既不是法律保护的客体，也不是利益追求行为侵害的客体。技术拥有人对技术施加法律赋予的行为的结果是：一方面，在人和技术之间建立一种自然状态的关系；另一方面，通过法律，排除了其他人再为同样行为的可能性，从而独享技术社会化带来的某些利益。这就在行为人和世人之间构建了一种社会状态的关系。人们把这种关系实在称作秩序。这一秩序被法律认可和调整，就成为专利权法律关系。歧见在于，在专利权关系中，技术、行为、利益这三个要素中，究竟谁是客体。按照传统民法理论，权利客体应当是技术。但是，近来在民法学研究中，已经有学者袭用刑法犯罪构成理论，把利益归为权利客体。

“科学的任务不是别的，仅是对事实作概要的陈述”①。我的观点不同于犯罪构成理论而是从事实出发，找出客体。权利作为主观精神，自身的作用既不能及于作为物理实体的技术，也不能达于关系实在的利益。主体精神与客观世界连接的唯一纽带是主体的行为，这是精神变物质的唯一途径。因而行为在全部人类生活中都居于核心地位。“行为是一个人的意志之表现”②。意志是主观的，行为是受主体的权利支配的客观物质运动，二者反映的就是主体与客体的关系。因此，法律赋予主体有权为之的行为方式就是权利客体。在专利法中，技术是权利发生的前提，也就是“说明书”所描述的技术方案，反映的是人与自然的关系，该关系不受法律调整，我称之为专利权的对象。但是，法律赋予主体的行为资格，如《专利法》第11条赋予发明和实用新型专利权人的“为生产经营目的制造、使用、许诺销售、销售、进口其专利产品，或者使用其专利方法以及使用、许诺销售、销售、进口依照该专利方法直接获得的产品”，和外观设计专利权人“为生产经营目的制造、许诺销售、销售、进口其外观设计专利产品”，这些行为直接反映了人与人的关系，受到法律调整，故我称之为专利权的客体。

区分对象与客体的意义和价值。人与对象之间是人与自然的关系，不是法律调整的对象。法律即权利的本质，是一种形而上的精神力量。在这里，“精神是支配一切现实的力量”③，“精神是主体，而物质是对象”④。权利是精神的，行为是物质的，是受精神、意志支配的物质运动。法益是伴随行为发生的关系。法律的功能在于，通过调整人的行为，既顾及对象，更着眼于维护作为关系实在的利益关系。所谓侵犯专

① [奥]马赫：感觉的分析. 洪谦，译. 北京：商务印书馆，1986：序言.

② [奥]路德维希·冯·米塞斯：人的行为. 夏道平，译. 上海：上海社会科学院出版社，2015.

③ [德]F.W.J. 谢林：对人类自由的本质及其相关对象的哲学研究. 邓安庆，译. 北京：商务印书馆，2008：6.

④ [美]杜威：艺术即经验. 高建平，译. 北京：商务印书馆，2005：6.

利权行为，并非对“知识”“技术”存在方式的侵害或毁损，其本质乃是行为人违背法律的规定和权利人的意愿，擅自行使了依法本当由权利人才有权对“知识、技术”为之的行为，借此攫取由该行为导致的本该由权利人享有之利益。倘若其行为绕过作为专利权客体的“行为”，而直接攫取利益，就不再属于侵犯专利权行为，而是属于其他侵犯财产权利的行为了。所以，民事权利的前提和基础是对象，对象的性质与特征决定了民事权利的分类，如果对象是某种“物”，则该权利属于物权，如果对象是艺术作品，则该权利就是著作权。民事权利的核心是作为客体的行为，客体决定权利主体获取利益的类别、范围和限度。比如，《著作权法》第10条赋予权利人有权作为的有名行为就多达16种。所以，在作为权利发生前提的对象，即事实确定的前提下，民事权利真正的价值在于它的客体，它才是法律要刻意保护的东西。

作为知识产权领域乃至整个法学领域最彰显思维与创造魅力的分支之一，在专利法体系的激励下，发明人有动力将蕴含在技术方案中的发明创造争相获得法律保障，在实现其经济价值的同时，也为技术研发和产品迭代提供了持久的动力，这也是专利法的立法宗旨和核心价值所在。

专利法领域可研究的问题很多，从可专利性标准的设定与评估，到权利保护范围的确定，从等同侵权的认定到授权确权程序的审查，近年来，随着经济水平的提升和科技力量的强化，不少新的热点问题也涌入了专利法规范的范畴，如标准必要专利纠纷、禁诉令颁发、电子产品用户界面保护、间接侵权判断等，进一步拓展了关注问题的领域，丰富了研究问题的内容，提升了探讨问题的层次。而在所有的问题中有一个问题自产生之日始终是该领域最为基础、也是最为重要的事项之一——权利要求的解释。

之所以基础，是因为权利要求解释的路径、方法、规则、标准等贯穿于专利生命周期的各个环节，与专利领域各项问题存在或明或暗的联系，体现了解释者的价值取向和政策导向；之所以重要，是因为权利要求解释这项工作是确定专利权保护范围，进而判断侵权成立与否或是否符合授权要件的“前置”步骤，解释的结论对后续工作会产生决定性的影响。正因如此，权利要求制度自诞生以来，如何对其进行解释就是各方关注的焦点问题和利益博弈的核心，有关权利要求解释的理论和原则一旦更新，往往会引来无数解读和辨析，产生具有相当影响力的引导效应。鉴于此，权利要求解释无疑是专利领域最具研讨价值和实践意义，也是最具“魅力”的话题之一，本书正是有关这一话题的最新研究成果。

从本书的内容来看，其较之于已有的研究成果主要有以下两方面的特点：一方面显露了笔者深刻的洞察与抽象能力。该书在对权利要求本质进行深入探析的基础上，结合域内外相关情况，从为什么解释、如何解释的角度，对二元制体系下权利要求解释的标准进行了系统的论证，指出了不同语境下权利要求解释的相通之处，揭示了权利要求解释工作的内涵和要义。另一方面反映了笔者面对实践的会通与解释能力。该书对最高人民法院和部分地方法院历年公布的典型案例进行了梳理整理，按照权利要求解释所外化出的问题情形作出分类，通过对类型化案例的通俗解析，提炼出规则，与之前的理论分析形成呼应。值得一提的是，本书不仅研究可靠，思想明澈，表达灵动，文字优雅，还在撰写过程中考虑到了技术类案件涉及不同专业领域的问题，为照顾不同知识背景的阅读者，增强可读性，本书对裁判论述和分析进行了一定程度的概括，转换了表述，同时配以带有文字标识的附图，大大方便了读者对艰深技术知识和晦涩法律问题的理解。

一部学术著作的价值在于它的思想性，在于它的概念创造、理论创新，甚或模式构建等知识贡献。著作反映笔者的人格和价值取向，也反映人的生命价值。亚里士多德说，生命在于运动。我理解的这个运动，是文明其精神，野蛮其体魄，让健康的身体官能和丰富的学识、科学的世界观、理性的方法、卓越的人格等优质资源，尽可能完美地结合，以塑造优秀学人的运动。持续的吐故纳新，更新配置，创造新知识，并让这种模式处于运动中，是生命力量的真谛。因此，生命运动归根结底是不断地让思想冲破牢笼，让精神独立，让心灵解放，创造身心健康的人的过程。本书与其说是在立足实践，研究制度，不如说是在表达心灵、思索、意识的成果。

本书笔者马云鹏博士是业内一名优秀的青年法官，正处于生命、职业、专业三位一体运动的高峰。理工科背景和十年的知识产权审判工作经历为其积累了相当的知识储备和实务经验，其在进入最高审判机关后，有机会在更高的平台以更宏大的视野来审视和研究专利法所涉相关问题，为其写作提供了更丰富和全面的灵感及素材来源。难能可贵的是，云鹏博士能在繁忙的工作之余勤学敏思，笔耕不辍，也体现了我国青年一代知识产权法律工作者优良的品质和素养，我对此感到欣慰，也祝他在未来的学术研究和实务工作之路上取得更大的收获。

刘春田

中国人民大学教授、中国人民大学知识产权学院院长、中国知识产权法研究会会长

二0二一年二月十五日

2023年4月

刘老师告别会上的发言

马　宁*

尊敬的师母、劭君师姐及家人、各位来宾和同门：

我是马宁，2003年入师门，追随老师先后取得了硕士和博士学位。

过去十几天是刘门弟子的至暗时刻，大家都无法相信和接受恩师从此驾鹤西去的惨痛事实。我每每打开刘门弟子的微信群，翻看同门们分享的照片，心里想到和老师自此天人永隔，就心痛得无以复加。

老师对中国的知识产权事业始终抱有“任重道远”的弘毅之心，他把鞠躬尽瘁的家国情怀、高瞻远瞩的智慧和正直高洁的品格融为一身，在学问上求真求实，锐意创新。我入师门二十年，其中有六年跟随在他身边，彼时老师已用十年的时间在知识产权理论和教育两个领域夯实了基础，中国的知识产权理论和教育事业开启了最飞速的发展。当时老师发给我的短信多数都在凌晨，那些关于知识产权理论重要观点的构思和中国知识产权事业发展布局的酝酿，都是他夜以继日地奋斗出来的。记

* 刘春田教授指导的2003级法学硕士、2007级法学博士。

得有一次，沈致和老师不无心疼地和我说，老师每每读书工作至夜半，灵感突至，总是忍不住和他分享，兴致高涨地畅想着中国知识产权事业的发展蓝图。现在回想，二十年来，老师一直这样高强度、忘我地工作着，让这幅蓝图一一成真。前几日，金海军老师将刘老师北京书桌上最后查阅的参考书拍照纪念，从哲学到物理，题材广泛、内容晦涩深奥。我们只道老师博闻强识、观点高屋建瓴，却很少注意到他自己几十年如一日地以身垂范，践行着他对我们的要求——“学业精进、人品贵重”。想到他如此辛苦，让人心痛不已。

老师平日言语犀利，常常给人留下不苟言笑的印象偏差，让人们忽略了他的一颗赤子之心。他热爱一切美的、有趣的事物，他喜欢京剧，兴之所至总要唱上两句；他喜欢地理，总是不自觉地查验各种地理数据；他喜欢旅游，在他工作还没有那么繁忙的时候，他总是兴致勃勃地挤出时间和学生们登五台山，去京郊摘樱桃，爬莽山吃农家乐。2005年我在法国学习一年，恰逢老师作为研究生院副院长带团访问巴黎高商，他一到酒店就拿出带给我的茶叶，特别嘱咐我在巴黎要多玩、多看，不要着急看书，要行万里路，他期待着能另寻时间，邀上一两师友一道慢慢游巴黎，但终究是工作繁忙未能成行。现在想来，老师对世界、对美的好奇和追求，大多让位于他的知识产权事业，他喜爱的诸多事物大多是附带着匆匆而过。我始终记得和老师当年的约定，想着自己终于有条件可以借这次学术交流的机会陪老师到湾区悠闲地走走，却不想他猝然离开，和老师同游从此成为我永远的遗憾。

和刚刚发言的各位同门相比我是年龄最小的，但即便如此，算起来我和老师也已经有二十年的师生缘分了。这二十年里，老师待我如师如父，不仅在学业上给予我引领和教诲，更多的是对我的理解、鼓励、欣赏和关心。博士毕业后，我进入高校工作，老师认为这个职业非常适合我的性格，专门表达了他的喜悦；得知我结婚，老师在上海开会期间特意到南京路的老字号买了两块缎子被面背回来送我；师门聚会结束后，老师得知我叫的车迟迟未到，他不顾寒冷坚持和师母一起陪我等车。二十年过去了，我始终是老师眼里的“好孩子”，他的偏爱常常让我有初入师门的错觉。今天在这个悲伤的时刻我想对老师说：老师，能成为您的学生是我一辈子的幸运。万般不舍，愿您一路走好，愿彼岸溪水歌唱、天空蔚蓝。

2023年4月9日

追忆刘老师两三事

梅　锋*

2023年4月初，在微信群里突然看到刘春田老师仙逝的信息，我当时大脑一片空白，平生少有这种状态。等反应过来，心里只觉难受，更多的是后悔，后悔和刘老师交流太少，后悔给刘老师支持太少，后悔给刘老师回报太少。自2007年进入刘门以来的历历往事，慢慢浮现在眼前。

2003年，我进入人大法学院求学，当时学院办公室和图书馆都在贤进楼，民法、刑法、宪法行政法、诉讼法、法理法制史等专业大师大多云集于此，刘春田老师就是其中一位。当时学术氛围很自由、浓厚，记得601会议室无论是白天、晚上、还是周末，经常有学术讲座，印象里我可能是在听讲座时初次见到了刘老师。凭记忆，刘老师对贤进楼的筹款做出了很大贡献。

我和知识产权法的结缘始于2005年9月，当时我正值大三，金海军老师给我们本科2班系统讲授由刘老师主编、高教社出版的红皮《知识产权法》教材，正式带领我们了解了“人大版”知识产权法基本理论体

* 中国电力科学研究院产研部副主任。刘春田教授指导的2007级法学硕士、2009级法学博士。

系。当时给我的印象是，知识产权法作为民法的一个分支，可以遵循很多民法的基本原则和原理，同时也有自身的特殊性，这恰恰是理论和实务中争议较大的地方。知识产权法比传统民法更有活力。

这本红皮《知识产权法》教材，不仅是我和刘老师结缘的证据，更是我本科、硕士几年的青春岁月的见证。每次看到这本书，我都会陷入悠长无限的点滴回忆之中。

2007年，我本科毕业准备考研，由于准备时间紧张，加之我对民法的眷恋，并且刘老师推动人民大学在2007年第一次招收知识产权法专业硕士，于是我选择了知识产权法专业。记得硕士面试时，姚欢庆老师问了一个商标商业性使用的问题，有点超纲，我一时答不上来。后来在姚老师引导下我勉强回答了出来，我深刻感受到知识产权法理论问题和实践关联极为紧密，从此我对知识产权法的兴趣愈发浓厚。

面试结束后，我主动联系了刘老师，介绍了自己的情况，表达希望当他的硕士的愿望。刘老师电话里说什么已经忘了，印象里刘老师好像没有直接表态。硕士开学后，我成了刘老师的学生。

入学后，刘老师见了我们几位硕士生，我们问要看哪些书啦，怎么规划硕士阶段啦，刘老师很洒脱地说多看看文学的、哲学的、美学的书籍。估计我们几位硕士生当时都有点惊讶，之后学习乃至工作后才发现刘老师说得对，知识产权法这个专业和传统的物权法、合同法、侵权法明显不同之处在于，它与技术、市场、艺术、美学等基础专业以及互联网、电子商务等传播媒介联系非常紧密，离开了这些基础专业和传播媒介，知识产权就缺乏生命力。

2008年底，我们几位同学找刘老师商量硕士论文选题。那次算是我们和刘老师最认真最聚焦地讨论知识产权法问题的一次，时间很长，大家敢说敢答。我心中有很多疑问，和刘老师有一些辩论，继而得到了刘老师的批评和一个绰号，事后成了同门调侃我的谈资。十几年过去了，想起这件事，我意识到自己当时知识体系不成熟，贸然顶撞了刘老师。但反过来想，自己也是践行了刘老师要求的“敢于质疑、敢于提出自己观点”的学术精神。

硕士期间，每逢元旦、新生入学、刘老师生日等时点，余俊师兄总是提议同门和刘老师聚会。我们几个同学则主要承担联系毕业同门和拍照工作，也因此定格了很多美好的聚会时光。几年前，我曾提议待刘老师七十岁时做一个全面的视频集锦，后来没能坚持，终成遗憾！

2008年底，就业形势有些严峻，因此我在找工作的同时，也准备着考博，后面也完成了笔试和面试。2009年初，工作基本有了着落，加上在学校待了6年有些厌倦，我便联系刘老师说自己想多一些实践经验、不想读博了。刘老师听后很平静，默许了我的想法。当时，我首先想到的是感谢老师对我的理解，接着就是对刘老师少了一个脱产博士而感到不好意思。总之，刘老师总是能理解学生的处境，并且顺其自然帮助学生，这让我铭记终身。

2010年上半年，刘老师开始着手组织编写《十二国著作权法》，由于我研究生期间给民

商法教研室的金玄卿老师当过班主任助理，接触了一些韩国民法，因此这次我主动提出愿意和金玄卿老师一起承担韩国著作权法的翻译工作。刘老师厚爱有加，同意了。于是我们找到韩国著作权法的英文版，将其翻译为中文。金玄卿老师则负责按照韩文版校核中文版，最终顺利交给刘老师指定的一位老师汇总。在翻译过程中，我感受到了韩国著作权法的全面、细腻，也感受到刘老师这项工作很有大清晚期外国法律本土化的味道，更感受到我们作为著作权法的后发国家，需要大量学习外国先进做法和实践经验，刘老师正是这一领域的践行者和推动者。

2012年前后，国家电网公司系统每年举办一次法律顾问内部培训，当时我受托请刘老师来系统讲授著作权法修改的相关问题，刘老师欣然应允。当时的培训是在国网高培中心最大的教室进行，估计学员有100多人，来自27个省。刘老师在讲台上继续着思辨性授课，我时不时观察着学员的神态，看看大家对著作权理论的反应，发现很多人都认真盯着刘老师，状态非常好。讲到动情处，刘老师激动地说道“……，我们才是著作权法的……”，台下一个来自甘肃公司的中年男同事，神情激动地带头鼓掌，随后大家跟着一起鼓掌，历时估计20秒。从来没有看到过像这位学员那样，发自内心地真诚地鼓掌，这个画面像极了电视里五六十年代的社会运动场面！近期，我联系了国网高培中心的老师看看能不能找到当年

刘老师的授课照片，后被告知确实找不着了，这样的画面只能永远留在我们的记忆里了！

2012年12月16日，大雪纷飞，我在北京举行新婚答谢宴，并邀请刘老师作为证婚人。刘老师冒雪前来，上台致辞。我爱人是财金学院的，而刘老师和财金学院的吴老师等人很熟，因此介绍我和爱人游刃有余。刘老师用了一些溢美之词，我心里想，刘老师赞美、鼓励学生的时候总是那么自然。祝福之余，刘老师还专门对我进行了评价，这个评价也是我一直努力践行的标准。

近些年，同门时常在节日期间约着去刘老师家坐坐，聊聊家常，刘老师问问大家的状况，对一些新事物新现象也说说自己的观点，偶尔开个冷玩笑，欢声笑语，其乐融融！

刘老师生于1949年，年轻时曾在太原钢铁和北京当过工人，对当年的社会运动有切身的感受，也是改革开放的受益者，这些经历或多或少塑造了刘老师的精神品格。用人民大学的学生熟悉的话语来评价敬爱的刘老师，或者是这样的：刘老师是知识产权法领域的一位精神领袖，他具有专业远见和处事策略，他具有斗争精神和奉献精神，他是襟怀坦白的、积极的、正直的，他不谋私利，主要致力于知识产权法治体系的健全和社会的发展。他不怕困难，在困难面前总是坚定的，勇敢向前的。他不追逐风头和热点，而是认真研究基本理论、基础制度和法律体系。他造就、影响了一大批人，这批人正在致力于构建中国知识产权法基本理论、基础制度和法律体系！

2023年4月26日

我所经历的刘春田君

裘安曼*

我与刘春田结识近三十八年。惊悉他的突然离世，阳春三月顿成催泪之时。感事伤情，不免回顾起我们的交往。想来，我与他之间的关系，很难用一语来概括。说是同事，我们并未在一起共过事。说是同行，我们的活动领域又大相径庭。说是兄长，他只长我一岁，沧桑共度，相互并不以此为论。说是师长，并不曾做过他的门生。说是学长，亦从来没有共校学习过。说是朋友，相信他的朋友很多，但我自信与他的其他朋友相比还是有一些不同的地方。想来，这里不是做文章，而是诉衷肠，所以还是有什么说什么，想到哪儿说到哪儿，甚至不妨说是追念两个量子灵魂在这个宇宙间不期而遇的一番纠缠。

我初次接触到刘春田（以下称"春田"，只为简约，非有故显昵近之意）是在1985年联合国世界知识产权组织在南京举办的一届版权培训班上。当时我正在中国大百科全书出版社当编辑，他在中国人民大学教书（具体职称不详）。饭店房间同住的还有中国政法大学的张俊浩。几个人年盛气高，聊起来海阔天空，时而溜出去共赴同好，似乎兴趣不

* 国家版权局原副司长。

全在初来乍到的版权教培上，倒是将那次机会变成一次人生碰撞和日后交集的铺垫。

不久我调到国家版权局，之后很快工作便进入筹备版权立法和研究加入国际版权公约的阶段。自那时起，我与从院校方面参与其事的春田有了一段时间密切的交往。在当时由版权局牵头的版权法起草班子里，有主管机关、立法机构、司法部门和学界的一干人物。因为版权法是新事物，国内几无积学和成论，大家畅所欲言，我们也争相参与讨论。尤其是春田，经常会提出自己不同角度的看法，甚至由于他的力主，法律的名称最终定在了“著作权法”，而不是一开始似乎已成定论的“版权法”。

后来我去国外留学，并在之后到联合国世界知识产权组织工作，在瑞士一住近二十年。因为还是做知识产权方面的事情，并且很大程度上是与中国有关的，加上人来人往，所以一直可以跟踪国内知识产权领域各个方面的发展，也经常听到春田在相关学术和教育方面的活动情况，知道此间他已经成为国内知识产权界的一位领军人物。2011年9月，春田携同事来瑞士作交流访问，我们得以重续旧交。其间我们一起去瑞士首都伯尔尼游览，算是朝拜了当年签署《保护文学和艺术作品伯尔尼公约》的地方，也碰巧看到有许多人在国会大厦前示威集会的场面（诉求不得而知，顺便聊起瑞士一些地方至今保留的世界上最纯粹的原始民主制度）。同时还参观了爱因斯坦在伯尔尼的故居，感受了一下相对论产生的地方老城街巷旧时风物的环境。所到之处，春田都有自己的一番评说和慨叹，我感觉他仍是印象中那样的机智犀利风趣幽默。知道我不久就要从联合国退休，他表示希望我回去后彼此能够有更多合作的事情。

我在2012年底回国后，很快与春田联系上。他当即推荐我去马一德教授担任院长的中关村知识产权战略研究院辅事。随后又罗列了一些他头脑中酝酿的翻译、研究和出版项目，希望我能够参与。自己有否可堪之用姑且不说，他这种凝汇人力聚合才智以共襄业举的襟怀、用心和能力实在令我钦佩。后来，我确实也勉力参与了一些由他主持的项目，例如《十二国专利法》的编译和《中国知识产权发展报告》的英文翻译等。彼时，我虽然还多少跻身于知识产权领域，但国内这一领域的巨大发展，使我感到自己已经远在中流之外，只以遥看千帆竞过为喜（偶尔也会有点小小的“为忧”）。但是，春田还是邀我参与知识产权法学研究会的事情，并且凡有重要的相关研讨活动，总是拉我参加。经他延揽，我还有了一次为一桩知识产权诉讼案提供专家意见的机会。直到他去世，我们还在商务印书馆所出“知识产权名著译丛”的编委会中共同担任顾问。其中我感觉到，春田是一个很有独立思想的人，好分辨，不盲从，避浅表，喜深究。所以一个问题或一件事情，他总希望有自己独到见解和可以提出实际建议的人参与讨论或解决。在几次研讨会或论坛上，我都听到他私下对一些浮泛不着边际的发言略有微词。但他也深得尊重他人之道，所以尽管评论起来有时似乎话重一些，但都只是对事对理对文对言，从无对个人有不敬之意。而对于那些他十分敬重的人（例如国家版权局的刘杲先生），称赞之词总是挂在嘴上。（附记：春田生前曾与我一同去看望过刘杲先生。对于春田，刘杲先生也素来十分尊重，春田去世时，刘杲先生不顾九十多岁高龄，特地发来唁函。）

春田在知识产权教学研究以及相关学术和社会活动方面的成就和受到的尊重，他的同行、同事、学生自有全面的介绍与回顾，国际上也有相当的承认和赞誉，这方面完全无须我赘言。我试图在脑海里复原的，更多是他精神为人的全貌。例如在知识产权原理的探究方面，确实有许多宏大的叙事，涉及国家战略、发展政策、体系建树、经典溯源、国际潮流等等。但是，我感觉春田更加愿意从事情朴素的哲理上作深度的考察，探求事情的本源，把落脚点放在看似低小但是坚固的基点之上。虽然这在论证上和获得广泛认同上还很可以有进一步的空间，但是这种精神无疑是可贵的。因此，他不喜欢对知识产权作过度的政治性、政策性或其他理论性的包装，力主知识产权法的民法性质，力争知识产权法在民法典中的地位。具体而言，他一直强调知识产权的私权属性和个人财产性，不大赞同以其他种种理由和做法对这种权利有所干预、弱化和消解。他认为，知识产权之所以特殊，不过因为它才是第一财产，而这又恰恰因为人的主观创造性才是第一生产力。这种始终将人的精神和思想的能动作用放在第一位的观点，在面临人工智能爆炸和冲击的当下，是值得我们认真思考的。另外想到，关于知识产权的客体，春田认为是与之有关的行为，这是一个与常说不同的观点，但是我很赞同，因为我在数年前的一篇文章里讲过，知识产权的全部现实基础和法律针对，就是一个字“仿”，仿就是行为，与春田不谋而合。

春田看起来温文尔雅，但是个爱憎分明好恶直辨的人，在关键的事情上，在涉及对错的问题上，说话直言不讳。但是在坚持自己的观点方面，他不是偏执的，而是广泛注意相关事物之间纵向与横向的关联、比较和影响。例如他认为知识产权的根基始终是民法，而中国在民法方面的传统是丰富而深厚的。他相信，如果对中国古代的，尤其是明清时期的与法律有关的旧档案作深度挖掘，一定会有意想不到且极为宝贵的发现和启发。有一次，春田到我家，发现书柜中有岳麓书社出版的“走向世界丛书”中的几部，内容都是民国以前如梁启超、康有为等一大批开明国人亲历欧美日本的详细记述。他说，这些书很有意义，这些人的观察和见地，于我们了解近代历史的经脉和我们如何走到今天，是很好的借鉴，我们图书馆应该备上一套，我让他们去设法买来。他另外翻到一本中华书局版由清代广东名儒和学者梁廷枏写的介绍美国、英国、荷兰和意大利等国的《海国四说》，看到编者前言中有一段提到作者对外部认知的局限，他说，“什么局限？谁没有局限？年代就是局限。在当时的局限下而能对事物作出这样细致的研究和评说，就是真正的了不起。

事后诸葛亮谁不会？”

春田有不少头衔，担任不少职务，大都多少涉及政治的因素。这就需要他在坚持自己想法和作派风格乃至个性的同时，掌握与公开层面影响之间的平衡。作为教育者、学术研究者和组织机构负责人，应该各有各的角色特点和规则，我想他是充分意识到的，所以能够表现出既有定见又从容大度，既是非分明又有所内敛和考虑兼顾。讲到社会活动，有人说春田是个社会活动家。“社会活动家”这个词，当下经常被作略有贬义的使用，大概是指一个人不顾正业之精深，在社会上到处结交到处跑。春田外面的活动确实很多，但几乎无一不是与他所从事的领域有关的，因此应该说他是一位“领域活动家”。而他在繁多的领域活动之外，仍然努力做学术方面的研究、著述、编纂，时刻考虑如何对知识产权领域中的国内外理论研究成果做荟集、翻译、编纂和系列化呈现的工作，注重将其以成型的东西积累下来。春田的去世之所以实在令人惋惜，是因为他还有许多未竟的事情和未得实现的计划。例如编写出版一部百科全书型的“知识产权大词典”，他考虑了很长时间，多次与人商议，联系了出版社，请各方面人开研讨会，还让我先就几个有代表性的词目写了样条。但是由于种种原因，事情延宕搁置下来。不知道春田的这个夙愿何时才能实现，而没有春田这样的“领域活动家”进行呼吁、凝聚和牵头，这部词典终来能否成书都是在天之数了。顺便想到，知识产权是一个很容易产生不同意见和观点的领域，甚至会有或可称为“流派”或“门派”的现象。对此，春田认为是很自然的，有争论的事情，无非是要拿得起放得下。一番事业得以发展，需要不同而和，而这正是需要活动家的地方。

近些年，我与春田的来往更多了，还经常有一些完全属于私下和个人之间的交流。我们一起出去散步，郊游，走访城外农家，去他的已经当上教授的学生家里做客，还时有两家人之间的互访和聚会。我们谈论业界的事情，交流对一些时事的看法，分享有关家庭和个人生活的经历，交换身体力行方面的心得，纵论随意想起的事情，甚至可以谈到超验、信仰和宗教的问题。春田喜好京剧，不仅自己能唱上几段，还会将所好施于人。有一次，他拿来两张戏票，力劝我和夫人去梅兰芳大剧院看了一场京剧《穆桂英挂帅》。他告诉我，出差时得便会去听一场地方戏。关于梨园的事情，他知道的很多，也常是与我们聊天的话题。我写些闲诗，零星发给春田看，他有时会和还或自己来上一首。闲谈中，我们都称道的是，一个人语出，不但要有见，还要有趣、有味、有新。在这一点上，在我们私下的交往中，比起在公开场合，春田常有更为充分的表现。我想，以他在文艺方面的浓厚兴趣，如果不是走上法律这条道路，或许可以成为一位很不错的戏剧研究专家或文化学者。现在，超级人工智能来了，春田走了，无法听到他就生成式人工智能相关版权问题的见解了。由文生图式的AI想到，就当下关于其中作者身份的讨论，春田也许会说：学京剧，一招一式一唱一念都是老师指导的，学生登台，能说是老师在表演吗？

我的夫人也是学法律的，工作领域亦与知识产权有关，她也经常参与我与春田及其家人的交往，对春田怀有敬意和挚交之情。我们的孩子也见过春田，管他叫“田伯伯”。如今，这位“田伯伯”不在了，遗憾的不是我一个人，而是我们一家人。失去他，我们的精神世界失去了与另一个精神世界的联系，失去了一个情愫牵动的方向，留下了一角不知多久才可以完全平复的真空。春田去世之际，时近清明，伤痛不已，接连写了五首诗，尽陈当时的心情，现抄录在下面，作为本文的结尾和余绪：

（其一）

当年同趣享袍襟，忽萎高朋叹秀林。

两廿谊交情际会，孤今苦剩断肠心。

（其二）

清明无兆友成灰，伤咏无声心顿捶。
往事随风重入念，春君旨范铸华碑。

（其三）

斯人尘去祈魂归，春雨归田复问谁。
每忆刘公徒扼腕，师风友道费年追。

（其四）

天年无定曲难说，昔陨今消逝若河。
此瞬偷得浮日半，春生草露贵如奢。

（其五）

清明薄日雨怜伤，香秉花持祭逝亡。
瞩念遥天魂寄处，心歌枭入故人窗。

2024年3月

忆先生二三事

申寅葵*

一、语言艺术

也是这样的夏天，经武老师倾力推荐，我有幸得伴先生听了一出《苏武牧羊》。诚然，我没有现场亲身聆听过先生的授课，对先生的文字考究还停留在纸卷铅字的味道中。先生在学术上的专业性和通透感让我一直认为自己与专家学者的差距之大不亚于东非的大裂谷，让我望尘又莫及。

“大葵，你平时常到园子来听戏？”

我还没有从“东非大裂谷谷底”爬上来，随口道：“啊，是，时间合适的话就来园子听一出。”

“苏武这嗓子寡淡，还得多练练。”

外行看热闹，内行看门道。先生的评语直接切中要害。

“马连良的念白都可以谱曲子，极富韵动……”

“您常听马先生的戏？”我冒失地抢问先生。

“听过，我们那时候啊，抢着听，追着听。彼时的马连良啊此刻的

* 北京极致唱响科技有限公司高级运营经理。

周杰伦。”

说完“周杰伦”三个字，我和先生相视一笑，有种意味深长的默契。

“年轻的时候，蹬着自行车到长安、吉祥去听戏。马先生的戏我恨不得场场不落”

眉宇间依稀看得到先生年轻时的风采，由此得出结论，先生是真的热爱京剧，这种热爱是骨子里的。

“这段‘登层台’还有后面的‘叹子卿’，是这出戏的戏核儿唱段。”

“得空儿，您来一段儿，您这得了不少现场的真传吧？”我出于尊重，也诙谐玩笑地给先生递话，想听听先生的唱腔。

“我不行，祖师爷没赏饭。”先生的回复谦逊中也带着诙谐。

多年以后，从武老师那我才得知，先生的京剧唱功相当了得，行话叫做“不洒汤不漏水”，瓷瓷实实。

近三个小时的演出对我来说时间太短了，和先生聊得意犹未尽，这也为后续我登门拜访先生埋下了伏笔。先生幽默地称呼我为“小老弟”，我可不敢当，先生在我之心中始终是先生。

那年的《苏武牧羊》别致、难忘。

二、忘年包容

自打与先生因戏而结缘，我们见面的机会就多了起来，登门拜访也就顺理成章了。先生贵为法学教育家，日常忙于讲座、授课以及整理书稿，日程安排得满满的。茶几、沙发、书房、电脑前，教案、资料摆放得错落有致。先生的稿子通常都需要亲自审阅，电脑屏幕的右侧能模糊地看到一个杯底印痕，可谓伏案甘为孺子牛。电脑使用频繁，往往会出现问题。很多时候因为刘老师长时间伏案工作，电脑超负荷运转而宕机，打印机也因持续工作而卡纸，诸如此类的问题不胜枚举。

深秋的一个工作日，临近中午饭点，先生托武老师找到了我（事后许久我才得知，先生没有直接联系我是出于某种顾虑）。

“大葵啊，你先下楼吃饭。吃完饭下午去趟刘老师家，刘老师的电脑又出问题了，你去帮忙看看。”

“要不我现在直接去吧，完事回来再吃？”我身体算硬朗加之确实不饿，“我估计刘老师那边也着急，您看这会儿联系，肯定急着用。”我边说边收拾。

武老师拗不过我，“给你200，打车去打车回，饿了就……大葵，大葵？”

人已下楼……

其实我还是打车了，地铁虽快，但两头步行的距离比较远，想想还是算了，谢天谢地没有堵车。

原本我计划着，电脑如果是小毛病，修完就走，不打扰先生午休。还没等琢磨好万一是大毛病该如何时，门开了。

“大葵，来来来，欢迎欢迎。”先生依旧热情地招呼我。

“先吃饭，吃完饭再说。”

“我……”我脑回路断线了片刻，忙回：“不用先生，来之前吃过了。”

“你哪里吃过了？”先生一边叫保姆阿姨给我盛饭，一边继续说道，“我问过武老师了……”

我的谎言不攻自破了，吃饭部分就省略不说了。

毕竟是来看电脑的，说到这里我用了“看”字，确实，我看了一下午电脑。清理垃圾文件，清除缓存，清理硬盘，查杀病毒，对了，打印机也可以正常使用了。从我的角度看，电脑没问题。但事实证明它确实有问题，只不过是偶见的。深秋天气还好，至少不会让人热得冒汗，但是坐在电脑前，我还真是急得擦了好几把汗。

知道先生下午急用电脑，不然也不会近中午联系武老师。其实我更着急，问题是着急也没用。

先生并没有催促，起初还进到书房看一两眼，后来的三个多小时里他并没有来给我压力，而是将书稿、资料移到客厅……我甚至能听到先生在茶几上用钢笔写字的声音。长话短说，直到下班时间离开先生家，先生的电脑并没有恢复正常。我自嘲称之为一次非常专业的“划水”。回来我还和武老师提及这事。

“大葵啊，电脑修好了。”大约一星期后，先生来电，“谢谢你，有空到家来。”

“先生，电脑最后是什么问题？”

“换了一个CPU风扇，扩充了一条内存，还是要谢谢你。”

我没有在先生的对话中添加修饰，先生不到一分钟的电话触动了我。忘年包容，君交如水。落笔的一瞬，这八个字涌上了笔端。

三、寓教于乐

还要说回京剧，首先声明，没有听过先生的课我是遗憾的。通过和武老师的交谈，我或多或少了解一些先生上课的场景。按照梨园行的分类，先生授课属于文武老生，能够调动课上气氛，声情并茂。

“喂，大葵啊，下周有工夫吗？”

武老师的电话让我记忆犹新，“您说，武老师，需要我做什么？”

“刘老师最近有个讲演，你要是有时间，刘老师想邀请你来听听。”

我高兴坏了，甚至都没来得及问武老师讲演的时间，“有时间，有时间。”

挂了电话我才反应过来，没问具体时间，连忙又打电话给武老师。这一聊，我才知道，先生和他的学生们正在筹备讲演的稿件素材。首听时感到十分震撼，毕竟这是中国知识产权权威机构的讲演，先生又是大轴儿；再回味时是惊喜，我作为门外汉能去现场已是荣幸，机会难得。

回来的路上，我冒昧地给先生发去一条微信，大致意思是感谢先生邀请我。顺便问候下先生，看看有什么需要我尽绵薄之力的。出于对法学、知识产权认识程度上的差距，我心里打鼓，估计先生不会让我帮忙，毕竟我是门外汉。

次日，先生主动问候："大葵啊，你忙吗？"我下意识回复了"不忙，您说"，因为感觉先生还有下文。

"我下周四有个讲演，你帮我整理一篇关于《四进士》宋世杰盗书、放书一折做派的描述，要细致。"

有一说一，从电话这头能听出先生对待学问的严谨，他肯定不是开玩笑的。

我有点犹豫，咱得承认做学问对我来说是高攀不上的。这是而立之年的我第一次和学问有牵连，"我行吗，先生？"言下之意是您要是有更合适的人选……

"行，就你，两天时间不能再多了，大葵，你行。"

可能你不信，那天晚上我失眠了，激动是一方面原因，另一方面，先生的认可对于混荡社会30年的人来说简直是一针兴奋剂。趁热打铁，我一晚上把先生需要的材料整合出来了，对，才是整合，离整理好差之千里。先生给的2天时间，我大部分都用在了反复修改、甄别和资料查阅上。虽然我是对京剧算是驾轻就熟，对马派的《四进士》张口就来，但是出于对先生信任的责任感，我硬是翻阅了大量资料、剧评，力求做到严谨再严谨。

…………

"宋士杰双手推一下门。"胡琴伴奏《起小开门》曲牌。

宋士杰回身进侧门取水碗、灯台出侧门。灯台放地下，用水碗往两个门框处倒水，将碗放在地下。从鬓下取出拨门簪子，轻轻拨开插销。回身左手拿灯，右手推开门，灯交右手，左手推开另一扇门。灯交左手拿，右袖挡住灯亮，进门，站在大边桌旁，右手盗书信，放在左袖内，出门，回身将门反关上，右手拿起水碗。进侧门，灯台、水碗放在小桌上，坐下，看信封，右手指沾水浸湿信封口，用簪子把封口轻轻挑开，从信封内把信取出。大锣凤点头起小导板头。宋士杰准备看信。

这里宋士杰有一句（西皮导板）的唱："上写田伦顿首拜"，在宋士杰唱中，万氏（宋世杰的老婆）披着衣服拿引火由下场门上来。左手拍宋士杰右肩，宋士杰用信将灯扇灭（现在马派弟子多表演为吹灭）。宋士杰站起右手向右摸，碰万氏左手，惊。"

…………

我其实并不明白先生用这篇资料的用意，也是出于好奇，事后我曾问及武老师。武老师说先生要借用京剧《四进士》宋士杰的身段动作，来影射法学、知识产权的流程，从而帮助我们融会贯通、一气呵成地理解这些知识，不要删繁就简也不要糟粕繁冗。总之，这篇材料登上了大雅之堂。

听武老师说，那次讲演反响空前的好，可惜，因工作上的安排，我最终未能临场，抱恨终身啊。

…………

萦绕不绝，追思未尽，犹有记忆，先生忘年。

要感谢武老师，没有武老师的鼓励，我可能无法完成对先生的追思记述整理，不是不想而是不敢。忆起与先生的过往，每每便是回甘。

2023年春

纪念刘春田老师

——父辈渊源走入师门

沈春湘*

我的父亲是国内最早研究版权的学者之一，和刘春田教授是很多年的好朋友，我从小经常听家父把刘春田老师的名字挂在嘴边。除了知道他是知识产权界知名的权威学者外，我听到最多的评价就是刘老师是一位颇有个性、侠义且敢言的学者。小时候只见过很少几次，也不大记得具体情节，印象深刻的就是刘老师身材高大、目光有神，声音洪亮，底气十足，非常符合我心目中大侠的形象。

后来，我1992年考入人大贸易经济系， 1996年又进入人大法学院知识产权第二学士班学习，毕业后走上知识产权这一行，很大程度上都是受到家父和刘老师的影响。

在我作为本科生在读人大双学位期间，郭禾老师是系主管，姚欢庆老师是班主任，听刘老师课的机会很少，日常接触更少。我印象比较深的一次是蹭刘老师给研究生的课。记得是在晚上，一间很大的教室只有五六位学生，刘老师坐在教室最中间的学生座位上，学生们则围坐在他对面。他不怎么讲，就是一个一个地提问，学生回答，聊天的感觉。

---

* 永新知识产权高级合伙人。中国人民大学1996级知识产权第二学士学位生。

1998年我从人大法学院毕业之后，进了永新从事商标法律工作，一做就是二十多年。我以低头拉车为主很少抬头看路，也没写过什么像样的文章，虽然偶尔以刘老师师门弟子自诩，但非常心虚不敢大声。

从业这么多年，我时常看到刘老师在各种会议发言，在重大关头发文发声，表达意见永远直率犀利，批判精神十足。虽然老师这种风格不时让主办方感到紧张，但我们作为学生还是很为有这么一位学术地位极高、影响力极大，而仍然保持特立、独行独立思考和敢言的老师感到自豪。

最后一次对日企授课

2022年初，国内市场环境受到疫情和国际政治形势的影响而充满不确定性，很多中外企业感到看不清方向。日本贸易振兴机构（JETRO）联系到我们，希望邀请刘老师来给部分知名日资企业讲讲中国知识产权保护的总体环境和趋势。我因为毕业后和刘老师的联系很有限，不敢贸然打扰，就试着通过姚欢庆老师问问刘老师的意思，没想到很快得到刘老师的积极反馈。我自然不胜欣喜， JETRO和日本企业也都非常兴奋，在这种特殊时期能请到中国知识产权界的权威和大旗来给答疑解惑，实在是太难得了。

但到了4月，由于刘老师临时做了个小手术需要休养，讲课的事一度有些不确定。后来在姚老师和刘老师女儿劭君的协调和帮助下，终于确认8月下旬刘老师可以来讲课。我们和JETRO都非常感激和高兴。

到讲课那天，我去接刘老师，能看出来因为手术初愈他走路慢了一些，但精神很不错，说话中气很足，风采依旧。在车上我一再对老师能在这种情况下坚持来给外企讲课表示感激，老师只是说了一句："现在环境搞得太紧张了，不能都是敌人，还是要多交一些朋友。"

那天老师演讲的题目是中国知识产权政策与法制环境。他从一百多年前洋务运动的宗旨开始，讲到四十多年来改革开放的总体思维与中国知识产权制度发展线索，并通过梳理改革开放以来历任领导人关于知识产权的表述，以很短的时间和篇幅就清晰勾画出中国知识产权政策与法制发展的基本面貌和方向。

老师认为：一个国家知识产权政策的成功，取决于社会对市场经济的态度，以及全体国民的现代化意识。在国民意识方面，经过四十多年的改革开放，中国人国民性的总体提高已经有了质的飞跃，思维方式、生活方式以及行为方式与国际社会基本接轨，这是一个良好的基础。市场经济是纲，其他的都是目。跟市场经济直接有关的私权制度、法治以及开放等都是市场经济的基本要求。对待市场经济的态度将决定中国的未来和命运。

中国仍处在市场经济建设的初期，虽然已有相对健全的知识产权法律体系，并加入了很多国际公约，但这些是文本层面的。要使文本转化为现实，有赖于整个社会的共同努力，在理论和实践方面我们都有很大的提升空间。在这个过程中，行政机关应该减少干预，让市场发挥主导作用。

老师高屋建瓴的讲解以及对中国的市场经济是历史大趋势、不可能逆转的坚定判断让参加讲座的日本企业界朋友都非常振奋和感动。在这种大环境下，有分量的人发出有分量的声音是非常可贵和重要的。

公司有很多人大知识产权学院的校友，部分同事有幸参加了这次研讨，说在学校那么多年都没机会听刘老师授课，居然在公司能听到这么高规格和高质量的课，不是一般的激动，会后大家纷纷和老师合影。

在送老师回去的

时候我顺嘴提了一句，现在国内知识产权学者研究著作权和专利的多，而研究商标的少，很多商标领域的重大问题一直得不到重视和解决。没想到老师一直记着这个事，过了好些天还专门发微信："你提到，你们有很多有关商标的理论问题，可否找人整理出来，有时间交流一下，谢谢。"

我赶紧和同事商量进行梳理工作，但还没来得及向老师汇报就因为年底疫情暴发，这个事和其他很多事情一样往后推了。

大师远去深切缅怀

去年三月底我突然听到老师离世的消息，起初和大家一样都是不敢相信，确认后是震惊和悲伤。后来从不同渠道才逐渐了解到，老师是新冠刚好不久就前往美国学术交流，因为过于操劳倒在知识产权公共外交的征途上。

在明德楼参加老师的追思会时，我见到很多老师和老同学，还有许多不认识的师兄师姐师弟师妹，看着视频里播放的照片，听着各位老师的发言，我不禁数次落泪，身边也是一片啜泣声。

到了李琛老师分享刘老师在街头帮助弱势小商贩对抗城管的部分时，我们不禁笑中带泪，老师路见不平拔刀相助的场景栩栩如生。听到路人被老师的气场所震慑，问"您是做什么的？"老师回头一笑，一句"我就是个教书的。"我们终于泪崩，好像又看到刘老师高大的身影和明亮的眼神就在眼前。

大师远去，无尽缅怀。

感谢刘老师，让我有幸进入人大知识产权师门，向各位老师学到终身受益的知识和思想。

感谢刘老师，教给学生们什么是独立思考和勇于坚持真理。

"侠之大者，为国为民"，在老师身上我真正体会到了。

2024年1月15日

追忆刘春田老师

盛婉婉*

2021年7月29日，“知产观察家”节目录制如往常一样进行着。

“注重商号、字号保护，及时更新法律规则，是未来加强老字号知识产权保护必不可少的环节。只有完善商号、字号的法律保护，与时俱进地制定老字号融资上市等相关规则，同时提高老字号所有者或传承人的知识产权保护意识和能力，才能更好地推动我国老字号的传承与发展。今天的节目就到这里，非常感谢刘春田教授和张平教授做客我们的演播室，为我们带来了精彩的内容和观点。同时，也感谢新浪和《中国知识产权》杂志对本节目的大力支持，相关话题我们会持续关注。让知识产权发声，与创新保护同行，这里是‘知产观察家’，我们下期再见。”

“好！收工。两位老师辛苦了！这期内容满满的干货。”我长长地舒了一口气后，向两位老师鼓掌致谢。这是我第二次与刘春田老师接触，他的专业和亲和力给我留下了深刻的印象。

“主持可不是个轻松活儿，一口气顺下来还不出错，一般人可做不到。”刘春田老师边摘话筒边对张平老师说。

---

* “知产观察家”新媒体负责人。

“比上次录制更自然放松了，你是学主持的吗？”张平老师回应完刘春田的话，转头问我。

“我本科是播音主持专业的，在电视台工作过两年。”

“怪不得，不错，继续努力。”两位老师向我点头示意。

在送刘春田老师到停车场的路上，他问我：“我刚才讲的都能听懂吧？”我兴奋地回答：“能听懂，经您一讲，知识产权的很多知识点容易理解了很多，我觉得超有意思。”刘老师欣慰地笑了笑，然后和同行的人复盘起刚才录制的内容。

这看似平常的一次节目录制，却成为了刘春田老师最后一次出现在“知产观察家”的荧幕上。

故事要从2021年的夏天讲起。

我是一名电视媒体人，2021年4月，我跨专业进入了知产行业。说实话，当时我对知识产权的了解仅限于：知识产权与我们的生活息息相关，密不可分。我们阅读书籍、欣赏音乐、观看电影等，都涉及知识产权。商标权、著作权、专利权是我在生活中接触和看到最多的知识产权类型。

一切从头开始，当我还是《中国知识产权》杂志的一名实习记者时，领导就交给我一个重要任务——策划一期“知产观察家”节目，探讨互联网数据获取行为背后的逻辑与法律边界等问题。得知录制嘉宾是刘春田老师后，同事们都瞪大了眼睛，羡慕我之余纷纷夸我运气好、起点高。“知识产权界的泰斗，站在金字塔尖上的人物。你能和刘老师坐在一起录节目，太羡慕了！”“刘春田老师人很好，每年我们举办的知识产权经理人年会，刘老师都是致辞嘉宾。”同事们纷纷说道。未见其人，但闻其名。“刘春田老师”这五个字，第一次映入我的脑海中，他在业界的地位举足轻重！

初次相识，高大魁梧爱笑的学者

第一次见到刘老师是在新浪的VIP招待餐厅，他高大魁梧，脸上总是带着笑容。他的一番话让我受益匪浅：“随着人类进入互联网时代，人类生产知识的方式，手段，周期，它的广度和深度都有一个质的变化，所以人类历史实际上是不断生产知识、应用知识、扩散知识，并且更新知识的过程。互联网本身以及互联网案件与纠纷的最主要特点就是‘新’。新技术、新应用、新模式，在给人们带来新体验、新便利、新惊喜的同时，又持续不断对相关监管制度规则与法律制度提出新的挑战……”虽然之前在电视台有过嘉宾访谈的经验，但是面对知识产权泰斗，我心里还是有点打鼓，毕竟还没正式录节目呢，刘老师的谈吐就不简单。那是我第一次和刘老师录节目，他逻辑清晰，说话条理性很强，把知识产权知识说得很透彻。从“数据是否可以作为维权方的权益对象，侵权方是否可以随意‘拿来’？到“平台的非自产数据/信息在平台权益的评价上与平台自产数据/信息有什么不同？到：网络平台是否可以不经许可将发布平台展示的信息‘拿来’，“‘互联互通’是否可以成为数据/信息侵权行为正当化的理由？”再到“数据/信息侵权行为对产业、社会、公众是否有危害”，“数据/信息侵权行为案件呈现出怎样的实务发展趋势”，以及“不同类型的数据/信息在维权路径上有什么差异？”……总感觉那天的录制内容，比我过去半年学到的东西还多。当天听了他的分享后，我也不知道哪来的自信，竟觉得知识产权好上手，很容易懂。现在回想起那个画面，感慨自己初生牛犊不怕虎，肤浅幼稚。

有了第一次的接触，在第二次录节目的时候，我就轻松了很多。他很随和，很爱笑，很会照顾年轻人对知识点的接受度。他在思考问题时，很安静，喜欢在提纲上写核心点。第二次录节目就是我开头提到的那样，轻松顺畅了很多。两次录制下来，我对刘春田老师的印象更加深刻了。

疫情限制了我们的脚步，但是限制不了我们的思想

再一次见到刘老师，是在第十二届中国知识产权经理人年会上，当时刘老师是大会的致辞嘉宾。听同事说刘老师从2017年起，已经连续六年参与我们《中国知识产权》杂志主办的“中国知识产权新年论坛暨中国知识产权经理人年会”并作致辞。他说“疫情限制了我们的脚步，但是限制不了我们的思想，我们依然可以创造。”会场休息时，我看到很多嘉宾对他前拥后簇，对他充满了敬意和爱

戴，都是向他虚心请教知识产权的问题，刘老师总是耐心地解答。他总喜欢勉励身边的知产人要永远相信科学、勇于求变，不为任何传统、顽固的生活方式与思维定势所束缚，要创造新时代、调整新格局、寻找新平衡。在与这位从改革时代走来的智慧长者的接触中，我们总能深深体会到他探索真理的坚定意志与求新求变的高度热忱。尽管年龄的增长无可回避，但在不曾停息的思考与探索中，他的身影却永远那般年轻。

在我任职《中国知识产权》杂志新媒体部门期间，经常收到刘春田老师撰写的文章。尤其是近年来在知识产权领域，随着新技术、新业态的不断发展带来许多新问题，他深入剖析商标、数据等知识产权保护客体的本质内涵，大胆提出极具洞察力与创新性的新观点、新思维。在“互联网+”时代的大背景下，刘春田教授撰文明确指出，数据作为一切知识的表现形式及财富的载体，应成为法律纠纷与维权的对象。同时他区分了知识产权保护的“对象”与“客体”两个不同的关键概念，指出在网络平台的数据保护问题上，我们无须纠结于数据是“自产”还是“他产”，而只需关注相关权利究竟是“自有”还是“他有”。面对市场竞争中商标与商号的冲突，刘春田教授敏锐地指出：这一冲突源于与市场经济不相匹配的管理体制，归根到底是财产制度基础上的市场经济秩序问题，必须在尊重经济规律和市场经济秩序的基础上加以解决；对于“商标”这一似乎早有定论的概念，刘春田教授也做出了突破性的阐释，他提炼出“商标”之“商”所蕴含的市场功能性，并点明了市场本身作为一个创造成果、技术发明、产品交易及财富创造机器的属性，从而引出了“转让商标权就是转让该商标所表征的‘交易场’即市场的所有权”“未经许可使用他人商标权的行为，实质上是对他人市场所有权的侵犯”的创新论断，为一直以来困在“黑屋”里的知识产权思考者打开了商标新世界的大门。在此基础上，刘春田教授于第184期《中国知识产权》杂志上发表了《仍需改革的中国商标法》一文，结合现行《商标法》第1条的规定，就商标权的性质和《商标法》的功能两个重点问题做了更为深刻的剖析。在文章的结尾部分，刘春田教授再度强调了商标权的私有财产权属性和《商标法》的财产法属性，将商标立法的核心再次聚拢于商标权的产生、利用、收益、处分和保护上，进而对我国现行《商标法》提出了法理与逻辑上的改进建议。

由于工作的原因，我在和刘春田老师交流的同时，也和他的女儿刘劭君老师成为了好友，他们都致力于知产的延伸与创新，真可谓一家知产人，两代知产魂。这种从知产领域到家族血脉的传承，也深深感染了我。女承父业，不仅是知识与成果的延续，更是对行业发自内心的认可与热爱。他们创办的“北京阳光知识产权基金会”本着科教兴国，扶贫助弱的初心，开展了多种学术交流及公益活动，有效推动了中国知识产权事业的向前发展。

悲痛之中，回望前辈的贡献

2023 年 3 月 25 日，一个令人心碎的消息传遍了知识产权领域：中国知识产权法学学科的奠基人、中国知识产权法学教育的开拓者、知识产权法学中外交流的积极推动者、中国人民大学知识产权学院院长刘春田教授，在赴美参加学术活动期间突发疾病，经全力抢救无效，永远地离开了我们。

这一噩耗犹如晴天霹雳，让人悲痛欲绝，我们为失去这样一位杰出的巨匠而深感痛惜。我心情沉重地投入到刘老师的追思会视频照片的整理制作中。在这个过程中，我看到了对刘老师好友和学生们的采访，他们的话语如同一股股暖流，触动了我内心最柔软的地方。

他们眼中噙满泪水，回忆起刘老师生前的点点滴滴。刘老师的学生们深情地讲述着与他的师生情谊。他们说，刘春田老师是一位学富五车、诲人不倦的良师，他的言传身教如同一盏明灯，照亮了学生们的求知之路。他不仅传授知识，更以高尚的品德和创新的精神激励着每一个学生。

“桃李满天下，春晖遍四方。”刘春田老师的辛勤耕耘，培养出了一批又一批的优秀人才，他们在各自的领域崭露头角，为社会贡献着自己的力量。“著述等身齐，嘉惠后学知。”他的著作犹如智慧的结晶，为后来者提供了丰富的知识养分，对知识产权学术领域产生了深远的影响。“春风化雨润，未来苗茁壮。”他的贡献如同春风化雨，滋润着知识产权领域这片沃土，孕育出无数的希望与可能。

刘春田老师虽然已经离我们而去，但他的精神将永远在我们心中闪耀。他的教诲如同明灯，为我们指引前进的方向；他的精神如同火炬，传递着智慧与勇气的力量。

春蚕到死丝方尽，蜡炬成灰泪始干

刘老师用自己的一生，为中国的知识产权事业奠定了坚实的基础。他的贡献将永远铭刻在中国知识产权的历史长河中。

刘春田老师，您的音容笑貌将永远伴随着我们，激励着我们在知识产权的道路上不断前行。在国家知识产权的发展大局中，在国家知识产权体系建设中，在中国知识产权学科的建设中，刘春田教授是一座知识的灯塔，他将永远照亮着一代又一代知产人前行的道路。

2024年春季

纸鹤寄哀思 风骨永传承

——缅怀刘春田教授

石　巍*

2023年3月28日，乍暖还寒。华中科技大学法学院的马晓博士发来短信称，刘春田老师在美国从事学术访问期间不幸仙逝。这一年的稍早时候，我还曾跟马博士和其他几位同事商讨在青岛主办一场知识产权的国际会议，刘老师也慷慨应允了我们的邀请。孰料这一计划竟成奢望，成为了永久遗憾。

我初识刘老师是在三十年前在人大法学院读研究生时。从背景和出身上讲，我不是正宗的知产人。我是国际私法方向的研究生，但由于学位论文涉及知识产权的国际保护与法律适用，便与知识产权有了交集，因此对知识产权法具有特别的“亲近感”。记得有一次在研一楼经过刘老师给知识产权法研究生上课的小教室，我还特意驻足聆听。透过虚掩着的教室门，我能看到知识产权法专业同学们熟悉的背影，刘老师端坐在教室前方，正对着教室门口。刘老师穿着一件低领的浅色毛衫，随意而时尚。刘老师是山东乐陵人，与我还是山东同乡。当年刘老师四十出

* 山东大学法学院教授，博士研究生导师。

头，拥有北方人特有的伟岸身躯，面庞刮得干干净净，泛着荧荧青光，透出沉稳与刚毅。刘老师浑厚的男中音只能隐约听到只言片语，但听得出刘老师似乎在跟学生讨论一个版权法的案例。在人大读研三年，跟刘老师谋面甚少，但这次短暂的“蹭课”给我留下深刻印象。

从人大毕业后，我先在山东大学法学院从教数年，之后出国留学、工作，一晃十余载。2015年初，我回国任职于南开大学，组建南开知识产权法研究中心，这才有了与刘老师联络、交流和请教的过程。2017年春，我与南开的同事们一起主办了一场知识产权的高端国际论坛，邀请到Laurence Helfer, Peter Drahoes, Susan Sell, Thomas Cottier等世界知识产权顶尖学者。要与这些欧美学者对话的国内学者，刘老师当然是最恰当的人选。刘老师工作繁忙，到达会场所在的专家公寓时已经错过了晚餐时间，我建议到校外餐馆就餐，刘老师却坚决不肯。会议开幕后，在第一个时段的主旨演讲环节，刘老师作为国内唯一受邀的知识产权学者，以“数字时代的中国与世界”为题发表主旨演讲，与来自美国、欧洲、澳大利亚的顶尖知识产权学者展开对话，反响强烈。

六年后，我返回阔别二十余年的山东大学工作。在这个新的岗位上，我们筹划的第一场重要学术活动就是将南开知识产权论坛搬到在山大青岛校区举办。我们想，我们熬过了三年疫情，厌倦了屏幕上参会，希望组织一场线下鲜活生动、别开生面的国际盛会。为了确保能请到刘老师参会，我们提前就打好招呼。我们深信，刘老师一定会乐意来青岛，在故土山东，与来自欧美各国的顶尖知识产权学者再次展开对话交流。谁知这样一个看似顺理成章的计划竟然也未能如愿。

刘老师是一个胸襟开阔、爱憎分明、敢于直言的人。在这个很多人把谨言慎行和明哲保身视为圭臬的年代，刘老师可以说是特立独行。他说话酣畅淋漓，气度非凡，甚至因此得罪过不少人。刘老师志趣高洁，他虽高居全国知识产权法研究会会长之职，但他不迎流弊，不媚权贵，不慕虚名，堪称学界的一股清流。在这个信仰缺失、价值虚无的年代，传统道德体系坍塌，江湖习气侵蚀科学殿堂，在学术的华丽外衣下，隐藏了无数的套路与算计。刘老师以他独有的方式诠释了一个有风骨的学者应有的气节和操守，这或许是刘老师留给后人最宝贵的精神遗产吧。

2024年1月31日

回忆刘春田老师二三事

宋　健*

日子过得飞快，转眼间，刘春田老师不幸离世已经一年了。

一年前，当刘老师在美国离世的消息在朋友间悄悄传开，我先是十分震惊，不敢相信，继而是深感难过，记得当时在脑海中闪现出这样一句话："从此中国知识产权界步入了没有刘春田老师的时代。"

前段日子，我在南京遇到我北京大学法律系的老同学何山，他曾是全国人大法工委著名的民法学专家和立法官员。他告诉我，有关部门准备出一本纪念刘老师的文集，问我要不要也写上一篇。于是我脑海中开始浮现出关于刘老师的点滴过往。

此刻，在我的书桌上正摆放着知识产权出版社于2019年4月出版的、由刘老师主编的《中国知识产权四十年》一书。记得应该是2018年初，在参加某个知识产权论坛的休息间隙，刘老师迈着大长腿，笑眯眯地走过来，询问我是从什么时候开始从事知识产权审判工作的，我随口答道："是2004年。"不料刘老师有些遗憾，说："你从事知识产权审判工作的时间太短了。"然后他解释道他正在主编一本纪念中国知

---

* 江苏省高级人民法院原审判委员会委员、知识产权庭庭长，全国审判业务专家。

识产权四十年的文集，所邀请的作者都是知识产权领域的资深专家。当时，我突然记起1985年曾作为民庭书记员参与过江苏高院审理的全国首例著作权纠纷案——《16号病房》的侵权对比工作，以及1988年我作为助理审判员主审《风雨五十年》著作权纠纷案的经历。因为在1995年江苏高院成立知识产权庭、开启知识产权专业化审判之前，专利、商标等工业产业案件是由当时的经济庭审理，而著作权案件则在民庭审理。刘老师听闻后很高兴，立即拍板说："这下时间够了，就是你啦！"

2018年至今已经过去六年了，但那一幕依然历历在目，就像发生在昨天。后来我写的《改革开放四十年与知识产权审判》[①]一文，被收录到该文集中。现在我重读这篇文章时，内心依然充满了对刘老师的感激。

记得当年为了撰写这篇文章，我查阅了很多资料，最值得一提的是，在查阅《16号病房》案的电子卷宗和相关回忆文章时，我发现在1985年4月南京鼓楼区人民法院最初受理《16号病房》案之前，曾咨询过江苏高院能否受理，主要是为了解决受理案件的法律依据问题。因为当时为了受理这个案件，国内还发生了一场论战，大约有几十位专家参与，当时香港报纸上有评论说："人民法院受理这个案件意味着中国依法治国的开端"，可见社会关注度极高。当时之所以争议大，原因在于对电影作品著作权尚无明确的法律规定。因为当时仅有文化部于1984年6月颁布的《图书期刊版权保护试行条例》，而1986年颁布的《民法通则》和1990年颁布的《著作权法》还正在起草过程中。据回忆文章称，江苏高院认为根据我国1982年《宪法》第47条关于"公民有进行科学研究、文学艺术创作和其他文化活动的自由"的原则规定以及相关

① 宋健：改革开放四十年与知识产权审判//刘春田：中国知识产权四十年，北京：知识产权出版社，2019：383-405.

法理，公民、法人和其他组织认为自己的民事权益受到侵害或者与他人发生民事权益争议，没有法律规定人民法院不能受理或不能直接受理的，人民法院都应当受理。据此，南京鼓楼区人民法院受理了该案，后因案件影响重大最终逐级移送至江苏高院审理。现在看来，在没有明确的实体法依据下，人民法院根据宪法规定受理该案，有当时特定的历史条件，估计是“前无古人后无来者”。正是刘老师邀约，才使得我有机会去挖掘出这段封尘已久的著作权审判的珍贵历史，并将其记录在《中国知识产权四十年》的文集中。我想说明的是，这段史料弥足珍贵，不仅是我国改革开放后著作权纠纷案件审判的高起点，而且带给我们很多重要的启示：即我们的知识产权审判工作从来都不是机械、僵化的，而是从起步之初就在不断适应新时代的发展、变化与挑战。感谢刘老师！

刘老师是我国著名的知识产权学者，但我最初关注他，多少与当时社会上流传的他与郑成思老师的学术争论有关。后来我和刘老师熟悉后，就很好奇地问起他来，才知道这段争论与所谓的“文人相轻”无关，而是与这两位老师都很耿直、求真的个人秉性相关。我在网上查到2007年《法制日报》对刘老师的一篇采访文章，他在其中亦非常坦然地谈及到与郑老师的争论：“实事求是是知识分子的天职，学术求真，学术的生命在于批判与革命。在学术问题上没有什么东西是天经地义的。思想和表达是每个人的权利，真的学术无关个人恩怨。岂能看人脸色，因他人毁誉臧否而轻言放弃。”在这篇采访中，刘老师对郑老师表示了极大的尊重，称赞郑老师是良师、益友，并感念郑老师多年来的助益，“我们以诤友相识，长期合作，在诸多问题上相互辩难，争了二十多年。但我们的私交一直很好，在他去世前，我们还在讨论问题，还就信息产权问题各抒己见。”[①]看到这段文字，我的内心是十分敬佩的。这篇采访描述刘老师“为人直率、真诚，当然也比较喜欢较真儿”，其

① 蒋安杰. 刘春田：书山千度春　学海万般田. 法制日报，2007-08-12（13）.

实刘老师如此率真的个性才更加凸显出他为人处世的心胸坦荡。记得有段时间，大家对他演讲中的一些提法有些担忧，我也曾问过一些朋友，但大家似乎都不太好意思提醒他。于是，找了个合适的机会，我私下里悄悄提醒刘老师要多注意表达方式，刘老师听后先是觉得惊讶，因为他没觉得有什么问题，但随即就连连点头，很严肃认真地说“以后的确要多加注意。”可见，尽管刘老师平时观点犀利，但却真心是为国家、为事业，为人真诚率直，毫不油腻圆滑。

刘老师自担任中国知识产权法学研究会会长后，组织了一系列重大的学术研讨活动，极大地促进了中国知识产权事业的发展，其中一些活动堪称是中国知识产权事业的高光时刻。除了中国知识产权法学研究会每年定期组织的年会以及若干小型学术研讨会外，我个人印象最深的是2012年5月在中国人民大学举行的“中美知识产权司法审判研讨会”。这次会议邀请了中美知识产权领域的专业人士参加，美方有美国联邦巡回上诉法院的法官、美国专利商标局的官员、美国知识产权学界著名学者以及律师等；中方有中国各级人民法院从事知识产权审判工作的法官、国家知识产权管理部门的官员、高校和科研机构的专家学者、律师，以及各大知名企业的知识产权权利人代表。在为期三天的会议中，大家围绕“司法、诉讼、创新”等知识产权领域备受关注的法律应用主题展开了对话与交流。尤其是中美两国知识产权法官不仅进行了主题报告，还联合进行了模拟法庭活动，为与会者提供研讨和交流的平台。[①] 在这次活动中，我也有幸作为江苏的法官代表作了学术发言。这次会议之所以让我至今记忆深刻，除了会议高规格外，还有就是规模超大，主办方公布说有1200人参会。记得当时中国人民大学主会场前到处都是参会代表，人头攒动，交流活跃，气氛热烈，体现出中国知识产权事

① 中美知识产权司法审判研讨会成功举行. http://ipr.ruc.edu.cn/info/1048/1311.htm,(2021-05-30),[2024-02-20].

业发展的欣欣向荣，我想这次会议应当给中外参会者都留下了难忘的记忆。此后，自2013年起，连续多年都能看到刘老师带团参与“中美知识产权学者对话”的消息和照片，这种立足于“民间性”和“学术性”的交流，已成为中美知识产权民间交流的重要平台。

刘老师对江苏的知识产权审判工作十分肯定，也很支持，曾多次到江苏参加学术活动。记得有一次他到苏州参加活动，私下里聊起中国知识产权事业的发展时，刘老师发自内心地说自己为什么要当中国知识产权法学研究会的会长，是因为他真的想为国家做点事儿。刘老师也曾多次邀请我参加中国人民大学知识产权学院组织的学术活动，使我在这些活动中通过学习交流收获良多。这里还要提及一件小趣事儿，虽然我的年龄比刘老师小很多，但我是改革开放恢复高考后首届1977级的法科生，而刘老师是1978级的，因此后来见面时，刘老师常常会冷不丁地问候一句：“师兄！”把我吓一跳，总引发大家一片欢笑，其实刘老师不仅性格率真，还很幽默和风趣。

刘老师走了，让我们这些知识产权人时常怀念他。然而生命的意义在于创造与贡献，刘老师为中国知识产权事业发展作出的重要贡献，为他的一生增添了光芒！古罗马哲学家赛涅卡说过：“生命如同寓言，其价值不在长短，而在内容。”落笔之际，我仿佛看到，刘老师正从遥远的地方，迈着大长腿，笑眯眯地走来。

2024年4月

悼念与怀念刘春田教授

孙国瑞*

2023年3月25日，刘春田教授在美国参加学术活动期间突发疾病，经抢救无效去世。得知该消息时，我和知识产权圈子里的朋友们一样，都感到非常吃惊，因为刘老师的身体一向很好，而且据我所知——他没有任何不良嗜好，烟不摸，酒不碰，日常生活起居很有规律。这样的学者本应该是属于长寿型的！

然而，斯人已去，令人唏嘘，感慨万千！刘老师的逝去，对于我国民商法学界，特别是知识产权法学界是重大损失。在大家沉痛悼念刘老师之际，我也想表达表达我的怀念之情。

我和刘春田教授认识的时间比较晚。记得是在2001年春天，当年的刘老师早已在学界大名鼎鼎，而我却一直无缘结识，更没有机会当面求教。就在那一年春季的某一天，我在北航的办公室伏案用功，桌上的电话突然响起来，我拿起话筒，立刻听到了洪亮的声音：“喂，是孙国瑞吗？我是刘春田！”我急忙诚惶诚恐地回答：“是我。刘老师您好！真没想到是您的电话！ 请问您有什么指示？”刘老师在电话里笑了起

* 北京航空航天大学法学院教授、博士研究生导师。

来：“我又不是你的领导，哪儿来的什么指示！”我连忙解释说，我有个毛病，跟谁都喜欢调侃。刘老师没接我的话茬，而是直入正题，说他是《著作权》杂志的编辑，收到我寄给编辑部的一长一短两篇稿子，并表示对其中较短的那篇小稿子感兴趣，建议我稍做修改。

这是我第一次与刘老师接触。后来因为我国“入世”成功，知识产权事业逐步升级成为国家战略，涉及知识产权的活动如火如荼。特别是刘老师兼任中国法学会知识产权法学研究会会长期间，我与刘老师的直接联系和当面请教机会自然就多了起来，对刘老师的了解和理解也日益加深。

刘老师关于民法与知识产权法的关系、关于知识产权法学学科体系的设计等方面的精辟见解、详细阐述和透彻分析，对我的相关教学和科研工作提供了十分有益的启发。

他待人处事的坦率、真诚总是给人留下深刻的印象。“学者要讲真话”不仅是他的实践，也是他给我的留念！

另外，自2016年以后，我兼任北京知识产权研究会会长，刘老师对北京研究会的工作提出过很中肯的建议，我在此代表北京研究会深表感谢，希望刘老师的在天之灵能够收到我的谢意。

据刘老师自称，他是国粹京剧的戏迷，除了通过研究“戏剧作品”研究京剧，他还有选择地参加戏曲界的活动，并在一定的场合亲自表达对于京剧，尤其是“马派”的喜爱。我也喜欢京剧，热衷于“裘派”，但没有达到刘老师“戏迷”的境界。

由于学术研究和社会工作的劳累与繁忙，刘老师没有更充裕的时间享受自己的业余爱好，祝愿刘老师在天堂尽情享受，风光无限！

谨以此文怀念尊敬的刘春田教授！

刘老师安息！

2024年春

音容犹在昨 转身已百年

——怀念恩师春田先生

孙　山*

世间有一种期待叫"下次再会"，世间也有一种悲哀叫"永远怀念"，等到您转身离去的时候，我们才意识到，时间最残酷，连当面道一声告别的机会都不曾留下。

与先生的初次接触，是在2007年冬，那时我还未拜入门下。查询课表后我发现那一天下午先生正好有课，于是早早去了教室，心情紧张而期待，像极了等待检阅的士兵。此前，虽然已经请我的另一位恩师李琛老师写了推荐信，但似我这般履历如同白纸的应届生，能拿出手充作辅助材料的，只有自己在"法律博客"上写的一些随笔。先生高大的身影终于出现在教室里，那时的您要更健硕一些，不像后来因诸事操劳而疲惫。紧接着，我作为旁听者，跟着先生学了第一课，内容已经记不清了，只记得您好几次将目光转向我，大概是发现又多了一张陌生面孔，您的目光中含着笑意。课间休息时，我赶紧上前"自首"，表达了考博的意愿。"欢迎报考！"一如既往，您的回复从来都不拖泥带水。我又向您说了自己的一些不足，尤其是没有前期的研究成果，已经做好了二

* 西南政法大学民商法学院教授。刘春田教授指导的2008级法学博士。

战的准备。没想到您又是微微一笑，“这些都不是事儿，相信自己，我看你行。”自从高考失利以来，这应当是我得到的最暖心的鼓励。不看重家庭出身，有教无类，正是您的这种风度才能让像我这样的平民子弟有了靠知识改变命运的机会。

考博结束后，先生和沈致和老师带着学生去五台山，一只脚刚踏入刘门的我便随着诸位师兄师姐同游，这算是我第一次和先生真正意义上的交流了。先生在车上先讲了当年在定襄插队当猪倌的故事，那会儿睡觉时甚至能听见植株破土而出的声音，悲苦中仍然能看到希望，这也是您一直以来的乐观态度。紧接着，先生又回忆了与大学的三次擦肩而过，以及和法学的奇妙结缘，让我们同感造化弄人。再后来，先生还讲了一些学界的逸闻趣事，都是他亲身经历过的。说到动情处，先生仿佛又回到了青春岁月，慷慨激昂，有些故事到今天我还印象深刻。五台山上的清凉胜境，着实让人神清气爽，但对于我们这些崇拜先生的后学们而言，沿途的交流才是更难忘怀的。

我们那一级的几位同学算是非常幸运的，读博期间有一个学期，每周都能和先生就选定的主题展开研讨。王坤、刘洁、熊文聪、向波、郑媛媛和我是同学，余俊师兄和马宁师姐后来也加入了。每周的研讨都是从早晨九点左右开始，至少持续到下午两点以后，有两次甚至直接到了五点，也没人感觉到疲惫。为了节约时间，每次都是先生给大家叫外卖，物质食粮和精神食粮一样都不能缺。我们研讨的题目都是基础理论问题，参与者的观点往往很难达成最终的共识，同学之间争论得面红耳赤是常有的事，现在想想，往事仿佛还在昨天，师友仿佛还在身边。即便是面对学生，先生也是以理服人，不预设任何思想禁区，这也是经历过那个特殊年代后的惨痛教训与自觉反省。先生对待学问的态度是极其苛刻的，惜墨如金。您常在课堂上讲，如果最终有二百字左右的东西，是自己所独有的、能给其他人积极启示的，那就足以慰藉平生。著作等身，从来都不是先生的追求，具有独创性的深刻思想的简明表达，才是您的目标，您所在意的贡献。相比之下，我们这些学生的定力就差很远了，在各种指标体系的指挥棒下，还要不停地制造各种文字材料。先生曾戏谑称某数据库是“垃圾总库”，而我们，则是在以自己的实际行动给“垃圾总库”增加堆积的材料。每次想起这些话，自己总是有些惭愧。

参加工作以后，所做的事情，于我而言，很大程度上是将从两位恩师——春田先生和李琛先生——那里传承的思想和习得的方法具体化到相应问题的研究中，所以，不论见或者不见，我都能感觉到先生就在自己身边，注视着我，让我更审慎对待自己所写的每一句话。创作与劳动之分，对象与客体之分，私权利与公权力之分，对此类话题的坚持，恰恰是传承与革新的价值所在。在我看来，上述三个区分，是先生思想的精华。创作与劳动之分，这一反传统的洞见揭示了知识产权有别于物权的价值来源，是知识产权制度构造特殊性的逻辑基础，也是知识产权得以整合进入财产权体系的事实前提，更是知识产权法学的基石性理念，具有极其重要的本体论意义。对象与客体之分，打破既往研究中将二者混为一谈的思维惯性，深化对法律关系本身的认识层次，推进事实判断与价值判断二分的认知结构，具有极其重要的方法论意义。私权利与公权力二分，是知识产权定性与定位的法理前提，是权利取得、维持、利用、救济、消灭等诸项制度构建的理论原点，更是市场与政府角色划定、避免错位的逻辑约束，不论是在拨乱反正的过去，还是在纷繁复杂的当下，更或是在道路崎岖的未来，都具有极其重要的认识论意义。上述三个区分，是知识产权法学研究这艘航船得以扬帆远行的导航。十多年来，少则两三次，多则七八次，每年都与先生见面，每次都能汲取到力量。各种大型会议上您的凛凛风骨早已成为知产圈的一道风景线，同游伦敦时又见到您老顽童的一面，“知识产权编（学者建议稿）”拟定过程中的群策群力，七十寿诞上的欢声笑语，而今，都已成为永远的回忆。

先生曾经在课堂上讲过，改革开放，其要义就是放开，去除一切不必要的束缚。先生也将毕生的精力，投入到放开的事业当中。七十多岁高龄时，为了消弭分歧、增进共识，先生仍然奔波于世界各地，搭建中外沟通的桥梁，竭心尽力，最后竟不辞而别，空留绝响在人间。我常常想，也许这样一种告别的方式，才是最符合您本人风格的，垂垂老矣，泪眼执手，根本不是一生要强的您所能忍受的。马连良先生的《淮河营》选段是您的最爱之一，这种喜爱或者就暗藏着您的人生态度："生死二字且由他。"秉持理性，坚守品格，相信科学，尊重市场，纪念您，就是为了继续您所贯彻的这些理念。

还记得，在2010年12月31日，师门在万寿寺为先生举办了"廿五杏坛春，笃耕智慧田"的从教纪念活动。先生精气神十足，微笑着听同学们讲述与先生交往的点点滴滴，还不时补充一两个小细节，引来大家阵阵笑声。先生还娓娓道来他对每个学生的印象，字字珠玑，幽默风趣，大家总也听不够，原来先生始终都在默默关注着年轻一代的成长。在这次活动中，我总结了先生的五个"大"，至今也是我对先生的个人画像："大块头有大智慧，力者无敌；大心脏承担一切，敢为天下先；大肚量包容万物，有教无类；大爱无疆，同体大悲；追寻大道至理，秉行君子不器。"相信这也是很多人的心声。

先生，马连良先生的《淮河营》选段是您的最爱之一，这种喜爱或者就暗藏着您的人生态度："生死二字且由他。"

愿我们常常在梦里相见，唯有如此，方才能跨越百年的局限。

先生千古！

2024年1月2日

亦师亦友

——回忆刘春田教授

孙新强*

一

2023年3月28日，我收到了一条微信，通告刘春田教授逝世的消息。得知这一噩耗，我大脑“嗡”地一下，顿时愣住了。接着，眼泪不知不觉地流了下来。此后很长一段时间内我仍没有从悲痛中缓过神来。每每回忆起与春田教授近三十年的交往，都不禁痛心疾首，泪流满面。

我与春田教授的交往始于1996年。众所周知，1995年，因知识产权保护等问题，中美两国在贸易领域发生了激烈的冲突。当时双方可谓剑拔弩张。后经艰苦谈判，双方各让一步，签订了MOU（中美谅解备忘录）。中方承诺将加强知识产权的保护和执法。一场一触即发的贸易战遂得以避免。美方则承诺为中国培训一批知识产权法专家。为了落实这一承诺，1996年，由美国新闻总署出资，巴尔的摩大学承办的“中美知识产权与诉讼培训班”于当年9月在巴尔的摩大学顺利开班。

本人有幸参加了该培训班。全班共二十人，分别来自北京大学、中

---

* 北京航空航天大学法学院教授、博士研究生导师。

国人民大学、对外经济贸易大学、复旦大学、山东大学、安徽大学、北京工商大学等国内高校。此外，还有个别学员来自最高人民法院和国内知名律所。

主办方将我们安置在美国霍普金斯大学路东一家名叫Broadview的公寓。我和外经贸大学的金渝林教授分在了一个房间。培训采取讲座方式。为了使中方学员能听得懂，便于学习，主办方还聘请了一男一女两位同声传译。女译员的名字，我已记不清了。但男译员陈一川给我们留下了深刻的印象。他是美国国务院的资深华裔翻译，据说曾作为美国前国务卿黑格的随身翻译访问过中国。课程的安排也很紧凑。通常是上午一个讲座，下午一个讲座。周末，还安排有参观、访问、实习等活动。在讲座之外，主办方还发放了大量的课外阅读材料和参考文献，其中就有《美国版权法》（1992年版）。

春田当时就已是正教授，而且是中国知识产权界的领军人物之一，因此德高望重。下午四五点钟听完讲座回到公寓后，大家喜欢挤到他的房间，听他讲述中国知识产权界的趣闻、现状及著作权法的立法历程。在同班学员中，大多都具备一点知识产权法的基本常识，而我却是一不折不扣的门外汉。当时在山东大学，我主要承担国际经济法的课程，对于知识产权法完全不了解。刘老师的谈话涉及大陆法系作者权体系与英美法系版权体系的区别，还谈到了我国著作权法制定时所发生的一些理论争议，如版权与著作权之争。春田教授所谈论的内容，对我这个门外汉来说，犹如醍醐灌顶，闻所未闻。与他的接触使我对知识产权法慢慢有了一个初步的认识，进而对知识产权法产生了兴趣。记得有一位朋友曾对我说，学习法学最直接、最简单的方法就是阅读法条。所以课外业余时间，我开始认真阅读《美国版权法》，该法严谨的结构和详尽的规定，给我留下了深刻的印象，也使我产生了翻译这部著名版权法的冲动。当得知这部法律尚未被翻译成汉语时，我向春田教授表达了想翻译这部法律的意愿。他听后明确表示："太好了！只要你能翻译过来，出版的事宜我来负责联系。"

二

回国后，我便全身心地投入到《美国版权法》的翻译工作中。刘老师果然信守承诺，帮我联系了中国人民大学出版社。2002年汉译本《美国版权法》由中国人民大学出版社出版发行。《美国版权法》汉译本的出版发行为我国知识产权界的学术研究提供了一份宝贵的参考文献，因而受到了学界的普遍欢迎。不过，今天回想起来我却有点后怕。一个只学习了几个月知识产权法的人竟敢翻译《美国版权法》，实属无知者无畏。但不管怎样，译文总的来讲，还算说得过去。有了这次经历，后来学界要求翻译《1998年美国数字千禧版权法》时，刘老师便主动找到我，指名让我翻译。经过两次翻译的实践，我对著作权法或版权法有了更为深刻的理解和认识。我后来的学术研究基本上都是围绕着著作权法而展开的。这些学术成果的取得离不开春田教授的悉心指导。对此，我心怀感激。另外，为了提高我国知识产权研究的理论水平，春田教授曾计划翻译一套著名的知识产权法专著。我建议翻译美国斯坦福大学戈尔斯坦教授的《戈尔斯坦论版权》四卷本。书我已拿给他看。他答应抽出时间组织人手翻译此书。令人遗憾的是，由于他的突然逝世，该计划短时间内恐难以完成。

三

在前期交往中，我与春田教授的关系更像是师徒关系，师生关系。每次从山东来京出差，我都会去看望他。随着时间的推移和我在学术上的进步，春田教授时常与我就一些有争议的理论问题，甚至是司法实践中的新型问题交流意见。记得在"吴冠中诉上海朵云轩"一案的审理过程中，出现了两种不同的意见。刘老师认为，被告侵害了原告的姓名权。就当时中国的现行法律而言，春田教授的观点无疑是正确的。郑成思教授则认为，被告侵害了原告的署名权。尽管当时人们对此观点不以为然，但该观点亦并非空穴来风。《美国版权法》关于署名权的第106条之二就有此类规定。尽管从逻辑上讲，一部作品若不是某人所创作，他便不能成为作者，更不会有著作权被侵犯的情形。但法律的生命在于经验，自有其内在的逻辑。国家制定法律是要解决现实问题的。大家都知道，制作、贩卖假画由来已久。由于西方的油画价值高，制作、销售假画乃一本万利的生意，因此俨然已成为一个庞大的“产业”。为了保护画家的利益、社会公益和市场秩序，英美国家将此行为纳入了版权法予以调整、规制。例如，《美国版权法》第106条之二规定：作者就其作品享有署名的权利，有权禁止他人在其未创作的视觉艺术作品上署其姓名。这后一项权利就是针对制作、销售假画而特别规定的。然而，这种规定并非我国法律，作为理论探讨可以，但要作为裁判案件的依据，则显然是不妥的。

令人欣慰的是，2001年我国修订《著作权法》时增加了一项关于侵权行为的规定，即第47条第8项：制作、出售假冒他人署名的作品的。有了该项规定，今后若再出现类似案件时，人民法院便可直接适用该规定，判决被告侵害作者的著作权，从而解决了类似案件中姓名权还是著作权受到侵害的争议。

不过，从理论上讲，该规定并不周延。由于我国在署名权方面并未像英美版权法那样作出相应规定，致使所侵犯的著作权缺乏具体所指，即侵权人究竟侵害了著作权中的何种权利？

四

从美国回来后，尤其是从山东大学调到北京航空航天大学后，我与春田教授的接触也逐渐多了起来。一遇有全国性的知识产权会议，他都会及时通知我，邀我参加。第三次著作权法修订和教育部马克思主义理论研究和建设工程《知识产权法》教材的编写，他都将我拉上。他指导的博士生举行博士论文答辩时，也都不忘邀请我作为答辩委员会的成员。对于他的这种信任和提携，我由衷地感激。正是在与同行的交流中，我又学到了不少新的东西，对知识产权法的认识亦在逐步加深。

春田教授的不幸去世，不仅是中国知识产权界的一大损失，更使我失去了一位良师益友。悲痛之余，我将不忘他的告诫和嘱托。他追求学术的执着精神和诚恳态度，也将激励我在知识产权的研究中继续探索下去。

2024年1月

难以释怀的那一刻

——深切缅怀恩师刘春田先生

孙英伟[*]

3月28日，我像往常一样，打开电脑，开始一天的工作，同时登录着微信，不时关注着微信消息。大约8:45，余俊师兄发了一条视频，我扫了一眼，眼睛刚想移开，紧接着，余俊师兄又发了一句“永远怀念刘老师！”一瞬间我怀疑自己是不是看错了，又定睛仔细看了看，还是不敢相信，于是便打开了上一条的视频，画面是黑白色的。一时间，如五雷轰顶，错愕、怀疑、急切……群里有同学接着问“刘老师怎么了？”我也加入了询问的队伍。此时，绪华打过来电话，急切地问我刚才余俊师兄发的消息是什么意思。我和绪华很久没有直接通过电话了，我真切地感知到她此刻焦灼的心情。我们都不敢相信、也不肯相信发生了不好的事情，本能地强烈抗拒这个消息，尽管理智告诉我，余俊师兄的消息肯定是有确切来源的，但是我们仍抱有一丝希望，希望这个消息很快能被撤回或更正。当消息被证实后，我的心态瞬间崩塌，情绪一时失控，眼泪盈满了眼眶，于是赶紧关上了办公室的门，担心此时有学生会不经意地进来，看到他们老师失态的样子。万万想不到，如一位师姐所言，

* 石家庄学院法学与社会学院教授。刘春田教授指导的2009级法学博士。

老师明明喜眉笑眼，怎会突然传来这样惊悚的消息？

三年疫情，我与老师不曾见过几面。距离上次邀请老师讲学已过近一十五载，这两年我一直关注着疫情情况，想邀请老师来石家庄讲学。春节前我也通过微信向老师表达了这一想法，但没有得到老师的反馈回复。我知道老师平时工作繁忙，来不及看微信回微信属正常情况，加上刚放开后疫情汹涌，知道此时也不可能成行。春节期间，疫情逐步趋于平缓，我与老师互致了问候。开学后，《河北法学》总编马章民老师打电话给我，表达了向老师约稿的想法。对于马老师求贤文的好意，我有责任转达给老师，但想找一个老师可能比较充裕的时间将讲学和约稿两个问题一并向老师表达，并谋划着在春暖花开的“世界知识日”前后促成此次讲学的行程。不承想，此刻，这一切竟成空！更不曾想到，这一切竟如此突然让人毫无思想准备！3月29日，当消息传到外界时，包括马章民老师、高剑飞师兄在内的朋友们纷纷打来电话，大家都被这样一个突如其来的消息惊到了！跟着老师学习时，我曾和绪华多次在宿舍祝福老师长命百岁，难道上天丝毫没有听到？人已逝，事成空，纵有壮志凌云，怎敌命运不测，空留唏嘘悲切！与郑师姐通话，同感其时万千思绪齐聚心头，在老师身边多年的求学时光，区区文字怎能表达此刻心情？其时也看到不少缅怀老师的各路文章，但还是感觉自已难以理出头绪去以文述思。及至今日，适才可以拾掇文字，但我也是想到哪儿写到哪儿，唉，不求他人解，只想抒已怀。另外，考虑到明天的追思会上我可能难以控制情绪，而此刻夜阑人静，情绪尚属平静，将所思所想形成文字，倘若明天情绪失控可直接将此文提交，以表哀思。

师恩永难忘！恩师千古！

2023年4月19日

天堂快乐，亲爱的刘老师

唐冠虹*

2023年3月28日，伦敦一早下起雨来，空气里有几分异样的寒意。我如常送小丫上学，看她在大巴上认真阅读，拿出手机想给她拍照留念，海容的信息提醒就在那时闯了进来："刚刚看到消息，刘春田老师去世了"！我一时反应不过来，怔怔之中手机掉下座位，手快的小丫马上帮忙捡了起来，见我脸色凝重，连声问："妈妈怎么啦？" 顾不得解释，我急急跟海容和刘老师的弟子分别求实，心中祈祷是假消息——因为一月底跟刘老师联系的时候他仍一切安好、踌躇满志。然而，这并非假消息。呜呼哀哉！

衷心感谢余俊的邀请，让我有机会以拙短之文沉淀对刘春田老师的哀思。说起来，我跟刘老师实属君子之交，见面的次数并不多。但是，每次见面都印象非常深刻，谨此列举二三以作纪念。

第一次和刘老师会面是2010年，当时我在上海财经大学任教知识产权法，选用了刘老师的教材，并因为其中的一些疑点冒昧联系了刘老师。因为刚好去北京开法律英语教学研讨会，刘老师就约我见了一面。

* 伦敦玛丽女王大学商法副教授，博士研究生导师。

得知我在爱丁堡大学法学院做的博士论文专注于版权法和公共利益分析，刘老师在耐心解惑之余还专门和我讨论了关于中英两国版权保护客体的用语和解析的异同。当时，我对刘老师印象最深的是他的平易近人、法律思维和治学开明。

2015年，我加入了伦敦玛丽女王大学商法研究中心。第二年春，院长说将有一个对我来说颇是特殊的贵宾团到访，因为该访问团的成员既有中国知识产权学术界的顶尖专家又有实务界的权威人士。我开玩笑问：不会是刘春田教授带的团吧？结果正是。几年不见，才刚几乎绕了地球一圈的刘老师依然精神抖擞，会上主要就指导性案例在法律实践中的运用与所有伦敦玛丽女王大学知识产权研究院的参会代表一一做了讨论。交流会结束之前，刘老师兴缓筌漓，表示要做一个议程中没有安排的即兴演讲，同时热情邀请我兼任临时翻译。在短短十分钟演讲中，刘老师对中国知识产权执法的发展前景和中国作为知识产权国际社区成员的责任做了独特分析和精辟展望，最后以匹夫有责结束发言，效果相当震撼，宾主尽欢。这次，我对刘老师印象最深的是他超凡的控场能力和优异的语言组织能力。

刘老师结束访问回国后听说我有在伦敦玛丽女王大学组织中国商法系列研讨的计划，非常支持，敦促我尽快行动起来，并建议我把中国知识产权在当前和未来全球市场经济中的重要性作为成立大会的研讨主题。他在百忙之中一直关心研讨会的组织进展，并主动提出如果时间允许他到时候一定过来为研讨会站台。2016年年底，成立大会在伦敦玛丽女王大学如期召开，刘老师不仅信守诺言前来参会，还带来了蒋志培老师、程永顺老师、李雨峰老师和陈力老师非常独到的专业陈述，在会上和欧洲专家百家争鸣，听得参会人员不亦乐乎。除了主旨发言，刘老师还与Robin Jacob 爵士、 Spyros Maniatis和Duncan Matthews等知名教授就研讨会主题做了深入沟通。晚宴中，刘老师特意找我聊天，谢谢我的邀请和协调，一再鼓励我今后多与国内的学者和实务界人士联系、交流与合作。知道我当时正在做成为高龄母亲的准备后，他还主动分享了自己对女儿的深情、喜爱和女儿成为母亲后的成长。在得知我已经在玛丽女王大学开设了中国知识产权法课程，并有和Maniatis教授合作编著一本遵循普通法传统习惯的中国知识产权法教材的构想时，他非常高兴，连声说："算我一个、算我一个！" 还马上跟Maniatis教授和我碰杯，说是要"seal the deal"。那天，我对刘老师印象最深的是他在知识产权国际舞台上的活力和精彩、他在学术研讨时的严谨和较真、他对后辈学者的真诚支持和友好幽默，以及他对家人的赤子之心和无私关爱。

2021年复活节后，我和Maniatis教授着手开始为编著中国知识产权法教材立项做准备。在与刘老师商讨如何把项目必要性的论述写好时，他鼓励我遵循本心、霸气一点、不要太过在意其他人的想法和做派。记得当时他沉默了好一会儿，说道："唐唐老师远离祖国，可能不知道其实许多人对我是很有意见的，有的说话非常难听，甚至称我为'霸'。我的知识产权观点大多源于法治、益于法治，是踏踏实实用心研究而来；对于自己的这些观点，我当然要竭力传播、尽心坚持。如果因此被人视为一'霸'，那我乐此不疲、将一直霸下去。"话语里一番感慨、一片赤诚，此时想起依然铿锵有声。

话说回2023年3月28日，心中慌乱的我差点坐过站，匆匆下车时忘了拿小丫心爱的变色雨伞。小丫放学后我因此向她道歉，也解释了原因，告诉她，我失去了一位良师益友……五岁的小丫紧紧拥抱了我，说："不要难过妈妈，刘爷爷现在去了天堂，那里有许许多多有趣的人和事，他很快乐。"

知母莫如女。小丫的童言，正是我的心愿：天堂快乐哈，亲爱的刘老师！

2024年3月

缅怀春田教授

王立平*

2023年3月25日，我国著名知识产权法学家刘春田教授不幸逝世，消息传来令我震惊和悲痛。刘春田教授是中国泰斗级的知识产权法学大家，他的离世不仅使我失去了一位挚友，更是中国知识产权界的一大损失。

回想起来，我结识春田教授于20世纪80年代，我年长他几岁，那正是我国著作权法律制度生根发芽的年代，可以说我和春田教授的相遇相知也伴随着我国《著作权法》孕育、产生的过程。适逢我国改革开放之初，社会上绝大多数人对著作权及著作权法律制度尚不了解。我记得春田教授1985年在中国第一个开设了高校知识产权专业课程。1986年，在原国家教委召开的全国高校专家目录制订工作会议上，春田教授作为法学学科组召集人，力倡建立知识产权法专业，使知识产权法得以成为法学新增二级学科。1987年，刘春田教授在中国人民大学倡导设立知识产权法第二学士学位，培养了中国第一批知识产权法专业毕业生。同样是在1986年，春田教授编著了我国第一部以“知识产权”命

* 中国著名词曲作家、国家一级作曲家。

名的教材，并于2000年主持编写了我国第一本知识产权法核心课教材。凡此种种，春田教授称得上是国内系统从事知识产权法学高等教育的第一人。

回首在20世纪80年代我国《著作权法》的起草工作，立法过程历时11年，春田教授作为立法小组的成员和知识产权法学专家做出了重要的贡献。那时我作为中国音乐家协会书记处书记和第七届全国政协常委，经常作为音乐界的代表，与春田教授一同致力于中国首部《著作权法》的酝酿起草工作。我记得在法案起草过程中，举办过多场专题立法研讨会，邀请音乐家、美术家、文学家等一同出谋划策，尽可能地使我国首部《著作权法》的制定顾及保障各方面的权益。自那时起，春田教授高深的专业造诣、敏锐的洞察力和追求真理的学者风范都给我留下了极其深刻的印象；同样是在20世纪80年代后期，我在酝酿并筹建中国大陆第一家著作权集体管理组织——中国音乐著作权协会的过程中，春田教授也给予了很多帮助。

春田教授特别注重著作权法对于原创作者权益的保护，他一直强调著作权首先是作者的权利，以保护作者的著作权为中心是著作权法的灵

魂与核心价值所在。

由于包括著作权法在内的知识产权法律制度在中国起步较晚，社会层面对于著作权的法律意识长期薄弱，因此对于原创作者的著作权益的保护也一直处于一个在不断认知和博弈当中不断改进提高的过程。例如1990年颁布的首部《著作权法》第43条关于广播电视组织播放录音制品的免责条款一直备受广大著作权人的诟病和反对。为了在后续修法中删除这一不尊重原创作者著作权益的法律条款，一些文艺创作者、专家学者等专业人士为此付出了长达十年的不懈努力，其中不仅包括我，也包括春田教授这样有学识、有担当的知识产权学者。在对于音乐创作者广播权的立法和后续修法过程中，春田教授一直坚定地站在维护原创作者合法权益的立场上，从法律专家角度给予了诸多专业建议和帮助。

我与春田教授因中国著作权法律制度的建设而相交相知，他的严谨的治学理念和高超的理论水平一直令他在中国乃至全世界的知识产权领域享有崇高威望，他对于中国著作权法乃至整个知识产权体系制度的建设都发挥了重要影响。对于多年来中国知识产权制度所取得的成就，他也保持着清醒的思考和理论见解，用他的话说就是：现今中国是世界第二大经济体，更需要“内修法度，外结善缘”。关于我国知识产权制度的发展，他认为首先是思想认识上的转变，随着著作权法、民法典等法律的制定实施，我们国家把对创新的保护落实到产权制度上，有了法律制度的保障是一个质变；同时我们从单一对劳动的尊重发展为四个尊重，即“尊重劳动、尊重知识、尊重人才、尊重创造”，这说明随着技术的进步，知识和创造正在不断代替传统劳动，在国家经济发展中占据越来越重要的作用。

“斯人已逝，精神长存”，春田教授的理念和学者之风将永远为从事中国知识产权事业的同仁们所铭记。

谨以此文纪念刘春田教授逝世一周年。

2024年3月

缅怀中国知识产权事业的开拓者刘春田教授

王　迁*

刘春田教授是中国知识产权法学教育的开拓者，在知识产权法学科的设立，知识产权法教学体系的构建、知识产权立法的推进等方面都作出了巨大的贡献。刘老师是学界前辈，我自2003年到高校任教至今，20年间多次有幸聆听刘老师的演讲、发言，也拜读过刘老师的许多文章。如今刘老师仙逝，但往事如昨，滴滴过往犹在心中铭记。

刘老师学识渊博，目光远大，最令人敬佩的是刘老师独立思考，不唯书，只唯实的学术品格。例如，就临摹作品的行为定性，我在读书时就学习了刘老师的观点，即临摹是一种技艺性智力成果，临摹不是创作，无论临摹的水平如何高，临摹产生的也是复制品。这给作为知识产权初学者的我留下了深刻的印象，极大地影响了我对创作的看法。我在教学和研究中，也一直坚持刘老师的这一观点。著作权法保护的是独创性表达，临摹的结果即使与原作品之间存在一定差异，只要这种差异达不到独创性的要求，也不能将临摹的结果认定为新作品。我后来在做比较研究时也发现，即使在英国和美国这样采取低独创性要求的英美法系

* 华东政法大学法律学院教授、博士研究生导师。

的国家，法院也不承认临摹的结果是受版权法保护的作品。刘老师有关临摹定性的论著已发表多年，如果能够理解其思想的内涵，许多看似疑难的问题都可以迎刃而解。今天再读刘老师的论著，愈发认同刘老师这些学术观点的价值。

刘老师是中国知识产权法学教育的先行者，他主编的教材至今仍然被广泛使用，也是我自己学习知识产权法时的主要教材之一。刘老师认为以知识产权为研究对象的科学是法律科学的一个分支，否认知识产权是“交叉学科”或“复合型专业”。作为知识产权法的老师，我对此有深刻的体会。只有坚持知识产权属于法学学科，只有遵循法学教育的规律和方法，才能办好知识产权专业，培养好知识产权人才。在我的微信“我的收藏”中，保存着刘老师撰写的《知识产权学科的性质与地位》。文章旁征博引，有理有据，精彩纷呈，读之令人叹服。同行和我讨论知识产权学科建设问题时，我总会把这篇文章发给对方做参考。如果刘老师力主知识产权学科的“升级”，以他在学界的地位和影响力，应该很快能促成此事，那么刘老师将成为新学科的创始人。然而，刘老师展现了教育家的担当和法学家的社会责任，并未力主此事，这种不为名利，实事求是的精神值得我们晚辈敬仰和学习！

刘老师具有极佳的口才，演讲和发言每每妙语连珠，给听众留下了深刻的印象，实际上也是在身体力行地指导我们这些晚辈教师们如何把课上得生动有趣，吸引学生认真听讲和思考。他讲到中国音乐著作权保护的坎坷历程时，告诉我们今后讲课时可以引用一个真实的事例：音乐著作权人当年向广播组织要求实现著作权法赋予他们的权利，询问播放一首歌支付一分钱行不行？得到的回答是“一分钱也不行！”这成了我上课时经常使用的极好素材。他讲到学科的定位与这个学科有多热门并没有关系之时，举的例子是“姚明的身高甭管比他爷爷高多少，也得把他的爷爷叫爷爷”，让我们在捧腹大笑之余对学科定位有了更直观的体会。在苏州开国际会议时，他在致辞中说“古人云‘姑苏城外寒山寺，夜半钟声到客船’，现在苏州的城市规模大大扩大，已经变成‘姑苏城内寒山寺，夜半钟声到客船’。”让中外嘉宾自然地将中国知识产权事业的发展与中国经济的飞速增长联系到了一起，何其巧妙！

刘老师还是中外知识产权学界与业界交流的大力推动者，他很早就提出，与其他国家一样，知识产权立法必须从现实的本国国情出发，在充分考量国际规则和中国文化传统的基础上，量体裁衣，设计既符合现阶段诸方面实际情况，便于与国际交往，又利于未来发展的制度。同时他提出，内修法度，外结善缘，要实行广泛的国际合作，要与世界同行。刘老师十分重视中外知识产权学界和业界的相互交流和学习，为提升中国知识产权的国际声誉作出了巨大贡献。他倾注大量心血举办了“中美知识产权司法审判研讨会”“中美知识产权学者对话”“亚太知识产权论坛”“中欧知识产权学界合作机制”“东亚知识产权论坛”“中印知识产权论坛”等诸多重要的国际会议和活动，建立了国内外知识产权学界与业界交流的畅通渠道。我也是其中的受益者之一，通过参加这些会议，我有了和国外同行交流的更多机会，得到了国外知识产权发展的最新动态和信息，这些对自己做研究和从事教学都起到了相当大的作用。2016年，我还有幸跟随刘老师赴英国伦敦玛丽女王大学参加“中欧学术合作知识产权研讨会”和“中欧知识产权论坛”。刘老师向国外学者介绍中国知识产权法治建设取得的成就和面临的挑战，鞭辟入里，恰如其分，引起了国外学者极大的兴趣。在茶歇的时候，一位英国学者主动找到刘老师，就他演讲的内容向他进一步求教。当时我正好离刘老师不远，刘老师对我说：“王迁，来帮我翻译一下。”我就有幸为刘老师充当了一次翻译，近距离地感受到他思维的敏捷和逻辑的清晰。现在想到这件事，宛如就在昨日！刘老师在赴美参会期间不幸去世，他为中外知识产权学界和业界的交流可谓奋斗到了生命的最后一刻。

刘老师的猝然离世，给我们留下了无尽的痛惜与遗憾。直到离世之前，他仍然在为中国知识产权事业的发展殚精竭虑，奋斗不止。刘老师的学术思想和求真务实的态度，是留给我们晚辈的巨大精神财富，激励着我们砥砺前行。刘老师永远活在我们心中！

2024年2月

刘春田老师

王　岩*

广东的春天，乍暖还寒。今天清晨，收到苏平老师的一条微信，只一句话：刘春田老师在美国突发疾病去世。当时难以相信。到中午下课后看时，这条消息已被证实，在知识产权圈刷屏。

刘老师是中国知识产权界的大家，是这一事业的先驱者，在专业领域的影响力毋庸置疑。我此时不可能去评论他丰厚的学术建树，只想记下一些与他交往中的平凡小事。

我在2004年之前，对知识产权这一概念还一无所知。那年新成立的深圳市知识产权局，两个副局长职位向社会公选。我在深圳八卦岭的一个路边书摊买了一本知识产权出版社编的《知识产权学习读本》，看了几天，便去参加考试。到这个位置上工作后，我开始恶补知识产权的有关知识，看郑成思、刘春田等人的书。

刘老师与郑成思老师都是中国知识产权领域的开拓者，他俩在理论上的争论一直被人津津乐道。郑老师在2006年去世时，刘老师写了长文深情怀念。

---

* 华南理工大学法学院、知识产权学院教授。

我和刘老师的第一次见面，已经是2007年的春天了。那一次，是深圳知识产权局请他来给全局人员讲课。现场人不多，新来的徐局长与刘老师同坐在会议桌一端的主位。刘老师讲起课来逻辑严密，用语生动，讲着讲着激情上来，言辞就开始有些出格，嬉笑怒骂，皆成文章，把坐旁边的局长紧张得直哆嗦。

讲座结束后，我与一位同事去酒店与刘老师吃工作餐。刘老师换好衣服再来到大堂，戴了一顶高尔夫球帽，个子修长，还挺帅的。我们走近交流，发现他是个很容易与人拉近距离的人——如果他愿意的话。他一口标准的普通话，嗓音带点类似黑胶唱片那种特有的磨砂声，很有磁性，笑起来眯缝着眼睛，不时语出惊人。

后来读李琛老师那本《论知识产权法的体系化》，这位被人誉为讲课文章“字字珠玑”的才女，在书的序言里特别感谢了她的导师刘春田，说他是“一个大有趣之人”。

刘老师对后进的提携是有口皆碑的。他曾给我们讲起，当年李琛毕业时，在讨论她留校的会上，曾有人异议说李的个子太小了，刘老师当时厉声反问：“你们是要人才，还是要身材？”我们听了都哈哈大笑。

我后来去人大的明德楼，专门请刘老师推荐我与李琛老师认识。李下到楼下台阶与我见面，带我去旁边的“迦南美地”西餐厅。刘老师随后与几个人也到这里用餐，还向他们介绍我。人大的郭禾老师等也是我通过他的介绍深入结识的。

有一次在饭桌上，刘老师评价法学界的“五院四系”，说“西南政法的本科生是最好的”。我是20世纪50年代的西政子弟，听了自然开心。他特别提到出自西政本科的韦之老师，不吝赞美之词。我直到去年暑期到广西师大开会，才第一次见到韦本人，他请我和刘华老师、孟祥娟老师在桂林的一个路边摊吃夜宵，聊得很开心。刘老师果然荐人不虚。

我到华南理工大学工作之后，与刘老师就有了更多的交往的机会。

2013年11月的一个晚上，华南理工大学法学院请刘老师来做讲座。他还是一如既往地观点鲜明，言辞锋利。他说：现在有好些文章，鼓吹知识产权的公权化倾向，有些作者还是我的学生。我爱我的学生，但我更爱真理。那些举着马列主义反私权的，最关注的还是他自己的个人利益。

刘老师接着甩出一句掷地有声、在今天尤其振聋发聩的话："人间正道是私权。"

他明确提出劳动与创造是两个完全不同的概念，举例说：当年我在乡下劳动扛麻包，昨天扛包收了1元钱的工资，今天继续来领钱，可以吗？肯定不行。而一个中年妇女在火车上百无聊赖，写了《哈利波特》，此后在英国、美国卖书，拍电影，出画册，就可以不断地收钱。创造如果与劳动是一样的，就没必要产生特殊的产权制度——知识产权制度。

我在刘老师讲完后点评，认同刘老师的观点。刚与学生们看了老电影《一曲难忘》，讲肖邦的故事。肖邦作为一名优秀钢琴家巡回演出为祖国募捐，弹琴弹到吐血。刘老师扛麻包和肖邦弹琴，技术含量有高有低，但仍算是劳动，影响有限。而肖邦为人类留下的最伟大的财富，则是他创造的那些不朽的音乐作品。没有知识产权制度这样的新型财产权制度，就没有创造的涌现，也就没有人类的未来。

在电子科技大学举办的"成电知识产权管理论坛"，每届我和刘老师都会碰到。2014年那次论坛，白天开完会后，东道主萧延高老师要带我们开车去都江堰，我建议大家晚一点去，在江边喝"夜啤酒"。晚上九点左右，刘老师换了休闲装和球鞋出来，不知道他刚听说了什么，见面就冲我嚷嚷道："王岩你居然是五七年的呀！"连着感叹了几声，极为吃惊。他一直把我当成60后了。

我虽是七七级的（重庆大学），但比七八级只早半年，刘老师是七八级里的老大哥级别，我也一直把他当作老师。

那天晚上我们在都江堰的廊桥旁边坐下，点一尾岷江活鱼鲜烹，就着啤酒，看一江清水在夜晚的灯光下，晶莹透亮，奔腾而下。远处的玉垒山，若隐若现。

刘老师说起他当年下乡时扛大包以及在工厂当修理工时，七七年恢复高考那年单位没让他去考试，到七八年才考进人大。当时他一心想学历史，却被人大法学院抢先录取，“我的考分比学院录取的第二名要高出一大截”。

第二天，我们去大邑县看“建川博物馆”。在抗战将士手印广场，大家行三鞠躬礼。进到“正面战场馆”，刘老师步履沉重，说“一直心口有个东西堵着”。再到“川军抗战馆”，面对着在山东滕县全师殉国的王铭章将军等人的群雕，面对那位刚刚牺牲的川军小战士的大幅照片时，所有人都沉默了。我看刘老师双眼满含泪水，声音哽咽，用手机默默拍照。他是一个有真性情的人！

除了学界，刘老师和产业界也有很密切的接触。2016年4月深圳几位知识产权人离职创业，公司成立大会那天，刘老师到场助阵，发表了演说。这一次他没有像以前那样，在谈到人类社会发展历史时重点谈法律制度的演变，而是大谈特谈科学技术的原始推动作用。

会议中间，我把刘老师拉到旁边，说起这年初教育部取消了同济大学、中国科学技术大学、华南理工大学的法学博士点，让这三个以搞知识产权出名的高校大受挫败，学界震动，华南理工正在筹划举办“知识产权学科建设与人才培养论坛”，请他一定要来参加。

业内人都知道，刘老师对知识产权学科定位有一个著名的“孙子学科”说，即知识产权位于法学和民法学之下，属于三级学科。对那些想要搞知识产权独立学科的建议，他从来嗤之以鼻。华南理工大学筹划这次论坛，要争取把知识产权学界的人都请到，特别是重量级的吴汉东老师和刘春田老师等。很多人跟我说，请刘老师一定要碰钉子，还是不请吧。

我说，刘老师是知识产权学界绝不可能绕过的一个存在，一定要试试。这天我当面一说，刘老师欣然答应。知识产权学界遭遇重大挫折，他觉得需要有所作为。

2016年5月29日，全国知识产权学界当时有影响力的老师齐聚位于广州大学城华南理工大学校园内，举行了一整天的研讨。法学院徐松林院长、李良成书记及学院老师团队主办了这次论坛。许多因故未能来的各高校老师如李明德、张平、崔国斌等，也以短信或电话的方式表达了他们的观点。

那天的大会开始前，“华南知识产权月谈”年会优秀论文颁奖，一排获奖同学走上台，吴汉东、刘春田、陶鑫良等老师亲自为他们颁奖，并合影留念（今天张泽天同学晒出当年他与刘老师的合影，表达怀念之情）。

我请刘春田老师在开场时全面介绍知识产权在中国的发展历史，他当仁不让，说“我讲这个合适”。

上午的主旨发言，有中国科学技术大学的宋伟老师、同济大学的朱雪忠老师、上海大学的陶鑫良老师、北京理工大学的曲三强老师，以及华南理工大学的我和万小丽老师。刘老师对万小丽老师发言介绍的华南理工大学团队做的“中国知识产权教育资源与毕业生流向”分析报告，大为赞赏。

我在发言的最后，讲到知识产权学科发展前路漫漫，引用了一句唐诗：“蓬山此去无多路，青鸟殷勤为探看。”我们这些人，就是那只青鸟吧。

下午是圆桌讨论，除了上午的发言者，华中科技大学郑友德、北京航空航天大学孙国瑞、北京大学孙远钊、中国科学院大学刘海波、暨南大学徐瑄、华中师范大学刘华、重庆理工大学苏平、中南财经政法大学黄玉烨、中国计量大学陶丽琴、中山大学谢琳、中国科学技术大学胡海洋，以及东道主华南理工大学的老师们，还有来自产业界的李富山、罗俐等，都畅所欲言，谈了他们对知识产权学科发展的看法。

吴汉东老师在最后作总结发言。会场上除了他清晰有力的声音，就只听见笔尖在纸上行走的沙沙声，现场所有人，包括坐在吴老师身边的刘老师，都拿着笔认真记录。吴老师把大家讨论后形成的共识归纳梳理，大意是知识产权学科可以将发展为一级学科作为未来的长远目标，而在当下则要发挥不同高校的优势，做好基础性的积累，做好推进知识产权专业学位设立等工作。

那天的会议结束后，东道主带大家到校园所在的长洲岛上一处简朴的农家乐晚餐。我把本次会议内容写成一个综述，将其命名为“长洲共识”，发给所有参会的老师。后来类似的学科建设讨论会还在中国科学技术大学、大连理工大学、厦门大学、江苏大学、同济大学、重庆理工大学等多次召开，陶鑫良老师每次发言都要提到“长洲共识”，看来它在中国知识产权学科发展史上注定要留名了。

知识产权一词内涵的扩张，已经超出了法律的范围。知识产权从业者的背景，也各不相同，主要分理工类、法律类和经管类。在大连理工大学盘锦校区那次会议上，与会者把纯学法律出身的人称为“根红苗正”的知识产权人，这成了我们经常会心一笑的一个梗。刘老师身为中国知识产权法学会的会长，无疑是其中的代表性人物。

2016年年底，国家知识产权局正式开始推进知识产权专业学位建设工作。2017年5月在北京召开的知识产权法年会，刘老师让学会秘书长郭禾通知我在“知识产权学科建设”分会场作一个主题发言。知识产权法学会的年会动辄上千人参加，是中国法学会几十个分会中，年会规模最大的，发言的机会非常难得，刘老师能安排我上去讲十多分钟，可见他对这个话题的讨论持相当开放的态度。

我这个发言（“知识产权学科建设的现实压力与理论视角”）在几年后还被翻出来，在知识产权圈里流传。

到2021年年底，十年调整一次的国家《研究生教育学科专业目录》即将公布。有乐观者甚至觉得，争取知识产权一级学科也并非没有机会。此时刘春田老师又开始较起真来，明确反对以“知识产权”之名搞独立学科，“如果要搞，也不能叫知识产权这个名字”。他在新创刊的《版权理论与实务》杂志12期上发表了一篇一万六千字的长文《知识产权学科的性质与地位》，阐述了他的观点。文章洋洋洒洒，气势恢宏，不愧是大家手笔。

2022年1月中国法学会知识产权法学研究会年会在深圳召开，东道主做足了准备。但开会的前一天深圳又突增新冠病例，全市严厉封控，没有赶到的外地参会者的航班被全部取消。会议虽没被叫停，大部分人却只能线上参加了。这次仍然设立“知识产权学科建设”分会场，刘老师仍然让我发言。

那天早晨的五洲宾馆会场，几乎所有的分会场都是空空荡荡的，只有一两个人面对大屏幕在开会。唯独学科建设分会场坐了近二十人，包括北京大学张平老师、厦门大学林秀芹老师、华东政法大学丛立先老师、重庆理工大学苏平老师等。

刘老师本人早早就到了现场，他特意把他不久前发表的那篇长文打印了多份，放在每一个到会老师的面前，可见他对这篇文章的重视。那天分会场的主持人远程在网上主持，而视频设备一直没调好，足足延误了近半小时，我和坐在对面的刘老师一直在轻松地聊天，话题主要是科学技术。

会议开始，刘老师再次阐述了他的观点。现场几位老师顺序发言，到我时，我也毫无保留地讲了我的看法，事后还写成《谈知识产权学科与专业学位》一文，发到“华南知识产权月谈”公众号上。刘老师对我这个一直鼓吹搞知识产权一级学科的人始终非常客气，不说一句狠话，这与他文章中的风格截然不同。

而在他的文章中，一句“对于受过高等教育的人来说，包括专利代理、文献检索、商标注册代理、著作权登记等技能培训，这些内容加在一起，培训半个月，足可掌握”，把从事这个行业的一大拨人都得罪了，网上一片嘘声，对他表达不满。

杂志的孙总编找到国家知识产权局一位不久前曾发过学术文章的处长，建议他也写一篇文章与刘老师商榷，该处长建议该总编找我写。

我也觉得对刘老师的观点不能只在网上空发议论，需要心平气和的学术交流，于是把长期以来的思考写成一篇两万字的长文交给这位总编，他没作什么修改很快就发了。

《版权理论与实务》初创不久，虽然不是什么核心，甚至还没有进入知网，但那些不需要通过发文章提职称而只想表达观点的知识产权学者，都在这上面发过文章，包括吴汉东、李明德、王迁等等。在该期刊的公众号上，刘老师的这篇文章阅读量排在第一，我这篇《知产学科的名与实》居然紧跟着排在第二，可见大家对这个话题的关注。

在2022年9月公布的《研究生教育学科专业目录（2022年）》，知识产权专业硕士终于被列入其中。虽然还没有成为独立学科，但已是一个阶段性的重大进步，是主管部门和学界、业界数年努力推动的结果。我当时写了一篇《“知识产权专业硕士”的论说与前瞻》，还不知道刘老师看到了没有。

我已经好久没有见过刘春田老师，想象中疫情过去，我们会像过去那样有经常交流的机会。最近去三亚参加一个会议，议程上说刘老师要来，但最后因他人在国外，不能来参加，颇感遗憾。

刘老师是1949年生人，是40后，但心态一直保持年轻，为中国的知识产权事业发展，一直在不懈努力。在中国知识产权界，像他这样学养深厚、资历老成、文笔犀利、个性鲜明的人，极为罕见。如果说吴汉东老师一直是以近乎完美的形象示人，刘春田老师则是一个卓尔不群的鲜活人物。很多人不一定喜欢他，但无法回避他闪亮的存在。

今天得到他突然离世的消息，感觉何其匆匆！内心里，一下子觉得空了一大截。那种伤感，无以言表。

未来的中国知识产权圈，要开始一个没有刘春田的时代了。

呜呼哀哉！

2023年3月28日晚于广东松山湖

怀念恩师刘春田老师

王艳芳*

那天晚上很累，我翻着朋友圈，突然蹦出来惊人的消息——刘老师去世了！我第一时间向知情的好朋友询问，谁那么无聊造这种谣言。可惜，朋友说不是谣言。我不信，再核，不是谣言。我多么多么希望这是某个无聊的人造出来的无聊的谣言，然后我去骂他一顿，不解气，就再找个师兄，去揍他一顿。一夜近乎无眠，如雷一般，惊呆了我，也惊了很多IP（Intellectual Property，知识产权）人。就在那天的前一天，我还在跟我的学生说，我可以把刘老师请来讲课。而我是个很少吹牛的人，更不要说打着刘老师的旗号做什么，而那天我竟然无缘无故地说起来刘老师，难道冥冥之中真有些什么？

同在IP圈，入师门之前，和刘老师的缘分已好久，各种会议经常见面，他的咖位、帅气高大和说话毫不留情面让他在各种场合都非常醒目。入师门之后，刘老师很少亲自给我们上课，倒是经常去他家里，一坐就是一个下午，喝茶聊天，聊IP,聊风土人情，聊各种天，还坚持要请吃饭，直到开题之前我们师生都是非常和谐。我曾经想他对学生是否

---

* 华东政法大学知识产权学院教授、博士研究生导师。刘春田教授指导的2014级法学博士。

是网开一面，不像在江湖中那么严厉吧。悄悄问了邵君一句，竟然是他对谁都很严厉。果然，没过几天，我便亲历了。开题之前，微信报告了题目，也邮件发给了刘老师综述提纲等，没有收到回复但看到了同意开题签着大名的审批表。开题那天下着大雨，过程非常顺利，老师们提了题目太长的意见，也提了其他意见，没有一位说选题不好等等诸如此类的话。开题完毕，导师组长在表格上签了通过的大名，我愉快地回家了。没有想到的是，晚上一个师弟打电话，说开题没有通过。勉强等到第二天，问到了原因是刘老师不让我过。天呐，我第一反应是刘老师故意针对我。我没有得罪他啊。见到刘老师，我问他原因，现在他说了什么我已经不记得了，反正就是不能过。我非常生气，哪怕您让我修改后通过呢？觉得刘老师故意整我，哪有特意增加一个环节让我不过的？哪有导师组长签了字通过后随意更改的？博士开题也是挺严肃的事情，为什么这么随意，白天告诉我通过，导师组长签了字，晚上让一个师弟随意告知我不通过就可以了吗？我生气得简直想退学了，自己导师故意在关键时刻整我一把，这个书读着还有什么意思。当然我也想知道原因，为什么会这样，刘老师是否在故意针对我。和郭禾老师聊，郭老师开解我并非常耐心地听我讲了很久我的构思等，劝我不要冲动。他最后说，依他对刘老师的理解，刘老师是觉得哪个学生有潜力可挖，他会狠狠地挖一下，他估计是刘老师觉得我还可以再被挖掘一番。说实话，我是不信的，我也不觉得自己有什么好挖掘的，再说这样挖也太狠了啊。但既然郭老师这么说，我姑且再试一下，毕竟辛辛苦苦读了三年。

和刘老师约好，我又去他家里，我问刘老师怎样才能把论文写得好，刘老师开了一个长长的书单。我印象最深的就是书单里面的康芒斯的《制度经济学》，晦涩难懂。我硬着头皮啃啊，没办法，要答辩，要工作，要养孩子。我花了很多时间在啃这两本书，也找了很多网上的资料帮助自己理解这本书，渐渐地有那么一点似懂非懂；又读了书单里的另外一些书，好像觉得一些东西不一样了。

不知不觉过去了快两年，再不毕业就拿不到学位了。我问什么时候开题，登记开题的已经是另一个师弟了，他们很吃惊我没过，他们都以为我过了，所以他们几次开题都把我忘了。确定开题时间之后，我还特意去旁听其他师弟师妹开题，不知道是不自知还是师弟答得真不怎么样，我觉得我开题比他强多了，我暗暗腹诽，竟然这样水平的都给过，我不给过，凭什么？记不得是开题前还是答辩前，我又去刘老师家，本来想汇报论文，刘老师却不提论文的事，只是和我聊着各种IP热点和争议的问题，我现在都不记得我说了些什么，只是觉得自己好像挺能说，以前是刘老师说得多，我听得多说得少。走的时候，刘老师笑着问我你有没有觉得是不是有什么不一样了？我一时没有反应过来。后来，我反应过来了：我现在可以想得深，也可以想得浅，就像游一条长河，可以潜到河床，也可以浮在水面上，深或浅都由我，我不再是那个想问题总是浅浅的我。

终于，开题、预答辩、答辩，我都非常顺利过了。清晰地记得，答辩委员会宣布通过之后，我给刘老师打电话，刘老师非常开心，他大笑着说，听说你有怨恨？我认真地说怨恨没有，怨言有。刘老师哈哈大笑。

就这样一天天过去了，虽然我顺利博士毕业，就像对刘老师说的那样，我对刘老师采用那么极端的方式教育我，还是不喜欢的，说有怨言也是可以的。直到老师葬礼后有一天和师母聊天，我发现师母竟然知道我开题的事情，她告诉我，刘老师和她说过，就是想给我个大的压力，让我好好努力提升一个台阶，这和郭老师说的一模一样。

是啊，当时的我，忙碌着单位的工作、家里的家事，我只想快点毕业，只想论文达标即可。没有一个非常大的外力，我是不会那么努力的，当然也就没有今天的我。今天的我转了教职，也带很多学生。对学生，我告诉我的经历，学业过程中会有各种老师，有宽厚的，有严厉的，不管他们风格如何，不管他们是否会说难听话，师者，绝大多数是为了学生好。就像刘老师，用那么极端不近人情的做法，他不在乎我是否会误解他，只在乎我能否大幅度提升突破自己。

回忆着这些，刘老师爽朗的大笑似乎还在耳边，不知不觉已泪目。

我还记得，有一天早上六点多醒来，竟然看到刘老师五点多的未接来电，我忙回拨过去，竟然是因为我很久前问了老师一句，考试的大概范围是什么，刘老师想起来连忙打电话告诉我，而那个考试，在前一天已经考完了。忙得一塌糊涂的刘老师，严厉得近乎不近人情的刘老师，竟然还记得我要考试范围，竟然会五点多打电话想告诉我。

读博的几年，点点滴滴，严厉无情和亲如家人的时刻都有，他严厉时近乎残酷无情，亲近时如沐春风，这就是刘老师。毕业几年，年年师门聚会，过年时我们笑着闹着让刘老师发红包，师母拿着刘老师的手机发红包逗得我们一阵阵开心，刘老师笑着看着我们闹，我们看着老师笑。

惊雷一般，我们的笑没有了。理智告诉我是真的，情感上我仍然一直不信。直到那天，灵堂前看着恩师的照片，那个和我们一起喝茶，那个和我们一起吃饭，那个训我们凶我们，那个给我们发红包的他，就那样看着我们，供桌上摆着他爱吃的水果还有师母给他泡的清茶，青烟缕缕，他真的走了，真的走了。

微信里还收藏着老师的签名，耳边仍能响起他的话，还有那阵阵爽朗的大笑，老师未曾走远。

我们众弟子，会带着老师的教诲，努力并传承。

恩师永在，艳芳泣拜。

2024年春

深深秋里忆春时

——怀念刘春田老师

王玉凯*

刘老师离开我们半年多了，我常会想起他。

我并不是刘老师指导的研究生。但除了老前辈郭寿康先生，人大知识产权学科的老师们多为刘老师的弟子。所以从前有人问起我："你是人大的，那你是刘老师学生？"我来不及仔细说明时也就随口应承。况且，人大知识产权法教研室并无门户之见，学生求教或者老师指导，并不特别区分名义上是谁的学生。这是郭禾老师在我们刚入学分配导师时说过的，也是我真实的体会。

我对刘老师最早的印象，是硕士研究生入学时的师生见面会。郭老师作为主持人，开场白之后逐一介绍教研室各位成员，首先打算介绍的是刘老师。但没说几句，刘老师插话进来，首先介绍起当时年事已高并未到场的郭寿康老师，洋洋洒洒谈了好一会。印象很深的自然是老郭老师翻译过程中发现外国专家著作有误并校勘的典故。一番不事渲染而又底气十足的陈述，唤起了我们对老郭老师由衷的敬仰，以及对人大知产学科的自豪。

* 同济大学上海国际知识产权学院助理教授。

然而自豪有了，自信却很是不足。初到北京，面对曾经只有在书上才读到名字的老师与优秀的同学，自卑是难免的事。不过能力不够蛮力来凑，学院和教研室凡有需要出力的活动，自己总是积极而用心——不知有没有期望通过这种方式获得肯定的心理在作祟，但总之老天爷饿不死瞎家雀儿。正如金海军老师后来提到，那些年正是刘春田老师最意气风发的时候，身体硬朗，前后张罗了好些大规模的学术交流活动。也就是在这些会议的间隙，我和刘老师有了最初的接触。

惭愧的是，与刘老师直接的学术交流，要到硕士研究生毕业的时候。我的硕士论文写得很长，答辩时张广良老师开玩笑说，改一改快到博士论文的篇幅了。刘老师接过话茬，大意说字数够了，内容还有很大距离。老师强调，论文不能大而无当，要有鲜活的观点，还形象地比喻道，“就像一颗心脏，抓起来血淋淋的”。然而那会自己确实一知半解。直到李琛老师在文献课上细细剖析刘老师的论文，加上好几年的博士学习之后，我回味时，才更深地体会到老师的意思。观点和表达一针见血，这是刘老师鲜明的风格。

在与刘老师相关的往事里，这种后知后觉的例子还有一些。2015年春天我从马克斯·普朗克科学促进会（简称马普）学习回国，准备秋天继续去欧洲读书。刘老师在一封回复我的邮件中特别提到，他访问过欧盟，感受到“欧洲是工业革命的故乡，积淀了悠久的文明成果，固然值得学习”，但建议我还是要下力气关注美国。此后欧洲面临诸多挑战，加上自己更深地比较学习，我才认识到刘老师的先见之明。这种透过现象一下子抓住关隘的本事，我这样迟钝的学生怕是学不来了。

那以后，我不时会就有些问题与刘老师通过邮件汇报。而与刘老师再次印象深刻的学术交际，是自己博士论文预答辩的时候。刘老师没等怎么进入论文主题，就揪着基本概念问了我好久。末了，老师指指挂钟说，你看咱们聊了也两个多钟头了，你再考虑考虑，要不换个题目。我顿时凉了半截。后来一番解释，刘老师回信说——“……坦率地讲，我对这个问题没有思考，更谈不上研究，所以昨天我一再强调我的知识上的局限，囿于固有的相对陈旧的知识和方法，凭直觉感觉问题的难度，担心你在一个不那么重要，不那么值得花如此大力气的问题上耗费大好学力与时光，画虎不成。既然你如此执着于该问题，我想定有其道理，不是我的眼界所及。我当然愿闻其详……”

这段不长的文字我留存至今，不仅因为这意味着自己的博士论文涉险过关，其中含着李琛老师所谓“严厉之后隐藏的温情”，也因为这提醒自己不论何时在学问面前都要谦逊。此后，我毕业、入职，开始了照猫画虎的教书生涯。虽然这是人生很重要的阶段，但性格使然，我并不愿意打扰各位老师。但刘老师每每从别的师友那里知道我的近况，常会来信叮嘱一番。印象最深的是，刘老师有一次遇到魏立舟师兄，让他嘱咐我好好做学问。其实立舟师兄当即就转达给我了，但刘老师第二天又自己发来信息，再次提醒道，“趁年轻在学问上多下功夫，这是立世之本”。这样的叮嘱，一直到2023年的2月1日。那天，刘老师打了个招呼，然后说，“给我个地址，寄一本金渝林老师的《理论概念研究》给你”。

然而，自己终也没有在刘老师有生之年成为他所期待的样子。从教以来，我努力对照老师们指导我们的方式对待自己的学生，也在刘老师的谆谆教诲后意识到自己学问的荒废，但不论如何也想不到家族长寿基因满满的刘老师竟然会这么早离开我们。得知刘老师辞世的那夜，我辗转难眠，努力在过往的交流记录中寻觅与老师相关的吉光片羽，才更深意识到在自己学术成长的很多关键节点的老师的真诚关切。回首十余年里老师的教导，我揪着心写下“君落珠玑谁拾取，我生疑窦自僵持”。但忍不住想，如果这寥寥文采，是献祝在刘老师八十大寿的时候、九十大寿的时候……该多好。

刘老师给我所有的邮件中，最后一封最长，老师说得也最深切——“我常想，人生总要谋个生计……既然为学，也要守为学之道，求真。这样，就要心无旁骛，有‘徒见金，不见人’的精神，一旦钻进问题，就顾不得看人眼色，计较利害。要养成理性思维，有辨别真伪的能力，才有可能独立，才可获自由，才可能成为一个大写的人。如果把科学当作生意，就坏了学问，如若为师，也难免影响别人……”类似的话，很多与刘老师接触的同人都有印象，毕竟刘老师是那样洒脱直率的人。他把每一个求教的学子，自己指导的，不是自己指导的，人民大学的，不是人民大学的……都那样认真地对待。“人品贵重，学问精进”，这是老师留给我们的教诲。

在我年轻时漫无边际的想象里，曾有一幅关于人大知识产权法学老师们的群体肖像。刘老师一袭长衫坐在中央，身边围站着各位老师，济济一堂。那个想象的墙上，后来挂上了郭寿康老师的遗像——写信推荐我去马普访学的老郭老师，在我即将回国的时候去世了。而今，刘老师也永远离开了我们。明德法学楼1013的门，再也不会为我们敞开。和知识产权有关的讨论里，永远失去了一位不厌其烦不遗余力地强调基本概念、民法原理、市场经济的学者，言之切切，铁骨铮铮。我知道，作为老师曾耳提面命的学生，自己最应该做的不是一味抒情，而是好好做学问，对得起老师生前的一再叮咛。但深深的秋天里，我还是会想起那些日子。那时老师遮着风，挡着雨，我们沐浴着春光。

刘老师，想念您。

2023年10月19日夜

不可多得的刘春田

王正发[*]

刘春田教授是我国知识产权界不可多得的领军人物，他为我国知识产权事业的健康发展作出了不可磨灭的贡献，他的突然离世，是我国知识产权界的一大损失，令人深感痛惜。

春田一生佳作不断，获奖无数，但更让人觉得春田“不可多得”的是他投身知识产权事业所显示的下述四大不同凡响的特质。

一、勤于实践

知识产权源于生活，也应回归生活，一旦脱离生活实际，就会成为毫无意义的“空中楼阁”。为此，春田从一开始从事知识产权工作便勤于实践（广义理解的“实践”）。作为“学者”“教授”，他从不把自己锁在“象牙之塔”里不着边际地高谈阔论，而总是寻找机会直接或间接地介入涉及知识产权的有关实务，这使他的著述紧接地气，他对知识产权不少问题的见解既实际又生动，深得业界好评。

1985年至1990年，我曾在中国专利代理（香港）有限公司任职，其间春田曾去香港讲学并顺访公司，我们当时对春田的印象十分深刻，

---

* 世界知识产权组织原发展中国家（专利合作条约-PCT）司司长。

因为他在来访时从不作客套的周旋，所询问的一些问题主要涉及专利代理、商标代理及知识产权法律争议等与他似乎并不十分相干的实务问题。当时春田在知识产权界还没有像后来那么出名，但他的访问令我们对他刮目相看，觉得春田心思缜密，处事沉稳，目光远大，志在必得。

我在与春田几十年接触中，随处都能见到他与“实践”的不解之缘，表现在知识产权的许多领域，也体现在他的社会兼职中，其中包括他参与了有关知识产权法律的起草与修订，主持研究了《国家知识产权战略纲要》的有关专项课题，作为最高人民检察院专家委员会的委员和最高人民法院案件指导委员会的委员对有关知识产权案件或问题提供意见，作为中国知识产权研究会、中华商标协会、中国版权协会的副会长对有关实践提供分析。另外他还组织或参与了对许多实际问题的探讨，例如中国企业如何对待美国的301条款，知识产权与中国企业创新的关系，中国老字号问题，商标注册与企业名称登记的冲突，KTV涉及版权的收费问题，等等。多年来我曾接受以程永顺为主任的北京务实知识产权发展中心的邀请参与对一些知识产权争议案的讨论提供意见，在那里我多次碰见春田，他对这样的“实践”活动只要有空也是乐此不疲。一次在程永顺那里开完会，春田准备步行回校，我与他似乎谈兴未尽，居然与他在街边倚着栏杆又聊了近一个小时，聊的也都是知识产权方面的一些实际问题。

即使是春田主打的纯教育领域，也因春田钟情于“实践”而迎来一片“人间烟火”。2007年10月，春田在中国人民大学组织了“中国知识产权高等教育二十年”论坛，包括我在内的知识产权界许多人士受邀参加会议。这实际上是一次强调和探讨知识产权实务人才培养的大会。春田在会上指出要加强对知识产权应用型人才的培养，所涉业务包括知识产权律师业务、专利代理、商标代理、版权贸易、企业知识产权管理、涉及国际贸易的知识产权事务、知识产权的行政执法、知识产权司法等等。他特别强调我国已进入经济高速发展期，对上述实务人员的培养已迫在眉睫。我讲了当时在国内最需要接受知识产权强化教育的四种人，即企业的知识产权管理人员、地方知识产权官员、记者和书刊编辑以及消费者，还举了许多例子说明他们为什么需要接受这种强化教育。我在会上建议，市场上销售的不合实际的谬误甚多的书籍应该下架，并考虑为以上四种对象各出一本强调实践的知识产权权威指南。我还具体建议上述书籍的编辑应找像汤宗舜教授那样既懂法律又有实践经验的专家主导。春田对此表示首肯，并说由他去联系汤老，后来此事因汤老年事已高并在2009年去世而搁浅。

近年来人工智能发展迅猛，知识产权的“实践”活动势必因而发生翻天覆地的变化。春田生前在文章及许多场合不断探讨人工智能对知识产权法律和实践的挑战问题，他若在世肯定会对这方面的问题进一步加以研究并提出建设性的建议。

二、勇于创先

知识产权方面的创先应有助于知识产权事业的健康发展，而不是单纯的标新立异。创先，需要勇气，更需要智慧，不然就是“乱闯”，就会成事不足，败事有余。春田是我国知识产权界在创先上有勇有谋的知名人士。

1985年，春田经过努力在中国人民大学为法学本科生开设了我国历史上最早的知识产权法课程。1985年年底，世界知识产权组织总干事鲍格胥致信我国原国家教委，建议中国建立正规的知识产权研究和教育，在原教委为此召集会议时，春田向会议介绍了有关情况，会后决定在北京建立一个教学研究中心。为此，春田和郭寿康教授于1986年在北京创办了知识产权教学和研究中心，由郭寿康教授任第一任主任。之后，春田与社会科学院郑成思教授和北京大学陈美章教授等合作出版了我国最早的高等学校统编教材《知识产权法》，为我国系统开展知识产权教育作出了重要贡献。1987年，在原国家教委将知识产权法列为法学本科专业后，春田在中国人民大学率先招生第二学士学位学生，正式创办了我国的知识产权专业。2009年11月26日，中国人民大学知识产权学院隆重成立，春田任创始院长。成立当日，我受邀前去庆贺，盛况空前，世界知识产权总干事高锐发来贺电，副总干事王彬颖到会祝贺且与时任中国人民大学校长共同为知识产权学院揭牌。中国人民大学知识产权学院的成立，标志着中国高等院校知识产权的教学和研究进入了一个新的阶段。春田作为第一任院长，表示“一定会再接再厉，和全国同仁一起，为把知识产权的教学和研究事业推向一个新的高潮贡献一份力量”。

当然，春田在知识产权研究和教育方面的创先还表现在从内容到形式的其他许多方面，例如他主编《知识产权判解研究》，就有关知识产权研究组织沙龙进行讨论等等，在这里就不赘述。

三、敢于求真

春田在学术上敢于求真，不说假话，他在接受某个采访时曾表示“实事求是是知识分子的天职”，为此他的有关理论既接地气又有高度，有人说其理论深度已经超越知识产权法学而走向哲学。

一个典型例子是，春田曾一再强调：“知识产权是一种私权，私权的处置原则是权利主体自治，在私权范围内，若不涉及公共利益，非经权利主体请求，公权力不宜介入。”他认为我国的知识产权法一定程度上反映了行政管理色彩，例如《商标法》第1条就称“为了加强商标管理”并把商标权表述为“商标专用权”，《专利法》中对专利也称“授权”，这容易被误认为它们是国家给的财产。他认为，“私权是市场经济得以存在的基础和生命力所在，没有私权，就没有市场经济”。在谈及行政管理机关执法和法院等司法机关司法并存问题时，他认为，“作为知识产权登记机构，也不应拥有对侵犯知识产权行为的执法职能”。

春田对学术问题的“求真”观察和分析，常常目光锐利，入木三分。在上面对知识产权是“私权”的分析过程中，他第一眼便看到了《商标法》第1条的“为了加强商标管理”几个字，点出了我国过于偏重行政执法的问题。其实，商标行政管理色彩过重不光是行政执法一个问题，也表现在其他方面。《商标法》第1条的全文是：“为了加强商标管理，保护商标专用权，促使生产、经营者保证商品和服务质量，维护商标信誉，以保障消费者和生产、经营者的利益，促进社会主义市场经济的发展，特制定本法。”在这里，人们不禁会有疑惑，申请商标注册时并不需要提交商品和服务质量规格表，商标注册后商标持有人也不需按时通报商品或服务质量发生变化的任何情况，任何机关也不就注册商标或服务的质量进行检查，那么，商标法规定的“保证商品和服务质量”是如何做到的呢？我国1963年的《商标管理条例》第1条便规定：“为了加强商标的管理，促使企业保证和提高产品的质量，制定本条例。”六十多年过去了，这条规定还是立法的原则之一。

春田在学术上对自己的观点常常很执着，他不轻易放弃自己通过观察分析形成的观点，为此，他与某些知识产权“大咖”有过“论战”，最为人知的便是与郑成思教授在有些问题上的争论，但他一直敬重成思，称他“既是益友也是良师”。成思于2006年9月10日晚去世，春田在9月11日清晨急匆匆打电话告诉我成思去世的消息，话语间充满悲痛。春田后来在悼文中说成思是他生命中“终生注定不能忘怀的”，这实际上是两个“求真”的知识产权专家的惺惺相惜。

四、甘于“单一”

不少人在翻看春田履历表时，津津乐道其职业生涯的“单一”，并简短概括为：1978年考入中国人民大学法律系，研究生师从佟柔教授攻民法学，后留校任教至今，从事知识产权法的教学和研究，推动中国知识产权事业的发展。

春田的这个“单一”，实际上并不单一，它至少包含了三层意思。

第一，是春田精益求精的专业精神。春田很有天分，但他从不恃才傲物，也不认为自己是“全才”，因此他总是把自己的业务单一地限在知识产权的范围内千锤百炼，而且经常是一边干一边说着“有取有舍”和“天道酬勤”之类的话。春田的这种专业的职业精神，既是对他自己的尊重，也是对大家的尊重。

第二，是春田在专业上力求准确。知识产权涉及非常广泛的内容，但它在许多方面又常常互为关联，对某些专题的深刻理解和分析，常能使人在许多问题上一通百通。春田在知识产权领域的“专一”，使他在对知识产权许多问题上的分析和处理深刻而准确。

第三，是春田的所谓“单一”，实际上是大智若愚。春田秉着“人生为一大事而来”的信念，准确地为自己的职业生涯“定位”。他一生马不停蹄，为我国知识产权事业发光发热。他知道如何才能最好地发光发热，那就是专注、专注再专注，聚焦、聚焦再聚焦。为此，他在学术上从不懒惰，从不闲散，从不妥协，从不言弃。这也是他在职业生涯中如此“单一”却又如此辉煌的原因。

春田走了，令我无限惋惜，我再也不能与他在街边凭栏随谈……

春田走了，令人深切缅怀，他身后留下的那束光明始终照耀着人们探索中国知识产权事业的健康发展之路……

2024年1月

中国著作权法律制度的建设者

——忆刘春田教授

王自强*

2023年3月28日上午，我在老家四川泸州收到在岗时的同事许炜先生发来的一则“王司长：春田老师突发疾病去世”的微信。看到该条信息，我既不敢相信自己的眼睛，更不愿意接受这一事实，立即回复许炜，“今天？太突然了”。得到肯定的答复后，我的大脑立即短路了，开朗、直率、健谈，身体还算健康的春田老师怎么就突然与大家不辞而别了。最为遗憾的是，当时正值97高龄的家父生命垂危，我在医院守护难以脱身，没能返京送春田老师最后一程。

1986年，我从部队转业分配到国家版权局工作认识了春田老师。但当时我在版权局资料处从事内勤工作，鲜少参加版权方面的交流研讨和社会活动，与春田老师的交往不多。1989年4月至1990年1月，国家版权局与中国人民大学联合举办了一期以版权从业人员为培训对象的“法律专业证书”培训班。时任中国人民大学知识产权学院院长的春田老师作为校方的代表负责与版权局的沟通联系工作，并亲自担任了该培训班的班主任，主讲知识产权课程。而我则以学员和国家版权局方的联

* 国家版权局原政策法规司司长。

络员双重身份参加了此次培训班，以既是学员又是局校之间联络人的特殊角色，与春田老师形成了教与学的师徒关系和联络局校两方相关事务的工作关系，并相互接触交往逐渐频繁，我对春田老师了解也逐步加深。1996年，随着自己进入版权局领导班子，以及2002年主持版权局工作，有更多的机会与春田老师一道讨论和交流共同关心的版权保护学说和法治建设问题。在与春田老师过去教与学的师徒关系的基础上，我们增加了对版权保护话题讨论交流的共同兴趣，形成了对版权保护事业有共同趣向和追求的亦师亦友的特殊关系。

春田老师作为我国知识产权法学界的领军人物，是改革开放后最早涉足版权保护问题研究的教学科研人员之一。春田老师也是我国为数不多、亲自见证参与著作权法制定以及三次修订全过程的专家学者。2011年，国家版权局承担了著作权法第三次修订法律草案的起草工作。本人作为国家版权局法制司的主要负责人，有幸参加了国家版权局阶段著作权法律修订的起草工作。春田老师作为“国家版权局著作权法修订工作专家委员会”的受聘专家，全程参加了国家版权局阶段著作权法修订法律草案文本起草工作，并亲自主持了中国人民大学知识产权学院受托于国家版权局的“《著作权法》第三次修订专家建议稿”的课题研究。在著作权法第三次修订国家版权局阶段期间，本人有机会近距离、高频次与春田老师交流讨论著作权法修订有关问题，聆听他的学说观点、分享他的见解和智慧。2012年年底，在国家版权局完成著作权法第三次修订法律草案文本的起草工作后，春田老师多次鼓动我将国家版权局在修法阶段，坚持开门立法，公众参与度、媒体关注度、社会热点度、问题争议度空前波澜壮阔、跌宕起伏的全过程写出来，为我国著作权法律制度建设留下一笔客观真实的历史资料。2020年，著作权法第三次修订进入收官阶段，春田老师滞留加拿大暂时不能回国，但仍关心著作权法修改的进程，多次通过越洋电话与我交流，有次竟长达两小时。同年8

月，春田老师在知识产权杂志上发表了题为《〈民法典〉与著作权法的修改》的长文，较为系统地表达了对进一步完善我国著作权法律制度的所思、所想和所愿，提出了“打造一部与数字经济相匹配的符合实际、面向国际、面向未来的新时代著作权法”的思考。毫不夸张地说，春田老师为了我国著作权法治建设倾其所能奋斗一生，可谓呕心沥血死而后已。

我和春田老师相识近四十年，我从仅有著作权基础知识的萌芽状态，到参与著作权行政管理和立法工作，可以说一定程度上得益于与春田老师的相识和相交，感染于其著作权法学理念和法治思维。虽然本人在著作权保护微观层面和具体问题上与春田老师的观点并不完全相同，我们有时甚至会在个案问题上发生激烈碰撞，但并不影响相互之间在著作权保护上的探讨与交流，并在著作权保护宏观思辨和抽象思维方面保持较为一致的认识。特别是通过著作权第三次修订与春田老师近距离的密切接触，我对其著作权法学理念、法治思维，以及对我国著作权法律制度的贡献，有了进一步的认识。我认为，春田老师在我国著作权法律制度建设，首先是法学理念的坚守者。他认为，法律修订是一个科学研究过程，应当坚持科学精神，注重事实、注重逻辑、注重问题意识。建立著作权法律制度必须坚持严谨的法学理念，对著作权权利属性进行科学定位，明确著作权属于私权的定性，其属于民事法律范畴，应当遵循民事法律的一般规律，适用民事法律调整的一般原则，以《民法典》为依据，把握以私权为基础确定著作权法律行为的规范和限制，并构建好与其他法律体系的关系，特别是处理好与公法的关系，尽量避免行政权力对私权不必要的干预。

其次是法治思维的崇尚者。他认为，建立著作权法律制度必须坚持理性的法治思维，市场经济是包括的著作权在内的知识产权的温床，民法制度是知识产权的母体。他强调私权制度的复兴是包括著作权在内的知识产权兴起的前提，完善的市场经济和财产制度是知识产权法治的基础。他认为，著作权法修改应当彰显《民法典》“人民的利益至上”和“自由、公平、正义”的人文精神，实现《民法典》的私权制度价值；并指出，根据《宪法》和《民法典》，著作权法修改必须坚持“以保护作者的著作权为中心”和“私权主体意思自治原则”两项基本原则，以此构建具有现代意义的中国著作权法律制度。

再次是与时俱进的倡导者。他深刻分析了我国著作权法制度产生的时代背景，以及前两次修法的现实状况，由此认为我国第一部著作权法总体上还不同程度地存在缺少历史传承、缺少理论支持、缺少制度参酌、缺少实践经验等现象，是计划经济条件下的特定产物。而著作权法颁布三十多年间，我国所处的国际、国内环境已经发生深刻变化，一是建立了市场经济，二是建立了完整的工业体系，三是加入了世界贸易组织，融入了国际经济秩序。今天的中国，在经济、科技水平上已经与发达国家处于同一时代，中国的经济体制、生产方式、国际环境都发生了根本转变，现行著作权法这一“老旧设备”颁布时所处的技术、经济、社会和国际环境等基本条件几乎荡然无存。面对这一现实，著作权法的修订必须有所作为，从“道”到“器”，从结构到全局，必须转变观念，重新构建。他进一步强调，历史证明，人类社会的发展进步，归根结底是由科学技术决定的，面对这一客观现实，著作权法的修改没有多少选择的余地，只能坚持“主动、全面”与时俱进的科学态度。

最后是勇于创新的践行者。2011年年底，中国人民大学知识产权学院，与中国社科院知识产权中心和中南财经政法大学知识产权研究中心，在著作权法第三次修订国家版权局阶段，同时受领了国家版权局委托的“《著作权法》第三次修订专家建议稿”研究课题。中国社科院知识产权中心和中南财经政法大学知识产权研究中心两个课题组提供的研究成果，分别为六章六十一条和六章六十三条，均完全保持了现行著作权法篇章结构的基本架构，将课题研究的主要精力放在了内容规范的优化上。而春田老师领衔的中国人民大学知识产权学院，则根据我国著作权法颁行二十多年来，我国所面临的国际、国内形势变化实际，以创造性的思维对现行法进行了有针对性的全面修改，不仅关注内容规范的完善，而且注重篇章结构的逻辑排列，形成了“八章七十七条”的研究成果，对现行著作权法从“道”到“器”，从篇章结构到内容规范进行了研判和重构，提交了一份特点鲜明的专家建议稿，以实际行动践行了求真务实的创新精神。

春田老师从事知识产权法学教学科研四十余年，可以说将其毕生精力投入我国知识产权保护教学科研事业中。其在教学科研经历中，对著作权保护问题尤为关注倾心，不仅培养了大批著作权专业人才，对著作权法律制度建设更是倾其所能，贡献了独特的思辨、傲人的智慧，展示了非凡的才干。春田老师因对著作权保护事业所作出的突出贡献，分别于2013年和2020年被中国版权协会授予“中国版权事业卓越成就者”和“中国版权事业终身成就者”。这两项中国版权保护领域的最高殊荣，对春田老师来讲，可谓实至名归、受之当然。

新中国的著作权法律制度萌芽于改革开放之初，形成于20世纪90年代初。三十多年来，著作权保护及其法律制度，在中国社会经历了陌生、疑惑、接受到自觉践行的演变过程，我国著作权保护的社会生态环境发生了可喜的变化。随着著作权法的不断完善，其对保护作者权利，鼓励作品创作与传播、促进版权产业发展、满足社会公众的精神文化需求发挥了不可替代的重要作用。当今中国，包括著作权在内的知识产权，已经成为推动国民经济发展的重要战略资源、参与国际竞争的核心要素，“创新驱动”已经成为国家发展的基本战略，“知识产权强国”更成为全民共识。战略资源的积累、创新成果的运用、强国建设的推动都需要包括著作权在内的知识产权法律制度做制度保障。在我国著作权保护事业取得长足进步的同时，我们应该对其法律制度建设的后续发展有着客观理性的认识。首先，从法律制度的发展规律看，著作权法律制度的发展具有与生俱来的实践性和动态性与时俱进的鲜明特质，300多年的现代著作权发展史证明，科学技术的发展与运用，不仅丰富了作品的种类和表现形式、拓展了作品的使用方式和传播渠道，而且不断增加了作品的权利内容，这一客观事实告诉人们，只要科学技术创新与发展不停留，著作权法律制度的进步与完善就不会停步。其次，从我国著作权法律制度的历史进程看，该制度脱胎于20世纪90年代初的计划经济特定环境，三十多年前基于在“缺少理论支持、缺少制度参酌、缺少实践经验”历史条件下，对著作权保护问题的认知所形成的法律规范，其在市场经济条件下的实际社会适用效果略显不足，虽然该法律制度经过三次修改，但是这种略显不足的内容规范并未完全消除，面对国际变革大势与中国发展大局，特别是数字网络和人工智能新技术的发展和运用对版权保护的冲击和挑战，著作权法仍然还有极大的上升空间。因此，打造一部“面向世界、面向未来、面向现代化高质量、高水平的著作权法”，对中国版权界来讲，既有强烈的时代紧迫感，又有厚重的历史责任感，需要版权界的全体同仁共同努力，需要更多像春田老师那样有见识、善思考、能作为、敢担当的智者参与其中。而春田老师的突然离开，不得不说是我国著作权法律制度建设的重大损失。今天，版权界追思春田老师，我认为最好的方式，就是继承春田老师的遗愿，不忘初心、奋发有为、以求真务实的态度全力完善我国的著作权法律制度。我相信，经版权界和广大版权人的不懈努力，著作权法律制度硕果累累之时，春田老师在天堂定会发出会心的微笑。

2024年3月

永远缅怀恩师春田先生

卫绪华*

自恩师驾鹤西去，我从最初的不愿相信，到日常的教学准备翻开老师主编的教材，偶尔翻阅旧照，老师的音容笑貌犹如昨日，挥之不去。每一次回忆都伴随着泪水与深深的遗憾，我后悔没能多与老师联系、请教、学习。

回想起与刘老师的初次相遇，是在人大的博士考前见面会上，我跟在老师后面走了一路却未能认出老师，只觉前面的师者高大魁梧、身姿挺拔，走到教室门口，同学们纷纷让到两侧，尊敬地称呼“刘老师”，我才惊喜地发现原来这就是我报考的导师，找了一个机会向老师自荐，老师眼神犀利却笑容温和地点点头，只说已经看过我给他发的邮件就不再多言。第一次得到老师面对面的教导是面试时。老师问的问题是关于知识产权在夫妻共同财产中的性质认定，我居然按照法条给出了答案，老师并没有因为我的回答而有所轻视，反而以极大的耐心和热情来引导我深入思考，从知识产权的财产性讲起，剖析了财产的利益属性、知识产权财产权、知识财产与“物”的关系等，我第一次深切地感受到刘老师代表的人大知识产权学派对民法、知识产权法基础理论的重视，以及

* 南宁师范大学法学与社会学院副教授。刘春田教授指导的2009级法学博士。

立法、司法实务背后的深层次理论逻辑。老师的教导深深折服了我，让我心生敬仰。其后终得列入门墙，三生有幸，更是体现了老师有教无类的教育家精神。

在人大度过的三年求学时光，在我的记忆中是闪着光的。刘老师让我们读《创造进化论》《人类知识起源论》等经典著作，不单纯是法学类的，还和我们娓娓道来佟柔老师以及他读《资本论》的故事，告诉我们要多读好书，哲学、史学、经济学等学科知识和方法才能带来更多研究知识产权法学的底气。老师本身有着宽广的跨学科视野，善于从哲学、经济学等学科视角看待知识产权法问题，他给我们上的《著作权法》专题课程，虽然紧紧围绕着知识产权客体、知识、创造、独创性等基础概念，却是体系化和高屋建瓴的。老师常说，“述而不作，厚积而薄发”，可是他每一次授课、每一次演讲发言，在学生看来都是他精心创造出来的“作品”，其逻辑缜密、表达有趣。我记得上课涉及知识产权法正当性时，老师说过一句话，即“创造是生命的冲动”。老师真的践行了生命不止、创造不息。课堂上、聚会时、闲暇之余，大家更喜欢听老师用幽默风趣的话语讲自己的人生经历和体会、品评世间百态，可以感知他对人心与人生的独特见解。“人品贵重、学业精进”是刘门师训，都体现在老师的一言一行之中。我的读书笔记上记过一句话：“乐趣的培养、精神的充实，而不是道德的说教。”恩师如精神的“贵族”，以其高尚的人格魅力、深厚的学术造诣与独特的教育理念，为我们带来了真正的“贵族”教育。这种教育，不仅仅是知识的传授，更是一种精神与品格的塑造与培养。感谢老师。

时至今日，读着前辈、师友缅怀老师的文章，老师的学识奉献、研学趣事越来越清晰，老师的身影虽已远去，但他留下的精神财富永在，是我们生活、工作道路上不灭的灯塔，以此小文纪念先生，他永远活在我的心中。愿他的精神永存！

2024年12月15日

春天记事

韦　之*

在学界春田老师是一位勇敢的思想者，是当代中国知识产权法学领域的一面旗帜。他对专业内外诸问题大都有独到见解、鞭辟入里，常常振聋发聩。圈内人士，多有领教，自不必赘述。

于我而言他是兄、是友、是同事，也是老师。在人大攻读硕士学位时，他比我高好几届，记得是在职的，师从佟老。我于1985年考进人大，跟随郭老。我毕业后留校任教，分在知识产权法教研室，春田老师是教研室负责人。春田老师不怎么喜欢开会，大伙儿乐得其所。

没多久，我便去了德国马普所进修，后转入慕尼黑大学念学位。其间春田老师去信称，拟编写一个知识产权法教学大纲，安排我写其中有关反不正当竞争法和国际公约两部分。我利用马普所丰富的资源，及时完成了任务。这算是和他的第一次合作。

我1995年秋天学成回国。此前不久人大集中辞退了一批逾期未归教师，我也是其一。我便去了北大。此后二十多年里，中国的知识产权法律事业如火如荼，大家都忙忙碌碌，不亦乐乎。春田老师逐渐成为法律

* 广西师范大学法学院教授。

圈的领军人物之一，他和郭老一道，携手把母校的知识产权法学科搞得风生水起。

应该是2007年年初，春田老师拟重新主持写一本知识产权法教材，约我参与。我颇感荣幸，爽快地答应了，并主动承担反不正当竞争法编。但不久，我父亲病故，我深受震动，在好一段时间里心乱如麻，难以静心撰稿。为了不影响全书的进程，我慎重考虑之后向春田老师请求退出编委会。他对此表示十分理解，并无些许苛责，使我如释重负。

等到春田老师的再次召唤，又过了十来年。某日，他的一位助理来电话，说刘老师组织起草了"民法典知识产权编建议稿"，正在和出版社洽谈出书事宜。春田老师拟在建议稿后附录几篇论文，包括我的一篇。没想到十多年前在一本普通杂志上发表的旧文能被春田老师"淘"出来，其认真精神，可见一斑。这本书后来于2018年由知识产权出版社出版。它体现了中国《民法典》孕育和诞生过程中一个子门类同仁付出的汗水。

算起来，我和春田老师认识已经近四十年了，真是日月如梭啊。两人在各种场合都有碰面和交流，但基本上是些业务往来，淡淡如水。最近一次面谈是几年前在中国政法大学，记得是因为一个有关网络游戏侵权案件的论证会。

在过往的岁月中春田老师对我多有肯定和激励，让我在求索的路上倍感温暖，心怀感激。为了表达对春田老师的谢意，并向他讨教问题，很多年以前我曾经约他在友谊宾馆喝过咖啡。那天早晨我提前到了一号楼，竟然发现没有带钱包。我连忙用大堂的电话联系自己的一个研究生，让她一会儿将一个信封送过来，"但不要打扰我和刘老师的谈话"……

我已经永远地失去了将这件轶事分享给春田老师的机会了。

2024年2月6日于桂林

与刘春田教授在美国洛杉矶最后的午餐

吴德立*

我同刘春田教授的深交缘起于因中国人民大学律师学院院长刘瑞起教授的推荐，我出任由刘春田院长领导的人大知识产权学院发展委员会主任（聘任期十年）之时。任职期间，我陪同春田教授多次参加海内外讲学及有关知识产权方面项目的筹建工作。

最后一次与春田相聚是在2023年3月18日在洛杉矶，我在洛杉矶预订了3月21日回国的机票， 3月15日，突然接到了春田的电话，他说他到洛杉矶了相约聚一聚，因疫情的关系我跟春田快两年没见面了，当即约在18号共进午餐。当天中午春田一行六人，我们在洛杉矶的一家餐馆聚餐，相谈甚欢，不觉之中聊了三个多小时。两年没见，我发现他消瘦了许多，我还开玩笑地说：你现在人比黄花瘦！他说他前几个月做了一个手术，一直没缓过来。临别时，我们紧握双手，我觉得他的手劲还很大就没有多想，他还送了一盒崂山红茶给我。回到住处，我就打开了一包品尝崂山茶的味道，但心里还是一直惦念着春田消瘦的样子，于是就发了条短信给春田：“春田，第一次喝崂山红茶，真不错！谢

* 吴兆麟基金会会长。

了！刚才见面才知道你做了手术，术后太瘦了，我认识一位原协和医院的大夫，现洛杉矶行医，我问了一下关于你的病情，他说让你注意少吃油腻的食物！按时吃药加强保养！我后天回国，保重！”。春田给我的回复：“谢谢德立，能在这儿见面很高兴，也很感慨去年先做了手术，年末年初又疫情中招，身体还是受损，我一定注意，岁月不饶人啊！昨天看你一切都好，为你高兴！等回去无论是在深圳还是北京再好好聚聚，好好叙叙吧。旅途遥远，你一路顺风，保重！”（这是我和春田最后的短信）

2023年3月22日我飞回深圳，没想到在3月25日我还在倒时差时，突然接到了春田同学徐建的电话，他说春田在美国病故了！惊愕之中不敢相信自己的耳朵！电话中我让徐建再说一次，半晌我说不出话……几十年的朋友在万里之外刚分开几天就这么永别了！人的生命太脆弱了吧！真像人们常说的，明天和意外不知道哪个先来……

他是一个影响深远的学者，中国知识产权的领头人。他把一生忠实地贡献给了中国知识产权事业。我们深切地怀念他，纪念他。我当时为春田写了一篇简短的纪念悼文和一副挽联。

“刘春田山东乐陵人，究心法学，用力精勤，多所著述，名传世林。在任教期间，为教学改革，育人育心，费尽心力。改革开放历史翻新之时，刘教授为知识产权的普及创新，奔走辛劳。为提高教学质量及法院审判实践，不辞辛苦，尽职尽责。他的突然离去，是学界的重大损失！但其学者的风范，会让每位学子永记心中！”

执教有方为国育才门徒天下

法学精英学富五车终身教授

2023年3月25日

再见，刘老师！

相　靖*

岁数越大，时间似乎过得越快，又是一年春的起首。但是在这越来越暖和，越来越明亮的春光里，我的心却有丝丝缕缕的伤感。

上点岁数的人格外怀旧。疫情这些年给很多人的心里都留下了或多或少痛的烙印，对我而言，2023年过得尤为沉痛，这一年，我的生命中先后失去了四位挚爱的亲友和师长，其中就包括敬爱的刘春田老师。刘老师生于三月，这个月该是他冥诞75周岁。他已经离开我们快一年了。

对于刘老师的离去，我感到特别难受。2022年9月25日中午，刘老师组织我们这些在京的郭寿康老师的学生小聚，当时出入公共场所还需要核酸检测报告，但是因为我的疏忽，错过了头天的检测，没有绿码。本想着第二天一早到医院做个加急检测，这样能赶得上中午的见面。我一上午跑了三家医院，却没有一家医院提供核酸检测服务。由于不想因为核酸报告的问题在与刘老师见面的地方引起纷争，我就没有去参加聚会，心想等疫情结束以后，多的是见面的机会，没承想就是这个一念之

* 对外经济贸易大学国际经济研究院副研究员。

差，造成了我永久的遗憾。如果当时能知道那将是我和刘老师最后一次见面，无论如何我都会赶去见老师一面。痛定思痛，我一方面很内疚自己的疏忽，一方面也痛恨自己对某些愚蠢规定的盲从。我一向是个循规蹈矩的人，但这件事让我对自己循规蹈矩的性格产生了怀疑，因为它让我失去了与敬爱的老师最后见面的机会。

读硕士期间，就听过刘老师讲的知识产权法课程，但是真正认识并了解刘老师还是因为我的导师郭寿康老师。郭老师是中国知识产权法的奠基人，也是联合国教科文组织的教席，终生研究不辍。刘老师非常敬重郭老师，说他是人大的校宝，应该好好爱护，好好彰显他的价值。我在校读书期间，刘老师组织的很多国际、国内学术活动，都郑重地邀请郭老师参加，我正是在陪同郭老师参加各种活动的过程中开始了解刘老师，被他对知识产权法的热情、活跃的思维和强大的学术活动组织能力而鼓舞和感染，由衷地佩服他在知识产权法教学与研究方面展现出的才华和前瞻性。

我对刘老师记忆最深刻的一件事是我的博士毕业答辩。我论文的主题是广播组织研究，论文中涉及大量对“信号”这个概念的解释。当时刘老师大概是在研究“符号”与知识产权法的关系，所以在答辩过程中，他问了我一些关于“符号”的问题。答辩中的我本来就很紧张，再加上对“符号”的问题确实没有什么研究，所以就拼命地解释我论文中“信号”的意思，迫切希望他能明白我论文的思路。答辩现场一度出现了刘老师步步追问，我则抓耳挠腮、急赤白脸解释辩驳的场面。答辩顺利通过，但是因为答辩过程比较激烈，就在我的记忆中留下了深刻的印象。后来，跟刘老师慢慢熟悉起来，了解了他自由奔放的、跳跃性的思维特点，也就明白了他当时一点儿也没有要为难我的意思。他会抓住每一个灵感突现的时刻，借助每一个可能的思想碰撞的机会，探讨他脑海中瞬间出现的问题。后来，我从跟他相熟的其他老师那里也了解到刘老师的这个特点，兴之所至，他会和朋友彻夜长谈，甚至激辩；灵感降临，他会随手抓起一张餐巾纸写下自己彼时彼刻的思考碎片。刘老师洒脱、随性、不拘小节、不端架子，他是我心中十分敬重的一位具有独立之思想，自由之精神的学者。

在生活中，刘老师是一个非常有人情味的、温暖的师长。刘老师对他母亲的孝敬，圈内人都知道。他对于像郭老师这样的老前辈的关心是我目睹的。郭老师在世时，他不仅在学术上与郭老师紧密合作，也很细心关照郭老师和师母的生活。郭老师在海淀医院去世时，刘老师接到通知第一时间就赶到现场。当时，我们这些做学生的没有经历过这种场面，真的是手足无措。刘老师来后，我们顿时感到有了主心骨，后面的事情就有条不紊地得到了处理。郭老师去世后，刘老师非常关心我们这些郭门弟子。我们偶尔去看望一下刘老师，跟他聊聊天，就像看望自己的导师一样。他也常常跟我们聊起与郭老师的共同经历，比如一起去德国和日本等国家考察知识产权法的制定和实施。他拿出那时候和郭老师一起拍的照片给我们看，照片上，中年的郭老师气宇轩昂，青年的刘老师风流倜傥。现在，想必他们又在天堂重逢了吧，还在一起探讨知识产权法的问题吗？

那晚，师妹突然给我打电话，说刘老师走了，我第一反应是有点蒙，心想他走哪儿去了。因为刘老师的身体一向很好，甚至好过我们这些比他年轻很多的学生，所以不会想到他真的走了，走得这么早、这么突然。我们平时谈起刘老师，常常羡慕他的健康，说他以后肯定会是百岁老人。刘老师的突然离去，让我再次深刻体会到死别的残酷，就是说，这个人真的没有了，再也见不到了，如果你想再看到他的音容笑貌，也只能在依稀的记忆中，或者在相册中看看那个定格的微笑。

人老眼窝浅，慢慢捋了一遍和刘老师相识的点点滴滴，眼泪就又糊了眼睛。我容易怀旧，但又常常抗拒回忆过去，仿佛你只要不去想，他就还在阳光下的某个地方忙碌着自己的事情。然而过去并不会安静地待在记忆中，它总会在某个瞬间，突然在脑海中闪现出来，眼睛突然就酸涩了。现在好好地重温一下记忆中刘老师的点点滴滴，写出来，是对刘老师的纪念，希望也能让自己释怀。刘老师的生活态度从来都很积极乐观，也喜欢用这种态度影响身边的人，相信他若在天有灵，一定希望我们能像他一样，无论环境如何，都能保持积极乐观的精神。我们也该学习刘老师，认真工作、热爱生活、珍惜时间、善待身边的亲朋好友，总要努力做一个有价值的人。

零零散散地絮叨了一些对刘老师的回忆，但语言总是无力的，不足以表达出心里对老师的深厚情感。

山水有相逢，刘老师先行一步，希望老师在天堂安息。

再见，刘老师！

2024 年3月4日

纪念吾师刘春田先生

向　波*

“生死之外无大事”，这是我常常用来勉励自己应对学习、工作和生活中所遇困难的一句谚语。在我此前的生命历程中，外婆和外公的过世对我影响极大。外婆去世时，我尚年幼，不知生死为何。而外公去世时，我正在北京上大学，母亲担心影响我学习，故当时没有通知我，后来二舅家一表姐打电话告知此事，未挂电话我便开始号啕大哭。再次让我感受亲近之人离去之痛，便是2023年3月末刘春田老师驾鹤西去了。

一、回首初见辩三性，心动再结师生缘

说来我与刘老师相识已有二十多年了。如果没记错的话，2001年大三第二学期我通过中关村高校互选课程系统选修了人大法学院的“知识产权法”课程。现在已经不记得选修这门课程的动机了，可能是之前修过“法律概论”这门公选必修课，感觉自己对法律挺有兴趣吧。我本科所修专业为化学，我基于自身性格和兴趣偏好不太喜欢这个专业，那时候国内大学调换专业的机会也很少。大一时我尚能将时间和精力专注于学习，大二便转去学习吉他了，后来曾尝试过组织乐队。在大三时，我

* 南开大学法学院副教授。刘春田教授指导的2008级法学博士。

曾考虑过继续攻读化学专业方向的研究生，但在修习过《知识产权法》这门课程后，我的想法就发生了完全的转变。这门课程当时是由刘春田老师和郭禾老师共同授课，刘老师讲授导论和著作权法部分，郭禾老师则负责专利法和商标法部分。我犹记得刘老师一上课便开始批驳有关知识产权特征的传统认识，即知识产权的无形性、专有性和地域性，刘老师极具理性睿智和哲学思辨的讲课风格对我产生了强烈的心理震撼，使得我对法律产生了强烈的兴趣。刘老师的授课对我来说无疑是一次理性的启蒙，也正是受此影响，我便走上了学习和研究法律的道路。这便是我第一次与刘老师结下的师生缘，短暂而深刻，也为我后来的考博选择埋下了伏笔。

经过两次考研后，我于2003年考上了人大法学院的法律硕士研究生，短短两年的研究生学习经历并未使我满足，我便决定继续考博。在这两年中，我被分配到刑法教研室的老师名下，也选修过两门与知识产权法相关的课程，一是由李琛老师主讲，一是由沈致和老师讲授，可惜没有再遇到刘春田老师。经过慎重考虑之后，我将研究方向定为知识产权法，指导老师则坚定地选择了刘春田老师，随后便开始了时间漫长而又充满挣扎的考博生活。为了有充分的时间用于读书和学习，同时也解决考博阶段的生存问题，2005年研究生毕业后我便回到了贵州省六盘水市委党校参加工作，最终于2008年才有幸成为刘春田老师的门下弟子，再次与刘老师结下师生之缘。现在回想起当时的考博选择，才会明了2001年刘老师的授课对我影响之深刻和长远！

二、秉直研学育桃李，身教与道重重语

在读博期间，通过专业课、研讨会、讲座和日常时间的交流，我再次领略到刘老师非凡的人格魅力和学术气质。对于知识产权法学，刘老师非常重视基本概念和基础理论的研究，他会建议他的学生尽量打好法理学和民法学的理论基础。非常幸运的是，在博一时刘老师给我们知识产权法学方向的博士生开设了一门专业课。刘老师选择了知识产权法学的十几个主题，每次上课大家围绕其中的一个主题集中展开研讨。在上课时，刘老师会让学生们结合自己的理解首先发表意见，相互之间也可以展开辩论。这门课程的上课气氛很好，大家的讨论非常热烈，还吸引了已毕业的博士参加这门课程。同学们有时候还会就某个问题发生激烈的争吵，争论得面红耳赤，我犹记得刘老师还曾经批评我们，说我们博士生在课堂辩论时的风度还没有人大法学院的硕士生表现好。当然，刘老师也会发表自己的观点，刘老师的思维极具个人的风格和特点，既有强烈的哲学思辨的意味，也充满悲天悯人的人文关怀，往往会给予我们更多的指导和启发。

刘老师认为我国学界对知识产权法基础理论的研究非常薄弱，一再主张要重视知识产权法学基础理论问题的研究。正是在他的强烈呼吁和身体力行下，从而形成了人大知识产权法学这一流派非常强调基础理论研究的学术风格，他的研究取向和深邃思想也对中国知识产权法学研究的发展产生了非常重要的学术影响。在重视基础理论研究的同时，刘老师也极为关注知识产权法的立法动向和司法实践。在立法部门向社会公布知识产权法的相关修订草案并公开征集修改意见时，刘老师会带领知识产权法学教研室的老师和学生逐条讨论草案中的条款，随后在讨论的基础上形成比较成熟的修改意见。当国内外发生与知识产权相关的热点法律问题时，刘老师也会以研讨会的形式邀请国内的其他知识产权法学专家一起讨论。在会议上，各位专家和学者基于自身的学术立场发表自己的意见，刘老师坚持以坦然和开放的态度来面对不同的观点，同时也会基于事实和逻辑来理性地表达自己的观点。

正是通过课堂、会议和日常交往等诸多场景下的交流和对话，我日益感受到刘老师的正直人品和追求真理的学术品格。刘老师并不对我们虚谈所谓的人生哲理，但我们能从他的一言一行中感受到刘老师所秉持的信念和精神，这也是我们，作为刘老师的学生，应当去学习和借鉴的所在。

三、“人品贵重”记心间，师恩难忘再向前

刘老师极为关心学生在学业和事业方面的成长和发展。他曾在多个场合以“人品贵重”作为寄语，希望学生们能够重视自身道德品质的培养。虽然刘老师并没有详细解释“人品贵重”的具体含义，但透过刘老师的言行，我们还是能够对这句话有一些粗浅的理解。对于学生身上的问题和不足，刘老师也会直言不讳，甚至还会给予直接的批评。有一次，刘老师邀请了对外经贸大学的一位老师来给人大法学院的硕士生讲课，博士生也旁听此次课程。在讲课期间，一位博士生对该老师的某个观点进行了质疑，双方发生了比较激烈的争论，我也帮腔了几句。应该说，这场争论在一定程度上打乱了课堂秩序，也影响到后续的课堂气氛。在第二天上课时，刘老师便直接批评了我和那位博士生，我们也认识到了这个事件所反映的自己的问题。

2011年上半年，我们既要面对博士论文的答辩，又要解决自己的就业问题。我原本准备与福建泉州的华侨大学签约，后来刘老师在某个机会下将我推荐到了南开大学法学院。我记得刘老师在那个时期还专门到南开大学法学院做了一次讲座，现在想来也有为我顺利任职铺路的意思。

为了帮助学生们在学术研究方面的发展，刘老师也会给予学生参与各种学术活动的机会。比如，刘老师在人大法学院举办了一系列的学术活动，他会邀请学生参与到这些活动当中，并鼓励学生发表自己的观点。如果觉得某个学生的观点言之成理，刘老师还会要求他就此撰写论文，然后组稿发表。刘老师也非常关注学生博士论文的出版工作，通过他所主办的“中国知识产权文库”，一些博士论文也得以顺利付梓。凡此种种，不一而足。刘老师也曾多次嘱咐我可以将博士论文修改出版了，但我自觉理论积累尚有不足而推掉了。直到2022年下半年，我自认理论积累基本充足，便开始启动修改博士论文的工作，还将此事告知了刘老师。我满心期待着，早日完成修改工作，再将终稿交给刘老师审阅；我期待着，刘老师能给我的书稿写一篇长长的序言；我还期待着，疫情过后能与刘老师多多交流，享受与刘老师相处和对话的乐趣。然而……

刘老师，尊敬而又可爱的刘老师，于我而言是师如父，希望下辈子还能继续师生之缘！

2023年4月8日

"记忆之场"

——春田老师二三事

谢晓尧*

深切缅怀和纪念刘春田教授，离不开两个根本性的追问：我们为什么纪念他？我们以何种方式纪念他？

按照法国历史学家皮埃尔·诺拉的说法，身份、记忆、遗产是当代意识的三个关键词。三者极富内涵、彼此相连、相互回应和依存：身份意味着一种稳定的自我辨认、独特的自我选择，一种特殊的自我承担和团结互助；记忆同时意味着回忆、传统、风俗、习惯、习俗和风尚，各种纪念仪式其本质是给记忆找一个场所，实现从记忆向历史过渡；而遗产直接从通过继承获得的财富转向了构成我们自身的财富。①

我们今天纪念春田教授，不外乎是通过一种特殊的记忆仪式，寻找"历史"上的连接，在追忆先生精神风骨的同时，也合理地确定和校准自己的身份和位置，使自己归位于特定"意义"和传统之中，以传承和光大老一辈学人弥足珍贵的文化遗产。从这一意义上，纪念既是对先人

---

* 中山大学法学院教授，博士研究生导师。

① ［法］皮埃尔·诺拉．记忆之场：法国国民意识的文化社会史．黄艳红，译．南京：南京大学出版社，2015.

的集体记忆，更是对后来者延续历史传统和精神财富的鞭策与期待。

我与春田教授交往非常有限。恰是这为数不多的交往，我深深感受到了老一辈学人虚怀若谷的胸襟、对年轻人不遗余力地扶持、对知识产权事业发自内心的真挚而强烈的使命感和担当。

我偏居“双鸭山”（指中山大学），远离学术重镇，加上性格上逍遥，笃信“人多的地方不要去”，故在学界几乎是个“局外人”。

2007年春，新学年开学不久的一天，家里的电话铃突然响起，我刚接通，“您好”还没有说出口。对方就急切地问道：“你好，是谢晓尧老师吗？我是刘春田。”刘教授突如其来“找上门”，多少让我既兴奋又惊讶更是惭愧，甚至因拘谨而一时语塞——一则因为从礼数上，理应是我去拜访这位学界“大佬”；二则因为从教这么久，我竟然没有公开参加过学界的任何活动。

容不得我开口，刘教授说道：“找你好难啊，问了身边几位都没有你电话，我就打电话到你学校总机，再转到法学院，前几天第一次打过去，一位法学院老师将你的电话搞错了，联系不上，今天再次打到法学院，总算问到了你的电话。”我正想多赔不是，刘老师话锋一转，笑着说道：“这次来主要是想向你约稿。”然后，春田教授向我介绍他主编的《中国知识产权评论》、稿件要求、交稿期限等事项。我当然满口答应。

大概5个月之后，我如约给春田教授发去《论商誉——一个“关系利益”的制度分析》，他回复我，“非常守时，质量很好”。这篇论文是我博士论文的主体内容之一，篇幅约6万5千字，发表在春田教授主编的《中国知识产权评论》第三卷。[①]在此之前，我博士论文的另一主体内容《“中国名牌”：一个商誉文本的契约反思》，应梁治平教授的

① 刘春田.中国知识产权评论：第三卷.北京：商务印书馆，2008.

约稿发表在《洪范评论》第8辑。[①]一直以来，一些关心我的朋友偶尔会问我，我的博士论文为什么不去出版成书？除了自己对这一话题缺乏更多增量知识，其中一个重要原因是，我认为，学者的著述不是用来凑数的，刘春田教授和梁治平教授为我搭建的平台已经实现了论文的用于交流的基本功用。

不久，春田教授又邀请我参加了他主编的全国普通高等学校法学专业核心课程教科书、21世纪法学规划教材《知识产权法》[②]的编写，我撰写了其中第四编“商业标记法”。

2010年年初，我完成了《在经验与制度之间：不正当竞争司法案例类型化研究》一书，由于该书耗费自己不少心血，思索再三，我决定请春田教授写个序，于是就将书稿发给了刘春田老师，并提出了自己的不情之请。邮件发出后，我才感觉有些不妥，内心一直忐忑不安，担心先生是否会拒绝，因为，当时案例研究在学界难登大雅之堂，不像今天风靡学界，深得人心。

大概20天之后，春田教授给我发来邮件以及标题为《序 探寻案例的经络：实践、经验、制度和理论》的序言。我一口气阅读完。显然，刘教授给我的绝对不是一份“标签”，也非勉强而为的“人情世故”。在这篇4800多字的序言中，春田教授以其一贯的理性文风，抨击了一些案例分析著作习惯于或脱离实践，或抽掉理论，纯粹在法条中兜圈子，于案例间捉迷藏的做法，围绕实践、经验、制度、理论四个层次高屋建瓴地鼓励学者，“站在了一个更宏大、更抽象、更精致的视角对案例进行重新整合和梳理”，这样，既可以体味法理的精妙，也可以领略知识的魅力。[③]

① 吴敬莲，江平：洪范评论：第8辑.北京：中国法制出版社，2007.

② 刘春田：知识产权法.北京：法律出版社，2009.

③ 刘春田教授序言全文见附录，非常遗憾的是，也是必须要指出的是，出版社后来将主标题删除了，直接代之以“序”。

2018年10月下旬，刘春田教授在重庆组织了一次关于制定中国“知识产权法典”的小型研讨会，我有幸获邀参加。开完一整天的会议，大家乘大巴去用餐，我一上车，刘教授就发现了我，他指了指身边的位置说道：“晓尧，坐这里来。”一路上，他跟我聊起了他对知识产权法的担忧和出路，今天回想起来，先生的大意是：知识产权法属于私法，中国存在严重行政化的迹象和趋势，必须保持警惕；在制定《民法典》的背景下，“知识产权编”写入法典，不见得是最合理的安排，却是最佳的选择，有利于用法典形式确立知识产权法的私法地位，抵御政府干预的侵蚀。更长远地看，中国学者理应有自信去制定“知识产权法典”。

2020年5月，《民法典》颁布后，刘春田热情洋溢地撰文《〈民法典〉是知识产权的法律母体和精神家园》。当我温暖满怀地阅读那些文字时，先生在重庆时的那番话言犹在耳。当下学者的学问方式大致有三：第一种用嘴皮子，第二种是用脑子，第三种是用心。先生当然属于最后一种，他是一个真正用心灵去感知这个时代、这个社会和这个学科的人。唯有如此，学界从先生身上感受到，从他为人、为学和为文，散发出的温度。

当我写下这段文字时，斯人已逝，唯先生精神赓续不辍。这就是学术共同体集体记忆的价值。铭记学人的身份，坚守学人的本分，师道传承，既是接受一次洗礼，享受精神大餐，更是一份继往开来的责任与担当。

序

探寻案例的经络：实践、经验、制度和理论

刘春田

美国法学家奥利弗·温德尔·霍姆斯在其著作《普通法》（*The*

Common Law）一书中曾开宗明义地指出："法律的生命不在于逻辑，而在于经验。"法律是经验之学，经验是处理法律事务的宝贵资源，也是建构法律制度的知识基础。脱离了经验，法律将成为无源之水、无本之木。判例即经验的体现，也是经验的载体。对判例进行研究，不仅是研究和分析法律的途径，也是学习和教授法律的方式，还是观察和体认社会经验的窗口。对判例进行研究，既可以揭示"活"的法律，也可使人们认识到"制度是如何形成的"，还可以使人们发现法院是如何"通过判决发展法律"。同样，法律制度的完善也离不开判例，因为判例是司法的产物，司法则是对法律的解释，解释就是创造。所以，制度与经验，如响之应声，如影之从形，我们必须恰当地将二者协调起来。谢晓尧教授的新著《在经验与制度之间：不正当竞争司法案例类型化研究》正是这种"协调"的体现。

法律规范并非彼此孤立地存在，其间有各种意义脉络的关联。这种关联既包括构成外部体系的概念形式上的关联，也包括构成内部体系的法律原则上的关联。外部体系以抽象概念为构造基石，其固然可使法律规范保障最大可能的概观性和稳定性，但难以避免其内容空洞化之危险。概念的抽象化程度越高，内容就越空洞。当抽象的概念及其建构外部体系不足以掌握生活现象或意义脉络的多样形态时，人们首先想到的辅助思考形式是"类型"。类型可通过形形色色的特征组合以呈现其所共同拥有的某种"意义"，且较概念为具体。类型化的思考方式既不同于抽象概念的思维方式，也不同于对对象的个别直观及具体掌握，其最本质的特征在于以事物的根本性质为标准对研究对象进行类属划分，是一种精致化的具体思考与抽象的概括思维的统一。谢晓尧教授在本书中所运用的正是这种类型化的方法和思路。长期以来，一些案例分析著作习惯于或脱离实践，或抽掉理论，纯粹在法条中兜圈子，于案例间捉迷藏，干涩且无力，空洞亦无物，读之无味，弃之可惜。本书却并没有落入"俗套"，而是开风气之先，没有拘泥于法律条文，也没有踯躅于案例本身，不局限于"以案说法"，也不满足于"以案释义"，而是果断地跳出了法条和案例的框束，站在了一个更宏大、更抽象、更精致的视角对案例进行重新整合和梳理。文中既有必要的法理归纳，也有适当的知识演绎，使读者不仅可以体味法理的精妙，也可以领略知识的魅力。显然，这是一种更能动的法学研究，也是一种更可取的研究方法，体现了作者认真、负责、严谨的学术态度。这种不拘一格，别致新颖的研究方法和研究思路，极大地提升了本书的学术品位和阅读价值。它不仅为法律实务工作者提高理论水平提供了一条有效途径，也为法律理论研究者走向实践，体验实践架起了一座桥梁。

无论什么方法、理论和制度，只有被实际运用，并被实际用于解决具体的法律问题时，才能被更好地理解和吸收。案例分析的目的即在于提高这种运用理论和制度，体认社会经验，解决实践问题的能力。对具体、鲜活、真实的案例进行思考与分析，可以加深我们对法学理论和制度的理解，可以帮助我们把握理论和制度如何"从实践中来，到实践中去"的基本规律，同时亦可让我们从中发现某些制度与理论的缺陷和不足，并使之完善。申言之，案例分析应当体现出实践、经验、制度和理论的和谐统一。它们是既相互勾连又存在区别的四个范畴，我们不仅要看到它们的内在联系，也不能忽略它们的根本不同。在现实生活中，人们往往忽略它们的本质差异，习惯于不假思索地将它们混为一谈，导致对四者的内涵把握不准，而致出现偏差和误差。

实践是人们能动地改造和探索现实世界的物质活动。它是认识的来源，也是经验的来源。实践不同于经验，也不同于理论。实践只可付诸行为，却不可言说。只有将实践总结为经验、抽象为理论，才可以用言语进行表达和交流，并转化为他人的实践。所以，必须深刻理解语言在实践中的重要性，语言是使实践成为可能的媒介。没有实践的人，也就不可能有经验，更不可能教授经验，他只能介绍他人的经验，而他人的经验则来自他人的实践。问题的解决需要回到实践，问题意识的培养也必须回到实践。经验来自实践，经验的总结，必须有足够的实践，实践出经验，经验促实践。法律的工具性，决定了法学研究必须回到实践。只有回到实践的法学研究，才能从实践之思走向制度之省，从而赋予研究以政策之义。只有回到实践的法学研究，才能从实践之释走向理论之构，从而赋予研究以理念之光。回到实践的研究，要求我们应当从实践的认识出发，进而提升至制度和理论，然后再验之于实践。人的认识只有经过实践、认识、再实践、再认识的过程，循环往复以至无穷，才能在此过程中不断提高实践和认识。社会科学是人学，其研究对象是从事社会活动的人，它必须研究社会经验。离开了经验现实，离开了社会需要，社会科学研究将成为一潭死水、一堆朽木。社会科学必须重视经验，而经验从实践中来，所以，还必须探究实践，从对实践的观察、体验的过程中发现、归纳出经验，进而凝练成具有概括力的制度，抽象出富有解释力的理论。

经验，一般指实践得来的知识或技能。经验是实践的结果，但不等于实践本身。“经”，即经历，含有行动、实践之意，“验”，即体验，系指以行动、实践所获之启示或感受。经验的价值，在于为制度的形成和理论的建构提供素材。经验源于实践，来自生活。直接产生于实践、生活的经验是具体的、复杂的、自在的，表现为感性的认识形式。感性认识是低级的、初步的、肤浅的，必须上升至理性的高度。从感性认识向理性认识的发展，就是经验的总结。经验的总结，可以使人们把握事物的本质和规律。事物的本质和规律，必然在同类实践中重复出现，所以一旦为我们掌握，就可为我们投身实践、感受生活提供理论上的指导。法律都有自身的历史传统，有自身的发展脉络，有一定的现实支撑。“时代所感知的需要，盛行的道德和政治理论，公共政策的直觉，公开的或未知的，甚至是法官及其同行所持有的偏见，在确定人们应当遵守的规则时，都比三段论更有价值。法律历经数个世纪，使一国发展的历史具体化，它不能被视作似乎只包括一本数学书上的定理和推论。”法律的逻辑，不等于逻辑的法律。法律是经验之学。经验是现实生活中的“精华”，是“活水”。书本不出产经验，经验只能来自实践，在实践中不断地积累，不停地体悟。经验的获得，都需要系统地学习，反复地体验，深入地思考，全面地总结，不懈地追求，长期地积累，这是循环往复的认识过程，是千锤百炼的社会实践。

制度是“一组旨在支配社会关系的相互关联的规则和规范，是由影响行动者选择范围的正式和非正式的限制所组成”。一种制度通常被定义为一套行为规则，它们被用于支配特定的行为模式与相互关系。社会的“主要规则体系有：语言、规范、法律、行为符码、家庭社会制度、社区、经济、组织、政府、社会关系。”欧洲人之所以能创造出现代技术文明，一个重要的原因在于他们开发并贯彻了一套人类交往的规则，从而抑制了机会主义和权力的滥用，这些规则被称为“制度”。人之所以需要制度，是因为一个理性人能力的有限性，他在作决策时要支付信息费用，以及人类生活环境与生产中的不确定性。因为，一方面，人需要用制度来确保生命期的安全，另一方面，又需要它来促进他与其他人的合作，将外部效应内在化。因此，制度的目的在于维护一种社会秩序，社会秩序的维护则在于建立一种信任。作为制度之一种，法律的有效性即在于其能够建立对法律的制度信任。所谓“见必然之政，立必胜之罚。故民知所必就，而知所必去”，揭示的即是此道理。制度的产生，根源于实践的需要，脱胎于经验的总结。“没有需要，就没有生产。”没有需要，同样也没有制度。制度由人而设计，并用于规划人的生活，因此制度必须适应社会需要，必须合乎发展规律，“任何一种制度总是要嵌入到特定的社会结构和社会文化之中去。再好的制度创新如果不能成功地嵌入到那个社会的社会结构中去的话，或者说，这种制度的创新在现存的社会结构中长期产生和具有强烈的排异反应，那么这种制度的创新与变迁最终不可能带来效益，也不可能造成这个社会的发展和稳定”。制度设计并不任由设计者为所欲为，因为制度终究是第二性的，它必须受制于第一性的客观世界。马克思就曾说过：“人们自己创造自己的历史，但是他们并不是随心所欲地创造。”

法律是一种规则体系，也是一种知识体系，借以为工具，则蕴含着一种理论体系。法律学应当是一门科学，它以科学的方法分析法律概念，运用科学的方法与概念进行理论研究，以便让法学获得理性之阳光水分。所谓理论，就意思底内容说，就是根据意念或概念底图案或结构以为推论；就思想底对象说，就是根据理以为推论。任何理论，都是一种抽象，抽象的目的在于把握事物的内在本质，思维对事物本质的把握就在抽象中得以实现。抽象就是提炼，也就是毛泽东同志在《实践论》里所说的“将丰富的感觉材料加以去粗取精、去伪存真、由此及彼、由表及里的改造制作工夫”。现代社会是一个“抽象的社会”。人们将现实生活、实践经验抽象成理论，目的在于以抽象出来的理论更好地指导实践。人类的实践和认识是永无止境的，实践和经验是理论发展的动力和源泉，也远比理论更有生命力，正如歌德所说：“理论全是灰色的，只有生命的金树常青。”理论可以指导、制约实践和经验，缺少理论的向导，实践和经验可能会失去方向，误入歧途。理论的价值在于及时将成功或成熟的经验抽象为制度或原理，并反过来指引、规范实践和经验。学习、研究的过程应当是理论与实践相结合的过程。缺乏实践的检验、未对生活作深入观察和体会，便不可能真正把握理论的精义。理论本身是思维的结晶，具备理论思维，是进行抽象的前提。恩格斯说过：“对一切理论思维尽可以表示那么多的轻视，可是没有理论思维，的确无法使自然界中的两件事实联系起来，或者洞察二者之间的既有的联系。”

由此可见，实践、经验、制度、理论是四个不同的概念，它们的内涵并不相同。我们应当对之予以区分。我们欣喜地看到，谢晓尧教授发现了它们的差异，本书的问世即是这种发现的产物。在社会生活不断丰富，法律制度不断健全的大背景下，本书的出版反映了一个重要的研究方向、一种新兴的研究趋势，即纯理论不经过实践经验的研究实不可取，那只不过是闭门造车的空中楼阁，纯实践不进行理论抽象的活动亦不足道，那只不过是自娱自乐的昙花一现。没有理论升华的实践，永远只是个人的实践，是不能交流、分享的实践，没有经过实践检验的理论，是无根基的理论，是无法引领、指导生活的理论。只有面向实践的理论，才是有活力的理论，只有结合理论的实践，才是有目的的实践。谢晓尧教授的新著给我们树立了一个榜样！我很乐意将本书推荐给大家。是为序。

2010年6月5日

2024年2月

怀念刘春田老师

徐二明*

刘春田老师和我是同时代的人，有很多相似之处，自然也有很多不同之处。

相同的地方是，我们都在北京的东城读过中学。我们都在1978年考入了中国人民大学，毕业后都留在各自的系里做教员。后来，我们又成为研究生院的同事，担任研究生院的副院长。

不同的地方是，他在人民大学读的是法律系，成为中国知识产权界的领军人物；我读的是工业经济系，留校以后，一直从事企业管理特别是战略管理的教学与研究。

毕竟是同时代的人，命运与工作使我们走到了一起，共同探讨人生，探讨理想，探讨学术。

刘老师真心热爱他的专业，可以说是这个领域的创业者，不断执着地研究与推广知识产权的教学与研究。这也许就是当年所说的破旧立新吧。我曾应邀参加过他举办的知识产权的研讨会，从管理的层面了解他的知识产权观。他在这方面是探索者与实践者，希望将知识产权与管理

* 中国人民大学商学院教授、博士研究生导师。

结合企业，推广相关的教育，让企业的管理者们更好地认识知识产权，为中国的知识产权做出更多的贡献。

的确，知识从来都是反映人们的认知，不会被人为设定学科的局限。交叉学科的研究会扩大学术的视野，开拓新的研究领域。法学与经济学的合作早已有之，与管理学的合作也不应该是一个新的话题。关键是，我们需要真正的实践者。知识产权的学者与战略管理的学者都在研究企业的竞争问题，尽管角度不同，但最终的目的是一样的，让企业获得良性的发展，从优秀走向卓越。

时代在变化，知识在更新，不变的是他对知识追求的那颗心。在数字经济下，他非常关切数字经济下知识产权研究与实践的挑战，通过演讲与研讨会鲜明地阐述他的观点，使知识产权的研究与实践跟上时代的要求。他还希望在深圳扩大办学，让更多的实践者掌握知识产权与管理的知识，使中国企业的法治建设取得更好的成绩。

在待人处事上，刘老师也绝不会脱离法律的底线。看不惯的事，他一定要明明白白地说出来，坚决地按法律的本原办事，按照应有的学术价值办事。坊间常有人津津乐道民国时代的学者，其实经历过人世间底层生活的共和国学者更值得称道。这一点也离不开中国人民大学这所战火中的大学所给予的熏陶。

2021年3月8日观看中央芭蕾舞团经典剧目《红色娘子军》，一代人共同的回忆

他对我讲了一件事，给我留下了深刻的印象。

这是一个涉及一个博士学位是否存留的问题。一位学生的博士学位已经授予以后，由于某种原因，人们对其学习过程有所争议。在学校学位委员会上，不同的委员发表了不同的意见，一些人认为应该根据有关要求，撤销该学生的学位，或者收回该学位。

出于对法律的认知，刘老师听了这些人的意见以后，提出了一个有关中国人民大学博士学位的法律问题，即委员会的几个人是否有足够的证据和权力在短时间内撤销或收回一个人的博士学位？他认为，博士学位的授予是一件很严肃的事情。一旦授予，就具有很强的法律意义。匆忙撤销或收回这个博士学位不仅涉及中国人民大学的学术声誉，也涉及学生的利益。刘老师建议先由学校出面保存该生的博士学位证书，然后启动一个认证的程序，收集相关的证据，再做决策。

对于刘老师或其他的同仁们来说，这仅仅是一件需要花费2个小时讨论的不大不小的事。但对当事人来说，确是一件影响人生的大事。刘老师从法律的角度，阻断撤销学位的决策，开创了一个代为保存学位的先例，也充分地反映了他的学术价值观。

维护学术价值观是大学教育的本质。记得刚入大学本科不久，就听成仿吾校长讲过，人民大学的学生要掌握好三基，基本理论、基本概念和基本方法。具有了这样雄厚的基础，才能在人生的道路上走得更平稳。实际上，每个学者都应该思考与实践这个问题。刘老师作为一名教师，能够以正确的价值观从事教学研究，并且言传身教，惠及学生们。

我和刘春田老师有相同的地方，也有不相同的地方。相同的是，我们都是作为二级教授从人民大学荣休。不同的是，他先我而去，而我还留在人世间。刘老师突然离去，给我们留下了无限的遗憾，使知识产权的研究与教学留下了空白。相信他过去所打下的基础，会使中国的知识产权进一步被发扬光大！他的学术理念也会被人们永记在心中！

悲痛之余，千言万语不知如何落笔！谨以此短文作为一朵淡香的白菊献给刘老师，望他的精神永存！

2024年2月

春田就这么走了

徐　建*

一个阴冷的周末，越洋电话传来噩耗，春田走了。我说不可能，不久前我俩还在深圳共议建立前海知识产权研究院，他怎么会走了，何时回来？当我意识这个走了不可再回时，赶紧打电话向王利明会长求证，他也愕然地说，问问？后来回电证实，春田真走了！我不敢相信，春田真的就这么走了……

我和春田同为人大78级同学，在38位同学中他排行老三。他是“老高三”，学识渊博，底蕴深厚，天资聪颖，没见怎么努力，成绩总是名列前茅，他性格直率，喜欢较真，批评抨击一针见血。他声音洪亮，时而吼几嗓子京剧，带着磁性幽默。他身材魁梧，线条硬朗，天生学长的范和党支部书记的威，在校时最大的贡献莫过于培养了两位新党员。时任系学生会主席的我和春田同为学生干部，他冷不丁地会对学生活动（如罢课、竞选、打架）发表重要讲话，为学生会工作指明方向。

大学毕业后春田继续攻读硕士，1985年他来深圳实习，我给他安排的吃住，临走时他说喜欢上了深圳，要我利用司法局副局长的职权给

---

* 广东融关律师事务所主任。

他安排个工作，我说虚位以待随时恭候。没想到回去后学校让他留校任教，他便放弃了来深打拼的想法。回想起来，如果他当年真来了深圳，中国就少了一位知识产权法学研究会的会长，人民大学就少了一位知识产权学院的院长。我也少了一位可以求教的知识产权的学长。

记得有位书法家因侵犯著作权被判五年，找我翻案，我请春田等法律专家论证。这是一幅画家傅抱石留给女儿的遗作，遗憾的是画作没有签名。傅抱石的女儿知道书法家仿工了得，就邀请书法家在其父真迹上补上傅抱石的名字。论证时不少专家都认为构罪，春田却力排众议说，在傅抱石的真迹上填傅抱石的名字叫名至实归，根本不是侵权，更谈不上犯罪。如果填上你徐建的名字才叫侵犯著作权。寥寥数语，形象生动，直击要害，点拨了大家，形成了无罪的共识，后来专家的意见被法院所采纳。春田不仅做教授还客串律师，如中国商标界旷日持久的加得宝和王老吉的“红罐”之争，由于他的参与，使诉讼变得丰富多彩，弥补了我国商标司法审判空白和理论创新，使之成为我国知识产权界的经典案例。当然，他最拿手的还是教书育人。我女儿是他知识产权学院的学生，她说听刘老师的课是一种享受，如高山流水、天马行空，语言之犀利，听者都会为他捏把汗。然而他也“官僚主义”，教了三年学，竟不知哪个是我女儿，他安慰我说发毕业证时就知道了，遗憾的是，发证时他也不在现场。

春田退休后，我一直想拉他来深圳加入我广东融关律师所（本所由78级法律杨松、薛庆予和我创建），如果春田能来，将有四位同班同学，这是多么难能可贵的啊！为此，我特地在新写字楼为他装修了和我一样大的办公室，取名“28”号房。他看后很感动，但又说他不是干律师的料，还是搞研究吧！为此，他和我合计在深圳前海组建个知识产权研究院，运用中国法学会知识产权法学研究会号召力，以及他八次召集中美知识产权对话的人脉，邀请联合国世界知识产权组织总干事和美国及国际学者，召开首届“前海国际知识产权论坛”。春田的提议得到深圳市政府的大力支持，市委常委的领导多次接见他，想让他享受引进院士的高端待遇，在前海给予免费的办公室和住所，还答应拨付巨额开办资金，深圳司法局自愿担任研究院主管部门，我融关律所也与研究院全面合作，他在华为、腾讯的弟子们也摩拳擦掌。在一切筹备工作紧锣密鼓如火如荼，春田即将步入人生第二春大显身手之际，他却突然地永远地离开了我们，离开了他酷爱的知识产权事业，真是天妒英才，留下了无尽的不舍和遗憾。

春田的离去不仅是人大法学院的损失，也是中国法律界的损失，更是我们78级校友的损失。然而，他的光芒，将照耀着后来的学子，他的精神、他的理念、他的未竟事业，一定会自有后来人。

2024年3月

一阵风留下了千古绝唱

——缅怀刘春田教授

徐经纬*

2023年3月28日的晚上，我正坐在北京长安大戏院一层铺着红绒布的座椅上看戏，突然手机弹出刘春田教授前几日去世的消息，就这么一瞬间，我感觉锣鼓声沉寂了下来，舞台上的表演模糊了起来，整个剧场都仿佛安静了下来。

虽然我的资历可能并不够——我不是知识产权方向的学生，在校时与刘老师的交往不算多，但有些回忆很是特殊：我们有一个共同的标签，“京剧戏迷”。不过，刘老师迷得更专业、更深刻、更有格局，一如在法学领域那般，无愧于“大家”之称。

“喜逢名士心欢忭”

我虽然是晚辈，但大学时，因为年少张狂，院里的老师、同学们都知道我喜欢京剧，因此经由“戏、法”二字，得以与人大法学院不少老、少先生们结缘，比如赵中孚教授、高铭暄教授、王宗玉教授等。那会儿也听说，知识产权法学的泰斗郭寿康教授、刘春田教授等也都是资深戏迷，但我并没有机会去拜访。一次偶然的机会，我认识了知识产权

* 北京律师戏曲社社长助理兼副秘书长，北京华象律师事务所律师。

法教研室的张勇凡老师，张老师颇为懂戏，且对刘春田老师在京剧上的研究和观点推崇备至，更让我对这位素未谋面的先生充满好奇。大概在2015年的时候，张老师打来电话，说京剧院举办纪念“叶派”小生创始人叶盛兰先生诞辰百年的演唱会，刘春田老师的朋友送了两张票，但刘老师去不了，便把票转给了张老师，如果我也有时间同去，这机会就便宜我这小子了。我对那次演出印象非常深刻，因为那是我第一次有机会坐到梅兰芳大剧院第一排的红沙发上看戏。

刘春田老师酷爱马（连良）派。2016年8月，正好有纪念马连良诞辰115周年的演出，礼尚往来，我也请张勇凡老师代我邀刘春田老师同赴长安大戏院。整场演出中马派经典唱段荟萃，刘老师非常高兴，看来是听得挺过瘾的。我们师生三人散戏后边走边聊，从对当晚马连良之侄马崇杰先生演唱的《渭水河》赞不绝口，进而聊到他此前听过、看过的许多马派戏。我印象极深，刘老师说马派《四进士》里的宋士杰，潇洒俏皮中还带点“豁出去”的气魄，这种感觉“得上过法庭的才更有体会”。

也是那一次，我留下了我与刘春田老师的唯一一张合影。

“要凭只手挽狂澜”

《法制日报》 2007年8月12日第13版刊登过一篇文章，题目是《刘春田：书山千度春 学海万般田》，其中提到刘老师“受几代人熏陶，酷爱京剧，十岁时，为全家人能听上马连良的《朱砂井》，不惜‘立雪’广和剧场，彻夜排队。在哥哥的诱导下还差点进了中国戏曲学校……”对于国戏而言，刘春田可能只是几十年前擦肩而过的一个名字，但对于戏剧戏曲学科而言，这个名字绝对不应当被忽视和略过。

我从孙萍老师那儿得知，刘老师对人大的戏剧戏曲学专业设立起到了关键性的作用。孙萍老师，是人大和北外的教授，也是第十至十二届全国政协委员。孙老师原本“奉命”到北大组建戏曲研究专业，却被“半路截和”而最终在中国人民大学创建了国剧研究中心，并依托有着京剧第一科班之称的“富连成社研究”的雄厚资源筹备人大戏剧戏曲学研究生专业。彼时，人大在逸夫楼会议室举行包括戏剧戏曲学在内的硕士点申报论证，在座的各系部领导们对于“富连成”研究及戏剧戏曲学并无深思、倒有疑惑，据说就是在这场可谓“一锤定音”的论证会上，时任研究生院副院长的刘春田教授挺身而出，面对众人竟能信手拈来、侃侃而谈，从“富连成社”的历史，到京剧的流派、传承等等，颇有“隆中对”之风采，谁也没承想，一个文学院的硕士点申报居然打在了法学院教授的“手背”上了！此事我专门询问过孙老师，孙老师的原话是：“没有刘春田老师，就没有人大的戏剧戏曲学专业！”

刘春田老师对京剧还有着更为深沉的期盼：他想开一门“中国京剧中的法学传统”的课程，把包公戏、《四进士》《十五贯》等戏曲中的法学元素、法律表达提取出来，形成对中国法律传统的思考；他强烈要求孙老师把“富连成博物馆”设在人民大学，并称要再一次“挺身而出”亲自游说；为“富连成戏曲教育体系”申请非遗亲自向文化和旅游部有关领导阐述，希望促成并开拓非物质文化遗产保护中的教育门类……刘春田教授为知识产权、为法学教育而四处奔走，谁又能想到，他也在不遗余力地为他喜爱的京剧艺术谋划蓝图、铺路架桥，做着很多戏曲业内人士都不承想、不敢做的事。从这个层面来说，刘老师的影响力绝非局限法学一域，完全称得上是一位文化大家。

“一阵风留下了千古绝唱”

毕业后，我一直从事民商事争议解决律师工作，但始终还是对京剧保持着热爱和钻研。除了在北京市律协文化委下属的北京律师戏曲社组织组织活动，我也陆续参与过一些戏曲类院团合作、剧本创作、艺术家工作室的相关法律事务，以及协助孙老师处理有关“富连成”商标、字号的保护、维权等。尤其是在“富连成”商标战当中，有些看似容易的事情却也颇费周章、一波三折，孙老师总会电话传达刘老师的关心，让我放手处理，有问题随时找他。这确实给我增添了不少底气，但我总觉得“杀鸡焉用牛刀”，碰上一些小问题就别麻烦老先生了。直到2023年2月份，孙老师又跟我说，刘老师对“富连成”申报北京老字号一事很关注，抽空可以打个电话问问刘教授的意见，我因为那时手头工作比较忙就先应承下来，想着闲一点时再打电话。没想到，才不到一个月，就天人永隔，这通电话再也没有拨出去的机会了。

刘老师曾说，京剧是他“一生的挚爱，一生的追求，一生的享受”。也许这会儿，大教授的确有点累了，去到天国的大剧场里，挑一个舒服的位置坐下，闭上眼，打着拍子，再好好地听上一段马连良、梅兰芳，等到散戏后，也当面问问他们：他这个“戏迷”当得合格否？

此间桃李茂盛，应少遗憾；
那厢名角璀璨，更添知音。

痛悼！巨匠陨落！[*]

徐 瑞[**]

我国杰出法学家、法学教育家，中国知识产权法学学科的奠基人，中国知识产权法学教育的开拓者，知识产权法学中外交流的积极推动者，国际著名知识产权学者，国务院政府特殊津贴获得者刘春田教授，赴美参加学术活动期间突发疾病，于北京时间2023年3月25日在美国洛杉矶去世，享年75岁。

为人师表

刘春田教授1949年生人，祖籍山东乐陵，中共党员， 1978年考入中国人民大学法律系，后师从著名民法学家佟柔先生攻读研究生，也学习了佟柔先生敬业精神与治学态度，为人师表的杰出风范。1985年毕业留校任教，历任中国人民大学法律系副主任、中国人民大学知识产权教学与研究中心主任、中国人民大学研究生院副院长、中国人民大学知识产权学院院长、中国法学会知识产权法学研究会会长、中国法学会学术委员会委员、国家知识产权专家咨询委员会委员。

---

* 本文2023年4月11日刊发于《深圳特区报》。

** 深圳市南山区阳光知识产权战略研究院理事。刘春田教授指导的2010级博士。

刘春田教授是中国知识产权领域的领军人物，对中国知识产权事业的发展作出了不可磨灭的贡献。因其卓著功勋，曾获评“2010年度全国知识产权最具影响力人物”（原国家工商行政管理总局、国家知识产权局、国家版权局联合评选）、2013年度和2014年度“全球50位最具影响力知识产权人物”（英国《知识产权管理》杂志评选）、“中国版权事业卓越成就者”奖（中国版权协会评选）、“知识产权教育杰出成就奖”（美国商会评选）。

刘春田教授是中国知识产权法学教育的开拓者，1985年首开我国第一门系统的知识产权法课程，同年响应世界知识产权组织倡议，参与了我国知识产权法学教育的顶层设计。1986年，他与郭寿康教授创办了我国第一所知识产权教育与研究机构——中国人民大学知识产权教学与研究中心。2008年10月，该中心被授予“世界知识产权组织创意金奖”。2009年，刘春田教授又在此中心基础上，主导成立了知识产权学院。

1986年，在原国家教委召开的全国高校专家目录制订工作会议上，刘春田教授作为法学学科组召集人，力倡建立知识产权法专业，使知识产权法得以成为法学新增二级学科。1987年，刘春田教授在中国人民大学倡导设立知识产权法第二学士学位，培养了中国第一批知识产权法专业毕业生。1986年，刘春田教授编著了我国第一部以“知识产权”命名的教材，并于2000年主持编写了我国第一本知识产权法核心课教材。2011年，刘春田教授受聘担任马克思主义理论研究和建设工程国家重点建设教材《知识产权法》第一首席专家。在刘春田教授的主持下，中国人民大学打造了我国知识产权法通用教材最齐备的体系，包括司法部高等学校法学专业统编教材、教育部全国高等学校法学专业核心课程教材、教育部全国成人高等教育法学主要课程教材、“21世纪法学规划教材”“21世纪法学系列教材”和“马克思主义理论研究和建设工程”

重点教材等。离世前刘教授正酝酿在原教材的基础上，为学生重新编写一套教材。

刘春田教授也是中国知识产权法律制度的重要建设者，深度参与了我国《著作权法》《专利法》《商标法》等所有知识产权单行立法的起草与修订，主持研究了《国家知识产权战略纲要》的专项课题，曾在全国人大常委会专题讲座上为党和国家领导人讲授《与贸易有关的知识产权协定及其修改的有关法律问题》，并为国家创新驱动发展战略和“一带一路”重大倡议提供了法治方案。他是对中国知识产权决策、立法、司法最具影响力的法学家之一。

学术贡献

刘春田教授师从著名民法学家佟柔先生，具备深厚的民法学功底，注重体系化思维、强调知识产权的私权属性、在民法理论的框架下研究知识产权，是其鲜明的学术特色之一。刘春田教授还主持编著了一系列有重大学术影响力的知识产权法学出版物，包括“中国知识产权评论”“中国知识产权判解研究”“世界知识产权法典译丛”“中国知识产权发展报告”等。

刘春田教授毕生致力于基本概念和基础理论研究，提出了一系列具有开创性的命题，其理论深度已经超越知识产权法学本身而走向哲学，对学界产生了深刻的影响。

观点之：厘清知识产权保护对象与客体

刘教授认为，知识产权的对象和客体是不同的概念，但在实践中，人们对二者往往容易产生混淆。厘清二者的内在含义与关系，对于我们深入理解知识产权保护的本质有着重要意义。所谓“对象”，是一种客观存在，具有第一性。知识产权保护的对象，即知识、数据等，就其形式、结构而言始终是一元性的存在，其不可拆分，也无法破坏，这与普通的物质产品显然不同。保护无法损毁的事物没有意义，因此，知识产权法律所保护的事实上也并非知识、数据等本身，而是由知识、数据等所产生的行为与权利关系，也即“客体”。对象从来不是侵权行为指向的客体。知识产权的对象与客体是完全不同的法律范畴。

观点之：创造不同于劳动

刘教授认为，社会必要劳动时间是劳动成果价值统一的计量标准，它可以衡量人类任何地方、任何劳动形态和任何劳动成果的价值量。英格兰的羊绒、北美的大豆、苹果手机、东南亚的服装……无论物产多么稀奇古怪，都有可换算的标准。反之，作为创造成果的知识，只具有使用价值。知识、技术的价值与形成它所投入的人力、物力、财力的金钱价值无关，在被交易之前并不存在价值，既可能因无人问津而一钱不值，也可能被市场认可而价值连城。比如众多重金制作的电影，因不被观众认可而血本无归，被直接送进电影资料馆的库房。而失业妇女J.K.罗琳，在窘境中徒手创作的《哈利·波特》，却因风靡大众而“洛阳纸贵”。创造是呼风唤雨的产业“帝王”，劳动是产业唯命是从的打工仔。生活中典型如“高通”“耐克”，它们纯粹是产品的设计者，高居产业链上游，稳操主动权，只从事“原创”，不事生产劳动，不制造产品。

观点之：私权观念是知识产权战略的根本保障

刘教授认为，私权是法治的基础，也是自由的基础。私权是市场经济在法律上的要求。“知识产权”属于私权，与“物权”“债权”并列，同属财产权的下位概念。作为财产制度，它是现代国家必不可缺的基础设施。多元所有制经济、“多种分配方式并存的分配制度”，为知识产权制度以及与知识产权有关的财产分配制度奠定了宪法基础；《民法典》是知识产权的法律母体和精神家园。但是，实践中知识产权保护还亟待加强。以音乐著作权为例，美国人均支付的音乐词曲著作权使用费，是中国的338.75倍；而就连经济比中国落后的非洲也高于中国。

由此也就不难理解为什么中国领导人把保护知识产权提到如此高的地位。为强化知识产权的私权观念，我国在民法典中应当设立“知识产权编”，以提高知识产权法律的位阶。

观点之：民法学的又一发现“商”

近两年的最新研究成果，刘春田教授创造性提出了商标问题的核心为“商”，“商”是商标问题的核心。“商标”作为商品和服务的“来源”表征，即“商”，即“市场”。市场本身既是一项技术发明，也是一件产品；市场作为交易的工具，是最大的造富机器；市场也是一件商品，有价值和使用价值，构成财产的标的，可以成为交易的对象。市场作为商品，其价值的质的规定性来自“交易场”的功能性。市场的价值的量的规定就是商标所标记表征的交易活动的累加，以及为促进交易所作出的其他财产投入的累积。实践中，转让商标权就是转让该商标所表征的“交易场”即市场的所有权。易言之，买了一件商标，就是买到了一个市场。实践中，那种未经许可使用他人商标权的行为，实质上是对他人市场所有权的侵犯。

与深圳的缘分

刘春田教授与深圳的缘分，至少可追溯到20年前。2002年5月中国人民大学深圳研究生院成立，全权负责学校在华南的一切事务。作为学校研究生院副院长的刘春田教授，非常关注并支持深圳研究生院的发展。同时，在学校的统一安排下，刘教授自2006年始每年在深圳研究生院招收博士研究生，为深圳本土培养高端知识产权人才。

2007年12月，中国人民大学深圳知识产权研究中心成立，在深圳研究生院培养人才已经取得丰硕成果的基础上，刘春田教授把中国人民大学知识产权专业的学术和师资资源充分引进深圳，开展一系列高质量、高水平的知识产权重大课题研究、信息服务和人才培训活动，进一步为深圳市经济建设发展需要服务。围绕知识产权保护战略与深圳的科技发展这一主题，刘教授开展了专题学术研究及讲座活动。

数年间，刘教授频繁往来京深两地，给博士生们上课，也跟深圳各界就知识产权问题互动交流。他曾跟学生笑言，一年中12个月，自己来深圳竟有13次之多。对深圳这座城市的喜爱刘教授在很多场合多次不吝表达，他评价深圳是中国改革开放的榜样，是真正的市场经济环境；深圳成为中国创新之都、全球最具经济发展潜力的城市、未来的世界级经济体，知识产权是关键要素。在深举办的知识产权研讨会、论坛等，凡收到邀约且时间允许，刘春田教授都必亲至，并发表致辞或演讲。据学生回忆，刘教授对于学术问题的思考与追求从未停过，每一次发言，都是老师认真思索的输出。每每见到，师或凝神沉思，或奋笔疾书，或畅聊自己思考的成果。刘教授谈吐简洁风趣，而内容深邃，所谓大道至简，于听者每一次交流都是精神盛宴、思想的洗礼。

2016年对于刘春田教授与深圳的渊源，代表着一个新的阶段。中国人民大学校长刘伟率队来访宝安，与时任宝安区委书记黄敏会谈协商筹建中国人民大学创新学院事宜，并实地调研中国人民大学创新学院选址。随后召开工作座谈会，会上介绍了前期合作洽谈情况及合作设想，双方就深圳创新学院的具体办学方案进行了商谈。刘伟校长表示学校将竭诚努力，把握机会，促成合作，并对深圳创新学院的定位、目标和原则提出了具体意见，将结合宝安发展需要和人民大学办学优势，积极探索互利共赢的合作办学新模式，学院将作为宝安经济社会发展的助推器，为“滨海宝安、产业名城、活力之区”建设提供智力和人才支撑。

创新学院将下设全球知识产权学院、人力资源（服务）学院、国家智库、企业家学院等教学科研机构和博士后工作站、博士硕士研究生学历学位教育、硕士课程进修班、中外联合培养、学生创业实践等办学项目，并针对特别是知识产权保护等深圳经济社会发展中的前沿问题，进行深入研究。刘春田教授全程参与了交流与洽谈，怀着对深圳特殊的感情，他非常希望学校能在深圳设立这样一个新的校区“中国人民大学深圳校区”，并踌躇满志要将深圳校区的知识产权国际学院办出特色，办出一个以中美知识产权合作为基础的国际化学院。双方原计划2016年招生，9月首批硕士学位进修生和国际项目学生进入过渡校园学习。校区规划于2018年完成建设并正式迁入。可惜，经过之后的反复磋商过程，终未能落地。这也成为刘教授心中特别的憾事。

刘春田教授也一直致力于知识产权国际交流合作。他与联合国教科文组织、世界知识产权组织保持着长期的深度合作，知识产权学院成为联合国教科文组织版权与邻接权教席的主要依托机构和联合国世界知识产权组织出版物版本图书馆所在地。他曾经主导举办了“中美知识产权司法审判研讨会”“中美知识产权学者对话”“中美知识产权高峰论坛”“亚太知识产权论坛”、中欧知识产权学界合作机制、“东亚知识产权论坛”“中印知识产权论坛”等诸多重要的国际会议与国际对话机制，为提升中国知识产权高等教育的国际声誉作出了巨大贡献。

2016年，刘春田教授把第五届中美知识产权高峰论坛引进深圳。刘教授对大家说，“中美知识产权高峰论坛”的发展以及各界人士的认可，议题越来越多，关注参与的人群越来越多元化，规模越来越大，得益于每届峰会讨论的问题是跟人类最本质的东西紧密相连的。人类的最本质特征就是创造力，创造的结果就是技术，就是知识。两个世界上最大的经济体，一个是现实的、一个是潜在的创新型经济体，它们所依靠的最基本的杠杆就是知识产权制度。中美在知识产权问题上有太多的矛盾，有太多的共同语言，正是基于这样的理由我们建立了包括“中美知识产权专家对话”“亚太知识产权论坛”等机制，并富有生命力。深圳作为中国改革开放的榜样，是中国在过去40年改革开放中的前沿阵地，也向世界展示着中国融入国际社会的巨大影响，开展知识产权国际交流、实施知识产权保护战略深圳有着独特优势及广阔前景。此后在2019年，刘春田教授主导在深举办了中美知识产权峰会，也是向中国改革开放四十年的前沿阵地深圳致敬。就在离世前几日，刘教授还在与学生沟通把峰会长期落地深圳的方案与下半年论坛的筹备。

刘春田教授对深圳城市发展及知识产权进步的内在规律有其深刻见解，也身体力行积极参与到深圳知识产权发展大局和产业发展的实践中去。2019年他受聘为南山区知识产权顾问、南山知识产权联盟首席专家顾问，助力南山知识产权高质量发展；还接受深圳商业联合会聘请担任“深商会联合大学”导师、“深商会”高级顾问。就在疫情前夕，刘春田教授担任会长的中国法学会知识产权法学研究会，在深圳举行“首届中国知识财富论坛暨中国上市公司知识产权保护联盟成立大会”，联合中国专利保护协会、中华商标协会、中国工业经济联合会中国企业权益保护智库、中国人民大学知识产权学院、中国工业报社、北京阳光知识产权与法律发展基金会、华润（集团）有限公司等知名研究机构、行业协会、智库、媒体及腾讯、百度、阿里巴巴、光峰科技、保利文化、 TCL集团、小米、金龙机电、华润知识产权等企业单位创设中国上市公司知识产权保护联盟。还宣布筹建“中国知识产权50人论坛”，旨在以全球化的思维将国内外跨领域、跨学科、跨国界的知识产权专家学者和研究成果聚集于深圳创新之都，为新时代全面深化改革和中国参与全球经济治理等重大问题献计献策。未料遭遇疫情，诸多活动不得已搁置。如今疫情过去，正是摩拳擦掌、继往开来之际，却遭此变故，令人痛彻心扉，呜呼哀哉！

刘春田教授最后一次到访深圳，是2022年10月为南山区高层次人才知识产权研修示范班（第二期）讲课。多位来自生物医药、人工智能、新能源等战略性产业领军企业的人才，齐聚西丽湖畔，聆听老师宏论，享受了那场“知识盛宴”。正如刘教授曾讲道，“知识产权事业是最有生命力的，也是最有强大动力的，生命力与人的思想和创造同在”。疫情曾经带来了很多困扰和限制，但限制不了的是思想，以思想和创造的成果为奋斗和保护对象的知识产权事业是最具生命力的。老师的教育是触及灵魂的，他的每一次发言、每一个观点都发人深省，他的求真精神永远督促我们以理性和科学的方式去思考问题，直面挑战。

刘教授爱说一句话，“人生为一大事而来”，为了所追求的知识产权事业，奔忙至终。“即使有满天星斗，照样是漆黑一夜，只要有一轮红日就足以照亮全球。在科学问题上，学者的任务是给人太阳的光辉，不是给人月亮和星星，更不是给人以行夜路的灯杆。”[①]刘春田教授锲而不舍、坚定执着的钻研精神，和他坚持真理、毕生追求的精神将继续引导知识产权事业前行，亦将永存我们心间！

借用刘春田教授弟子的悼诗以慰逝者：

一身铮骨君子风范　奠基知产传薪火
万事未竟志存青云　来生再续深圳情

刘春田先生千古！

2023年4月

① 蒋安杰.刘春田：书山千度春　学海万般田.法制日报，2007-08-12（13）.

一段往事

——纪念刘春田老师逝世一周年

许　超*

2023年3月25日听到春田兄去世的消息，记得之前不久还与他见面，事发太突然，一时不能信以为真。明年是他逝世一周年，聊以此文纪念。

我与春田兄相识几十年，所忆所想一言难尽。我觉得最值得一提的是新中国《著作权法》名称的一段往事。新中国《著作权法》诞生于1990年9月，最早的草案是《中华人民共和国版权法》。[①]我记得到起草的后期，法律内容基本就绪，春田兄和起草小组的几位同事提出名称应为“著作权法”，主要理由是自清末、北洋、民国，正式名称都是“著作权法”。特别是1985年的《继承法》和1986的《民法通则》都称“著作权”，法律术语应有连续性，应前后一致，不宜前后不一。此外，虽然“著作权”一词与“作者权利”稍有不同，但与“版权”相比，显然更靠近“作者权利”的本意。考虑法律界历来就有“约定俗

* 国家版权局原巡视员。

① 沈仁干：“1986年5月，国家版权局正式向国务院呈交了《中华人民共和国版权法（草案）”。中华人民共和国著作权法讲话，北京：法律出版社，1991：24.

成”的习惯，使用“著作权”一词应是更好的选择。虽然参加立法的部分人坚持使用“版权”，但春田兄据理力争，坚持己见，其提议最终被立法部门采纳。①

新中国第一部《著作权法》颁布后，学界加深了著作权学的研究。经考证，与大量政治、经济、法律术语引进自日本相同，“版权”与“著作权”这两个术语也来自日语。1868年，“copyright”首次在日本被译为“版权”，并此后正式用作法律概念。②1898年，日本内务省参事官发觉“版权”一词不合乎《伯尔尼公约》的基本理念，遂改译成“著作权”。1899年（明治三十二年）日本新制定的法律不再用“版权法”，而改称为《著作权法》。自此，日本立法用语中开始使用“著作权”一词。“版权”一词被废弃，并从此再未在法律中使用。③

“版权”与“著作权”等术语最早进入我国是在19世纪末。1899年，梁启超主编的《清议报》提及“版权”一词。据考证，这是“版权”一词进入中国的最早历史记录。④1903年，中美签订了《中美通商行船续订条约》，其中“版权”一词首次作为中外双边条约中的法律概念出现。之后的1910年《大清著作权律》又将“著作权”作为正式法律用语，而放弃使用“版权”一词。

春田兄力争使用“著作权”一词，与其法哲学思想有直接关系。他与我毕业于同一中学，但长我四届。1966年他上高中三年级，我上初中二年级。那时高中生在初中生眼里，学问、知识都很渊博，是仅次于老师的“小老师”。在以后与他的接触中，感到其文化功底确实比我高出不止一筹。简单说，他的法哲学思想就是“作者主义”，即著作权是

① 余俊. 著作权和版权术语之争的历史背景与理论基础. 中国版权，2022（4）.

② 刘春田. 关于我国著作权立法的若干思考. 中国法学，1989（4）.

③ 王兰萍. 近代中国著作权法的成长（1903—1910）. 北京：北京大学出版社，2006：4，32，34.

④ 周林，李明山. 中国版权史研究文献. 北京：中国方正出版社，1999：21-23.

作者的权利，《著作权法》从头至尾要贯穿这种思想。此外，“著作”如果理解成动词，即“创作”的意思，“著作权”的完整意思是著作人（创作人）的权利，虽不如“作者权”更直接贴近本意，但远胜于“版权”一词，后者从字面看不出该法的受益人是谁。鉴于词意的内涵，选择哪个术语，应是不言自明的。

其实，“作者主义”也符合我的想法。但我人微言轻，每到关键时刻，春田兄都给予我大力支持。今后再也没有这种机会了！

2024年春

怀念春田

薛　佳*

记不清和春田认识有多少年了。

我从来没叫过他刘老师刘教授刘院长，他的辉煌学术成就，好像跟我没啥关系，从认识就叫春田，一直叫到今天。

论起来，我和他应该是校友，但我们从来没论过这层关系，倒是常说当年的人大食堂。说起食堂，我能说的，基本上全是记忆中的好吃的，那是物资匮乏年代，吃过好的就忘不了。而春田印象最深经常提到的，却是一个女孩。

那时候，春田大概还是学生，去食堂吃饭是两个饭盆一把勺，大学食堂的标配，一个盛饭，另一个盛菜。食堂开着一溜窗口，交饭票打菜。很多那时候的过来人都深有体会，把菜盆从窗口递进去时，眼睁睁最揪心的，就是盛菜大师傅哆嗦手里的马勺了。由于那一哆嗦，一大块肉就掉下去啦，春田说起来好像还在揪心。可那个女孩，毫无食堂主人翁精神，一大勺下去，冒尖的，哗啦就给你倒盆里，比别的窗口得多出去一半儿。春田脸上这时就会现出当年端着菜盆得意的表情，接着又皱

* 北京大学地球与空间科学学院高级实验师。

眉说，别的窗口，那就没有不哆嗦的。所以，我们冲进食堂，一准都先去抢女孩打菜的窗口，春田说着说着就笑起来。

后来，春田认识了这个女孩的男朋友，女孩的男朋友是我的哥们儿，我就认识了春田。

再不用揪心食堂窗口哆嗦的马勺之后，我知道了春田心中最好的吃食，居然是韭菜馅饺子。这种饺子，被我认为上不了台面，实在不适合当大学教授，而且是著名教授的吃食。国宴上就从来没听说过有韭菜馅饺子，倒是胡同的盘里或老家的炕桌上会有，但大概不会用来接待贵客。韭菜馅饺子的味儿窜，社会地位有点儿像榴梿，喜欢的人特喜欢，不喜欢的人会躲着走。加上有著名作家写过，讨厌的人一笑牙上沾着韭菜，更让这种饺子馅多少有了点下等的感觉。归根结底，韭菜馅饺子是我等草民的吃食，怎么能是春田这样的大教授应该喜欢的呢？

然而，春田对这种饺子有着超常的喜爱和执着的坚守，每次来我家，一定是要吃这种我认为上不了台面的东西。开门就听他说，在楼下就闻着味儿了，接着就吸鼻子，说饿了。其实，也就是嚷嚷的动静大，每次他也吃不了多少，但剖析起韭菜馅的构成和味道来，认真得就像是在分析他的知识产权案子。一次我问他，这韭菜馅配比是不是也算一种知识产权？当然算了，春田说得斩钉截铁还一脸严肃。若照着这个思路挖下去，韭菜品种、种植手艺、猪肉、虾仁、养殖方法，对，还有盐、佐料、高汤什么的，全有知识产权。想起春田说过，知识产权无处不在。真是干什么吆喝什么，在我们家吃饺子，知识产权这个词，准会出现。

我总在想，春田爱吃韭菜馅饺子，或许跟他老妈，跟他小时候的生活有关。每想到这，就似乎看到孩子们围坐桌前，老妈端上热气腾腾饺子的画面。

春田的老妈，在春田心里，是神一样的人物。老妈有卓识，善远见，经风识雨，常常在历史关头，把孩子们的轻狂鲁莽一把撸顺。每谈及此，春田都对老妈的远见卓识感叹不已。待我见到老妈时，果不其然。老妈目光炯炯思维缜密，仅交谈数语，似乎就能看透我的一切。在老妈面前，管你什么大学老师、院长，一律就是一群乳臭未干的孩子。春田对老妈，是言听计从，照顾得无微不至，是朋友圈里出名的大孝子。老妈高寿，最后几年，不得不被春田安排进福利院颐养天年。从洗衣机、空调、冰箱的牌子，管到吃什么、吃多少、吃了后怎么样，春田是事无巨细，生怕老妈有一点儿不舒服，弄得福利院从院长到主任到护士无人不知老太太有个懂法律的一丝不苟的“麻烦”儿子，对了，还有个时不时就去遛一圈“盯事儿”的干儿子，就是我哥们儿。老妈走了，照传统应是喜事句号。老妈是被伺候得舒舒服服、高高兴兴地想走就走了，送别老人家时，我就是这么想的。可是不行，儿子们不这样想，老人家还是把儿子们哭得稀里哗啦。春田好长时间缓不过劲来，全然不觉自己也已是近古稀之年了。

的确，春田大概从来没考虑过自己老的问题，言谈举止总是透着精气神儿，而且，总是保持着对这个世界的敏感。无论是石墨烯、纳米、人工智能、页岩气，还是美国大选、克里米亚、欧元贬值；无论是艺术、文学、历史、政治，还是章丘大葱、北京臭豆腐、南方叫花鸡，如此等等，春田都有着浓厚的兴趣。一个著名教授，能为世界杯足球大呼小叫，也为奥运会中国队失利气得嘴唇颤抖，能为一种饮料包装仗义执言，也把如雷贯耳的艺术家批得体无完肤。春田就是春田，凡事以理服人，非黑即白，决不拿灰色去和稀泥。我们一块儿聊天，最后常常是春田的观点让人叹服。我总愿拿春田是知识产权专家来为自己的孤陋寡闻开脱，其实心里明白，春田的探索精神我等望尘莫及。一次，说起当前流行的语言，我忽然问春田，啥叫“喜大普奔”？这是我刚从年轻人那学来的流行词，心里有点儿得意。春田竟然笑眯眯地马上把后面的四个成语说了出来，让我瞪圆了眼睛。接着春田正色，说，中文哪有这么

"缩写"的？这不是跟着英文胡闹吗？春田认为这根本不算进步，而是一种偷懒，长不了。果然，这词，如果算是词的话，没"上市"多长时间就"退市"了。

春田让我印象最深的一句话，是对我女儿说的。当时，女儿高考，正为选择哪个专业犹豫不决。作为父母，我们也实在拿不出让孩子信服的主意。学法律吧，春田对着满脸疑惑的女儿说，你"学什么都要对人，而学法律是对事"。后面春田怎么解释的我记不清楚了，但就是这句话，让孩子上了法学院，并为以后的工作奠定了很好的基础。"对人"还是"对事"，这里面充满了春田的睿智，甚至可以说是理想。实际上，我觉得无论自然还是社会，我们都躲不开"对人"，更难以单纯地"对事"。春田为什么这么说？是从学术角度，还是从实用角度，我不得而知。作为一个法盲，我很想就此跟他讨教讨教，听听高论，可惜没得机会，唉，再也没机会了。

说起对待下一辈，当了一辈子教师的春田，有着自己独到的评判标准。常听他说，真爱学习的孩子，那一定得帮。我一个云南朋友的女儿，学法律的，留学回来还想继续读书，要在北京找一个老师指导一下考博的问题。我说法律圈我只认识春田。那个孩子闻听大名，吓着了，虽然不是学知识产权的，但还是高山仰止，说可能吗，太大了。我把此事和春田说了。春田第一句话就问，学习怎么样？他看了简历，显然认为这个孩子符合他"真爱学习"的标准。春田不但找了专业对口的老师，还建议这个孩子来北京复习考试，可以就近得到老师指导，生活上他可以帮助，这些不是问题。后来，因为意外，这个孩子没能来北京，但对从未谋面的春田老师感激至极。春田走了，孩子第一时间发来悼念信息，非常难过，说法律界痛失泰斗。我很相信春田对学生可塑性的判断，遗憾地想，这事儿或许是一位好老师和一个好学生的擦肩而过，如果孩子见了春田，改学知识产权，成为春田的学生助手，也不是没有可能。春田曾经感叹过，现在想找好学生很不容易。

环顾朋友群中，春田应该是身体很好的。前两年，他说还能做三十个俯卧撑，我当即试了试，却只能做两个。从来没听说“三高”找他纠缠，就是去年的手术，也是因为结石。和他很少能聊起健康、保健药、心血管之类话题，当我们说他继承了老妈的长寿基因时，他总是笑眯眯地不置可否。我被戴了冠心病帽子后，一次问专家，我有没有一下子“撅过去”的可能？这可是我认为的最好的“走法”，曾经跟春田聊起过。医生说，有，但概率跟他当美国总统差不多。我还没把医生的精彩比喻跟春田分享呢，他怎么就能抢了我的先？这太不应该了！

春田说走就走了，我扪心自问，还真有对不起他的事。那天在我家吃完了韭菜馅饺子，我跟春田大夸刚得到的一套好书，一个地区的民间剪纸艺术，却由国家资助出版，那编辑就一个主题，刨得可够深够广的，煌煌七大本呀，实实在在的文化工程建设，而且装帧印制俱佳。春田看了，也甚是喜欢，有点儿爱不释手，忽然说，让给我吧。人家都张口了，我当时竟然没答应，心想，我还没焐热呢。爱书，是我们的通病，见到好书就想收了，即使春田这样的大教授，也难禁欲。事后我很后悔，怎么偏偏忘了春田的知识产权“毛病”，新鲜玩意儿喜又不得，他得多难受啊。春田再不提此书，我却成了心病，准备在下一次吃韭菜馅饺子时，把书送他。可是，春田没给我这个机会。

拉拉杂杂地敲字怀念春田，恍惚间怀疑起现实来，他走了吗？微信里他还好好地待着那儿。不写了，打住吧，并且，我再也不愿吃韭菜馅饺子了。

这些年，自视红尘已破，一切都是浮云，想劝春田把他的知识产权扔了，成为我等遛园子逛世界、扭腰甩胯指点西山的北京退休老头儿，那岂不快哉？

对于春田，这，可能吗？

2023年12月

学术之路 求真务实为宗

——深切缅怀刘春田先生

阎晓宏*

刘春田先生是我国杰出的法学家，法学教育家，是中国知识产权法学学科的奠基人之一，也是我国著作权制度的重要的奠基人和开创者之一。

我国的第一部著作权法，是在清朝制定的《大清著作权律》，其后北洋政府和民国时期，也曾出台过著作权的法律，但是都没有很好地实行过。

新中国成立以后，我们有稿酬制度，但是没有著作权法律制度。改革开放之后，1979年，中美双方签订了高能物理协定之后，美方提出还要签订一个关于著作权的附加协定，此事提交到国家出版局。同年，国家出版局报送了关于起草著作权法的报告，时任副总理耿飚呈报总书记胡耀邦，胡耀邦总书记作出同意批示。

由国家出版局（当时还没有成立国家版权局）组建的第一部著作权法起草组中，刘春田先生当时作为学术界的代表，参与长达9年的著作权法的起草工作，是起草组的重要成员，他是当之无愧的我国著作权制

* 国家版权局原副局长。

度的奠基人之一。

2004年4月，我由新闻出版总署图书管理司司长调任国家版权局副局长。到了这个新的领域，才发现这是一个更为广阔的领域，涉及的行业和部门非常广泛，从享有著作权的作品使用的领域看，不仅包括传统的书报刊，电影、电视、音乐、广播、舞蹈、戏剧、美术、雕塑、计算机软件等领域，还包括符合作品特征的布艺、灯具、地毯、服装、家具、设计等。特别是在2004年，我国的互联网已在蓬勃发展之中，在网络之中充斥着大量的著作权的纠纷与矛盾，网络的侵权问题，已突出出来。

著作权的行政管理工作，涉及的方面也很多，从著作权的行政执法来看，当时国家提倡行政与司法相衔接，因此，国家版权局与法院、检察院和公安部门有密切的联系。

著作权属于民法范畴，因此，国家版权局一直与知识产权教学与研究领域的学者，保持着密切的联系。我到国家版权局工作以后，专门去拜访了在京的郑成思先生和刘春田先生，不幸的是，郑成思老师2006年因患癌症辞世了。在北京的知识产权学者中，刘春田先生是一面旗帜，我和他联系最多，我们经常讨论一些著作权领域的问题，我们的出发点和方向一致，但是，由于我当时在与著作权相关的行政岗位上，更多地从著作权行政角度考虑问题，因而我对著作权制度的理解是片面和有欠缺的，我们有的观点也不一致，也经常有一些讨论，甚至争论。随着我对这个领域的了解的深入，才更加体会到对于当时讨论的一些问题的观点，春田先生是正确的，他有更广阔的视野，更有追求真理的精神，他从不随声附和，哪怕是权威部门的主张。到春田先生去世时，我们交往了有近20年，在近20年的交往之中，春田先生与我亦师亦兄，我不仅受益受教良多，感受最深刻的是他的人格魅力和学术品格。

刘春田先生在著作权领域的卓识和贡献是多方面的，而我印象最为深刻的有以下三点。

一、强调作品的独创性是著作权客体的核心特征。

他认为只有独具独创性的智力成果，才能成为著作权法保护的对象。缺乏独创性的作品，不应该纳入著作权保护的范畴之中。

我国的著作权法第3次修订之前，对作品只有对类型和范畴上的界定，缺乏对作品的质的规定性，这出现的问题就是，著作权的数量急剧增长，存在鱼目混珠的情况，对于优质的版权作品和劣质的版权作品，不加区分，同等保护。这既不利于文化的高质量发展，还将浪费大量的社会资源。

我国的著作权法第3次修订，对作品做了新界定， 2020年全国人大常务委员会颁布修改《著作权法》的决定，明确规定，著作权保护的客体，即各类作品，必须有独创性，必须是智力成果（不是某个人的智力成果，而是社会的智力成果），并且能以某种方式表达出来。

这样的界定，是一个符合著作权发展规律、符合实践的界定，也是春田老师一直倡导的学术主张。令人欣慰的是，在春田老师生前，他见到他多年来强调的著作权客体理论得到了法律制度的认同，虽然它来得晚了一些。

二、对著作权的价值理论有系统和深刻的阐述

著作权的价值，属于无形资产的价值，在社会中认识是很欠缺的。特别是在改革开放之后相当长的一段时期内，社会公众很重视有形的财产，土地、房屋、设备等等，但是对属于无形财产的知识产权的价值，包括著作权的价值，是比较淡漠的。

刘春田老师，针对这种认识和观念，最早也最系统地阐述了知识产权的价值，特别是著作权的价值。他认为，著作权的价值，不仅体现在物质方面的投入，更体现在精神方面的投入，而在物质和精神这两个方面的投入，都属于劳动的投入。

春田老师认为，著作权的价值是多方面的，它不仅有精神文化领域的价值（因为著作权的客体，各类作品对文化的发展，具有基础性资源性的作用），还具有重要的经济价值和社会价值。

同时，他提出需要动态地衡量著作权的价值，需要以时间、市场和技术等等为考量。不同类型的著作权客体，在不同的时期，不同的市场环境下，它的价值和作用是不一样的。

在著作权制度的平衡方面，春田老师提出，要考虑到著作权人、著作权的使用者和社会公众等多方面，不同群体对作品价值的判断和认同是有区别的，因此不能片面地只从著作权的权利人、著作权的使用者或者其他某一方面出发，而是要本着激励创作，有利于作品使用，有利于推动社会进步的维度，平衡好不同方面、不同领域关于著作权价值的观念态度，平衡好多方面的利益。

三、关于著作权的救济途径。

我国改革开放之后，市场经济不完善，特别是2001年我国加入WTO，签订了《与贸易有关的知识产权协定》之后，在打击侵权盗版方面压力很大，在当时的形势下，国务院成立了全国打击侵犯知识产权和制售假冒伪劣商品工作领导小组，成员单位多为有关部门，意在著作权的民事诉讼之外，强调行政和司法的衔接，打击地下的以牟利为目的的著作权侵权行为。

直至现在，我们在著作权的救济方面，仍然是在严格保护的前提下，实行司法和行政两个方面的保护。这两个方面又包括了三个渠道，在司法这个方面，包括民事和刑事两个渠道，而行政又是一个单独的执法渠道。

其中经常会出现一些问题，主要是著作权行政执法和刑事执法两者之间界定不清主体责任，著作权刑事执法者会强调行政执法部门的移送问题，而著作权行政执法部门则会强调刑事执法部门的主体责任。

在这个问题上，我曾经认识不清楚，也因为国家版权局岗位职责所在，考虑问题会偏重著作权的行政执法。记得我刚在版权局工作的时候，在这个问题上，曾经和春田老师有过争论，但是在实践中，我逐渐认识到，春田老师讲的是正确的，符合我国著作权制度的发展方向。从长远看，著作权的行政执法应当弱化，而著作权的司法保护，应当加强。在著作权的民事保护中，比较好地体现了这一原则，而在著作权的刑事保护中，这一方面还是有欠缺的，需要大大加强。

经过了一段时间的工作和实践，在这个问题上，我完全赞同春田老师的观点，作为国家版权局的副局长，我在任时，在国务院有关会议上，强调过这一点。我在退出现职领导后，在有关会议上，也重点谈了这个问题。

应该说，春田老师在著作权的司法保护和行政保护方面，他考虑得更深和更远。

还有一点印象深刻的是，春田老师十分坚持自己的学术主张，从不人云亦云。在知识产权教育方面，1986年，他和郭寿康老师创办了我国第一所知识产权教育研究机构：中国人民大学知识产权教学与研究中心。1986年，他编著了我国第一部以知识产权命名的教材。他对知识产权的教育既是先行者，又有深厚的情感。

但是他始终认为知识产权从属于民法领域，在学科评定方面，他认为知识产权不应当作为一级学科，认为这会出现逻辑性的矛盾。而从另一方面来看，知识产权在当前和今后的发展中，对推动社会进步和经济发展所发挥的作用越来越大。这是一个相互矛盾和有争议的问题，在知识产权研究教学领域，甚至在与知识产权相关的各个领域，都认为知识产权应当有更重要的地位和作用。

春田老师在去世前的一年多时，就这个问题专门写了一篇长达近万字的文章，和我通了一个很长的电话，表达了他的看法，并希望在《版权理论与实务》杂志上刊发，从学术和逻辑方面看，我是赞同他的观点的，杂志刊发了这篇文章。这篇文章和春田老师多年来的学术态度，学术观点，学术立场，一以贯之。展示了他追求真理，求真务实的学术品格和人格魅力。

2024年10月6日

追忆导师刘春田教授与我的缘起一念

阳　平*

老师离开这个世间已经四个星期，连两场追思会都已经在昨天举办。我终于忍不住想要写一篇回忆老师的小文，为了老师，也为了我自己。这段时间听好多同门说起投身刘老师门下的契机，追思会上还有一位嘉宾提到自己考博未果的花絮。回想起来，我成为老师门下弟子的过程也算是一件有意思的事情。对照如今学生招录的现实，更让我不禁唏嘘。

一

我在中国人民大学念硕士时，导师是叶林老师，刘老师给大家讲授知识产权法课程。那时老师给同学更多的是一种“人狠话不多”的感觉，我则一如现今的羞于表达和吝于分享。我与老师看似八竿子打不着，却能够相互辨认，乃至成就一段长久的师生缘分，真是冥冥之中的安排。

不记得当时上课是否普遍有点名或者签到的环节，但刘老师从一屋

* 中央财经大学法学院副教授。刘春田教授指导的1999级法学博士。

子学生中能识得我，确是因为签到。刘老师给我们上课的时间段，正好与我按通知需要到大学党校听党课的时间冲突。党课那头根本不允许请假，这边又实在没勇气请那么多次假，我便打算先这边签到，紧接着去听党课，党课结束再跑回来听老师的第三节课。如意算盘第一次就没奏效，刘老师于长长的名单中第一个便念了我的名字。当我党课下课急匆匆赶回这边教室，听同学说起并建议我下课后给老师赔礼道歉时，应该是很惶恐的吧。想起来自己定是期期艾艾地给老师解释逃课的原因，没想到老师一挥手说“那党课咱可是不能不上”，还跟我强调了一下党课的重要性，就此点开一路绿灯。到第二年我才得了机会，随着别的班级把老师的课从头到尾跟了一遍。后来我还问过老师，怎么那么巧就点到我的名儿，老师说是因为签到表上的签名让他感兴趣，也不知是名字本身呢，还是字的缘故。

进入硕士最后一年，我面临考试还是求职的选择。那时候就业环境没有现在这么困难，因为个人原因，我寻找工作的目标地点在西北，所以竞争还能再小一些。不过已经身在西北的我先生听从周边老同事老领导建议，将计划调整为两手准备，两人分头考试，考试不成再入职。那我应该报考哪位老师的博士研究生呢？当时叶林老师还没有开始招收博士研究生，而且我似乎对商法也缺少热情，于是我就想到了刘老师。

二

老师的课堂很特别，他的口头表达方式与其他老师不一样。记得一次知识产权课后，有位外专业的同学在楼道里气鼓鼓地说，“这老师什么有用的都没讲！”我不知道她说的有用指的是什么意思，不过我倒觉得老师讲得很受用。

我在西南政法学院读本科期间，知识产权法由吕彦老师讲授，使用聂天贶老师写的教材，极薄的一本，上课时需要埋头记笔记。当时只觉得知识产权法太难，所有的概念好像都需要从零开始学，一学期之后只知道课程内容大的条块分布和某些零星知识点，无法搭建起这门课程真正完整的骨架。到刘老师的课堂上，已经有了老师主编的一本四百多页《知识产权法》。老师在课堂上重点提出来解剖的，主要是基础概念，有时老师会用案例，尤其是有争议的案例带入概念核心点的讲解，有时则纯粹关乎概念的学理之争。本身也许枯燥，笔记也无法记得规整，但经老师讲出来的概念，留在我心里的样子就已经是高端版，好用极了。

以老师对商标概念的讲解为例吧。二十多年前老师已经在课堂上再三强调，应当严格区分“法律意义的商标”和“现实意义的商标”。这么些年“商标的使用”“商标的商业性使用”“商标的商标性使用”频繁成为多种背景下讨论的主题，每每读到与此有关的连篇累牍的文章，我常常想：“真受不了，老师，快骂骂他们吧！”到前年，老师终于把他的想法变成了短短的《商标概念新解》，那篇副标题为“‘商’是民法学上的又一发现”的文章。我读了之后觉得没有想象中应有的那么完整，还遗憾老师语气太平和了。当年照例聚会的时候，我忍不住问老师：“怎么觉得商标的文章没写完啊？”老师一听，高兴地用手指弹了弹我的额头说，“就是没写完”，但因朋友们建议还是先把已有的公开出来，他就听从了。我一直等着读老师继续的阐发，如今却再也等不到。一个概念的讲解够我用几十年的，还不好用吗？

三

就这样，仗着感觉老师已经认识我，我鼓起勇气跟老师说要报考他的博士研究生，他先说“好呀”，然后又问：“为什么考我的呀？是不是觉得我这儿容易？”我当然吭哧半天啥都没说出来。博士研究生入学后，有位年长一些的同学说自己最初也是想考刘老师的博士，但听说他已经内定了一个学生，就改报了别的老师。印象中这位同学跟我说起这事儿时，语气中有些遗憾，也有些疑惑。我觉得所谓“内定”的信息一定有误，因为事实上的招录过程与内定的节奏并不搭边。

我的求职还算顺利，剩下的就是备考，而备考似乎也无从备起。那年我以为要考热闹非凡的《合同法》，事实证明我从来不具备押题之类的能力，每逢大考必有大不会。当年报考老师的还有好些人，有老师自己名下的硕士生，有已经在高校讲授知识产权法的教师或有实务经验的从业者，还有外校慕名而来的同学。据说老师的招生名额是1.5个，一个统招，一个在职。记忆力自带筛选机制，如今我连笔试和面试是怎么样的时间差都已经不记得，但格外记得当时面试的情景。

面试的气氛很紧张，考生在贤进楼狭窄的楼道里挤成一团，等着叫自己的名字。受空间的限制，在同一个办公室里分两组，为报考不同老师的学生同时进行面试，所以进进出出的人头有些杂乱。在记忆中，突然刘老师从屋里出来，让我去给他取杯水。我大概是跑到第三层楼，才从一间屋子取到水给老师送去时，感觉屋里的氛围压抑得喘不过气来。再然后就轮到我脖子上架刀，抽中的题目是有关“临摹”的，因为无知，当时解答起来不觉得困难，几位面试老师面目也很和善。另外一组正在面试的同学是某政法学院的一位老师，他比我进得早出得晚，似乎比我还要更紧张很多，听他回答的声音甚至都有些断断续续的感觉，但这也可能是我自己心理投射的效应。

四

接下来就是更煎熬地等待录取结果。笔试成绩出来之后，大家都说，刘老师应该会从张俊浩老师的一位学生和我之间选择一位占用统招名额，因为我们两个人成绩相当，且似乎是我的总分比她的少一两分。同窗好友杨一介[1]分析说，刘老师录取我的可能性更大。那时我在患得患失中，有时候觉得他分析得好像有道理，有时候又觉得这不过是为安慰我而已。张老师是刘老师的挚友，两人惺惺相惜多年。更重要的是，我认识和接触过张老师的这位学生，客观地看，其性情、学识、经历、外语水平、家世甚至外形都表明，她比我有培养的前途和价值。刘老师事后说，那段时间张师母很着急，但张老师从未就此向刘老师有过一言半语。

我至今不是特别清楚，刘老师是经历了怎样的权衡后，把天平朝着我倾斜，但确有人意图相助。我曾经向老师表达不可思议，老师说："咦，也有好多人替你打电话。"我无法想象谁能为此骚扰那时候看上去有些凶巴巴的老师。问他是不是叶林老师，他说叶老师说过，但不是打电话。问是不是金海军打过电话，答曰："他不敢。"然后说有一个他完全不认识的人打了很长的电话，把两位候选人充分比较后，力图说服他录取我。想起来我这半生真算是有贵人相助，刘老师是一位，同窗好友是一位，打电话这位[2]也是。有一年老师和为我打电话的朋友碰了面，我看着他们礼貌但热烈地交谈了恐怕两个小时也不止。刘老师感慨："他怎么这么能说呀。"如果老师早些知道这位朋友本来就能说，并非因某件事而能说，说不定受到的影响还会大打折扣呢。

老师之所以录取我，另一个可能的原因是阻止我去西北安家。西北很好，只是未必适合彼时的我们。当时因为我家先生考试成绩已经公布，录取几乎已经没有悬念，但如果我的录取不顺利，我们还是打算去西北。西北那边的用人单位直接把我的接收函发到中国人民大学，法学院负责学生分配的张老师立刻往学生宿舍打电话，核实这个接收函并非误发后，很坦诚地表示她非常意外。北京和西北的师长建议我们都继续

① 尊其本意，此处用原名。

② 尊其本意，此处隐去原名。

深造。我猜，老师应该也是这个思路。细细回忆，也是事有凑巧，那年报考老师博士研究生的，有来自西北某财经类高校的老师，在同一间办公室接受面试的那位政法学院老师应该也是来自西北，因为老师曾说，他们都想出来，“你倒想着进去”。二十多年后，对比如今学生求职就业的遭遇，想起各位师长千方百计的爱护，我竟只是无言。

五

此后我便到刘老师名下继续学生生活，“忝列”门墙。老师离世后的这段时间，同门不时聚在一起回忆种种过往。大家有时笑称我为大师姐，其实入师门的时间我不是最早，年纪我不是最大，成就我几乎垫底，论游离的程度倒是接近第一，中间有十来年尤甚。就自己耳目所及，刘老师招收的学生鲜有世家子弟，以现代意义的寒门出身居多。老师交友也同样不拘身世，不止一次有机会得见老师与朋友的日常相处，追思会上更有他中学同学和工厂工友的现身和朴素致辞，都让我慨叹其的和而不同、光而不耀。

老师交友甚广，弟子众多，但我们多跟老师本人大有不同。老师生前气宇轩昂，性情豁达豪爽，出言掷地有声，行文大开大合，做事极富远见，却能容得我等兀自沉闷、内敛、彷徨、畏缩。老师只是不时用自己的乐观和自信激励大家，用自己的智慧点拨大家，用自己的幽默风趣愉悦大家，用自己的力量帮助大家，但不苛求、不强迫。我们彼此相处的状态，很有些“君子之交淡如水”的味道；就算是餐桌边的交流，即使言辞热切，也没有风味过浓的“甘若醴”。如此，就是太辛苦了我的老师。

朋友间私下交流，有时感觉知识产权狭小得几近方寸之地，知识产权真对不起老师的雄才伟略；就我针尖般大的小心眼儿，还以为中国人民大学法学院耽误了刘老师年富力强的好时光。但老师不这么想，用方流芳老师的话说，老师“一生关注知识产权，从未分心”，对中国人民大学、对教书育人的“职业忠诚”天地可鉴，“而他似乎从未期待有人欣赏这样的忠诚”[①]。对，老师的付出从来不计回报，他对国家、对事业、对学校、对学院、对师友、对学生，乃至对家人的付出，都是那么一往无前，直至最后时刻。老师生命的戛然而止，无情地让这一切皆成过往。师恩于我，终是无以为报。

我将终身怀念我的老师。

愿我的老师安息。

2024年2月28日

① 方流芳老师2023年3月29日发布的微博。方流芳老师已于2024年1月9日离世。

追忆刘春田教授二三事

杨才然*

2023年3月25日，恩师刘春田教授与世长辞。闻讯后，我悲痛不已，难以置信，多么希望这是一个假消息！在此后很长一段时间，我翻遍了恩师的每张照片和每帧视频，阅读了恩师发表过和未发表过的每篇文章。回想起与恩师相遇和交往的每个瞬间，不禁潸然泪下。

与恩师相识是偶然，也是冥冥之中注定的缘分。我本科就读于中国人民大学法学院，报考本校硕士研究生时选择了民商法专业，主要原因是自己买过台湾学者王泽鉴的“天龙八部”——《民法学说与判例研究》（共8册），读民商法专业可以好好利用这套书籍，不致浪费先前的金钱和时间投入。报考硕士研究生不能自行选择导师，导师是在考取之后由学院分配的，我被分配到了恩师门下。随着对恩师和他研究的知识产权领域了解越多，我就越想花更多时间追随恩师继续深造。硕士毕业前夕，我毫不犹豫地报考了恩师的博士，并幸运地如愿以偿。

恩师是一个相当有影响力的人，恩师门下弟子以及跟他打过交道的人都会或多或少受到他的影响。他的影响力源于他的人格魅力和深邃的

* 中国工商银行监事会办公室处长。刘春田教授指导的2000级法学硕士、2003级法学博士。

思想。我在恩师门下求学长达6年，在“三观”（世界观、价值观和人生观）方面深深地打上了他的烙印。

初识恩师之时，他给我的印象是高大魁梧，表情比较严肃，表达与众不同但耐人寻味，语言犀利又不失幽默风趣，偶尔一笑顿觉平易近人，颇有“金刚怒目，菩萨低眉”的味道。俗话说，“相由心生”。在我看来，恩师勤于思考，深入思考的表象就是表情严肃，正因为思考得足够深入才能够发前人所未发，道今人所未言。思想之深刻是恩师毕生的追求，也是他对弟子的期许。记得有一次恩师和同门聚会，大家一个比着一个说着新鲜观点，恩师直夸“深刻”，大家其乐融融。恩师敢于与不同观点进行针锋相对的辩论，甚至不留情面地驳斥明显谬误的观点，为此他还获得“刘大炮”的外号。实际上，对于真善美，恩师也毫不吝惜赞美之辞，往往妙语连珠。恩师年纪越长，严肃的色彩越趋淡化，越发和蔼可亲。

恩师对弟子的影响并非日常的耳提面命，而是“随风潜入夜，润物细无声”。在课堂上，恩师的授课从来都不是照本宣科，而是结合案例和学界热点问题进行课堂讨论和启发式教学，同学们之间经常辩论得面红耳赤，学生也可以反驳恩师的观点，恩师也不强求学生必须接受他的观点。恩师还鼓励我们要学会“抬杠”，多进行观点的碰撞和交锋。我至今还记得2003年非典期间，我把写好的硕士学位论文交给恩师后，一天晚上我们在学校运动场散步时偶遇，恩师对我论文中的某个论点提出了质疑，我申辩了一番，恩师见我没有修改的意思，便说只要能自圆其说即可，关键是要站得住脚，经得起答辩委员会委员的考问。事实上，恩师是在培养我们做学问必备的怀疑精神和批判性思维，不唯书、不唯上，独立思考，对不同观点保持开放态度，让真理越辩越明。

恩师对基础理论研究的重视和热忱贯穿于学术生涯始终，活到老学到老，思考到老。一门学科的基础理论譬如大树的根基、大厦的基础，只有根基牢固，才能长成参天大树，建成摩天大厦。否则，基础不牢，地动山摇。基础理论研究需要下苦功夫，“板凳须坐十年冷”，耐得住寂寞，经过十年、数十年如一日的艰辛探索才可能有所收获。恩师一以贯之地坚持知识产权基础理论研究，直到去世之前都在不断学习、思考和表达，持续产生新思想和新观点，使知识产权基础理论更加丰富和扎实，从而更好地观照和指导知识产权立法、执法、司法以及学科建设。恩师在法学家中算不上很多产的，但是“文章不著一字空”，每篇文章都相当有分量，要么是在基本概念和基础理论上有新的发现和新的突破，有感而发，要么是运用基本概念和基础理论对似是而非的观点和不合理的做法进行纠偏，正本清源。最能体现恩师理论造诣的是2003年他在《中国社会科学》发表的“知识产权解析”一文，综合运用哲学、历史和文学等学科的知识，对知识产权法的基本概念进行抽丝剥茧般深入浅出的阐述，逻辑严谨又妙笔生花，洋洋洒洒，观点独树一帜又令人信服。我相信，仅凭这篇文章，就足以奠定恩师在知识产权研究领域的泰斗地位。恩师早就无须为了评职称而发表论文，他将思索所得诉诸文字，一方面是出于对基础理论研究的学术偏好，另一方面，更重要的是出于改变国内知识产权基础理论薄弱现状的责任感和使命感。近些年，恩师在知识产权基础理论创新方面不断有重大突破，比如将劳动与创造进行区分、界定商标概念中“商”与“标”的关系。基础理论在知识体系中居于牵一发而动全身的地位，只有在知识产权基础理论上有所突破，才能拨开思想迷雾，使一系列与此相关联相对具体的问题迎刃而解。

恩师对知识产权基础理论研究的执着追求深深影响了他门下的弟子以及学界同仁。在读博士研究生一年级时，我向恩师请教毕业论文选题，说自己准备写著作权集体管理组织方面的题目，恩师没有同意，说我缺乏相关实践经验，不适合写实务方面的题目，基础理论研究反而是我的优势，要扬长避短。后来，经过一段时间的摸索和思考，我选了“知识产权正义论”作论文题目（主要是用各大流派哲学理论来试图论证知识产权的正当性），最终获得了恩师的首肯。恩师的不少弟子都选择了基础理论方面的选题作为学位论文或专著题目，恩师也饱含激情地为他们出版的专著作序，一方面鼓励他们力戒浮躁，潜心研究，“日拱一卒”地深耕基础理论，另一方面也“借题发挥”，阐发自己在相关课题的最新研究心得，为专著添色不少。对于来信向他请教的外校学生，恩师并未怠慢，在回信中点拨基础理论研究方向，诲人不倦，言辞恳切，令人动容。

在求学阶段，我曾立志从事知识产权研究，赓续恩师的事业。毕业求职时，我到广州应聘了中山大学、华南理工大学和暨南大学，这三所大学的法学院都向我抛出了橄榄枝。如果中国工商银行总行没有给我录用通知，我的人生轨迹就会发生改变，成为一名知识产权教师。我之所以最终选择了中国工商银行，主要还是舍不得离开我待了十年的北京，舍不得远离恩师和曾经朝夕相处的同学朋友们。恩师说过，“只要你在北京待的时间超过两年，你就不想离开北京了”。诚哉斯言！

虽然我毕业后没有从事知识产权方面的工作，甚至也没有从事法律相关工作，但恩师的治学精神无时无刻不对我产生着影响。比如，要有怀疑精神，独立思考，不唯书不唯上，不人云亦云；从第一性原理出发，探寻事物的本源，注重基础理论和基本概念研究，夯实专业知识基础；兼收并蓄、博采众长，广泛汲取哲学、史学、社会学、经济学、数学、文学等学科营养，为我所用；活到老、学到老、思考到老，勇于创新，不断超越自我、推陈出新。恩师著作的价值和意义往往超越了知识产权领域，我们能够从中抽离出可以适用于其他领域的观点、思路和方法。这也是我作为知识产权圈外人仍然关注恩师著作和学术动态的原因。

“学高为师，身正为范”。恩师在给弟子们传道授业解惑的同时，也在言传身教、潜移默化地教导我们怎么去做一个“大写的人”。除了在课堂上听恩师讲课之外，我们尚在校园读书的上下几级师兄弟姐妹，时不时一起去恩师家里做客或者到饭馆小聚。每次聚会，恩师的肚子里似乎有讲不完的掌故，很多都是“只此一家、别无分店”，通过点评他接触过的人和经历过的事，让我们懂得什么是“温良恭俭让”，什么是“仁义礼智信”。恩师对弟子的寄语是“人品贵重，学业精进”，他也如此身体力行，除了在专业上勇猛精进之外，时常为学生指点迷津，提携后进，声援弱势群体。恩师对其母亲的孝顺广为人知，老太太多年在家由恩师独自服侍。恩师对待学术“对手”的做法也值得称道，他与郑成思教授在学术观点上经常发生龃龉，虽然在课堂上不时“炮轰”对方的观点，但从不进行人身攻击，在著作里也只是进行理性辩驳，在生活中把郑成思教授当作良师益友，郑成思教授去世时恩师还参加了他的追悼会，并专门撰文纪念。

恩师符合我们对理想老师的期待，他就是我们心目中最好的老师的样子。恩师很少向我们推荐具体的阅读书目，他唯独推荐并希望我们能够背诵的是《论语》和《道德经》。我想，这两本书的精髓应已融入了恩师的灵魂，《论语》的核心是“仁者爱人”，入世进取，《道德经》的要义是“无为而治”，出世超脱，二者综合起来就是以出世超脱之心，做入世进取之事。这也是恩师的人生写照。

恩师在我的心中占据着一席之地，恩师驾鹤西归，顿觉内心空荡荡的，今后的困惑将无人可以诉说。此时，在我的耳畔仿佛一直循环播放着张国荣唱的歌曲《春夏秋冬》。我想借用（改编）这首歌的歌词（部分）来表达此刻的心情：春天该很好/你若尚在场/春山可望/田野草木蔓发/一起走走谈谈来日动向/能同途偶遇在这星球上/燃亮缥渺人生/我多么够运/无人如你逗留我思潮上/从没再疑问/这个世界好得很。

恩师千古！您的弟子将永远怀念您！

2024年3月

思念和感恩刘老师

杨国旭*

我是中国人民大学知识产权1987级第二学士学位班学生。蔡晓红同学的发言表达了我们班全体同学对刘老师突然离去的痛惜以及对刘老师的思念和感恩之情。在与刘老师最后告别之际，我想再说几句心里话。

首先，我要再次感恩刘老师。36年前，刘老师在全国开先河，在中国人民大学创设了知识产权第二学士学位班，并且严格坚持按照考试成绩，择优录取的原则，从来自全国的2000多报名的考生中录取了45名学生。使得像我这样的普通人家的子弟有机会来到首都北京的高等学府——著名的中国人民大学来学习深造，并从此改变了我的人生命运。和所有其他同学一样，我对刘老师一直心存感激。可以说，如果没有刘老师，就不会有我的今天。

其次，我不仅从刘老师那里学习到专业知识，也从他的言行学习到如何做人。就像蔡晓红所回忆的那样，刘老师自谦自己只是个教员，一个教书匠，而不敢称自己为老师，对于一个在知识产权领域成绩卓著的

* 中国贸促会专利商标事务所美国硅谷代表处律师。中国人民大学首届（1987级）知识产权第二学士学位生。

学者来讲，这是何等的谦逊！刘老师是我学习的楷模，他谦逊的品格和虚怀若谷的学者风范深深地影响了我，使我在工作、学习中时刻不忘保持谦虚谨慎的态度，不敢有任何松懈和骄傲自满的情绪。令我至今受益匪浅。

刘老师的音容笑貌经常在脑海中浮现，他的谆谆教导也经常在耳边回响。刘老师虽然离开了我们，但他永远活在我们心中。

愿刘老师在天之灵安息！！！

2023年4月9日

春风化雨润心田

——忆春田老师

杨景昆[*]

惊闻春田老师过世时，我正在杭州出差。看到志文朋友圈的发文，抱着“不可能”的想法又分别与谷哥和继哲总进行了核实，得到的回答都是无奈与遗憾的！我愣愣地在酒店的沙发上呆坐了一个小时，这一个小时，停止了一切工作与思考，脑子里都是与春田老师相识和碰面的场景，历历在目，如同昨日。

作为知识产权领域的后来者，春田老师是我们心目中的大人物。如果当初我没有去参加2021年4月16日的阳光知识产权与法律发展基金会十周年的庆典，我可能不会与春田老师相遇；如果那次会上，我不是拿着老师的著作《中华人民共和国著作权法三十年》去求得签名，我也不可能与老师有交谈的机会。机缘巧合，让我有幸与老师相识。站在180厘米身高的老师面前，我尤其显得像个孩子。会议间隙，即便寥寥数语，老师那气宇轩昂、博学多识的状态，已给我留下深深的印象。我内心中暗自决定，一定要在前辈的影响下，要做一名合格的“阳光人”。

---

* 鄂尔多斯集团知识产权（保护）总监。

2022年的冬至，我又因工作中遇到难题，经继哲介绍到老师的工作室面谈。时间安排在下午4点后，待我到了工作室，前面的会谈还没有结束。本来一个小时的约见，老师却和我聊了两个多小时。从我的问题聊起，有理论的指导，也有实践的举例。从商标说到品牌，从知识产权谈到学科建设，无不浸润着老师对知识产权领域的深度思考及对未来的规划。这次面谈，不单让我接收到了老师的理论赋能，更让我加深了对知识产权行业的认知。那就是从日常的确权、维权，向深层次地将“企业的设计研发、技术创新与成果，梳理成核心竞争力”的战略转变。这也为我个人的发展，找到了新的目标。这是老师给予我的第一个成长力量。

在劭君的提议下，我们决定晚上一起去吃饺子。在工作室外面等车的空闲，我以初生牛犊不怕虎的胆识，和老师胡乱地说着自己对“知识产权”的所感所想。即便我的观点不对，老师也是认真地听。偶尔也会给我意见。作为一名服装企业的知识产权管理者，我也向老师表达了个人从业上（非法律专业出身）的不足。老师鼓舞我说：从业务的角度做知识产权，反倒更能给予这个行业以新的思路。更能从市场的角度、发展的眼光，解决一些疑难与争议。业务的视角，这是老师给予我的第二个成长力量。

师者，传道授业解惑也！虽然没能成为刘老师的门徒，但是有幸得到刘老师的指教，不胜感激。如今，斯人已去，他的学识与思想，却影响着每一位知识产权从业者，恰似春风化雨润心田！

2023年4月6日

空堂坐相忆 酌茗聊代醉

——追思刘春田老师

杨　明*

2024年的春天似乎比以往更短了些，多愁善感之时突然惊觉刘春田老师离开我们已一年有余。在我的印象中，刘春田老师总是那么的容光焕发、神采奕奕，当2023年3月25日刘师仙逝的残酷讯息传来，一时间惊愕失色、悲不自胜。更让我难以释怀的是，三年前刘师邀我为《知识产权判解研究》撰稿，可我怠惰因循，终究是辜负了刘师所托，而且再也没有机会救过补缺了。与刘师学术往来将近二十年，只此一次吩咐，我却有始无终，留下终生遗憾。人世间，这样的场景似乎一再重现，终究落在了自己的身上，懊悔之情刻骨铭心。所以当李琛老师嘱我载笔几句以缅怀刘师时，我不假思索地答应下来，不惧文笔粗陋，只求借此机会直抒胸臆、寄托哀思。然而，真正动起笔来，却是施施而行，千头万绪、五味杂陈，一时间不知该从何说起。

刘师名满天下、蜚声中外，自无须多言。多少晚辈学者，无不渴求得到刘师耳提面命的机会。回想起来，我在中国人民大学法学院攻读

* 北京大学法学院教授、博士研究生导师。

博士学位的那三年，其实与刘师完全不熟识，记忆中甚至可以说是几无接触。个人非常“怵”与刘师交往，倒不是因为自己并非刘师的入室弟子，故而刻意和刘师保持距离、以免惹人生厌，主要还是因为自己生性呐口少言，哪怕是在自己导师跟前也言辞不多，更不用说常常往刘师身边凑了。对于身形高大、自带威严的刘师，发自内心地只敢远望、高山仰止。

如果从学习刘师的名作《“在先权利”与工业产权——〈武松打虎〉案引起的法律思考》（发表于《法学前沿》第1辑，法律出版社1997年9月出版）算起，我还真是和刘师神交已久。那时正是我考研的最后冲刺阶段，复习中碰巧看到了首次推出的《法学前沿》，因被标题中的“《武松打虎》案”所吸引，我一口气就读完了刘师的文章，虽然只有短短的几千字，但包含的知识点非常丰富，而文字又十分干练，没有任何冗余之处。后来见到刘师真人，回想起当初学习刘师大作时的感受，不得不说刘师真的是做到了“文如其人”。刘师的这篇知识产权法论文蕴含了丰富的民法思维和理论，表面上是通过个案来讨论权利冲突的处理规则，而更深层次的，是想澄清知识产权赋权背后的利益分配规则。文章中最吸引我的有两个观点：一是“作为‘在先权利’的著作权应当在作品被用作商标之际，就‘穷竭’了”（第170～171页）；二是“把对作品的著作权利用所产生的利益，和对作品的商业标记性利用所产生的利益混为一谈”（第173页）。也许这些观点本身会引发争议，但在20世纪的90年代，这样的学术探讨无疑是非常有高度和深度的（当年我国知识产权学界鲜有人研究权利冲突问题，不过话说回来，那时的中国，连知识产权学者都很少），对于初入法门的我来说，文字中的睿智和犀利极具吸引力。现在回想起来，在此之前我备考硕士研究生时可以说是对未来的职业选择毫无概念，《法学前沿》第1辑无疑对我产生了潜移默化的影响，让我觉得原来做学问真的可以让人心旷神怡。

几年后我开始在中国人民大学法学院攻读博士学位，虽说已然非常贴近，可我与刘师之间仍然只能用神交来形容。这一时期，我与刘师的弟子、我的同学黄海峰博士之间学术交往颇多，真真切切地感受到了刘师的人格魅力与师德风范。时间久远，很多细节我早已忘记，但有两件事至今让我每每想起仍感慨不已。

第一件事与刘师在2002年的时候主编推出《中国知识产权评论》（第1卷）（商务印书馆2002年）有关。翻开该卷评论的目录看看作者们都有谁吧：刘春田、谢铭洋、郑成思、吴汉东、William Fisher、William Alford（安守廉）……真可谓群贤毕集、四方辐辏；不仅如此，书中文章的质量也非常之高，今时读起来仍篇篇可堪称经典。但我更想说的是，该卷评论的执行编辑正是黄海峰博士，当时他还只是位一年级的博士生，他不仅仅承担着责编工作，还在书中发表了一篇译作（翻译William Fisher的文章）、一篇书评（其所评论的对象是于我国知识产权学界有着重要影响的Peter Drahos所著之《知识财产法哲学》，用的是笔名余仓九），均为品质上乘之作。很多次我和海峰聊起这本评论的编辑工作，都能够深刻感受到刘师对弟子的深切关爱，不仅是在学术上悉心培养海峰，指导他完成了非常漂亮的文章，同时在编辑工作上也给予海峰诸多鼓励，让他既得到了锻炼、也积累了学术资源。最终海峰没有辜负刘师的信任，交出了一份优异的成绩单。

第二件事就是我与海峰讨论刘师的代表作之一《知识财产权解析》（发表于《中国社会科学》2003年第4期）。兴起于20世纪90年代，在之后的十多年里，我国知识产权法学科对于基础理论研究一直方兴未艾，当然也因此产生了诸多争论。对于知识产权概念及私权属性的基本认知，是其中最具挑战性、最难以突破的问题，虽然不断有新的论述视角、新的解释路径，但总体而言，知识产权认识论的各种学说并没有什么实质差异。在当时的学术大环境里，刚刚进入学术界的博士生们特别喜欢围绕基础理论问题展开论战，越抽象、越有哲学韵味，我们争论得越起劲儿，所以，知识产权认识论自然也是我们这些学生激烈争论的问题。由于受自己导师的影响，我自然是信奉无形财产权学说的，而刘师在文章中恰恰是旗帜鲜明地主张“知识产权不是无形财产权”，于是，怀着一争长短的心思，我多次找海峰讨论这个话题（当时我毫不怀疑海峰是刘师观点的信徒）。犹记得海峰每每和我争论完后就去向刘师请教，然后回来再和我展开一番新的“论战”，所以我其实是间接得到了刘师的指点。如今回头想想，争论的结果已不重要，但过程是如此的弥足珍贵，令我一想起来就倍感温暖，刘师对待学生是那么的宽容和有耐心，不以观点压人，对年轻人循循善诱，期待我们尽快成长。多年后已和刘师熟识，我提及往事，刘师标志性地爽朗大笑，想必是如此培养后辈的事情太多了，他老人家早就不记得了吧。

真正与刘师熟悉起来，经常有面对面的交流，其实是我取得教职之后了。说不清究竟有多少次聆听刘师在某个专业问题上，抑或是对我国知识产权事业的发展蓝图，发表或宏观或精细的见解，深刻感受到刘师的智慧和大局观，点点滴滴汇聚起来，一直是我努力吸收的营养，岂是一句“受益良多”能够概括。尤其是在我职业生涯的两个关键时刻，由于导师需要回避，所以每次我都壮着胆求助于刘师，而刘师也都毫不犹豫地给予了最大的支持，这份帮助和关爱让我感动至今、铭记于心。以刘师在学界的地位和影响力，他的支持对我意义重大，至今我时常翻出刘师当年给我回复的信息“我一如既往支持你”，不禁潸然泪下。

在我看来，刘师最让人肃然起敬的是这样几方面：首先，刘师深度参与了我国所有知识产权单行立法的起草与修订，毫不夸张地说，刘师对我国知识产权法律体系的建成与蓬勃发展所作出的贡献，名垂青史。例如在“著作权”与“版权”的概念选择上，刘师力主使用前者，以便与民法整合，亦与作者权系国家相融。其次，刘师为中国知识产权法学学科、知识产权法学教育、中外知识产权法学交流能够取得丰硕成果做出了巨大贡献。关于这一点，数不胜数的纪念文字已经反复予以呈现，我作为中国知识产权法学事业走向繁盛的亲历者，深知前辈学者是怎样地砥砺前行、沥尽心血，如今唯有至心朝礼、钝学累功。再者，刘师培养的大批弟子已成长为我国知识产权理论界和实务界的精英，可谓人才济济、群贤辈出，同时，对于并非自己弟子的知产界晚辈，刘师也是关爱有加、尽力提携。由于多年来在人才培养上的卓越贡献，刘师获得“教育杰出成就奖”实至名归，但奖项又怎能呈现出刘师三十多年始终如一的付出呢？

起初李琛老师嘱我动笔时正逢清明，想起黄庭坚诗叹“贤愚千载知谁是”，但我想在刘师这儿绝不会只剩下悲凉，因为他所热爱的这份事业，必定后继有人！

2024年5月

追思良师益友春田教授

杨　萍*

一年前的今天，我走进曾经熟悉的校园，在中国人民大学法学院与社会各界人士一起追思刘春田教授。追思会现场播放了刘春田教授生前的文字、照片和视频，那一刻感到仿佛他就坐在我的身旁，和我们一起畅聊和交谈，这也让我回忆起与刘春田教授的一段往事。

我和刘春田教授的渊源要追溯到大学时代。1978年全国恢复高考，他以优异成绩考入中国人民大学法律系，分数超过北大录取分数线，每每提及此事刘春田教授仍为填报人大法律系而感到骄傲。也是在那一年，我考入中国人民大学档案系，从此我们成为78级的校友。

大学四年里，我们分别就读法学和档案学专业，毕业后他攻读研究生并留校任教，我则被分配到商标局从事商标工作。由于那时人大刚刚恢复建校不久，校舍、教学设施等百废待兴，作为一名走读生在读期间未曾与他有交集，是知识产权让我有幸与刘春田教授相识和相知。

记得1994年筹备成立中华商标协会，秘书组让我具体负责联系成立大会发言的专家和学者，刘春田名字赫然在列，那时他在知识产权界已

* 国家知识产权局原商标评审委员会一级巡视员。

颇有影响力。因为是第一次通电话，我先做了自我介绍，谁知电话另一端的他说认识我，还笑出了声，这在无形中拉近了我们之间的距离。

在中华商标协会成立大会上，我终于见到刘春田教授并目睹他演讲的风采。时至今日中华商标协会已经四次换届，刘春田教授不负众望，从副秘书长到副会长，一路出任。印象深刻的是，时隔二十余年他再度亮相第十一届中国国际商标品牌节，他的“跨越世纪的伟大觉醒”演讲引发热烈反响。

还记得刘春田教授不仅对中华商标协会成立之初的《中华商标协会章程》提出修改意见，还对协会发展积极建言献策。有一次他专程前往中华商标协会商讨未来发展大计，我们从上午一直聊到中午，还在协会旧址礼士路附近的一家餐馆继续边吃边聊，离开时他仍意犹未尽。

中华商标协会成立不久，由于工作原因我调至原商标评审委员会，得知此事后刘春田教授很高兴，在电话里与我进行了一次推心置腹的长谈。刘春田教授再三嘱咐我要在夯实商标实践基础上加强法律修养，特别是在商标评审实践中厘清知识产权包括商标权的基本概念。

刘春田教授曾多次鼓励我深造法律专业，报考人大法学院在职研究生，那时我还年轻，由于种种原因未能如愿以偿。庆幸的是，在商标评审岗位期间我曾两次选修人大法学院法律方面的专题班，当面聆听刘春田教授授课。虽然进修时间很短暂，但多少弥补了心中的缺憾。

四十多年来，刘春田教授一直提点我，在商标工作中不断反思和重塑新知，在日新月异的时代进行知识更新与迭代，将审理实践中的感悟梳理、总结与提升。在长期的商标实践探索中，我越来越意识到法律的重要性，并将终身学习作为一生的努力与追求。

刘春田教授既是我的校友，也是我的兄长，更是我的良师益友。他不仅擅于用语言和行动打动我们每一个人，更擅于用人格和智慧感染我们每一个人。他的名字已经与知识产权紧紧地联系在一起，他把自己化作一抔春泥，滋育着知识产权的春天。

纪念刘春田教授逝世一周年

杨 巧*

尊敬的刘春田教授溘然长逝，给我们留下无尽的思念。

迄今我校知识产权专业良性发展，与刘老师持续的支持、提携有很大关系。

初闻刘春田教授大名是从阅读其主编的2000年8月第1版高等教育出版社《知识产权法》教材开始的，这部权威性教材是“全国高等学校法学专业核心课程教材”之一。其中一些独到的见解令人耳目一新：当初学界基本上以“知识产权客体”称谓来研究相关问题，而在此教材中刘老师率先提出“知识产权对象”一词，认为“知识产权的对象就是知识产权本身”，这一观点引起学界的广泛关注。在之后的研究中刘春田教授又提出关于知识产权客体与对象相区分的观点，认为知识产权的对象是以“形式、结构、符号系统”等为存在方式的知识，知识产权的客体是指在对象上所施加的、能够产生一定利益关系的行为。①刘老师在学术上对基本理论问题的关注和研究，为较为当时薄弱的知识产权法基础理论研究注入了活力和创新性思维，具有

* 西北政法大学经济法学院（知识产权学院）教授。

① 刘春田.北京：高等教育出版社.知识产权法，第5版：8–9.

开拓性意义：如关于民法与知识产权法关系的论述，对于厘清知识产权法在民法中的地位有着重要意义；关于知识产权性质的见解独到、精辟。刘春田教授对学术研究的执着、精进精神值得敬佩，在民法典颁布之前，他为确立知识产权法在民法典中的地位，在多个场合，奋力呐喊、发声，竭尽全力。由此我们看到了一个学者对本专业的投入和热爱，令人敬仰！

众所周知，刘春田教授是知识产权界泰斗级人物，记得2004年初次见到刘老师是在广州召开的中国法学会知识产权法学研究会年会上，当时我们比较拘谨，和西安交大田文英老师商量一番才一起请求与刘老师合影，他欣然应允，平易近人的风格使我们感到轻松愉快。

刘春田教授对我校知识产权专业发展和学科建设的支持值得我们铭记。我校知识产权专业在发展早期，在师资力量、高学历人才、科研成果产出等方面比较薄弱，亟须像刘老师这样本领域泰斗级专家的指导和引领。刘老师给我们提供了多次学习研讨的机会，邀请我校教师参与重要的学术会议，与同行学习交流，开阔视野，提升师资专业水平。如邀请我校教师参加2010年中国人民大学知识产权学院承办的中德商标法研讨会；2011年中国人民大学召开“知识产权法教材设计与教学方法研讨会”，邀请我校教师参会学习。还吸收我校教师参编其主编的高等教育出版社《知识产权法》教材第五版的写作，对我们来说是极大的信任和鼓励。2013年3月刘老师受邀来我校进行“创新驱动发展战略的知识产权法律保障”学术讲座，从政治经济学的基本原理出发说明“创造和劳动”的区别，提出审慎对待商标大国、专利大国的称号，提出创新是中国未来发展唯一出路，创新驱动发展的实现离不开知识产权制度的法律保障等观点，使我校师生近距离感受知识产权法学大师的风采，学习其学术思想，对我们的知识产权法教学、科研非常有助益。

谨以此文表达对刘春田教授深切缅怀和感恩！

2024年1月23日

近观刘春田老师

杨文彬*

常言道：站得高看得远。我站位不高，信息不全。只能就自己的切身体会，回顾对刘老师的点滴记忆。可能是盲人摸象，可能看法有偏颇之处，但一定是诚恳的话语，真挚的情感，并且，不会随意吹拍。尽管我辈人微言也微，但斯人已去，后死者追思感怀，并彰其德，当无可厚非。

初识刘老师。

还是在20世纪90年代中期，我在中国人民大学读知识产权双学士。那时，就听闻刘老师大名，可惜，刘老师并不讲授我们双学士的课程。班级里“好事者”几经争取，终于，在我们快要毕业的时候，请来了刘老师授课。记得应该是1997年的春夏之交，利用郭禾老师专利法的课时，刘老师给我们讲了两节课。刘老师给我留下非常深刻的印象。他颀长的身材，站在那个小教室中，手常常扶在两侧的课桌上，课桌间的走道显得更加狭窄了。他并不以尊者的姿态，对我们进行“谆谆教诲”，而是以冷峻的语气，犀利的话语，谈知识产权的概念，谈知识产权保护

* 安徽大学法学院副教授。中国人民大学1995级知识产权第二学士学位生。

的意义。事后，同学们每每提及此课，言谈之中，不乏沾沾自喜，毫不掩饰自豪之意——用天津话马三立老先生的相声语言：“这就行了！这就行了！”啥就行了？刘老师给我们上过课，我也算是刘老师的弟子了。时人慕其名，可见一斑。

斗士刘老师。

伟人名言：与天斗，其乐无穷；与地斗，其乐无穷；与人斗，其乐无穷。他们这代人胆气比我们这个岁数的要高出一个量级，刘老师更是不输于同龄人。记得有一次近距离听刘老师闲聊，具体来龙去脉皆不甚了了，只是对一句话听得真切——“我就直接扔给他！”大约是刘老师的一个学生（硕士还是博士不清楚了），其毕业论文水平很高，但在推荐为校级优秀论文时莫名被刷掉了。刘老师去据理力争，甚至当场将该学生的论文扔到领导的办公桌上。当然，“事就这样成了。”

家长刘老师。

有一次中国法学会知识产权法学研究会年会在苏州召开。当晚，承办单位招待参会者观赏昆曲。据云，刘老师喜欢这个剧种。记得，那个小礼堂座无虚席，老师们津津有味地观赏苏州昆剧院艺术家们的表演，时不时地奉上真诚的掌声。其间，我不止一次地将目光投向刘老师，见他一直很放松很认真地欣赏剧目。讲真，能够跟刘老师，跟全国的老师们一道欣赏戏曲艺术，这个机会是不多的。我感觉非常温馨。

我在外省的一所普通大学教书，曾因不能进入主流学术圈而烦恼。尝试求助于一些学报的编辑和在京高校的老师，希望能够入圈。但得到的帮助有限，临时参加某个会议可以，一直没法登堂入室。记得，大约是在2010年春天，我实在没办法，就利用一次开会拿到的参会者通讯录，给刘老师去了一封邮件，谈了自己作为外省教师想入学术圈的尴尬，并附上自己的两件作品。我也没有抱什么希望。没有想到，刘老师很快回信，亲切致意，并言“你的《上海时期（1927—1936）鲁迅版权活动述论》我们将刊用，另一篇《宋代笔记与版权法研究》再另想办法。”紧接着，我即收到他的博士生余俊给我来电，接洽“鲁迅”那篇稿件的修改和出版事宜。很快，我也收到了刘老师寄来的中国法学会的入会申请表，并被增补为学会理事。

回顾这两件事情，我还是记忆真切。跟学会会长同堂看戏，如同一家人欢聚，十分温馨难忘；被其提携，感激感恩。这个家长，我怀念。

2023年12月

桃李不言 下自成蹊

——深切缅怀刘春田老师

杨文泉*

与刘老师的缘分始于我1988年秋天就读当时的中国人民大学（以下简称“人大”）法律系的知识产权第二学士学位班第二期。这个班，简称知识产权法双学士班，也被称为“中国知识产权的黄埔军校”，刘老师是奠基人。

上学期间，有幸聆听刘老师讲授著作权法课。另外，我因为担任班干部，与当时担任法律系副主任的刘老师接触多一些，他叮嘱我多读书多观察多思考少盲从，让我切实感受到老师是一个非常率直、友善且智慧的人。

1990年夏天从人大毕业之后，我去到了国家监察部外事局工作。几年之后我开始萌生去意并私下里四处投简历找工作。我自己从未和刘老师提起过此事，但他在获知后也从未和我提起过就将我推荐给了中国专利代理（香港）有限公司（简称“港专”）北京办事处的负责人。此事直到我入职港专很长一段时间后才偶然得知，心里十分感动。

1996年夏至2002年春，我在港专香港总部工作。因为刘老师差不

* 北京泛华伟业知识产权代理有限公司合伙人。中国人民大学1989级知识产权第二学士学位生。

多每年都到香港城市大学给那里由人大法学院和香港城市大学合招的研究生上课，我有幸差不多每年都能和刘老师在香港见上一面，与他的接触和交流又多一些。我多次和他请教涉及知识产权的各种问题，刘老师非常耐心地讲解涉及的基本概念，并阐释其个人对国内外知识产权教学研究和法律实践的思考和观察，还指点我要加强民法基础理论学习，阅读包括王泽鉴等名家的著述。

从香港回京工作后，我利用业余时间又回到人大读研，有幸再次聆听刘老师的讲课。清楚记得，刘老师的课满座率最高。当时的他虽已是国内外名家，但每次的课他不仅准备了非常翔实的内容，还留下充分时间给同学们提问并与同学们讨论甚至辩论。一次课堂上，一位同学在讨论时说了一些过激的话挑战他的观点，同学们都感到惊讶和尴尬，而刘老师不仅没有半点不悦，还在课后追着和这位同学继续当面“交锋”。

后来的日子里，我虽工作繁忙，加之“下海”创业讨生活，但我与刘老师保持了比较多的接触和见面。无论是参加人大知识产权学院举办的论坛交流，还是和刘老师的茶叙或者饭聚，我们一帮同学和刘老师谈世事、说法律、聊人生、评案例，内容丰富多彩，气氛欢乐祥和，也感受到刘老师博览群书、学识渊博，所以每次大家都乐在其中，意犹未尽，收获良多。

如此持续多年，我们特别明显地感受到刘老师对知识产权等法律的一些热点问题的思考越发深邃，为推动中国知识产权教学和研究与国际的交流共进，为中国知识产权法律制度的完善越发努力和奔波。我们一众同学不时提醒年逾古稀的他放慢脚步保重身体，他总是笑笑说自己还硬实，而依然到处开会、演讲，国内国外奔波，纵使疫情期间也是如此。

斯人已去，此憾无期，人间已无刘老师，哀哉！

此为记，致敬、缅怀刘老师！祝刘老师在天国里平安！

2024年2月

播种智慧 留下春田

——深切缅怀刘春田先生

杨叶璇*

惊闻中国法学会知识产权法学研究会会长、中国人民大学知识产权学院院长、中华商标协会副会长刘春田教授，在出国学术交流期间溘然逝世，令我非常痛惜！难以相信这位在中国知识产权领域深耕数十年，弟子如林、著作等身、洞见卓著、声如洪钟、身形矫健的著名学者，突然留下他辛勤播下良种的万亩春田驾鹤西去了。难过之际突发奇想：冥冥之中一些人的名字是有昭示和寓意的，莫非他来世间一遭，就是要播种智慧留下春田，造福众人？想到这里，我与他结识多年，与其精诚合作并得到指教与帮助的诸多往事涌上心头。

我与刘春田是在1987年“全国打击假冒伪劣商品展览会”布展期间结识的。当时为了在我国《商标法》颁布五周年之际大力加强法制宣传，打击肆意泛滥的商标侵权假冒行为，保护和鼓励企业创立名牌，提高企业和消费者识别商标违法行为和市场上伪劣商品的能力，国家工商行政管理局（简称“国家工商局”）在军事博物馆举办了为期半个月的“全国打击假冒伪劣商品展览会”。因为我曾参加国家质量奖审定委员

---

* 原国家工商行政管理总局商标评审委员会巡视员。

会评审办公室的工作（原《商标管理条例》规定通过商标管理监督商品质量），并参与过中国历史博物馆举办的“建国三十五周年伟大成就展”的布展，国家工商局指派我牵头负责这次“打假展览会”的名牌展和商标打假展两个部分的组织及布展工作。展览共分三部分，第三部分打击伪劣商品由国家工商局市场司张明夫负责。

开展前三天的上午，突然有人告诉我，展厅外有位律师吵吵说展览中有一个案例有问题，他代表当事人要求撤掉该部分展览，众人拦他不住。我请他进来面谈。只见此人三十多岁一米八几的个子，浓眉大眼，身穿流行的驼色长风衣，讲话声音浑厚但有点激动。他说自己叫刘春田，是中国人民大学（下称“人大”）教师兼律师。展览中关于中国科学院动物研究所侵犯广东某企业注册的“神笔”牌灭蟑螂药商标的案例有误。中国科学院动物研究所是该药物的专利发明人，广东这家企业曾被该所委托生产试验药品。此药外形做得像粉笔，使用时画在蟑螂爬行路径上，蟑螂沾染药粉且把药带到窝里便纷纷死亡。专利发明人和生产企业都称此药为“神笔”。这家广东企业为独占商业利益，抢先申请注册“神笔”商标，阻止中国科学院动物研究所及其委托的另一家在京企业生产。展览将这两个单位列为商标侵权人有失公允，损害了其被代理人的名誉权，应当撤展。说完他递给我几页材料。

我对刘春田说，从你的陈述和材料看来，此案不仅涉及注册商标专用权的保护还涉及商标权与专利权的冲突以及合同纠纷，是商标法实施以来工商部门商标办案遇到的新型案件，按照一般案件定性和处罚恐怕不妥。展会案例都是向全国各省市工商局征集并经精选和审批布展的。若要撤展须报局领导并知会有关地方工商局。我倾向于撤展。可是马上要开展了，撤展须经程序且可能会有一定难度，希望你理解。关于地方工商局的处罚，你可代理当事人依法向上一级工商局申请复议。刘春田态度坚决、通情达理。他走后我即着手办理撤展事宜。

开展那天刘春田来了。见那个案例没有展出，他很高兴。他说自己参观了整个展览，感到展览办得很成功很及时很有意义。他要建议自己的学生们来看这个展览。他在人大新开了知识产权法律课程，学生们不仅要学习理论，还应当学习社会实践特别是实际案例。我对他说，我国商标法实施仅四年多，专利法实施才两年。改革开放以来出现许多新生事物，往往涉及多种复杂的法律权利关系。工商部门实施商标权保护只懂商标法是不够的，需要进行其他相关知识产权法律学习和研究，在实践的基础上提高理论。人大是最早开设知识产权法律教学的院校之一，我建议商标局加强与人大的联系，希望得到刘老师的支持。刘春田爽朗地笑了，大声说道："不打不相识，咱们想到一块了！" 我俩愉快地握手，从此开始了长达35年的友谊与合作。

1991年时，我任商标局管理处处长，负责指导地方工商部门办案和对企业进行商标法制宣传。商标局领导责成我牵头组织摄制两部录像片：一部名为《商标法律知识》，是用来对全国各级工商部门的商标管理人员进行岗位培训的；另一部名为《企业商标战略》，是用来指导企业加强商标法制观念提高商标资产经营水准的。请专家主讲的任务落到我头上。我先后给中国社科院知识产权研究中心主任郑成思教授和刘春田打电话，请他们二位主讲。给郑成思打了多次电话联系不上。当我和刘春田通了电话后才获悉，郑成思因病住院刚做完手术。我对刘春田表示，这两部录像片对全国商标工作将产生很大影响，做好摄制工作很重要，请他鼎力支持，而郑成思怕是参加不了了。刘春田笑着说道："我本人肯定参加，至于老郑嘛，凭他与你我的关系，说不定能来参加呢。我去请请看。"他立刻去联系了郑成思。郑成思竟然应允了，我真是喜出望外！

摄制录像片那天是刘春田到医院接的郑成思。刘春田不让我陪同，他说老郑做的是肛肠手术，同病房还有其他病人，你是女同志，去那里不方便。从医院到拍摄地以及后来返回医院，都是刘春田悉心陪护郑成思。录像是以访谈（研讨）形式进行：经济日报著名记者陶国峰采访、我适时谈点案例或讲述企业情况向专家咨询，镜头主要在郑成思和刘春田之间反复转换，两位专家对问题从实践到理论深入浅出地进行剖析和阐述，使人脑洞大开受益匪浅。郑成思冒着伤口疼痛和大出血的风险参加摄制；而刘春田跑前跑后，既主动协助联系又如家人般照顾郑成思，还精心准备了论述内容。为了进行法制宣传教育，两位著名法学教授辛勤、舍己的付出，以及他们的友谊令人感动。

1994年，为服务商标战略，助推民族品牌，国家工商局按照国务院的部署，抽调人员筹建中华商标协会。当年5月，我卸去商标局的行政职务，被推荐在中华商标协会成立大会时提名为主持工作的副秘书长。按照筹备进度要求，我走访多家商标信誉好、法律意识强的企业进行发动和筹建的组织工作，同时开始草拟《中华商标协会章程》和设计中华商标协会的架构草案，提交审议。那时成立以企业为主体、全国的非行业性的专业社团组织尚属首次，无经验可循。我收集了包括我国知识产权研究会、多个工业协会、国际商标协会等二十来个社团组织的章程研究和参考。经过向企业征求意见和商标系统内讨论，改写了七稿，但我感到还不够踏实。考虑到商标协会的开放性与外向性，以及我本人长期在商标行政执法机关工作的局限性，我想将章程草稿给刘春田协助把关修改。我把想法向国家商标局局长李必达汇报，同时建议推荐刘春田为协会兼职副秘书长。一则是因为协会应当尽量吸收知识产权法律界和经济界优秀人士；另一则是因为刘春田当时没有过多的行政职务且年富力强。李必达高兴地采纳了我的建议，要我请刘春田到商标局来谈谈。刘春田接到我的电话诚恳地说，成立中华商标协会是中国知识产权与经济发展的一件大好事，他本人愿尽最大努力为协会多做一些事情，感谢李必达对他的肯定，至于当不当官无所谓。第二天，刘春田到商标局与李必达和我畅谈了关于协会的筹备和发展前景。过了几天刘春田给我打电话说原稿很成熟，他的修改建议仅供参考，然后把修改稿让他的学生送来了。他的修改稿是用大纸把原稿复印，修改的地方用其他颜色的笔书写，在空白处注明了修改的理由和建议，体现了他的认真与尊重。他共建议修改三条和一个法律用语，经他修改文字更精炼准确。此稿报经国家工商局局务会议未作改动。1994年9月9日，中华商标协会在人民大会堂举行成立大会。《中华商标协会章程》经会员大会审议通过。李必达、刘春田分别兼任协会的正、副秘书长，我任专职副秘书长。

2000年2月，我调到国家工商总局商标评审委员会任副巡视员，主管综合部门工作：参与我国为适应加入世界贸易组织（WTO）对商标法进行修改以及建立健全商标评审委员会审查业务电子化的工作。长期以来，我国商标确权（商标注册）制度一直采取行政确权，即由商标评审委员会对商标权的归属做终局审定。这不符合世界贸易组织有关知识产权协议的规定，不利于我国的知识产权法制建设、经济发展和对外贸易，同时也一直被包括刘春田在内的多位专家诟病。按照中央的部署，此次修改对商标法未做大面积改动，重点是增加商标确权司法审查制度，就是不服商标评审委员会审定的，可以先后向北京市两级人民法院提起行政诉讼。商标评审委员会为了适应商标司法审查，设立了应诉处，领导让我分管。面对这样一场全新的商标确权制度大变革，我认为商标评审委员会应当进行一场系统的法律学习。商标评审委员会侯林主任鼎力支持，批准了我拟就的包括刘春田在内的六位著名专家的六期法律讲座。商标评审委员会全体成员参加，作为岗位培训。此次讲座刘春田的讲授给人印象十分深刻。他一贯主张，无论是确认商标权归属的领域，还是保护注册商标权的领域，都应当纳入司法监督而不应当行政终决。为此前些年在公开场合，他曾用犀利的语言批评过工商部门的某些做法。在这次讲座中，他从商标权属于私权范畴与公权关系的基本概念出发，金句连连，纵横捭阖，阐述了商标司法审查对商标行政确权的保证与监督作用的必要性和意义。他深谙民商法体系，深刻剖析了商标的“商”与“标”的关系，为商标作为宝贵的无形资产应当公正地归属该资产的创立人而鼓与呼。他的讲座因内容丰富而被延长时间了，无论是商标评审委员会的资深审查员还是应诉处的法律硕士和博士们，都声称所得过瘾。

回忆刘春田，仿佛又回到那激情燃烧的岁月。虽然春田驾鹤西去，我们这批人已老骥伏枥，但我国的知识产权事业仍任重道远，同仁们一起继续加油！

2023年4月

左右无人
前后有音

杨雄文*

悲悯为怀，私权为体，二性为用，六艺为备，箴言无烦恨日短

咳唾成珠，风骨成侠，一桥成碑，三阶成史，知产有事痛云深

明天便是2024年元旦。蓦然回首，恩师已经驾鹤西去九个月，音容笑语犹在耳。痛哉！

一、师恩无穷期，亲如父子情

2008年博士毕业离京，请恩师在国家图书馆对面的湘彬食府吃了个拜别饭，当晚在回家的绿皮火车上，收到老师发来的短信。十多句短语，古韵悠长。一句“或许老之将至，变得儿女情长”，让我瞬间泪湿眼眶。

老师带我二十三载，既是师生，又情同父子。初拜老师于2002年，在冯晓青教授的引荐下，在当时人大西门的贤进楼办公室。老师一席半长装，一条围巾搭在肩上，眼神犀利而从容。一时间，好其人，近其人，便成了自己的心绪全部。

---

* 华南理工大学法学院教授。刘春田教授指导的2005级法学博士。

2008年毕业求职时，老师说人大有规矩不留自己的学生，让我先去人大深圳研究生院应聘。但临近毕业的时候，老师叫我到办公室，自责说不知道深圳研究生院也需要留京指标，并且需要提前一年申报，现在有些麻烦了。但他听说公共管理学院可能有留京指标空出，正在想办法协调。可惜的是最后没有协调成。到了2009年，老师让我去北大或人大换个专业做博后，再回人大任教。这个安排却因我自己耽搁了。2021年的一个晚上我在高速上，老师让我停在休息区，电话我个把小时，劝说我去一家学院担任院长。提携之恩，没齿难忘！

老师气场大，不怒自威，很多人不敢亲近。我爱人段宁与女儿杨晨鑫（小名萌萌）却与老师情同家人，东聊西聊，从养生休闲到中医存亡。讲到下放修拖拉机的经历，老师甚至还说起自身的八卦……其乐融融。还有一次，我压着时间送老师到白云机场，车刚停下，老师打开车门撒开两条大长腿直往值机柜台奔，好生有趣。古有六艺，在老师身上依旧有着深刻的传承。老师古文功底扎实，表达能力极强，咳唾成珠；曾经是足球后卫，组织进攻，推崇“小罗”；还爱哼唱京剧名段，评述《往事并不如烟》，点点刺心。不知大家注意到没有，刘老师嘴里偶尔蹦出的英文，发音还相当地道。

老师极为推崇其母亲闫奶奶，几次说：“老太太真是个明白人！”我与爱人段宁两次去看望闫奶奶。闫奶奶当时年岁不低了，却依然干练干净，思路言语清晰清爽，拉着段宁的手，笑着说：“这闺女好俊啊！”闫奶奶过世，老师凌晨发短信告诉我。“几人能百岁？”悲伤中我拟了三副挽联发给老师，请老师务必节哀顺变。其中一副经沈致和教授推敲之后被用作追思会的挽联。

至于我女儿，老师对她更是喜欢欣赏有加。萌萌打小就认识了她的刘爷爷，还多次收过刘爷爷给她发的红包。每次想起老师，总又能看到老师的眼睛笑着眯成一条缝，乐呵呵地看着萌萌说：“好啊，又可以跟萌萌讨论问题了。”萌萌本科考上北京大学时，刘爷爷就建议她先去学历史，研究生再去学法律。老师好几次认真地跟萌萌说，有事随时给他打电话，他来请萌萌吃饭。大四保研时，老师很想萌萌去人大深造，但萌萌不想离开北大。说起来还有一个很有趣的故事，那天萌萌依约去找刘爷爷给她的保研推荐信签字，等萌萌赶到友谊宾馆，刘爷爷已经停车在门口扬手叫她。签完字后，萌萌转身准备走，刘爷爷唤住说："萌萌，要不你还是再考虑一下？”到了2022年萌萌硕士毕业前夕，因为一些原因暂时放弃读博。老师听说了，痛心疾首，一个电话打过来，说萌萌就适合深造，应当去读博；还痛斥我和段宁太不懂事。整整五十多分钟的电话，这是老师第一次也是唯一一次对我们夫妻发火。

二、师者也，教之以事而喻诸德也

记得初见恩师时，我惴惴焉推销自己作为一个法科门外汉仅花三个半月时间通过律师考试，其间还上班与出差半个月，意思是自己对法律有些灵性，希望老师收徒。老师听了回头对冯晓青教授笑曰："看来律师考试的题目出得有问题。”老师这一句笑语一直敲打着我，法律不是浮光掠影、小聪明的玩物，需有屠龙剑、钓鳌钩、射雕宝弓。可以说，直到跟随老师攻读博士学位，我才真正开始了自己的知识产权法研习。

老师不追求高产，还曾拒绝《中国社会科学》的约稿，但其言灼灼，思想深邃，影响深远，几十年前的作品依然被业界所引用。除刊物发表外，老师的思想还有另外两个重要的载体，一是给专著所作的序，二是各类场合的发言。对于后者，不满于发言报道的空洞与形式主义，我也曾数次建议老师随身携带录音笔，因为科技时代录音转文字是个容易活，再整理起来很方便，也容易留存。

老师常让我代他去参加一些会议，坐在老师的C位，面对海内外的专家，自己脸上淡定却内心惶惶。倒不是慌张，次数多了也习惯了，只因达不到老师的高度而内心不安。老师也常让我准备一些文稿，记得老师对我写的中国著作权介绍一文斥之为“写的什么呀？”，但对我准备的知识产权价值的文章，却夸到天上去了，让我好生激动。还有一些诸如信息与知识的关系、知识产权发展的生产力标准问题，以及客体内涵问题的研究与看法等，都曾受到老师的侧目。或许正如老师所说：“一冷一热，一热一冷，方能成熟。”老师还曾让我深度参与很多有重要理论意义的案件研讨，从早期的自传体作品的著作权归属、鳄鱼商标纠纷，到后期的加多宝与广药之间的红罐纠纷等。还让我参与《民法典·知识产权编（学者建议稿）》的编写，《专利法修正案（草案）》专家研讨等立法相关工作……老师给予我的这些历练，立意高、重基础、强辩证，润物“有”声。

老师推崇广东特别是深圳的创新土壤与产业成就。来了广东，我常开车接送老师。一路上，老师常常会拍拍我的右臂或扯扯我的衣袖：“雄文，你听我说……” 老师还曾要我关注三次工业革命之间有什么异同，以史为鉴可以知兴替。

跟老师久了，说话有时也很随意。记得有次闲聊唐突问老师，老师之后业界谁能接班？没想到老师来了兴致，掰着手指，分地域逐一点评各学者的学术特点、长短所在甚至是人品优劣，还不时串串典型事例、恩怨情仇的细节。提醒我，做人就是做事，做学术也是如此。郑成思教授去世，老师特地交代门下弟子都要去八宝山祭奠，自己还写了一篇情真意切的悼文。听闻老师讲了这么多坊间故事，我说现在中国知识产权历史的记录中，都是宏大叙事，但小人物或者小事件其实也极有叙说意义，是不是也应当关注与记录出来？老师当时默默地看了我一会儿，没有言语。

三、学非探其花，要自拨其根

恩师学问，巍巍高山，茫茫沧海，无愧国宝！被恩师耳提面训二十多载，自身惭愧，依然管窥一斑，难说一粟。

老师多次提及他早年思想较左，我想这也许是老师“私权为体”理念的最初渊源。我从没见过如此彻底将“私权”贯彻始终的人，无出其右。在这个知识产权并非私权公权化，而是私权化远未完成、特权思想仍然泛滥的时代，老师对公权力的警惕、敏感与棒喝，尽管不待见于某些部门，却如一轮红日在天。私权在老师那里，还是一种方法论、一个试金石。任何举措创新都会被老师拿来检测一下，要是不符合私权要求，那必然是有问题的！

谁在前，谁在后？这是老师“二性为用”的口头语。谁是第一性，谁是第二性，第一性决定第二性。这个哲学定律在老师那里被用作最根本的分析工具，而且扩展到物质意识关系之外的其他事物分析之中，极为娴熟，效用甚巨。在这种“谁为第一性”的“挖祖坟”式追问中，老师不是以人云亦云的中间文献为据，而是更多从最原始处出发，甚至在无人处，例如首创对创造与劳动关系的探讨。沉下去有多深，竖起来就有多高。

关于老师长期思考与普及的对象、客体、劳动、创造、形与体、价值的辨析，我反馈老师说，尽管业界会时不时提起这些内容，但实际上大都怀有“玄学”心理，至于学生们更是热衷于以降低重复率的手段去追逐快餐式的题材与观点，因此停留在释明这些概念不够，还得直白告诉大家，为什么要做这样的研究，这样的研究有什么功效，否则大家可能只是尊敬，不明觉厉，并不自觉。如一些人将对象与客体的区分说成是老师的创见，其实是不对的。老师明确说过，这一区分传承于他的先师佟柔教授。老师对此的贡献乃是进一步为知识产权直至法学的系统化思维提供了一个台阶。听了我的上述反馈后，老师沉默了几秒钟，没有接话。

老师注重基础理论研究，口中常常警示我们要敢于“挖祖坟”“挑战常识”。记得2016年我承担英国政府的SPF项目，邀请老师出访英国期间，老师指着比斯特市场中的一双棕黄色皮靴对我说：“别买那个黑色的，就这一双，突破一下！”老师在我毕业论文出版的序言中强调：“倘法学能称之为科学，端在理论。”唯有理论，才生命力长久！这也深刻地影响了人大知识产权的专业风格，形成了人大知识产权的治学特点，看似佛系，却静水流深；而刘门弟子也大都以基础理论研究为兴趣点。2018年，我国改革开放四十年之际，老师交代我撰写《中国知识产权法学研究四十年》的文章，并收录到其主编的《中国知识产权四十年》一书中。

成立知识产权学院的事情，老师并不感冒，迫不得已便强调学生的教育一定要放在法学院。至于知识产权是否为一级学科，老师一直持反对态度，说这事是“乱伦”，孙子变爷爷；还特意交代我写一篇知识产权与交叉学科的关系文章。

老师从不缺乏侠肝义胆、悲天悯人的家国情怀。观乎老师的学术生涯，比照武林，有三个阶段。一是掌门时代。学问，对就是对，错就是错，从不左顾右盼，不服来辩。既有打断部长发言的故事，也有逼问我“FRAND最早是谁提出来的？它与民法上的诚实信用、公平合理原则有什么差别？”的不留情面。那时的老师，为着知识产权正道而快意恩仇，笑傲江湖。二是盟主时代。在中国法学会知识产权法学研究会会长的位置上，老师毫无私心，平台是大家的，一切为中国知识产权事业的正途及其发展。老师很多时候只能收敛锋芒，甚至忍辱负重，直面无形的网，艰难前行。中国知识产权民间外交之桥丰碑屹立，研究会成功团结了高校科研机构、公检法与政府部门、企业等全领域专业人士，成为各法学类研究会里最大的团体。三是宗师时代。近些年，我笑称老师慈祥了。这时的老师，视野更加开阔与深入，更有超越民族、时代的睿见。在“一生二，二生三，三生万物”的跋涉中，老师对于“道”在知识产权中的感悟更加清晰。如老师所言："雄文，我现在又进入了一个新的上升状态，左右无人。" "商"与知识产权关系也是老师在思考的内容之一。

老师本来计划在2023年3月份完成对美国的出访之后，将大部分精力集中到知识产权思想的整理工作中。遗憾的是，老师在身体抱恙的情况下远赴美国参加学术会议，抱憾而终。从此知产有事可问谁？

言师采药去，云深不知处。初听不识诗中意，再听已是诗中人。

恩师千古！

2023年12月31日

忆刘师二三事

应振芳*

师恩如语，教我诲我，正我责我，激励我，又示我以栩栩有形之世界

大化无言，生汝成汝，誉汝谤汝，陶冶汝，复归汝于茫茫无体的时间

2023年3月27日晚，师妹发来哀伤的消息，又和王坤通了电话，是日一夜无眠。中夜起行，万籁俱寂。拉开窗帘，望向沉沉暗夜，一星如豆也无。万千思绪只写下寥寥的文字：

天籁寂寂，浑未觉君去。

人声杂杂，但不见师来。

追思会归来后，回忆过往，刘师影像又上心头，遂草成以下文字。记忆中的时间或地点已不真切，但刘师就是有这样的魅力，将所有背景虚化，你仍能清楚记得他的形象和言语。

刘师的“创造不是劳动，创造与劳动根本不同”论断一出，初听惊

* 浙江工商大学法学院副教授。刘春田教授指导的2004级法学博士。

为天人，于是反思自己是否受“创造性劳动”的流俗表达影响，以至于从未意识到创造和劳动可能有别？细想之下，不由汗流浃背。刘师的“形式说”（知识产权的对象就是形式，知识产权是形式产权）也是一样的戛戛独造，有振聋发聩之效。

稍显奇怪的是，整个知产学界，既无人对刘师的上述观点提出有力质疑，也少见有人援引刘师观点，大家还是照旧说“知识产权是无形财产权”，此等整体和谐局面，不知是学界幸事还是悲哀。刘师自己有时也调侃，“他们就是不理你，寂寞死你”。

忘了何时以及在哪个场合，刘师生气地说起一群来自上海的游客。当时刘师在西湖坐手划船，此类船照例都有约定好的返回时间，邻船是一群来自上海的游客，时间尚欠少许，船工即已返回码头，游客不依不饶，非要船工将船划往西湖深处，直到约定的时间方才允其划回码头。船工无奈只好照办。原来刘师生气是同情船工，为其鸣不平。

犹记临近毕业时，我忐忑不安地向刘师邮箱发了论文初稿，漫长的半个多月，刘师没有回复，我愈加焦虑。忽有一日，刘师来电话，简单地说：“写得挺好，我没什么修改意见……我这几个浙江学生，海军（师兄）和万来（师兄）文笔都不错，你也不错。”顿时，我心中一块石头落地。过数日见面时刘师又说：“今后你工作了，不一定有这么多时间潜心写东西，博士论文可能是这一生写得最好的东西了”。当时意气风发，年少春衫，以为刘师也忒消极了。毕业以后，蝇营狗苟，为稻粱谋，当年壮志未及酬，总是近师情怯。疫情之后，交通阻隔，更是缘悭一面。如今年届天命，一事无成，鬓已星星也，博士论文果然就是自己写作的高峰。

初稿于2023年4月25日杭州鼓楼

改定于2024年12月15日钱塘东复东

大先生 大师父

——永远怀念恩师刘春田先生

余　俊*

农历二三月，本是春耕的时节。有一头“老黄牛”却在忙碌的春耕生产中，不幸倒在了太平洋彼岸的春田里。这头“老黄牛”，就是“中国知识产权法学之父”刘春田教授，也是我们数百位弟子爱戴的好师父刘春田先生。

师父常说：“人生为一大事而来。”[①]回望师父的一生，他就是来做大事的。“大上有立德，其次有立功，其次有立言。虽久不废，此之谓不朽”[②]。论笔墨言辞，师父所著并非最多，但论功德文章，师父立下的是不朽之勋。

师父的一生，仿佛就是为知识产权而来，他在中国知识产权史上首开了诸多的“先河”；师父最后离开，也是因着知识产权，在他溘然长逝之际，还正在为后疫情时期中美知识产权交流的重启而呕心沥血。[③]

捧着一颗心来，化育杏坛满园春；不带半根草去，润泽学海万般

* 北京化工大学文法学院教授。刘春田教授指导的2003级法学硕士、2006级法学博士。

① 李琛．道风儒骨，侠胆文心：缅怀恩师刘春田先生．http://www.law.ruc.edu.cn/home/t/?id=59099.

② 左传：上．郭丹，程小青，李彬源，译注．北京：中华书局，2018：1328.

③ 讣告．(2023-03-28)［2024-02-28］．http://www.law.ruc.edu.cn/home/t/2/?id=58895.

田。师父是大先生，大先生做大事业，大事业中立大德。因此，作为一名跟随先生学习二十年的学生，我想从师父所作的几件人生大事出发，追忆先生，悼念恩师。

中国知识产权法学之父

师父生前多次强调："满天星斗不如一轮红日"："即使有满天星斗，照样是漆黑一夜，只要有一轮红日就足以照亮全球。在科学问题上，学者的任务是给人太阳的光辉，不是给人月亮和星星，更不是给人以行夜路的灯杆。一盏路灯只能照亮五十米。"[①]师父是这么说的，更是这么做的，而且一生都是这么做的。

1978年，师父考入中国人民大学法律系，1982年，本科毕业后师从著名民法学家佟柔先生攻读民法研究生；1985年，师父研究生毕业后留校任教，正式成为人大法律系的一枚"青椒"（青年教师的意思），工号为19850006。就是这样一枚"青椒"，在随后短短三年间，就在中国首次建立了完整的知识产权法学体系：

开设了中国最早的知识产权法课程：1985年，师父在师爷佟柔先生的支持和指导下，在中国人民大学为法学本科生开设了36学时的知识产权法课程，该课程经法律系主任高铭暄教授同意，时任副教务长批准，被中国人民大学列入法学本科教学培养计划，作为法学专业本科选修课。[②]这是中国历史上最早开设的系统知识产权法课程[③]，是中国知识产权法学系统教学的开端。

---

① 蒋安杰. 刘春田：书山千度春 学海万般田. 法制日报，2007-08-12（13）.

② 刘春田. 新中国知识产权法学学科的开拓者. 法学家，2010（4）:79.

③ 在现代知识产权法主要发源地的英国，最早以"知识产权法"（Intellectual Property Law）命名的课程也只是在1967年由柯尼什（William Cornish）、雅各布（Robin Jacob）、劳埃德（Richard Lloyd）三人为伦敦大学的法律研究生（LL.M.）开设。See David Vaver & Lionel Bently eds, Intellectual Property in the New Millennium: Essays in Honour of William R. Cornish, preface, xii (Cambridge University Press, Cambridge 2004).

编撰了中国最早的知识产权教材：1986年，《中华人民共和国民法通则》颁布后，法律出版社约请在京民法学界专家、学者及司法机关民事、经济审判部门的部分负责同志召开了民法通则组稿座谈会，确定编辑、出版“民法通则知识丛书”，师父负责“知识产权”和“民事权利”两个选题，并于1986年底正式出版《知识产权》一书。这是中国最早以“知识产权”命名的教材。

创办了中国特色的知识产权法专业：1986年12月底，国家教委在中山大学召开全国高校文科专业目录制定工作会议，师父担任法学学科组召集人。经过几天的讨论，学科组建议国家教委将“知识产权法”作为法学新增的二级专业。[①]该建议最终被国家教委接受，列入了1987年12月21日公布的《普通高等学校社会科学本科专业目录》（[87]教高一字022号），专业编号是0908，标志着知识产权法从此成为了法学领域一个新设的专业。这不仅是中国特色的知识产权法专业，迄今也是世界绝无仅有的知识产权法本科专业，具有世界性的意义。

建立了中国最早的知识产权教研机构：1986年6月，在世界知识产权组织及其总干事鲍格胥的倡导和帮助下，国家教委决定在中国开展知识产权高等教育，发文授权中国人民大学创办。受国家教委的委托，师父与郭寿康教授创办了“中国人民大学知识产权教学与研究中心”[②]。这是中国有史以来第一个知识产权教育与研究机构。

2008年10月，世界知识产权组织将其在全球范围内唯一面向学术机构设立的“世界知识产权组织创意金奖”授予中国人民大学知识产权

① 刘春田：《论知识产权学科的性质与地位》，载《版权理论与实务》2021年第12期，第16页。

② 有关WIPO援权和中心创建的具体细节，参见WIPO, The Emerging Needs for Teaching and Training, 17 (WIPO, Geneva 1995)；郭寿康：《改革开放以来知识产权的教学研究》，载刘春田主编：《中国知识产权二十年（1978—1998）》，专利文献出版社，1998年版，第205-207页。

教学与研究中心，以表彰中心在中国知识产权高等教育、科学研究、国家立法、执法、司法和国际合作等领域作出的杰出贡献。

招收了中国首批知识产权本科生：1987年，师父在中国人民大学倡导建立的知识产权法专业开始从获得理工农医专业学士学位者中招收第一批学生，攻读知识产权法专业第二学士学位，首批招生45人。[①]正式创办了中国第一个知识产权法本科专业，培养了中国第一批知识产权法专业人才。也因此，中国人民大学知识产权教学与研究中心被誉为我国知识产权高等教育的发源地和工作母机，首批招收的知识产权本科生也被称作“黄埔一期”[②]。

1994年6月，中国国务院新闻办公室发布《中国知识产权保护状况》白皮书[③]，其中高度肯定了中国人民大学知识产权教学与研究中心所开拓的知识产权高等教育事业，将其作为阐明中国保护知识产权基本立场和态度的重要证据。

从上述事例可以看出，师父在初任“青椒”的头三年，就一步一个脚印，做出了一番很多人一辈子都难以取得的成就：短短三年间，就在中国首次建立了包括专门课程、配套教材、独立专业、专门机构、专业学生在内的一体化、立体式的知识产权法学体系，为之后中国知识产权事业的快速发展打下了坚实的教育和人才基础。

有了头三年的高起点和高标准，师父逐渐从更高的维度上着眼于中国知识产权法学的系统设计。1991年，司法部委托郑成思教授、陈美章教授和师父等合作编写了中国第一部高等学校法学专业知识产权统编

① 首批45名同学名单，参见中国人民大学知识产权学院网站：http://ipr.ruc.edu.cn/info/1026/1351.htm.

② 冯晓青：《桃李不言、下自成蹊：深切缅怀恩师刘春田教授》，载微信公众号“冯晓青知识产权”，https://mp.weixin.qq.com/s/dlQ-A2jvMR94Uv-SjIoxVg.

③ 国务院新闻办公室：《中国知识产权保护状况》，载《中华人民共和国国务院公报》1994年第14号，第596-607页。

教材——《知识产权法教程》。该教材的内容与结构，奠定了中国知识产权法学系统教育与研究的基础。1996年，教育部高等学校法学学科教学指导委员会成立，师父作为唯一的知识产权法学学科代表连续两届被聘为委员，积极推动教育部把“知识产权法”上升为全国高等学校法学专业14门核心课程之一。1998年，受教育部委托，师父主持编写了全国高等学校法学专业核心课程《知识产权法》的教学基本要求，确定了知识产权法的主要教学内容，作为各高等学校法学专业教育组织教学、编写教学大纲和教材以及质量评估的主要依据。2000年，教育部委托师父主持编写的中国第一部全国高等学校法学专业核心课程教材《知识产权法》正式出版。2011年，教育部继续聘任师父担任“马克思主义理论研究和建设工程”重点教材《知识产权法》编写组第一首席专家。

习近平总书记曾强调，“要按照立足中国、借鉴国外，挖掘历史、把握当代，关怀人类、面向未来的思路，着力构建中国特色哲学社会科学，在指导思想、学科体系、学术体系、话语体系等方面充分体现中国特色、中国风格、中国气派。”[①]学科体系、学术体系、教材体系，事涉根本，关乎长远。这些事，放在任何一个历史时期，件件都是大事，任何一件都功利千秋。师父不仅做了，而且每件都做成了。的确，师父就是“为大事而来”！

如果把历史的时钟回拨三十余年，我们还可以想见，这些大事的背后，实际埋藏着种种风险。在那个年代，守成比创新更安全，做事尤其是多做事，随时都可能触碰上暗礁，或者搁浅在险滩：

改革之初的中国，民智尚未完全开启。在民法领域，当时还在就民法与经济法的立法方向和定位展开着“大争论”， 而争论的实质，是中国经济的走向之争，是中国经济改革中计划作用与市场作用

① 习近平：《在哲学社会科学工作座谈会上的讲话》，2016年5月17日。

之争。[①]

众所周知，知识产权法是市场经济的产物。尽管改革开放以1978年为起点，但1984年党的十二届三中全会通过的《中共中央关于经济体制改革的决定》对中国经济的定位仍是“在公有制基础上的有计划的商品经济”。直到1992年党的十四大，我国才正式启动社会主义市场经济体制改革。

不难想象，师父做成的这些大事，是在计划的“阴霾”犹未散去，而市场的“阳光”尚难普照的经济社会环境中完成的。其风险难度可想而知，其所涉足的险滩，在今日想来也让人胆战心惊。若没有“敢为天下先”的冒险精神，断然无法激发出如此强大的行动力。

可以说，师父是以无畏的勇气和非凡的远见，掀起了“法学领域改革开放的大潮”。尽管他当时还是一枚初入职场的“青椒”，但他做的这些事，却足以让他名留“青史”。师父是当之无愧的“中国知识产权法学之父”！

中国知识产权公共外交之父

2012年5月27日，中国知识产权法学研究会成立，师父在第一次会员代表大会上被选举为会长。此后，在中国法学会的领导下，师父团结带领全体理事会员，积极寻求社会力量的支持，在推进知识产权法治建设、筹划知识产权智库和知识产权学科建设等方面都取得了可喜的成绩，为我国法治事业做出了重要贡献。

尤值一提的是，师父在向中国法学会领导所作的工作汇报中，首次提出了推进“知识产权公共外交”的概念，目的是尽快让中国知识产权走出国门，融入世界。逐步构建中国的知识产权世界话语体系，表达中

---

① 胡康生:《科学立法与民主立法（六则）》，载中国人大网: http://www.npc.gov.cn/zgrdw/npc/xinwen/2019-01/18/content_2070779.htm.

国的知识产权观。扮演与负责任大国相匹配的角色，推动中国从知识产权国际规则的被动接受者，转化为能动的参与者和建设者。师父的这一想法获得了中国法学会领导的高度肯定和大力支持。

为此，师父心怀“国之大者”，只争朝夕，继在知识产权法学领域掀起创立的大潮之后，又在知识产权公共外交领域开创了一片新的天地，取得了一系列历史性成就：

2012年5月，师父主导举办了“中美知识产权司法审判研讨会”，参会的专业人士超过1200人，其中美方代表就有300余人。会议规模之大、层次之高、议题之广，创造了中国知识产权制度建立以来的历史纪录。会议在中外，尤其在美国产生了巨大的正面影响，美国的诸多媒体无一例外地对大会进行了正面报道。

此后，师父又联合全球知识产权教育学术的领头羊美国加州伯克利大学等合作伙伴连续主办了七届“中美知识产权高峰论坛”，其中五届在美国本土举行；连续举办了五届“亚太知识产权论坛”，举办方遍布中国、韩国、美国西雅图、日本金泽等世界各地。师父还在欧洲委员会和欧盟知识产权办公室的支持下，联合英国伦敦玛丽皇后大学等举办了“中欧知识产权论坛”；联合德国马普创新与竞争研究所等举办了“专利法研讨会”；联合日本北海道大学、韩国国立首尔大学等发起了“东亚知识产权论坛”；联合印度金达莱全球大学等举办了“中印知识产权论坛”；等等。

2013年至今，师父在美国商会的支持下，与美国商务部前副部长兼专利商标局局长大卫·卡波斯先生（David Kappos）共同作为联席主席，连续十年举办了“中美知识产权学者对话”。美方对话专家包括美国加州伯克利大学教授、联邦专利商标局前高级顾问柯恒先生（Mark Cohen）、美国联邦巡回上诉法院前院长兰德尔·雷德法官（Judge Randall Rader）、俄勒冈大学教授埃里克·普利斯特先生（Eric Priest）、美国众达律师事务所上海代表处合伙人陈炽律师（Tony Chen）等专家。对话形成的《中美知识产权学者对话纪要》先后呈报给了中国国务院总理办公室、中国法学会、最高人民法院、商务部、教育部、国家知识产权局、国家版权局、国家商标局、北京知识产权法院等各有关部门，获得了积极的反馈。美方也在华盛顿专门召开了对话成果发布会，引起了良好的反响。

在十年对话中，中美专家结下了深厚的友谊，上演了一幕幕中美知识产权交流与合作的“老友记”。师父去世后，5位美方专家深感悲痛。美方对话主席卡波斯先生第一时间发来手书的唁电，并为追思会特意录制了悼念视频；随后，又发来了由雷德法官起草，并由5位专家联名签署的书面唁电；此外，柯恒先生还在他的个人网站上，对师父的离世表示深切哀悼。

2017年，中美贸易摩擦开端之际，师父又在中国法学会的支持下，第一时间吹响了知识产权学术队伍的“集结号”，以法学研究会的名义向美国政府提交了《关于“301调查”的意见》。同时，还专门派出精兵强将赴华盛顿参加听证，当面向美国官方陈述研究会在这一问题上的立场，配合我国官方外交行动，通过学术研究和公共外交展示了中国在保护知识产权方面的进步和成就。

鉴于师父在中国知识产权法学和知识产权公共外交领域的开拓性贡献，他连续两年被评选为“全球50位最具影响力知识产权人物”[①]。美

---

① 全球著名的《知识产权管理》杂志（Managing Intellectual Property）评选。《人民大学刘春田教授入选“2013年全球50位最具影响力知识产权人物”》，载中国人民大学网站：https://news.ruc.edu.cn/archives/61012;《刘春田教授再度入选“全球50位最具影响力知识产权人物”》，载中国人民大学网站：https://news.ruc.edu.cn/archives/85923.

国商会也在2018年为师父颁发了“知识产权教育杰出成就奖”（Award for Excellency in Education），这是该奖项设立以来首次颁发给中国知识产权学者。

自2012年师父首次提出“知识产权公共外交”概念以来，先生始终心怀“国之大者”，久久为功，善作善成，以超凡的眼界和忘我的精神，极大地拉近了中国知识产权学术界与美国、欧洲、日本、韩国、印度、新加坡等传统知识产权重镇和新兴力量之间的距离，充分展现了一位具有世界影响力和领导力的中国学者的风采和人格魅力，为人类命运共同体的构建作出了知识产权贡献。因此，先生不止是“中国知识产权法学之父”，也是实至名归的“中国知识产权公共外交之父”！

这一件件大事，串起了师父光辉的一生。师父的职业生涯，以知识产权为起点，也以知识产权为归宿。尽管知识产权在今天已成为一个火热的语词，但在二十世纪七八十年代，显然还谈不上火热，甚至连冰冷都谈不上，因为当时并没有多少知识产权的概念。我想，师父之所以能够四十余年孜孜以求，是因为他捧着的是一颗功德心，身上凝聚的则是心无旁骛的坚持。这样的坚持，从他简单得不能再简单的学习和教师生涯也能够得到证明：

自从1978年以北京市第三名的高考成绩考入中国人民大学法律系之后，四十五年来，师父再也没有离开过人大的校园，再也没有下过人大法学院的讲台。可以说，师父把他一生都奉献给了中国人民大学，奉献给了人大法学院。

在人大法学的殿堂里，他心无二致，从任教伊始就投身于中国知识产权法学的设计，创办了中国第一个知识产权学术机构，设立了中国第一个知识产权法专业，培养了中国第一批知识产权法毕业生，编写了中国第一本以知识产权命名的教材……又在过去十余年里积极倡导中国知识产权公共外交，推动中国知识产权逐步走向了亚洲，走向了美洲，走向了欧洲，走向了大洋洲……

这无数个“第一”，绘就出了一幅史无前例的中国知识产权画卷。所以，我们还可以说，师父把一生都献给了知识产权。他是知识产权天空中的那一轮红日，是响当当的“中国知识产权法学之父”和“中国知识产权公共外交之父”！

四十余年来，师父始终是知识产权春田里那头最忠诚、最勤恳的“老黄牛”（先生属牛）。他以“耕耘春田的牛劲”，数十年如一日，播撒着希望，种植着梦想，在知识产权春田里创造了无数个激荡人心的“春天的故事”。

今年是知识产权制度在世界建立400年，也是知识产权概念在中国提出50年。在这样一个特殊的年份，师父突然离开了我们。我想，师父是要告诉我们，在追思他的同时，也千万不要忘记他所心爱的知识产权事业。

一生一世师生情，师父安息！

2023年4月22日

附：刘春田教授所获主要荣誉

1. 2011年9月:“全国知识产权最具影响力人物”(国家知识产权局、国家工商行政管理总局、国家版权局联合评选)

2.2013年7月:“全球50位最具影响力知识产权人物”（英国《知识产权管理》杂志评选）

3.2013年11月:“中国版权事业卓越成就者”(中国版权协会评选)

4.2014年7月:“全球50位最具影响力知识产权人物”(英国《知识产权管理》杂志评选)

5.2018年9月:“知识产权教育杰出成就奖”(美国商会评选)

6.2020年12月:“中国版权事业终生成就者”(中国版权协会评选)

师者刘春田

俞风雷*

“归去来兮登东皋以舒啸，不复还兮聊乘化以归尽”刘师西去周年祭，津城笼罩着的阴霾，宛如挥之不去对刘师的思念。

* 天津大学法学院教授、博士研究生导师，天津市法学会知识产权法学研究会会长。

记得2008年秋日的一个午后，我在明德楼得见刘师真容，高大的身影，宽厚的手掌，深沉的嗓音“嘛玩儿、天津的”，连那稀疏头发都透出睿智与幽默。紧张的我放松下来，早忘记湿透的手心，掏出自己的拙作就向刘师讨教，“日文我不懂，你说说吧”，看得出刘师并不完全同意我的观点，但依然颔首听我讲完。听说我曾花两年多时间梳理知识产权法典化的各国观点，刘师认为对中国将来的立法很有借鉴价值，还表示我将中国知识产权六百余件案例翻译到海外的工作很有意义。

随着交往的增加，我对刘师有了更深的认识。刘师主持编撰《中国知识产权大百科全书》，邀我参加，我也欣然领命，特地从海外收集了两箱资料寄到人大，没过几日就收到刘师的电话：“这些书籍非常好、非常及时，我马上安排整理、翻译和吸收。”随后又召集知识产权、法学、管理学、编辑学、实务界学者大咖在北京、苏州等地多次召开专题研讨会，从概念到体例，从框架的搭建再到具体词条的写法都事无巨细，亲力亲为，不计成本，倾注心血；常常是刘师和大家一边散步一边还在激烈地探讨问题，往往走了一圈又一圈，根本停不下来。因百科全书的编撰工程过于浩大，终未果，虽未遂愿，但已然名高位重的刘师敢于自我挑战的精神今天依然激励着我等后辈。

一次研讨会上，碰巧轮到我发言，因为那次谈的是对司法实践制度的一些看法，曾有实务出身的大佬当面批评过我“该交给某院的同志去研究”，所以我心中很是忐忑。没想到刘师在主席台全程侧身倾听，还点评道，“该研究体现了学者的担当”，为日后该制度的推广助力。

一年冬日，陪刘师出访东京，身为会长的他坚持和我们一起坐经济舱出行。在日的讲演活动大获成功，刘师诙谐幽默又大方得体的回答总是能获得阵阵掌声，由于行程安排得满满当当，临别时我只能临时起意送了两把菜刀作为伴手礼，不想刘师大为赞赏，数年后见到我还提到此事，表示“非常耐用，好钢用在刀刃上”。斯言犹在耳，斯人已乘鹤西去。

最后，遥寄悼诗一首：

悼　师

春去春未还

田堤田泪干

老吾老幼情

师圣师生怜

千曲千百态

古来古难全

2024年2月28日

怀念恩师刘春田老师

袁之詠*

2023年3月28日早上，查看微信时，看到刘老师离世的消息，我很长时间都是不相信的。想起最后一次见到刘老师，已是六年前。这几年间，只能在教师节、过年的时候通过微信给刘老师寄去问候和祝愿。每一次，刘老师都会认真地回复，话语里充满了对学生的关心和鼓励。因此，这么多年，虽然没有和刘老师见面，但感觉刘老师就在那里。老师离世了，我以为只要不相信，刘老师就还在。直到2023年教师节，准备给刘老师发信息的时候，才意识到刘老师已经无法收到这条信息了，也才真正地接受，恩师已经卸下了地上的劳苦，进入了安息。

今天看到大家的悼文，老师的教导又浮现眼前，于是匆匆拿起笔，很多记忆的细节都已经模糊了，但老师的音容笑貌还历历在目。

爱护学生，鼓励学生探索

曾听同门师兄说过，刘老师非常爱护学生，曾经为了避免学生受处分，不惜损害自己的利益也要为学生辩护的事。这件事深深地印在我的脑海中。每当有人问及老师，我总会提到这件事。

---

* 就职于世界知识产权组织。刘春田教授指导的2008级法学硕士。

研究生期间，我到巴黎做交换生，之后又到世界知识产权组织实习，兜兜转转，硕士论文写了很多年，初定硕士论文题目的时候，我曾和刘老师提过自己的顾虑，因为论文里有很多哲学的论述，不像一篇知识产权法论文。刘老师用李雨峰学长的博士论文《枪口下的法律：中国版权史研究》鼓励我，坚持自己感兴趣的题目，尝试从不同的角度去讨论著作权制度。

追求真善美

回忆起刘老师，就想到刘老师曾在很多场合教导学生时提到的，要追求真、善、美。具体的场合及老师举的例子已经记不清了，但刘老师的教导一直留在心中，写到这里，仿佛又看到老师脸上的表情，听到老师的声音说 “你们要追求真、善、美”。

幸福

在校读书时，就知道刘老师非常地忙碌，为了教学，为了学生，为了知识产权事业常常奔走于不同的城市，好像很少为了自己做什么。很多年前，刘老师到深圳开会，师兄组织深圳的同门和老师聚聚。当看到老师时，就感觉老师有些变化，脸上写满了幸福。后来老师介绍师母时，大家都为老师收获幸福感到开心。那是我最后一次见到刘老师，对恩师的记忆定格在了他幸福的笑容间。

刘老师虽然已经离去，但他对学生的教导，他的精神，他为国家知识产权事业做出的贡献仍然影响着很多人。

2024年12月14日

刘老师的温厚、深沉与刚毅

张浩然*

刘老师是人大知识产权人心中的图腾，来到人大之前，对刘老师主要是仰望和敬畏，进入人大之后，则让我更加近距离地感受到刘老师待人的温厚、学术的深沉和面对不平事的刚毅不屈。提笔之际，他那种像家中长者一样的关怀和温暖依然萦绕在心头。

一、温厚的刘老师

说起来有些遗憾，我们2017级博士刚好赶上刘老师退休的第一年，从这一年开始，刘老师不再指导博士生也不再固定为大家授课。每想起此事，都不免对往届师兄师姐羡慕万分。幸运的是，这种遗憾以另外一种形式得到了弥补，让我首先接触到了生活中待人温厚的刘老师。

进入人大以后，我被分配到了导师刘孔中教授名下，由于孔中老师漂洋过海归来，作为知识产权教研室的“家长”，刘老师对孔中老师以及我们这些学生从来都是格外关怀照顾。每次孔中老师来到北京，刘老师都不时会约着大家一起相聚；孔中老师不在北京的时候，刘老师更是承担起了“二导师”的角色，对我们额外照顾，专门会把大家聚在一起

* 中国社会科学院法学研究所助理研究员。中国人民大学法学院2017级知识产权法学博士。

吃饭并指导功课。记得博士刚入学的时候有幸跟着教研室老师一起去戏院听戏，第一次现场听京剧的我不出意外地呼呼大睡，也是在那时候第一次近距离接触刘老师，其间刘老师聊京剧、聊足球、聊姆巴佩，热情而又风趣，让我亲切地感受到大师的温度。在入学之后到疫情之前的那段时间里，不时便能感受到刘老师这种春风般的温暖，陪外国友人秀水街买唐装，一路针砭时弊、金句频出，招待好友喝得酩酊大醉却又对大家关怀备至……如今，格外怀念那段日子、怀念长者的关怀。

二、深沉的刘老师

在学术上，刘老师在我心中一直是深沉厚重的。由于我入学时间比较晚，博士期间能得到刘老师指导的机会并不多，有幸得到一次的指导，影响贯穿了我整个博士期间并持续至今。至今我仍然清晰地记得，那是在2019年博士论文开题之际，当时数据问题刚开始热闹，自己看了点欧洲人的东西准备博士论文赶时髦，但又觉得与人大的风格格格不入，壮着胆子去找刘老师请教，刘老师在明德六楼咖啡厅跟我谈了一整个下午。刘老师告诉我，博士论文是伴随一生的东西，定选题的时候必须要考虑时代热潮过去还剩下什么，要写就要写能够经得起时间检验的东西，十年乃至二十年后仍然是有用的。刘老师帮我详细梳理，数据问题其实是一个根本性问题，古代结绳记事是数据、文字记载的内容是数据、计算机运行的也是数据，要从历史的脉络中寻找共通性问题进行研究。感谢刘老师帮我在轻浮中找到深沉，一番彻谈之后，我对自己的研究有了更加清晰的定位，放弃了专门研究数据问题，而是选择以此为引研究知识财产的私力保护问题，也正因如此，尽管数据问题的热潮已经逐渐褪去，我的研究还能继续沿着原来的方向走下去。

三、刚毅的刘老师

刘老师一直以来都是我心目中理想学者的样子，他不是高产作者，不会为赋新词强说愁，却做到了文章不写半句空，一直为时代问题作大文章。在人大法学院的时候感觉老师们多是述而不作，但现在想来，其实在每一个关键时间节点上、遇到不平事时，刘老师总是带领大家挺膺担当，以一种誓不罢休的精神和态度发出声音，一石激起千层浪。关于专利法修改、民法典知识产权编、知识产权学科建设问题，无不如此。在2021年国家学科专业目录调整之际，部分学者希望推动知识产权从法学学科独立成为一级学科，刘老师从知识产权作为财产权的定位出发坚决反对，专门撰文发声，为此上下奔走，并在2021年6月23日为法学院师生讲述知识产权法学的学科定位。这是我上的刘老师的最后一堂课，刘老师不畏强权、坚持真理、仗义执言的形象在我心中永远定格。还记得在刘老师去世一周年的纪念会上，教研室老师们说起，没有了刘老师支持护佑，大家要考虑如何自己担当。其实对整个学界又何尝不是如此，刘老师这样的呐喊者不在了，如何才能让真理的声音不被权力和利益湮没？想到这里，愈发怀念刘老师！

温厚的、深沉的、刚毅的刘老师将一直铭记在我们心中，刘老师千古！

2024年12月

怀念刘春田老师

张吉豫*

我初见刘春田老师，是在人大知识产权法博士生的课堂上。2011年秋天，我来到中国人民大学法学院，跟随郭禾老师做知识产权法方向的博士后。我对人大的一切都很好奇，对知识产权法教研室的先生们满怀敬意，于是开心地找来课程表，开始蹭课。我非常有幸地和几位年轻的博士研究生们一起，在知识产权法专业博士生的课堂上聆听过刘老师的教导。回想起刘老师授课的情景，我至今仍感到老师的音容笑貌历历在目，老师的教诲也深深地印在脑海里，一直指导着此后我这些年的工作和生活。

让人至今记忆犹新的是，刘老师在第一堂课就郑重地教导我们，要格外重视概念。一个学科、一门学问，最核心的内容，就在它的基本概念之中。刘老师用了好几次课的时间，和同学们一起对“劳动”与“创造”、“无形”与“无体”、“客体”与“对象”等基本概念进行辨析、思考，叮嘱我们要多钻研基础理论，强调这是做学问的根本。我

* 中国人民大学法学院副教授、博士研究生导师。中国人民大学法学院2011级知识产权法方向博士后。

回忆起来，时常感到自己很幸运。正是这样的对概念的认真思辨和对基础理论的热切研讨，让自己在初到人大之时就体会到知识产权法学领域思维和学问的乐趣。我想这是自己从事学术工作的一个重要原因。我时常感念，人大知识产权教研室是个做学问的好地方。从刘老师到教研室的各位老师们，都不疾不徐，跟随着自然的研究节奏和步伐。尽管自己无所建树，但在平日的思辨和研讨中仍然不时能感到收获的愉悦。细细想来，这也是深受了刘老师的教诲与影响，但如今也只能“痛心曾受业”了。

刘老师强调基础理论研究，但绝非不关心科技和社会的发展。相反，他会对技术的发展投以深刻的理论分析视角。2018年，我们举办未来法治高峰论坛。我半怀忐忑地去邀请刘老师做主旨演讲，特别感激刘老师立刻欣然同意，并很快发给了我他的演讲题目：《互联网与法律的变迁》。刘老师说：这一题目换一个说法就是观察技术进步，思考法律和社会变迁。在这个物质世界当中，人能提供给这个世界的唯一的东西就是技术。实际上任何时代都是由技术来支撑的，技术进步所带来的这种变化也就是社会的变化。机器技术代替的是人的劳动。体力劳动和脑力劳动都是劳动，他们之间的区别就是技术含量高低的区别。今天人工智能开始挑战我们的头脑，它代替的不是体力，不是劳动，而是代替了人的脑，从身外的行为开始替代人的创造性思维。我们做法律研究的，要研究从代替行为到代替思维，这个关系发生了什么样的变化？法学、经济学等学科对此应该做出什么样的回应？这不是雕虫小技，这才是改天换地的发明，是对我们的生活，对我们的生命一种颠覆性的发明。我在聆听刘老师这些思想时也非常激动，老师从自己对于“劳动”与“创造”的概念辨析及基础理论研究的角度，去剖析了技术发展中应当引起研究的重要问题。这正是刘老师向学生展示的基础理论研究之意义的一个掠影。

真正的教育是触及灵魂的。它不会局限于某个学科的知识和方法传授。刘老师时常强调，无论治学还是为人，都要追求真理，实事求是。不唯上，不唯书，只唯实。在研究中，要以符合自然法则、符合经济规律、符合人性和符合逻辑四个标准，对命题、理论进行检验。刘老师说，大学教育的任务，就是让我们学会运用自己的知识和能力，面对实践，首先去除遮蔽，找到事物的“真”；继而凭借科学的概念和缜密的逻辑思维，分析事物，严密推理，从而找到合乎理性的答案，而非人云亦云。

初见刘老师时，对老师的印象是高挑挺拔，仙风道骨，超然世外；但时间越久，越能看到刘老师对中国知识产权事业的全心投入，对中外知识产权法治交流的身体力行。李琛老师说刘老师是“道风儒骨”。我深感这是再恰当不过的描述。自来到人大知产教研室，就亲见了刘老师组织的难以数清的国内国外的各种交流活动。2012年，在人大如论讲堂举办了中美知识产权司法审判研讨会。与会人员达到一千多人，美国方面，仅联邦巡回上诉法院有八位法官与会，还包括美国专利商标局等部门的负责人、二百多名美国律师和企业代表。这次会议至今仍是中美知识产权交流活动的一个高峰、一段佳话。2015年，刘春田老师带队去美国联邦巡回上诉法院、德国杜塞尔多夫法院等机构访问和调研。行程安排得非常紧凑，在每个地方最多停留一晚，就拎着行李箱奔赴下一站。我作为年轻人都感到有些辛苦，但刘老师每天都以饱满的精神积极地交流。刘老师常说，越是国际形势紧张的时期，学术界越是要承担起加强沟通交流的使命。他的国际化视野、格局和为中外知识产权交流所做的工作和贡献是我们难以企及的。

刘老师说，“即使有满天星斗，照样是漆黑一夜，只要有一轮红日就足以照亮全球。在科学问题上，学者的任务是给人太阳的光辉，不是给人月亮和星星”。我时常感动于刘老师身上充满的使命感和骏健的精神。无论多难的事情，只要是对的、对知识产权事业有益的，只管去做。“千磨万击还坚劲，任尔东西南北风”。刘老师曾讲起陶行知先生，谈到人生为一大事而来，做一大事而去。我想，中国知识产权事业之于刘老师，都不能简单用热爱来描述，而是生命本身。刘老师是在到美国进行一系列知识产权交流工作时突然辞世的。大家都无比震惊和悲恸，一直精力饱满的刘老师怎么会这么早就突然离开？或许，我们内心深处其实都知道，刘老师一定会一直为知识产权事业奋斗，直到生命的终点；但是我们都未曾设想过那一天竟会真的来临，竟会这么早来临。

刘老师的追思会之前，我也写了一副挽联：怀仁怀朴，但捧一颗心来，换作书山万仞春，春日有暖阳照尽三千桃李。唯真唯实，不带半根草去，留得学海千顷田，田间待活水续添几多墨痕。然而，先生之风，山高水长；书不尽言，言不尽意。学生对老师的敬意和感恩，又怎么是文字所能够表达的呢？

2024年12月

知识产权教育的奠基人*

——再读刘春田老师《知识产权学科的性质与地位》一文

张　平**

我手边保留一份刘春田老师署名但当时尚未全文发表的打印文稿——《知识产权学科的性质与地位》②，时间是2022年1月。这是2022年1月9日在深圳举办的中国法学会知识产权法学研究会2021年年会上作为临时递交论文给大会分享的。记得非常清楚，在会议开幕的前一天，刘老师说他一定要递交一篇还没有发表也没有被收录到大会论文集上的论文，要在大会交流，刘老师深夜修改论文，秘书组连夜复印，第二天摆在了会议报到处。这篇文章从我国知识产权学科创建说起，通过理论和实践两方面论证了知识产权学科的法学属性，特别是对知识产权作为“一级学科”的科学性提出了质疑。在知识产权已经被确立为“一级学科”的今天，重读此文，更有一番感受。

刘老师1980年代初就参与人大的知识产权教学工作， 1986年参与了世界知识产权组织来华设立知识产权教学研究中心的论证工作，在国

---

* 该文一稿曾发表于《版权理论与实务》2021年第12期，后经作者扩充在《版权理论与实务》杂志微信公众号独家发表。

** 北京大学法学院教授、博士研究生导师。

家教委的支持下，知识产权专业方向被列入高等学校法学学科招生目录。1987年人大法学院首次挂牌招收知识产权第二学士学位学生、知识产权方向的硕士、博士研究生，刘老师都是全程的设计者和实践者，从这篇文章中看出刘老师作为中国知识产权教育的开拓者和奠基人当之无愧。照理说，在日后三十余年中国知识产权事业的蓬勃发展、知识产权教育大干快上的进程中，刘老师应当一如初衷成为知识产权"一级学科"的引领者，但恰是在这样的时候，刘老师冷静地充当了"踩刹车"的角色。在这篇文章中刘老师提到："构成一门独立的学科，应当具备基本的条件有三：（一）有独立的研究对象；（二）自有的理论体系，即特有的概念、原理、命题、规律等所构成的严密的逻辑化的知识系统；（三）有科学知识的生产方法。"法学为一级学科，知识产权法属于法学下面的二级学科，不能因为知识产权教育中涉及工程技术、管理科学、经济学、信息情报等知识就将其作为知识产权交叉学科属性而与法学并列为一级学科。刘老师非常犀利地指出："抽取法律学科分支的知识产权之名，脱离法学，另起炉灶，试图设立一个法学学科之外的一级学科的想法，或是力图将作为上层建筑的知识产权，和作为生产力的科技等不同逻辑层次的事物'隔空交叉'，形成新学科，以及将互不相干学科的知识拼为'知识产权专业'的意图，违反学科建设和专业教育的发展规律。若付诸实践，将影响我国现行法律体系的完整性，打乱我国学科和教育体系。"刘老师作为知识产权学科的最早建设者，坚持理性思维和科学立场，不因知识产权"过热"而盲目扩大其学科地位。记得在年会筹备期间，确立了本次年会的主题为"民法典下知识产权制度的实施与发展"后，除上午的主论坛外，原本计划下设九个平行分论坛，鉴于当时学术界热烈展开的知识产权独立学科的讨论，刘老师建议增设一个"知识产权学科建设"分论坛。为了能让他的观点尽早与大家分享及讨论，刘老师主动分享他的论文并报名参加这个分论坛的讨论。该分论坛由最高人民法院民三庭原副庭长，外交学院教授金克胜老师主持，刘老师做了引导发言，之后时任华南理工大学法学院王岩教授，西南政法大学民商法学院院长李雨峰教授，暨南大学知识产权研究院院长徐瑄教授，厦门大学知识产权研究院院长林秀芹教授，黑龙江大学法学院杨建斌教授，华东政法大学知识产权学院院长丛立先教授分别发表了各自的观点，在线参会的代表们也都参加了热烈的讨论。我当时全程参加了这场论坛，深深敬佩刘老师严谨治学的精神。正像在他的文章中讲到的那样，刘老师在发言中从知识产权发展的历史、国外的经验、我国的现实做了全面的阐述，用大量的调研数据分析了我国现有部分高等院校在知识产权教育上的混乱状态，基于这类学校所谓的各类学科碎片式知识的杂糅和捆绑，缺乏内在联系和体系化的教学内容，无论如何也不能成为“新学科”。并且，是对高等教育的极大的浪费和对学生的极大不负责任，学生们无法在学校接受体系化的培养，学习一些初级的皮毛式的各类学科常识，这不是高等教育的任务，完全是一种职业入门培训。“知识产权的性质决定，即便以‘复合’为名培养的人才，

也无法跨出法学专业的藩篱”。知识产权作为法学一级学科下的二级学科具有一定的知识的交叉属性，但作为一项法定权利和利益，终究是一个法律概念，“撷取知识产权这个法学学科的固有概念，拿去用作不知其学科、专业属性的一级学科或专业命名，其思路、方法与结论之谬误，显而易见”，而在知识产权实践应用中也跳不出法律的思维，不以法学为根基的知识产权人才培养也无法成为社会的栋梁之才。

和刘老师一起参加过许多学术活动，领略过刘老师的学术风骨和真知灼见，而在知识产权学科建设上，刘老师更是鞭辟入里、切中要害，担当起知识产权教育开拓者的责任。今日再读此文颇有感慨，勿忘先生所训所嘱。

2024年春

纪念刘春田先生

张　勤*

2003年我从重庆市科委主任调任国家知识产权局副局长，开始涉足知识产权专业领域，也由此开启了我与刘春田先生的交往。尽管在到知识产权局工作之前，我对知识产权也有所了解，但毕竟非专业人士，知之甚浅。因此，除了向同事们学习外，向知识产权界的学术大佬请教是必须的。刘春田教授在知识产权界名望甚高，引起了我的特别关注，尤其是在我受命组织制定国家知识产权战略之后。

制定国家知识产权战略的工作使我不得不深入思考知识产权是什么这一本原问题。我曾多次请刘春田先生参加我组织的各种研讨会，仔细聆听他的发言，研读他的专著和课件，并向他请教。给我留下最深印象的是他对知识产权形而上理论的研究。在我认识的知识产权专家中，能够深入研究知识产权本原问题的主要有两位。一位是郑成思先生，一位是刘春田先生。尽管我更倾向于采纳郑成思先生关于知识产权信息论的观点，但我也非常欣赏刘春田先生关于知识产权的本质在于形式的观点，并从中汲取营养。

---

* 中国科学技术协会原党组副书记、副主席、书记处书记，国家知识产权局原党组成员、副局长。

刘春田先生对我影响更大的其实是他做学问一丝不苟和执着的精神。尽管我与他的学术观点不尽相同，但我却非常愿意与他讨论、向他请教。我在《国家知识产权战略纲要》发布后不久，曾给他写过一纸文字，谈了我的不少遗憾，其中不少观点刘春田教授未必赞同。但尽管如此，多年后刘春田教授仍然在我早已不在国家知识产权局工作的情况下为我的小书《知识产权基本原理》写了推荐信，这样的大度和宽容实在是难能可贵。

刘春田先生已驾鹤西去，使我感到无尽的惆怅。我真希望他的执着能够后继有人。然而，当他的学生要我写几句纪念词时，我竟不知从何下笔。踌躇再三，我认真翻看了我们之间的文字往来，先生的音容笑貌似乎又回到了我的眼前。我希望附上其中的两篇文字，以为我深深的怀念作证。

2023年11月18日

附1

刘春田教授：您好！

终于收到您对拙文的意见，亦喜亦憾。喜于您的些许评论，憾于评论未能展开。我想，您是希望能够当面提出意见。这当然也很好。

关于您的评论及提出的几点希望我思考之处，我不妨拉拉杂杂谈一点自己的感想。其中若有不妥，请权当废话。

1. 我是学自然科学的，现在仍在做自然科学研究课题。我上大学前曾对西方哲学感兴趣，并自学过些许古典哲学，对经济学也曾涉猎，自以为还懂一些皮毛，在搞科研的同时，也长期做政府和企业的管理工作，对社会实际或者还算了解吧。命运安排我到国知局工作后，我才有幸深入接触IP法律。但我生性不盲从，对自己要做的事情必须弄清楚，而不愿“以其昏昏，使人昭昭”。尤其是中央同意制定国家知识产权战略后，扪心自问，第一个应当回答清楚的问题就是“什么是知识产权”。换句话说，首先必须弄清楚IP是什么和为什么，然后才敢言做什么和怎么做。尽管为此我与局里其他领导甚至多数人的传统观念发生了激烈冲突，个人利益也受到极大影响，但我做人和做事的态度决定了我不愿苟同、更不敢人云亦云。于是读了一些文献，发现这原来是一个长期争论不休的问题。经过仔细思考，按照自然科学所必须遵从的形式逻辑，我自以为厘清了思路，并且与郑成思先生多次讨论，均获支持。于是敢于坚持己见，哪怕与您和吴汉东这样的大专家意见相左。其实，我的本意并非要在IP学界独树一帜（就学术职称而言，我离自然科学院士也就一步之遥，且这也才是我今后的努力方向，实无必要在IP学界挑起争端），而仅仅是因为工作需要。在我看来，我国政府现在面临的IP尴尬局面及诸多错误举措均源于对IP本质的错误理解，我国在IP问题上实在是吃亏不少。这并不影响政府主管部门的利益，亦不影响甚或有利于多数IP从业者的利益。但国家和老百姓可就遭殃了。因此，通过战略研究而正本清源乃当务之急。这其实才是我积极推动制定IP战略的根本原因。记得您在我局的演讲中也持类似观点（我曾反复研看您的演讲录像），尽管您我对如何正本清源看法不同。当然，时至今日，正本清源的工作远未完成，传统观念（尤其是谁都自以为是专家的“专家”们的传统观念）是难以改变的，我在战略制定之初策划的香山会议希望发动学术界做点认真的基本理论研究或正本清源的探讨也胎死腹中，这与我搞战略的初衷相去甚远。多数人认为战略制定应当解决做什么和怎么做的问题，而不必关心是什么和为什么的问题。其实以我从政多年的经验，我早就知道做什么和怎么做不是战略制定所能和所应当解决的问题，而是战略实施过程中才能够解决的问题。制定战略的主要任务应当是弄清楚是什么和为什么，从而确定做什么和怎么做的基本原则和价值取向，由此指导战略的实施，以解决做什么和怎么做的问题。否则这个战略就成了一个没有战略洞见的工作计划，何战略之有！无数事实告诉我们：急功近利将事倍功半。现在我们制定了一个不伦不类的战略，好听一点是共识广泛、皆大欢喜，难听一点是高不成、低不就，既未真正统一思想，又少有操作性内容。实施起来谈何容易。此实非本人所愿。但好在自以为通过艰苦努力，尚未误导领导和民众，言辞亦属中庸，各方均能接受。能够如此，已属不易，夫复何求！至于有人对我这个“当官”的做学问有微词，也在情理之中。因为以中国目前的氛围，当官与做学问实属两个不同的行当，相互不得冒犯。当官的对学术界的观点可以一笑置之，学术界则常以著书立说和评教授为己任，至于当官的是否采纳自己的研究成果以及为什么不采纳可以不在乎。但反之，如果当官的与搞学术的较起真来，则当官的就有干涉学术自由之嫌。不过令我大惑不解的是，如果当官的不懂学术、对自己从事的工作的基本理论浑浑噩噩，如何做好他该做的工作呢？或许是我太过西化？推崇基辛格、赖斯这样的教授从政，反之亦然，当官的回头来做教授。这在发达国家本为家常便饭，但在我国竟成异类！其实，中国的传统也是学而优则仕啊。毛泽东不也是做学问，而且是做大学问的人吗？不知何年何月，当官做学问在中国就成问题了。总之，看来我是既冒犯了学界，也冒犯了官界，这在中国目前实属异类而难以见容。所以我在官界的朋友得知我做官而做学问后，即断定我的仕途无望了。如今有人说我是专家型领导，我的感觉真是如芒在背，如同被人判了死刑一般。不过，我并不后悔，因为这是我从政的初衷：当官是为了做事，而非做事是为了当官，尽管这在当下的官界实属异类。

2. 哲学、经济学和法学可否同时用于讨论同一概念，我以为当具体而论，并无一定之规。如果该概念确实涉及三者，固当一并论之。正如您也曾涉及过，知识产权的客体或对象确实与三者有关，故我从三者视角论之应无不可。具体理由为：哲学可以明晰如何定义概念及信息与知识的异同等本源问题。这为知识产权客体的讨论奠定基础；经济学则是在明晰了IP客体的基础上讨论产权的基础，否则自说自话，不知产权为何物，失去了讨论知识产权的基础；法学当然必不可少。但问题是，知识产权法的基础与物权法的基础不同，后者不存在产权来历问题，前者却存在，因为前者在自然状态下并无稀缺性，也就无财产性，知识产权无从谈起。所以知识产权是法律创设的产权，非法律规范的产权可以概括。其问题远比物权复杂，须与经济学联系才能厘清。单纯从法学或道德层面讨论IP产权是不科学、也是不符合实际的。这是我将三者放在一起讨论的理由。至于布局是否合理、层次是否分明，则另当别论。

3. 关于一篇论文应有逻辑的连贯性，概念的应用应一以贯之，当属不言自明之理。我也正是如此努力的。至于是否做到，不敢妄言。望不吝赐教。

4. 当下学风浮躁，文理分家危害学子，求真务实维艰，革故鼎新更难，余深以为然。此亦我现实之感受，或为您我同属异类之原因。

5. 关于哲学中第一性和第二性的问题，其实是古典哲学的老问题。但要说清楚实属不易。马、恩、列均有相关专著论述。但未必为全球学者赞同或理解，这也是唯心主义存在的现实基础。但我是比较赞同马、恩、列的，尤其是作为一个研究自然科学的人，对钻唯心主义的牛角尖实不敢苟同（我并不想给人戴帽子。自然科学家信奉唯心主义者大有人在，且往往是令人景仰的大学者）。若您有兴趣，我愿与您共同探讨。

6. 认真的研究需要有一个适当的平台，我亦深表赞同。如蒙不弃，或可在您搭建之平台上进行？

7. 此文的大部分已在《知识产权》上发表。为避嫌和避免麻烦，只敢以笔名“粟源”署名。但很多人将粟读为栗，让我哭笑不得。看来还得为“溯源”正名。如果您不嫌弃新颖性不够和篇幅过长，全文在您的书中发表亦无不可，或可附上您的批判文章？

顺附全文供参考。

文中如有不敬，实非有意，请见谅！亦恭候批评指正。

张勤，二〇〇八年十二月十三日

附2

推荐书

张勤教授在其《知识产权基本原理》一书中，利用多学科的知识与方法，在深入研究、阐发知识产权基本概念的基础上，对知识产权的基本理论问题进行了较为深刻的思考，反映了中国学者在知识产权领域的研究成果，有一定的代表性。

知识产权制度是工业文明和市场经济的产物。新中国的知识产权制度发端于对长期计划经济实行改革的时期。计划经济体制下，没有知识产权的社会基础，既无制度，又无实践，也无经验与文化传统。30年来，中国在知识产权领域主要精力放在制度建设和法律实施上。中国学者也大多或俯身中国实践，或关注外国的制度变革、司法判例以及国际规则的发展，较少专注于知识产权的基本问题，理论研究稀缺，更鲜有仰望星空，对知识产权深层问题作形而上的思考者。《知识产权基本原理》是张勤教授多年对知识产权问题思考的集成。作者系理工专业出身，学业扎实，涉猎广泛，长期受科学、技术、经营、管理、行政之历练，身经生产力、经济基础和上层建筑领域多个重要工作岗位，实践阅历丰富，思想积淀坚实，又倡导、推动和设计《国家知识产权战略纲要》的制定，对科学技术创新，制度保障，生产经营，政府主导以及法律保障等物质、技术和社会资源之间的配置问题，谙熟于心，游刃有余。作者多元的知识、经历和能力构成，加以他勤于阅读，工于思考，使他具备了独特的研究条件，因而其研究成果既关注实际问题，又深入事物本质，有别于纯法学、经济学、管理学和科学技术的著作。

特别要指出的是，本书对知识产权理论中关于知识产权对象的本质，对知识产权对象与客体的关系等少有人涉猎的哲学范畴的问题着力进行了深入的研究，提出了有价值的观点。对知识产权为“信息产权”的观点进行了翔实的论证，支持了知识产权对象与客体为两种不同范畴的观点，对知识产权对象与客体的关系做了深入的分析，提出了与众不同的主张，对知识产权在经济的客观性，法律上的正当性都有特殊视角和主张。

尤其值得肯定的是，该书体现了学术研究的求实精神和思辨态度，对不同观点表现了精密性、批判性和革命性的科学精神，彰显了健康、良好的学术风气。

基于以上理由，我愿意作为推荐人，建议张勤的《知识产权基本原理》一书，列入国家出版计划，译成英文出版发行。

推荐人：中国人民大学法学教授

中国人民大学知识产权学院院长　　　　刘春田

中国知识产权法学研究会会长

2013年1月16日

回忆我和刘春田老师仅有的几次接触

张伟君*

2023年11月，玉凯博士邀我为计划在刘春田老师逝世一周年之际出版的《纪念文集》写一篇回忆或纪念文章。说实话，我有些惶恐。一来我不是刘老师的弟子，也未和他同事，要说是好友更有高攀的嫌疑。虽然从二十多年前作为知识产权法专业的研究生开始，我就粗读过刘老师的书和文，但是，对他的学术观点和思想我并没有太多关注和深入了解，甚至偶尔还有些困惑与不解。二来我生性不擅于与人打交道，对我国知识产权界那些名字如雷贯耳的师长或领导们，也几乎没有试图主动接触和联络过，所以，在刘老师担任中国法学会知识产权法学研究会会长后的十多年里，虽然每次参加年会我总能见到他颀长的身影，但最多也就是匆匆偶遇的时候问个好寒暄几句，甚至有时候连招呼都没有机会打一个就溜人了，我和他私下交流的时间少而又少。三来以前从来没有写过这类文章，而且，我知道自己的文字比较贫乏，不会讲故事更不会抒情，怕写出来的东西特别无趣，和群英荟萃的作者们撰写的文章并列在一起相形见绌，有损了文集的品位。那么，我有什么资格撰文来回忆

* 浙江大学光华法学院教授、博士研究生导师。

或纪念他呢？

前些天，我和好久没有见面的许超司长又通了一个长长的电话。和以往那样，他跟我讲了不少版权老人和版权故事，又询问了我到浙江大学工作一年来的近况，并提到他已经写好了关于刘春田老师的纪念文章。他还督促我："你也要抓紧写！"嗯，是的！那么，我该从哪里写起呢？说来，我从上海到杭州工作这一人生轨迹转折背后的缘由，还真是源于2021年夏天刘春田老师的一句话，否则，我根本没想过自己会离开已经学习、工作了二十多年的上海回到浙江老家。虽然我和刘老师以前并没有太多的交往，但是，从他不经意中向李永明教授推荐我去浙大光华法学院工作，说明他对于我这样一个一直远距离仰视他的后辈，其实也是一直默默地关注着，无私地关心着的。对于这样一位"豪无理由"地关爱和提携我的宽厚长者，我还有什么理由不放下顾虑，公开表达一下自己由衷的感恩之情呢？

细细想来，刘老师对我的帮助又岂止是三年前的这一次工作推荐。记得2007年我在德国马普知识产权法、竞争法和税法研究所做完博士论文，回国后接着在同济大学通过了论文答辩，并准备在当年申报副教授职称评审。虽然当时的职称评审所需要的研究成果还没有后来要求的那么高，但是因为我缺乏"核心期刊"发表的论文，依然存在很大的"危险"和不确定性。于是，我把博士论文的部分内容浓缩改写成一篇《WTO框架下完善我国知识产权滥用规制制度的若干思考》后交给了我的导师单晓光教授，这篇文章后来发表在《法学家》杂志2008年第2期。我记得单老师跟我说，是刘春田老师帮我向编辑部推荐了这篇文章。尽管这篇文章发表时，我的职称评审已经通过，但是我依然从内心很感激从未谋面的刘老师，因为我甚至之前没有跟他说过话，也没有为此向他直接表示过一句感谢。直到有一次我们在华政的一个学术论坛上相遇，我才有机会把自己的《规制知识产权滥用法律制度研究》一书送给他，请他批评指正，算是表达了谢意。

此后的若干年中，我的几篇不像样的文章也发表在他主编的《知识产权判解研究》《中国著作权法律百年论坛文集》，但除此之外，我和他似乎没有太多的交集。直到2014年我再次在德国访学的时候，某一天正好遇到刘春田老师到访慕尼黑，他邀请我们在马普所学习的中国学者一起晚餐，这让大家都倍感荣幸和兴奋。慕尼黑的餐馆似乎都不大，桌子也很小，记得刘老师特意把我叫到他坐的那一桌，坐在他的对面。这是我第一次和刘老师在非工作的场合近距离见面聊天，那天吃的什么聊的什么都已经印象不深了，只记得一开始我还稍有点拘谨和不安，但是，他的随和与率真让我逐渐消除了彼此间的距离感，说话也变得随意而不用字斟句酌了。以前，刘老师在我心目中只是一个改革开放以来我国知识产权法学教育垦荒者的“官方形象”，此次见面让我真切感受到了他的学生和同事口中的刘老师的真性情和真风采。2021年4月我去北京参加主题为“中华人民共和国著作权法三十年暨新著作权法实施”的“阳光知识产权论坛”，并受邀在“著作权法与民法典”分论坛作交流发言。记得原先安排的一位专家因临时有事无法到场，刘老师亲自过来救场，而且就坐在我的旁边，这让我“压力山大”。那次我从《著作权法》修改中遇到的广播组织权是许可权还是禁止权的争议讲起，在说到《民法典》中只有知识产权被称为“专有的权利”却说不清楚其究竟何意时，刘老师对我会心一笑，并插了一句：这是个“专有的错误”。他的幽默和善意让我忍俊不禁，也没有了压力和紧张。

刘春田老师师承佟柔教授，民法功底深厚，因此他更愿意从民事权利的角度来观察和思考知识产权，他对很多知识产权法律问题的看法也会追根溯源到民法的基础概念和基本原理。这与某些从事知识产权（特别是专利）工作的学者和专家更愿意把知识产权看作一个“特殊”的权利，甚至“公权力”机关授予和管理的权利的思维很不相同，甚至形成了理念上的冲突。而我自己恰恰在大学读书时候民法理论基础打得很不扎实，后来也没有太多兴趣和时间再进一步深入学习，所以，对刘老师提出的一些理论和观点，一开始我往往会有“不明觉厉”的感觉，但仔细观察和思考后，又往往会发现其深意所在。比如，他的知识产权“客体-对象”区分论，在国内知识产权界独树一帜，乍一看有点不知所云，但事后发现这个区分确实能更好地解释一些理论上的困惑。再比如，在《民法典》出台前，他积极主张知识产权编单独入“典”，我一开始对此不以为然，但在中国法学会知识产权法学研究会2017年会的会场外，我听他亲自向大家解释其用意后才明白“原来如此”，才知道他的思考和谋划远比一般人深多了。2021年以来他在不同场合发言、发文，反对搞“知识产权一级学科”，他认为：“拿法学项下民法学的一个分支，去建立一个称作知识产权的一级学科的主张，无论从逻辑上考虑，还是在实践中检验，都值得我们做认真的理性思考，热情追求不能替代科学规律。所称知识产权哲学、知识产权经济学、知识产权管理学等，迄今也没有成熟的论著和教材。何况，这些东西也并非交叉学科，而是分别属于哲学、经济学和管理学。”对此，我非常认同，他也在微信中回复我说：“本能的驱使，会更有动力。但理性的力量需要扎实的学术积累和艰辛的探索和攀登。”记得2021年11月，在给我写了一封致浙江大学的推荐信后，他在电话中又叮嘱我：“到了浙大，要做真学问，不要去搞那些虚头巴脑的东西。”这么多年来，这是知识产权学界前辈第一次对我如此谆谆教诲，虽然我不是他的学生，但我深切感受到了一个老师对一个学生的殷切期望。可惜，这样真挚的叮嘱和提醒，以后再也不会有了。

我还有两个深深的遗憾。一个是，2021年某学报曾邀请刘老师组一期关于著作权法的专题论文，他让李琛教授和我一起参与，但是，刘老师毕竟太忙了，此事最后也就不了了之。而我自己因无人督促了，那篇稿件至今也还是半拉子工程，但愿以后还有兴趣和时间去做完。还有一个是，因为手续拖延和上海疫情等因素，我迟迟到2022年年底才正式入职浙大。本畅想在来年春暖花开的季节，刘老师有空来杭州的话，我可以略尽一下地主之谊，可惜，我再也没有机会向刘老师当面表达我的感谢了。

2024年1月23日

从师二三事

张新锋*

刘春田老师离开我们快一年了。现在时常再想起刘老师，如去年春季时候那样心痛的感觉淡了一些，怀念和刘老师相处时的片段，像涓涓溪流缓缓流过，浸润着幽婉的哀伤。

在中国人民大学法学院读书的那些年，刘老师不是我的导师，我的硕士研究生导师是沈致和老师，博士研究生导师是郭禾老师。人大知识产权法研究中心或者教研室向来都是集体行动，一门课程分别由不同的老师分担不同的内容，讨论课有时候会有不同阶段的学生甚至老师参加。论文的开题或者答辩也是学术盛宴，尤其是开题，上下各届一起旁听，全体老师各抒高见，解构的、建议的、批评的、表扬的意见如同落英缤纷。所以我和刘老师的交往也非常频繁密切。

和刘老师认识二十多年，最让我敬仰的是他不变的赤子之心，他事母至孝、报国至忠、研学至诚。

刘老师的母亲近百岁仙逝，一直和刘老师生活在一起。不必说刘老师日常对母亲的侍奉，也不必说刘老师经常和学生聊天时讲说他母亲的

* 最高人民法院知识产权法庭法官。

大智慧，单说他每次说到母亲批评自己时，开心得像个十几岁的纯真孩子，和他六十多岁的老师形象的反差，就深深地印在我的脑海。

刘老师的教学科研活动，从来非为名利谋。2009年我博士研究生毕业到厦门大学工作后，每年刘老师都要到厦门参加几次学术活动。期间的晚饭后，我常常陪同他在厦门大学的湖边、海边散步。他感叹说，要是人民大学的校园有厦门大学这么大，该有多好啊，学校的发展一定会摆脱地狭之限。有一天晚上，我们在海边讨论一个学术问题，我坦言他的那个学术观点过于理想。他听出了我感觉那个观点有些激进和不合当下实际的意见，告诉我，除了政治家要考虑民族、国家的命运，学者是另一个要考虑民族国家命运的主要群体，要“为天地立心、生民立命”，要把民族、国家的需求和未来作为学术的立场和出发点。政治家和学者关注点的区别在于，政治家考虑当下的治理和未来的发展，而学者考虑得要更长远、更务虚一些；学者的思考可以出错，可以争辩，是摸索探路，政治家要尽量避免出错，需要执行，是民生福祉。听他讲完，我不知道如何接话，思索着，一时两人都默默注视着海上的一弯半月和远处巨轮上的灯火。

他对于学生学术研究的建议，在很长的时间内集中在知识产权制度的理论基础、知识产权制度和市场经济的关系、知识产权制度的全球竞争上，他的学生在这方面做出了一批研究成果。

我记得在2008年一次讨论课上，我陈述了当时有关部门进行驰名商标评选的弊端，他听了之后，鼓励我就此撰写论文。我就撰写了《对我国驰名商标保护的思考——从“三鹿”事件谈起》，这篇论文分析了商誉、商标和驰名商标的关系，论述了任何认定“驰名商标”荣誉称号的行为都不符合驰名商标的性质和目的。我把论文电子版发送给刘老师，很快《中华商标》 2009年第1期就发表了。

和刘老师相处，他的率真幽默让学生如沐春风。无论是学术讲座、课堂讨论，还是餐桌辩论、散步交流，刘老师都能让这些场合成为“苏格拉底式”的“学术讨论场”。2001年硕士研究生刚刚入学不久，我在刘老师的课堂上，因为读书不够，没有学习过刘老师和郭禾老师关于临摹作品的论文，和他们唱反调认为，临摹作品只要不是机械复制，只要能够认定临摹者或者临摹者在临摹作品上署名，就可以享有一定的著作权。刘老师不以我鄙陋，非常幽默、耐心同我讨论了近二十分钟。现在我不能完整记起刘老师说的话，辩论中也没有做笔记，现在只能想起他风趣的话让我打消胆怯并有了继续辩论的勇气。

刘老师做学问严谨大气、一以贯之、自成体系。李琛老师回忆，刘老师对她说：“一个人一辈子能够贡献一个概念，就很了不起。”刘老师作为我国知识产权理论的开拓者，对于很多基础概念都贡献了自己的智慧：知识产权、著作权、形式财产权等等。例如，后来林秀芹教授戏称《著作权法》中“本法所称的著作权即版权”为“刘春田条款”，刘老师坚持“著作权”概念，也体现了他至忠至诚之心，他是希望通过尊重作者的创作，激励自然人的创造精神，改变计划体制形成的观念，通过著作权的市场观念，推动中国尽快富强起来。

我硕士论文研究基因片段的可专利性，因为基因片段是遗传信息的载体，涉及遗传信息，论文答辩时刘老师兴致勃勃地和我争论什么是“信息”，这远远超出我的阅读范围，左支右绌，搜肠刮肚回答刘老师的问题。我面红耳赤，大汗淋漓，整整一个小时才结束，当时的答辩委员郭禾老师甚至帮我回答了几个问题。答辩结束出来，回避答辩的硕士研究生导师沈致和老师问我结果，我沮丧地说，估计不能通过，我复述了答辩内容。沈老师大笑说，不会，刘老师想和你辩驳一下“信息”的概念。而我那时不知道刘老师和郑成思教授都在研究知识产权客体的本质是形式还是信息。后来，又一次我陪同刘老师在厦门大学后山的水库边散步，提到了那次答辩的情形，他告诉我，他和郑成思教授的争辩是他研究很多问题的文思之源，外界都以为他和郑成思教授在很多概念上意见相左，但其实是相互砥砺，相互成就更加完善的学说，私人感情上没有芥蒂，不是“文人相轻”，而是“文人相重”。后来我对照阅读郑成思教授的《临摹、独创性与版权保护》《财产权、物权与知识产权》等，刘老师的《关于我国著作权立法的若干思考》《信息与信息立法》等，在他们的作品中都看到了交相辉映的学术交锋。

刘老师究竟是舍我们而去了。2023年3月，震惊悲伤之余，没有任何对联、格律知识的我，心中涌出了缅怀刘老师的挽联：“大智慧点石成金，真性情化雨沐风。”“七十余载赤子心，唯求真知，虽万千人亦往也；四十多年讲台情，首传品格，使桃李者尽哭之。”且不说格律，这两副挽联勾勒的是我心目中的刘老师。我很想作一副格律工整的挽联来纪念刘老师，就买了几本对联、格律方面的书。一年过去了，也没有开始阅读，眼前又浮现刘老师手写的“好好读书”几个字。

2024年3月

敬微信里的LCT

赵雅洁*

我是2010年开始真正深入学习知识产权。如今对于第一堂课，记忆里只剩下斯德哥尔摩的漫天大雪，桌面上的两本教科书。一本教科书由英国教授主编，一本由刘春田教授主编。这两本作为知识产权的必读教科书，在传授学科知识的同时，对于知识产权学科的不同理解呈现得非常直观。刘老师的那本教科书，使我能够客观看待学术上的不同理解。

硕士毕业后，在国外接触了一段时间知识产权实务，彼时中国知识产权被欧美政客诟病严重，心中难免生出一些不忿。幸而刘老师书上的那句“知识产权只是一件小事”给我留下了深刻的印象。他持续更新的关于中国知识产权和改革开放相关的研究，详细诠释了知识产权不仅是法律问题，更是社会发展、创新推动的关键一环，使我独立、正确地看待发展中国家的问题和在发展中面对的困难。

2018年见到刘老师时，我已博士毕业归国。晚饭时我问他，是不是会改那句“知识产权只是一件小事”。他反问我未来的打算。我回他，会因为父母留在西北。他说，那就在西北把这件小事做好。

* 宁夏大学新闻传播学院副教授。

回国后，陆陆续续见了些不同的人，遇了一些事，才知道路之遥远。曾有几次忍不住给他吐槽知产艰难，知识产权是件小事，他都耐心地在微信上给予支持与鼓励。2023年末，我冲着我们的合影发呆，我在他身边不知天高地厚，没心没肺地咧嘴憨笑。如果没有额外说明照片里的老人是位知名法学家，旁人会认为他是位高个头的和蔼先生，一位受后辈爱戴的忘年朋友。

2024年龙年的春节，打开微信，才发现刘老师竟成了我的微信好友列表里第一位再也不会给我回复消息的人。之前看过一篇贴子，讨论说人走了之后，微信账号该怎么处理。我点了点他的微信名LCT，点开他的头像，他站在照片中的远处，明媚而美好。翻了翻以前的信息，我竟一时恍惚，默默把所有信息备份。信息里的专业知识和人文关怀，不仅仅是知识的灌输，更是对于领域内精髓的深刻理解，仍然给我这个学子提供着滋养。

岁月无情，时光荏苒，他的突然离世让大家都感到非常难过，提到那一天，大家都很低落。但他的平易近人，他的言传身教，为学生创造更好的学术环境的努力，影响着每一位见过他的知产老师和从业者。他的睿智，他的启发，以及他追求真理的勇气，化作了每个读过他作品的知产人的力量。

作为知识产权领域中的巨人，刘老师所取得的成就早有共识。随着阅历的增加，那句“知识产权只是一件小事”，我有了更多的理解，也会时不时告诉给自己的学生。他的大智慧与善良，是陡峭前进之路上真实而温暖的光。

我打开那篇讨论该怎么处理故去之人微信账号的帖子，回复：我写了一篇悼文，立志做好每件小事。

2024年2月13日于银川

春风沐杏雨 桃李满桑田

——深切悼念刘春田教授

郑泰强*

2023年三月末，春寒料峭的清晨，一个寻常的工作日被微信群中闪闪烁烁、此起彼伏的新消息所惊扰。我打开手机，一则消息却如晴天霹雳般击中了我——刘春田教授在美国意外辞世！这突如其来的噩耗让我心如刀绞、无心工作，难以置信。尽管心存侥幸，希望这只是误传，但中国人民大学的电话通知却残酷地证实了一切：2023年3月25日，刘春田教授在赴美参加学术会议期间不幸突发疾病，与世长辞！放下电话，泪水早已模糊了我的视线，心痛到无法呼吸。一位人生路上的良师益友、一颗中国知识产权界耀眼的巨星，就此陨落！

刘春田教授毕生在知识产权这块土壤耕耘播种，桃李满天下。与刘教授交往，如沐春风，令人舒爽惬意；其人有君子之风，温润如玉，人品贵重。“春风沐杏雨，桃李满桑田”，是我本人对刘教授最真实的感受。时光倒流，我仍清晰地记得与刘教授初相识的那一刻。那是1998年，隆天创立的第四个年头，我接受中国人民大学法学院邀请，共同商议在法学院创设专项知识产权奖学金事宜，刘春田教授作为法学院知识

* 隆天国际知识产权代理有限公司董事长。

产权方向的学术带头人接待了我。他对知识产权的热爱、渊博的学识和天马行空不拘一格的见解，与我见过的多数教授大为不同，他的学者风范和直率质朴，却又是那么浑然天成，深深地吸引了我，从此开启了我们二十多年的密切合作。

“满天星斗不如一轮红日”，与刘教授相知二十余载，其间点点滴滴，难以忘怀。而最让我铭记于心的，便是刘教授那如红日般炽热的知识产权情怀。他的热情，犹如一团燃烧的火焰，不仅点燃了自己，更照亮了他人，吸引着无数志同道合之士共同投身于知识产权事业的浩瀚海洋。我们曾多次在中国法学会知识产权法学研究会联合举办专题研讨会和报告会，合作研究过专项知识产权课题，并参与了多项阳光知识产权与法律发展基金会的公益项目。在合作的日子里，我时时被他的热情、博学、无我的境界所感动、折服。他对知识产权事业的投入是全方位的，不计个人得失，只为真理而追求，为中国的知识产权事业而献身。

作为知识产权学术界的泰斗，他从不固步自封，始终保持开放的心态，紧跟时代步伐，不断提出新颖独到的见解。他的每一句话、每一个观点，都凝聚着深厚的学术底蕴和独到的思考。刘教授的人格魅力，不仅在于他的学识和成就，更在于他对知识产权事业的热爱与坚守。他的精神风貌，犹如一轮红日，永远照耀着知识产权事业的前行之路。他的存在，是我们知识产权界的骄傲，更是我们追求真理、坚守信念的榜样。

刘教授深谙全球市场经济竞争的核心在于创新技术的竞争，而我国知识产权法律体系的完善对于国家竞争力至关重要。在《民法典》编纂的关键时刻，刘教授凭借前瞻性的视野和作为知识产权领军人物的担当，积极组织知识产权领域的专家学者参与其中，建言献策，贡献智慧，实现了知识产权实体内容入民法典，这一举措具有划时代的意义。此外，刘教授在中美关系上也展现出独到的见解和深远的影响力。他倡导在中美外交中以知识产权为抓手，推动中美民间的友好交流，他积极组织两国间知识产权专家、学者和实务人员间的交流、交往和互动，努力将民间的知识产权交往促成为常态的互动，以两国在知识产权领域的相互理解与合作促进中美关系的良性发展。

刘教授被公认为中国知识产权法学学科奠基人和中国知识产权法学教育开拓者之一。作为行业的领军人物，他始终站在时代的前沿，密切关注立法、司法的动态，积极引进国外先进经验，致力于打破学术与实务之间的隔阂。他勇于发声，为强化行政执法与司法之间的平衡而不懈努力、以构建沟通桥梁为己任。在刘教授的推动下，我国知识产权建设不断迈向新的高度，他的努力与贡献，无疑为这一领域的繁荣与发展注入了强大的动力。

刘教授不仅是一位卓越的学者，更是一位心怀天下的智者。身为学者，他深信罗素之言："人类的全部知识都是不确定的、不准确的和片面的"，因而从不将自己定义为权威，更不盲从于任何权威，始终坚持以事实为依据，勇于发声，敢于挑战，不随波逐流。作为导师，他更是以渊博的学识和谦和的风范，毫无保留地传授知识与思考方法，无论对何人，都愿意倾囊相授，无私分享。对于每一个需要帮助的人，他都倾注全力，提供全方位的支持与指导。他不仅是学界的楷模，更是人们心中的智者，其深度与真知灼见，令人敬仰。

刘教授家风严谨，对独生女儿的教育更是严格而深刻，不仅言传身教，更注重品格塑造。我有幸数次与刘教授的女儿接触，她不仅谦逊有礼、志向高远，更展现出一种深沉的大家风范，这无疑是对刘教授高尚品格的最好传承。她的言行举止，无不透露出刘教授严谨家风的熏陶，让人深感敬佩。

"桃李无言，下自成蹊。"刘教授用自己的一生诠释了这句话的真谛。他孜孜不倦地追求真理，将自己的智慧和热情毫无保留地奉献给了知识产权事业。他的谆谆教诲，如春风化雨，滋润着每一个受他启发的心灵；他的足迹，犹如璀璨的星辰，指引着知产领域的航行者。虽逝，其慧光不灭，其精神不朽。

最后，我想对刘教授说：先生千古！您的精神将永远与我们同在。愿您在天堂安息，我们将继续肩负起您的使命，为知识产权事业的繁荣而努力奋斗。

2024年3月11日

深切悼念我敬爱的导师刘春田先生

郑璇玉*

又是一年春雨天，知识产权领域的巨擘、我的人生导师、敬爱的刘春田先生辞世了！！像这清明无尽的阴湿，吹打着我心头的悲伤和不舍！今天是老师长行的二七悼念日，虽然在头七时给老师敬了香，打扫了祭台，但心中仍在流泪。写下此文，仅能略抒悲伤情怀。

每年一度的清明时节，知识产权的课堂上老师们就会适时提问：清明时节雨纷纷和清明时节雨，纷纷路上行人，二者之间是否相似？如今又见清明雨，老师却已不再与我们相伴，人生遗憾无奈令我泣零。

回顾与老师的相遇，神奇而难忘。那一年，我很年轻，带着对未来无限的期许和活力硕士毕业，我毕业的时候因为家人均有事，无法来香港参加我的毕业典礼。看看来自世界各地的同学们，没有家人来参加典礼的为数不多，我多么希望也有个朋友或者亲人见证我的重要时刻。当我听说有一位北京的学者正在香港讲学时，也不知道哪儿来的冲动，我毫不犹豫地联系了老师，恳请他参加我的毕业典礼。那是我第一次见到老师，那一年，老师高大瘦削，身材挺拔。老师只说了两个字：可以。

* 中国政法大学民商法学院副教授。刘春田教授指导的2001级法学博士。

我当时真是幸福无比！后面，我去接老师，发现老师特意换了衣服，系了领带，着了正装。我心下敬意和幸福感不断涌起。我当时想：这是多么了不起的一位学者，不仅学问上出类拔萃，为人也是胸怀坦荡。多年以后，每每回想起这一幕我都无比幸福，甚至在人生灰暗失意时都会成为投射进我生命中的光亮。

和老师的相遇，我始终视为我人生收到的最大的厚礼，是我最值得感恩的时刻。我和老师并不熟，可是老师却蹲下站起，各种角度给我拍照留念，陪着我去见师长和参加毕业酒会。当我写到这里，已经泪眼模糊，我又想起老师那时的笑容：灿烂、亲切慈祥。典礼过后，想想自己学业平平，犹豫了好久我才忐忑地问老师：我以后能作您的学生吗？老师和蔼地说：当然可以。我说，可能很难考，我担心考不上。老师说：怎么会考不上，凭什么考不上。因为有老师这样的鼓励，我才终于义无反顾地成为入门弟子，忝列门墙。

就读期间，老师参加的各种知识产权的学术会议都会带上我，让我多有受益。毕业时老师新搬了家，我在老师新家的院子里蹦蹦跳跳，一回头，老师在阳台上笑眯眯地看着我。毕业后，老师每次开会遇到我，都会兴高采烈地让我站到他身旁，然后和别人介绍我，这是郑璇玉，我的学生，人才。我每每都说：是不才。老师说，怎么是不才，当然是人才。星光在老师的眼眸中闪动，鼓励在目光中给我力量。

这么多年，我主要产出都在教学方面，有时也会困惑。老师对我说，人生很大，你就像我认识的郑璇玉就最好，我最高兴。我后面身体不适，变胖了，老师却对我说，你去国外，到处都是比你胖的。等几年后我身体见好，瘦了下来，老师又打趣说：你终究还是没干过那些胖子！看我开会的间隙总是沉默不语，老师就说，一起合个影，你就该笑了。——这就是我的导师，幽默和能量满满的老师！

老师坚持知识产权属于私权的阵地，并坚持知识产权是“无体有形”的，不能存于虚无之中，知识产权必须且其实有“形”，为人所感知。老师说过，我们不是匠人，我们至少应当解决基础理论中的难题。在国际会议上，老师说：我们一定要保持一颗孩童的心灵，只有孩童的好奇才是探索和创造的动力。老师告诉我：他一直在思考劳动与价值的关系，甚至也在思考早期自己的理论成果与现在命题的关系。

最后见到老师是在疫情期间的阅文集团的会议上，我挽着老师的手臂，心里无比地踏实。在那时，我总觉得时光是无限的，老师总在那里，我随时都可以找到他，仰望他的成就。可能是老师觉得他已完成在人间的使命，留下我们弟子去尽那人间未尽的责任，行那属于我的遥遥路程。

当下保护知识产权的火把已经点燃，知识产权之路已经开拓，我在人生旅途之中，像飞鸟落在大树上与老师相逢，并在老师的教导、引领和鼓励下飞在未知的海域，穿过波涛，穿越无涯，穿过黑、灰与白。

北京有长城，有故宫。也有言道：人字的左边是长城，右边是运河。在我心中，北京有父母，有师长。

我的导师，我的恩师，您永在我心里！

先生永在，先生不朽！

2023年4月

追忆刘春田老师

郑猷超*

缘起

2023年3月，从朋友圈得知刘春田老师在赴美开会途中不幸逝世的噩耗。当下内心五味杂陈，仿佛时间突然停止，陷入震惊与拒绝接受的情绪中。脑海中突然浮现透过刘孔中老师介绍与刘老师的初次见面、后续与国内的交流、邀请我至人大知识产权学院授课、促成新加坡知识产权局局长访问的画面。一切都是那么的熟悉，但又是那么的遥远。那种往事历历在目的心境转折，至今仍无法忘怀。

在新加坡第一次遇见并与刘老师相识相谈之后，往后只要去北京出差，一定会去人大知识产权学院拜访；而刘老师总是会在百忙之中挤出一些时间“接见”我这个晚辈，与我畅谈他对新加坡在全球知识产权领域扮演的角色的认识。并提及新加坡虽然领地小，但是在世界知识产权发展具有指标性意义，在太平洋两岸中美竞争的大环境下，新加坡作为中西文化的交汇点，必定会扮演举足轻重的枢纽角色。

---

* 新加坡国立大学工程领袖学院副教授、新加坡国家知识权学院原助理司长/中国事务部负责人。

探索知识产权制度的核心

之后有幸在新加坡的知识产权周邀请刘老师做专题演讲，不同于其他讲者以商业的角度切入，畅谈如何通过知识产权达到其商业宣传目的。刘老师在演讲一开始即开宗明义地阐述了创新与知识产权的关系，从理论基础的角度切入，提及创新就是资源配置，而合理的一夜暴富就是创新，因为创新改变了人的生活形态，知识的“形”透过载体的传输，将“物”重新配置了，而知识产权就是为了保护“形”体而产生的法律。

生活温饱能透过“知识”与“劳动”的形态，而要致富，透过劳动仅能提供温饱，因为劳动是知识的一种展现而已！知识透过一种“形态”去改变物质的配置，而IP 就是保护知识输出的形态。

此论述一出，犹如醍醐灌顶，将知识产权的核心概念以简单易懂的方式阐述出来，并且数度提及知识产权系统的建构致力于在公权与私权的领域取得平衡点，并努力追逐公平与效率对社会经济发展的最适合的情况。

一生做好一件事，匠人精神

我曾在出租车上问过刘老师一句话：“您有没有想过如果不做知识产权，那您会做什么呢？如果您去执业，生活会不会不一样呢？还清楚地记得刘老师提及，“我就是喜欢做知识产权研究，也只会做知识产权研究，其他的干不了，也不会干。”

这让我想到“匠人精神”的精髓就在于此，一辈子找一个领域深挖，然后坚定不移地积累，道理是如此的简单明了，但要坚持下来却又是如此的困难。

当然刘老师是谦虚了，知识产权领域理论基础建立，皆是由刘老师一砖一瓦堆砌出来的。但这句话所透露出的学者风范对于一件事物的纯粹追求，在这个物欲横流的社会，实属不易。

人生是单行道，你从来不知道如果你当时选择另外一条路会是怎样，你不知道，而且你永远不会知道，知道也没用，因为你已经走过去了，所以就向前看就可以了。

在物欲横流的社会，依然能够保持初心

与老师多次交流，他对我最大的启发是在这个以金钱为导向的社会，学者依然可以跳脱出世俗的窠臼，并保持其教书育人的初心与使命，这是很难能可贵的。因此每当我在教书的时候，想到老师对于知识产权的理念与思维，总是可以感受老师是一个内心“强大”且“温暖”的人。

让我想起电影“回廊亭”中的一段话：“人，在最艰难的时候，只要看见光，哪怕只有那么一丝，都值得你义无反顾地去追逐。如果没有光，没关系，你与我，便是彼此的光。它温暖、坚强、照亮自己与远方。倘若无光，我就是自己的光。”

其实生命是一条长期积累的过程，人生焦虑如果拉长时间轴来看，就可以坦然面对了。

心系世界知识产权发展，致力于弭平差异，增加对话

老师在身体刚刚恢复的情况下，依然相信在中美对抗的环境，双方依然要以交流对话代替抗争，因此不辞辛劳飞往美国进行中美知识产权学者与官员的对话。不幸在美因劳累过世，这对中美的知识产权界无疑是巨大的损失，失去了一位努力促进对话的前辈先进。在这样的时空背景下，刘老师依然在风雨中前行，实属不易。

· 医生不能改变生老病死，但能让人在一辈子活得好看一点。

· 园丁不能改变春夏秋冬，但能让花在四季之间长得好，花开得更好而已。

· 做事情有没有办法都按照既定方向去发展？答案是不可能，但不要留下遗憾，尽力就好。

不忘初心，量力而为，顺其自然

刘老师在人生的最后阶段依然致力于双方的对话，相信就是对以上论述最好的诠释了。 相信后辈们会继承老师的精神，持续精进知识产权理论与实务的研究，让这个世界更美好。

愿天堂没有病痛！

容我以“忘年之交”的朋友身份，祈求您在另一个世界一切安好！

春华秋实忆春田

朱　兵*

最后一次与刘春田兄的见面是在中宣部政研室的会议室。那是疫情前2019年10月金秋的一个下午，时任政研室副主任的高思邀我们几位长期从事著作权法立法工作的老友刘春田、王自强、许超等人开会，商量编辑出版一本“中华人民共和国著作权法30年”，作为我国著作权立法30年的见证和纪念。高思是我们这些人中的小妹，清秀玲珑，短发精干，一直在国家版权局工作，国家版权局并入中宣部后继续在部内政研室负责版权法治。我一进会议室门，就看见身形高大、略显清瘦的刘春田端坐在会议桌对面梗着脖子与旁边的王自强争辩着版权问题，声音洪亮，不容置疑。我打趣道：“春田教授的风格一生不变。”众人欢笑，相互致意。高思主持会议，介绍了编辑出版此书的背景、意义和部领导的重视，大家一起讨论了编辑的体例和出版时间，商定以汇编的形式邀请著作权法三十年来各时期参与法治建设的有代表性的立法工作者、官员、学者等撰写回忆文章，记述自己参与著作权法治的亲身经历和所思所感，以期从多角度、多层面对我国著作权法治建设波澜壮阔的

* 全国人大教科文卫委员会文化室原主任。

三十年有一个真实、客观的历史描述。随即大家公推刘春田担任主编，并组织力量立即开展具体组稿和编辑工作。会后专门在微信上建立了一个名为“著作权法三十周年”的群，大家纷纷加入，欢聚而散。

殊不知天有不测风云，没过多久，疫情暴发，各人居家隔离，除在微信群中偶尔相互致意外，大家彼此几无联系。但通过微信群知道编辑工作一直在抓紧进行，也通过微信群得知他在2020年中国版权年会上获颁“中国版权事业终身成就奖”，并向他发去祝贺；还是通过微信群得知本书于2021年3月由知识产权出版社出版并邮寄我一本。由于书中收录的各位作者许多都是我熟悉者，有的还是已故的专家和领导，如宋木文、郑成思、谢怀轼等人，编者将其署名以黑框加之，并在出版说明中特别说明收录的缘由是虽然他们已经故去，“但他们对著作权法所做的贡献不应泯灭，他们文章中留下的思想仍值得后人记取”。读之令人感佩，春田的情怀之深跃然纸上。加之我前些年撰写的《参与著作权法立法之回顾》一文有幸也被收录，收到书后心情颇为激动，反复翻阅，心中一直惦记何时与他见面畅表谢意。万没料到，2023年3月29日，还是通过微信群，猛然看见高思转发的中国人民大学法学院28日发布的讣告，称春田教授“赴美参加学术活动期间突发疾病，抢救无效，于北京时间2023年3月25日在美国洛杉矶去世，享年75岁”。看着微信，看着手机，看着他和我在微信上的相互交流和致意，一时间我心中堵塞，心凄凄然，也许是看多了疫情间的生离死别，人世间无常与骤然离世往往相伴相随，悲欢离合无以言表。

我与刘春田的第一次见面是在1987年秋后，我刚研究生毕业到全国人大教科文卫委员会文化组工作不久，被派去厦门参加有关著作权立法的一个会议，会议安排我和刘春田同住一个房间，他高大清瘦，说话爽朗快语，我方知他是中国人民大学的青年教师，山东人，会议邀请来的专家。说实话，因为不是法律专业出身，我当时对著作权或知识产权几乎一窍不通，加之当时对著作权立法认识不一，委员会的关注度亦不甚高，我对他的发言和理论几无印象，但他的率真性情和大嗓门让我俩顿时“气味相投”。自此我结识了他，也结识了社科院的郑成思先生，他俩年长于我，是我在知识产权尤其是著作权方面的启蒙老师。次年秋天在杭州召开著作权立法座谈会时，我们三人在西湖边上留下一张珍贵合影，当年的我们都是那么年轻。时光荏苒，著作权立法修法和学术研究贯穿了他俩的一生，他俩成为我国知识产权学界及著作权法学界的泰斗级人物。在1990年著作权法出台前后，刘春田对当年立法工作留下最浓墨重彩的一笔并不是什么高深理论，而是他与郑成思关于法律名称之争，这成为我国著作权法立法史上的佳话，至今仍为人津津乐道。我曾在回忆文章中写道：他俩都是学界翘楚，学养深厚，著作等身，但在法律名称这一问题上，观点却针锋相对，互不相让，郑成思力主叫“版权法”，刘春田力主叫“著作权法”，由此两人在学界成了两派。我们委员会在立法讨论时也是争执不下，委领导让我分别找他们两人，各写一篇文章把理由详细阐述一下，作为内部资料参阅。记得郑先生解释了版权的概念、来龙去脉和世界近代以来版权的沿革，包括未来的发展，他认为著作权限于文字作品为代表的著作之权利，而版权较之著作权对权利对象的涵盖范围更广，尤其是工业版权出现后更是如此，而且，我国历史上和现行相关管理机构和行业协会都采用版权的概念，如国家版权局等，国际上也通行版权一词，法名应符合国家的语言规范和语言习惯等。刘教授的文章则强调使用著作权，我印象比较深的理由有三点：一是版权在我国通常被理解为出版社的权利，跟作者没太大关系，所以立法要正本清源，强调的是著作人的权利而不是其他的权利；二是我国历史上最早由清朝制定的版权法就叫《大清著作权律》，民国政府也制定过《中华民国著作权法》，在名称上应延续历史传统；三是台湾地区现在还叫“著作权法”，从两岸统一关系的角度应保持一致性。我当时觉得他们都很有道理，不过认为刘教授的观点更符合中国特色。后来经过反复研究讨论，多数人倾向接受“著作权法”的概念，有历史和现实的延续性。当时审议时还有一种观点主张将法名改为“著作权（版权）法”，以此调解两派争执，遭到委员会的反对。委员会的审议意见明确写道：“我们主张称‘著作权法’或‘版权法’，而不宜称‘著作权（版权）法’，以免再造成不必要的混乱和麻烦。”从实际情况看，著作权与版权虽然名称不同，但本质上是一致的。鉴于此，在1990年9月7日第七届全国人大常委会第十五次会议审议通过著作权法的正式文本中，在附则一章中专辟一条规定：“本法所称的著作权与版权系同义语。”自此，这一著名争论暂时画了句号（2001年的修正案将其修改为“本法所称的著作权即版权”）。著作权法名称之争在今天看来是一个小问题，却打上了鲜明的时代烙印，生动反映出在当时背景下，无论立法机关还是全社会对著作权或知识产权保护问题还处在一个初步认识阶段。这场争论虽然以刘春田胜利而告终，但却并不妨碍他与郑成思的深厚感情。2006年郑先生因病不幸离世，我参加了知识产权界在商务印书馆举办的追思会，刘春田也到会发表追思感言，记得一个片段是，他回忆起他俩在香港开会时，他如何陪着郑先生去买保健品，如何劝告他注意身体别对自己太苛刻。他声音低沉，神情黯然，话语细节中充满着对老友的眷眷之情，令人动容。

其实，刘春田对著作权立法的贡献远不止法律名称这一点。他学理基础深厚，观点鲜明，立场坚定。他在著作权法理上的一个最突出观点是坚持包括著作权在内的知识产权与物权、债权在本质上是一致的，知识产权也是财产权，是私权，具有民事权利属性，适用于民法的基本原则和规范。由于时代原因，当年立法时对著作权的属性存在不同看法，一种较普遍的观点是知识产生的权利具有特殊性，不能简单适用基于物权的民法规则，需要更多行政规范调整。他据理力争，坚持己见。应该说他的观点对著作权立法产生了重大影响。1989年12月24日，七届全国人大常委会第十一次会议对著作权法草案进行一审，时任国家新闻出版署署长、国家版权局局长宋木文代表国务院向大会作说明，明确阐述了立法的基本原则就是“保护作者因创作作品而产生的正当权益”，目的就是“要调动作者的创作积极性，”因为“精神产品应当和物质产品一样得到承认”。这在当时无论对立法机关还是全社会，都是非常具有针对性的。随着时代不断发展，著作权法在2001年、2010年和2020年进行了三次修改，刘春田都一直参与其间，特别是第三次修改是立足于我国建立创新型国家战略目标背景下的主动修改完善，各方高度重视。国家版权局成立专家组，委托刘春田担纲中国人民大学知识产权学院起草组起草了专家稿，对修法工作发挥了重要影响。在长达几十年的立法修法中，他对所坚持的著作权的民事权利、合同属性等观点始终未变，秉持如一，其成果也体现在著作权法的不断修改完善中，其影响也体现在后来出台的民法典中。他不仅参与立法，也时刻关注涉及知识产权的重要司法改革。2014年全国人大批准最高院在北京、上海、广州三地设立知识产权法院前，他专门写了一份长文通过邮箱发我，并托我将其送给委员会领导参阅，对知识产权法院的设立提出了建设性意见。我笑他总是理想主义，他回我邮件说：“你道我还这么理想主义，一点不假。中央是老虎苍蝇一起打，匹夫之责应当大善小善都为之！此时，理想主义还是要一点的。”

除参与立法外，刘春田的另一个重大贡献就是对我国知识产权学科建设和高校专门人才的培养。在这方面，他无疑是成就斐然，硕果累累。早在二十世纪八十年代他刚留校任教时参加世界知识产权组织开办的学习班，使他强烈产生在我国推动建立知识产权新兴学科的意识和冲动，并付诸实施，以全国第一人的身份率先在中国人民大学开设知识产权课程，积极向教育部建言在全国高校建立研究机构，推动人民大学设立了知识产权教学与研究中心，并在1987年率先在本校创办了第一个知识产权专业并招生；同时主编出版了我国最早的知识产权法教材《知识产权》《著作权》等。2009年，在他的主导下人民大学成立知识产权学院。记得他担任院长时给我来电话，介绍学院建设情况，并邀请我担任学院兼职教授，他解释说学院要汇聚全国知识产权领域立法、执法、司法有经验者，为学院培养专门人才贡献力量，我为之深感荣幸。学院召开聘任会议，我应邀出席并接受聘书，珍惜保留至今。在时代迅猛发展下，我国知识产权教育体系不断建设和完善，全国各校普遍设立了知识产权专业，培养了大批学士、硕士、博士，成为全球知识产权高等教育人才增长的高地。这一蓬勃局面的出现与刘春田始终如一的努力和推动是密不可分的，他由此被公认为是我国知识产权法学学科的奠基人和知识产权法学教育的开拓者。特别值得一提的是他积极参与知识产权国际交流，主导举办了“中美知识产权司法审判研讨会”“中美知识产权高峰论坛”“亚太知识产权论坛”等重要国际对话机制，为中国知识产权界发声赢得了世界的尊重和地位。2014年第三届中美知识产权高峰论坛在美举办，他给我发来邮件说：“11月7日洛杉矶中美知识产权论坛，美方层次很高，我们也应当很好表达中国的意见，建议你设法参加。”由于工作原因，我当年未能参加，留下遗憾至今。殊不知，他这次还是因为建立新的中外交流平台专程赴美，却在遥远的太平洋彼岸遽然辞世，令人唏嘘。

斯人已逝，生者如斯。虽阴阳相隔，却春华秋实，长留世间的是他以毕生的热忱、智慧、才华和精力在这片广袤田园上辛勤耕耘知识产权法治，使之不断播种、发芽、开花、结果。

谨以此文纪念！

2023年冬日

图书在版编目（CIP）数据

刘春田先生纪念文集 / 中国人民大学知识产权学院主编. -- 北京：中国人民大学出版社，2025. 3.

ISBN 978-7-300-33754-8

Ⅰ. D923.404-53

中国国家版本馆CIP数据核字第2025PG0925号

刘春田先生纪念文集

主　编　中国人民大学知识产权学院

Liuchuntian Xiansheng Jinian Wenji

出版发行	中国人民大学出版社		
社　　址	北京中关村大街 31 号	**邮政编码**	100080
电　　话	010-62511242（总编室）		010-62511770（质管部）
	010-82501766（邮购部）		010-62514148（门市部）
	010-62515195（发行公司）		010-62515275（盗版举报）
网　　址	http://www.crup.com.cn		
经　　销	新华书店		
印　　刷	北京瑞禾彩色印刷有限公司		
开　　本	720 mm × 1000 mm　1/16	**版　　次**	2025 年 3 月第 1 版
印　　张	32.75　插页 3	**印　　次**	2025 年 3 月第 1 次印刷
字　　数	419 000	**定　　价**	198.00 元